미디어 문화비평

media · culture · critique

미디어 문화비평

media · culture · critique

발행일 | 2007년 10월 1일
지은이 | 손 병 우
펴낸이 | 양 현 수

펴낸곳 | 충남대학교출판부(CNUPress)
등 록 | 대전 사-95호
주 소 | 대전시 유성구 대학로 79
전 화 | (042)821-6045
홈페이지 | http://www.cnupress.co.kr
E-mail | cnupress@cnu.ac.kr

ISBN 978-89-7599-229-2 93070
값 14,000원

미디어 문화비평

media · culture · critique

손 병 우 지음

CNU Press

머리말

방송비평은 다른 분야의 비평과 달리 대안 제시를 요구받는 경우가 많다. 비평 과정에서 대안이 스스로 떠오르는 경우는 있어도 대안의 도출이 비평 행위의 목표는 아니다. 그런데 방송 제작진은 물론이고 어떤 경우 비평가들도 기능적 대안을 염두에 두는 까닭은 무엇일까? 방송 프로그램이 일정한 체계 속에 집단 작업으로 제작되기 때문이다. 문학과 예술이 작가 개인의 창작물로 여겨지고, 방송과 가장 흡사한 영화조차도 감독의 작가적 행위의 산물로 여겨지고 있지만, 방송에서 PD는 자의식에서나 타인의 시선에서 아직 그런 지위를 부여받지는 못한다. 어떤 점이 달라서 그런가? 결정적 차이는 방송 PD가 프로그램의 생성에서 완성(또는 소멸)까지를 모두 감당하지 않는다는데 있다. 또, 프로그램의 성격도 일정한 포맷 안에 주간 단위로 내용을 채워 넣기 때문에 한 편 한 편을 기록으로 남기는 작품이라기보다는 쇼에 더 가깝다. 그래서 방송은 오랫동안 진지한 비평의 대상이 되기 어렵다고 여겨져 왔고, 비평의 대상이 된 이후에도 기능적 대안이 제시되어야 한다고 여겨져 왔다. 방송 프로그램은 늘 개선의 여지를 남겨둔 채 전달되고 있고, 비평은 그런 부족한 부분을 찌르는 행위이며, 따라서 비평은 프로그램 개선 방안을 제시해야 한다는 인식 구조를 보게 된다.

비평 과정에서 대안이 스스로 떠오르는 경우는 있어도 대안의 도출이 비평 행위의 목표는 아니다. 한국사회에서 방송비평이 본격적으로 시작된 동기는 사회진보의 열망에 바탕을 둔 사회적 발언이었다. 이는 비평적 동기의 더 본질적인 부분에 가깝다. 비평가의 발언은 프로그램의 질을 향상시키는 기능적인 지적이라기보다는 프로그램을 하나의 사회적 텍스트로 놓고 시도하는 대화에 가깝다. 방송 프로그램은 대중적 흥미를 쫓아다니는 흥행물이고, 우중을 유도하기 위해 유포시킨 권력자의 선전선동물이고, 당대 대중의 정서와 열망이 반영된 징후적 텍스트이며, 연출자의 고뇌가 담긴 삶의 기록이다. 비평은 프로그램 텍스트를 생성시킨 그러한 배후를 노출시키는 탐사 행위이고, 그 의미에 대한 해석이며, 최종 산물인 텍스트에 대한 감상과 향유이며, 그 모든 내용을 가지고 나누는 대화이자 사회에 던지는 발언이다. 이 책은 그러한 비평 궤적의 기록이다.

한국사회에서 방송비평이 본격적으로 시작된 동기는 사회 진보의 열망에 바탕을 둔 사회적 발언이었다. 그 이전에도 물론 방송비평이 없지 않았지만 시청자/독자와의 접촉면을 넓게 확보한 비평은 1988년 <한겨레신문>이 창간되면서 생긴 'TV 주평'이 처음이라고 할 수 있다. 1987년 6월의 시민항쟁은 여러 가지 좌절과 착오에도 불구하고 정치적 민주화의 큰 걸음을 내디딘 역사적 사건이었고, 그 결과로서 사회적 소통망의 확대를 이루어냈다. 억압을 깬 곳에서 정치적 담론만이 아닌 사회적 문화적 담론이 활성화되었고, 방송도 비평의 대상이 될 수 있고 또 되어야 한다는 인식의 발전도 그 연장선 위에 싹트게 된 것이다. 또, 방송계에서도 각 사 내부로부터 방송 민주화의 열망이 고조되어 노조가 결성되고 민주 방송에 대한 논의가 의욕적으로 이루어졌다. 방송계 내적 외적 변화는 방송 비평 환경을 조성했고, 새로 창간되기 시작한 정기간행물들은 지면 제공자로서 현실적 기반이 되었다. 그 뒤 제작진과 시청자와 비평가가 이루는 삼각 구조 속에서 방송 비평은 활발한 대화의 장을 펼쳐왔다. 이 책에 등장하는 진보와 보수를 아우르는 30여개의 지면은 그러한 비평 장의 구성을 잘 보여준다.

이제 방송 비평은 새로운 단계로 접어들었다. 초기 방송 비평의 관심사와 논지 전개 방식으로부터 20년의 흐름을 보여주는 비평문들을 모은 이 책은 지난 비평 궤적의 기록이자 동시에 앞으로의 비평 교육의 출발점이 될 수 있다. 드라마와 교양 등 폭넓은 영역에 걸친 비평을 모두 묶은 이 책은 앞서 코미디와 오락 프로그램 장르의 비평과 이론적 논의를 묶어서 낸 <풍자 바깥의 즐거움>과 함께 하나의 완결편을 이룬다. 그동안 강단에서 참고해온 낯선 외국 프로그램이 아닌, 우리 방송인들이 제작한 프로그램들을 가지고 행한 이론적, 실제적 비평의 예를 확보했다는 것이 이 책들의 의의가 아닌가 감히 자평해 본다.

이 책은 충남대학교 자체연구비 지원에 의해 집필될 수 있었고, 충남대학교 출판부에 의해 멋진 모습으로 꾸며졌다. 또한 각 방송사와 당초 원고가 게재되었던 지면들로부터 사진을 제공받았다. 아울러 대전충남 민언련 언론아카데미 매체비평 교육팀은 이 책 집필의 직접적인 동인이자 보람이 되어주었다. 보잘 것 없는 책을 위해 이렇게 후원이 되어주신 모든 분들과 기관들께 감사를 드린다.

2007년 9월 태풍이 물러간 아침
충남대학교 서문 앞 자택에서
손 병 우

목 차

Ⅲ. TV와 여러 장르의 비평

Ⅳ. TV와 신문의 문화비평

I

매체비평의 이해

1. 방송비평의 인식

방송비평은 방송프로그램에 대한 평가와 동의어가 아니다. 하지만 비평과 평가를 동렬에 놓고 이해하려는 경향이 드물지 않고, 이것은 방송비평에 대한 논의의 폭을 더 넓히는 데 하나의 장애로 작용한다. 이 글은 방송비평과 관련하여 제기되었던 그간의 논점들을 검토한 뒤에 방송비평 고유의 존재 의미를 탐구하는 데 목적을 둔다. 그런 뜻에서 이 글을 방송비평에 대한 인식작업이라고 부를 수 있겠다.

텔레비전 방송이 우리의 일상생활 속에서 차지하는 친밀성에 비교할 때 텔레비전 비평은 아주 생소한 것으로 여겨진다. 이런 느낌은 두 가지 사정에 기인하는 것 같다. 텔레비전 비평이 너무나 익숙하고 또 어떤 면에서 하찮은 것으로 여겨지고 있는 탓에 정색을 하고 좋다, 나쁘다고 하는 '비평'의 대상이 되지 않는다는 일반적인 태도가 그 하나의 사정일 것이다. 그것과 다른 측면에서 TV 수상기 보급이 천만대를 넘어선 시점에서 누구나 한 두 프로그램을 일상적으로 보지 않는 사람이 없기 때문에 누구에게 물어봐도 제각기 한 마디쯤 그에 대한 소견을 이야기 할 수 있고, 그렇기 때문에 텔레비전에 있어서만은 전문적인 비평을 인정하려 들지 않는 분위기를 또 하나의 사정으로 들 수 있을 것이다.

하지만 최근 사정이 많이 변한 것 같다. 텔레비전 방송에 대한 체계적이고 적극적인 관심을 보이는 시청자들이 부쩍 늘어서 '매체비평' 혹은 '텔레비전 모니터링' 교육을 행하는 시청자 단체들이 많아졌다. 전문적인 평론에도 귀를 기울이기 시작했다. 그 동안은 일간지나 월간지에 어쩌다 실리던 방송시평 난이 월간지, 주간지, 일간지, 대학신문 등으로 급격하게 확산된 것도 이런 전반적인 분위기 변화를 반영한 것이다. 이와 같은 사정을 방송평론가 정의용은 토마스 에머슨(Thomas I. Emerson)의 말을 빌려 '방송의 새로운 적응기'로 파악한다. 즉, "방송에 대한 사회적 환경 감시기능이 보다 일반화되고 광역화돼가고 있는 조짐이 요즘 와서 더욱 뚜렷해지고 있음"을 보는 것이다.[1)]

이처럼 방송비평에 거는 사회적인 기대와 요구가 커짐에 따라 방송비평의 의의를 다시 확인하고, 지금까지의 한계와 앞으로의 과제에 대한 진단과 제언들이 조심스럽게 제시되고 있다.

방송비평의 의의를 재확인하는 작업은 본격 비평 행위에 앞서 이루어지는 일종의 절차처럼 행해지고 있다. 방송의 사회적인 영향력을 다시금 환기시킴으로써 감시자로서 비평의 의의를 주장한다든지, 방송의 물리적 존재조건인 가용주파수의 한계에 따라 방송의 주인이 시청자임을 내세우고 이때 방송비평가는 시청자의 대변자로서의 역할을 자임한다든지, 제작자들에 대해서는 방송비평가야말로 방송에 가장 큰 애정을 가

1) 정의용(1990), 올바른 비평문화를 위한 제언, 한국방송협회, 방송문화 1990년 3월호, 14쪽

진 존재라고 하는 등이 대개 그 내용들이다. 이렇게 방송비평이 자신의 존재 의의를 거듭 내세우는 데에는 그 까닭이 없지 않다. 그것은 앞에서 얘기한 것처럼 방송에서만은 전문적인 비평을 인정하려 들지 않던 과거의 사회분위기가 아직 말끔히 가시지 않았다는 거북스러움 때문이기도 하려니와 그러면서도 아직 전문적이라고 자신할 만한 수준에 방송비평이 이르지 못하고 있다는 자괴의 심정이 함께 작용했으리라는 추측이 가능하다. 이렇게 원론적인 차원에서 방송비평의 한계를 지적하는 것과 현실적으로 이루어져온 기존의 방송비평이 가진 한계를 지적하는 것은 동일한 사회적인 요구에서 비롯된다. 방송에 대한 관심이 고조되면서 전문적인 방송비평에 대한 요구도 커지게 되고 그에 따라 기존의 방송비평의 한계에 대해서도 많은 비판이 제기되고 있다.

전문화가 핵심과제

기존의 방송비평의 한계로 지적되는 점들은 여러 가지가 있지만 그것들을 검토해 보면 결국 방송비평의 전문화 문제가 중심에 놓임을 알게 된다. 기존의 방송비평에는 전문성이 결여되어 있다는 비판이다. 그 원인은 (1) 그동안 방송비평을 전문적인 비평가보다는 일간지 방송담당 기자들이 주로 맡아왔기 때문이고, (2) 체계적이고 객관적인 비평방법이 확립되지 못했기 때문이다. 따라서 방송비평이 전문화하려면 비평방법이 확립되어야 하고, (3) 비평가들은 제작 메커니즘을 알고 있어야 한다. 지금까지 방송비평의 전문성이 부족했기 때문에 (4) 비평이 실제 제작에 반영되지 않았다. 이것을 다시 정리해보면 (1)과 (2)는 전문성이 결여되어 있다고 판단하는 근거로서, (2)와 (3)은 전문성 확립의 조건으로서, 그리고 (4)는 전문성이 결여된 방송비평의 부정성(허구성)으로서 제시되고 있다.

먼저 첫 번째 제기된 문제부터 생각해 보자. 물론 기자들을 전문 비평가라고 할 수는 없다. 하지만 그들이 어떤 수준에서든 의사 표명의 주된 담당자가 된 까닭은 방송비평 영역 자체가 공백지대로 남아 있었기 때문이지 기자들이 그 영역을 독점하려 들었기 때문은 아닐 것이다. 그러므로 방송담당 기자들에 대한 원성은 방송비평의 전문화와 관련한 문제의 초점을 벗어난 것이다. 어쩌면 불필요한 허구적인 대립구도를 만들 위험만 갖는 인식이 아닐 수 없다. 문제는 신문기자가 방송비평을 한다는 사실 자체에 있지 않다. 문제가 있다면 비평이 실리는 매체의 특성을 십분 발휘하면서 비평의 효용성을 극대화하지 못하였다는 데 있다. 방송전문지에 실리는 비평과 신문에 실리는 비평, 잡지에 실리는 비평은 그 독자 대상이나 매체의 성격과 관련하여 각기 다른 방식으로 이루어지지 않으면 안 된다. 무엇보다 염두에 두어야 할 것은 신문이 텔레비전 방송의 '일상성'에 '일상적'으로 대응할 수 있는 가장 유용한 매체라는 점이다. 차라리 방송비평이 안고 있던 그간의 문제에 대한 반성이라면 전문 방송비평가를 육성하는 데 소홀했다는 쪽으로 초점을 모아야 할 것이다.

전문성 확립의 조건으로서 (3) 비평가는 제작 메커니즘을 알고 있어야 한다는 논점을 보자. 어떤 분야에서든지 실무 현장에 대한 충분한 지식에 바탕을 둘 때 이론적 작업도 더 풍부해지리라는 것은 자명하다. 하지만 방송비평이 반드시 방송실무와 관계해야만 그 의의를 부여받는 것은 아니다. 어떤 프로그램에 대한 비평을 위해서 그 프로그램이 텔레비전 화면에 나타나기까지의 제작과 송출과정 전반에 대한 이해와 서술이 늘 필요한 것은 아니다. 가령 한 편의 코미디 프로그램을 비평하나고 할 때 '잘 다듬어지지 않은 과장된 몸짓, 특정 코미디언의 개인적인 능력에 대한 지나친 의존, 소재의 구태의연함, 창의성 부족과 되풀이되는 모방'들을 지적할 때와 '코미디언의 특정 말투와 몸짓이 사회 안에서 폭발적인 호응을 받으며 수용되는 현상'을 해석할 때 동원되는 지식과 정보는 같은 것일 수 없다. 여러 가지 설명이 가능하겠지만 어쨌거나 앞의 문제에 대해서는 '시간과 재정적 지원부족'이라든가 '방송사 안팎으로부터의 검열', '방송국 일보다 무대 일에 더 바쁜 연기자들'같은 정보가 유용한 비평의 자료로 활용될 수 있겠지만, 뒤의 주제라면 방송사 내부 운용이라든가 특정 프로그램의 제작 여건 같은 것들과는 거의 무관하게 논의가 이루어질 수 있다. 그러므로 '제작 메커니즘에 대한 이해'가 더 나은 비평의 조건일 수는 있어도 그것의 필수 조건은 아니다. 그런데 대개 이런 요구가 제작자들로부터 나오고 있다. 그래서 그 밑바탕에 제작자들이 비평에 대해 가지는 불만과 불신이 놓여있지 않은가 하는 우려를 갖게 된다. 어찌 됐건 좋은 비평을 위해 제작 메커니즘에 대한 지식이 필요하다는 요구에 원칙적으로 동의하지만 방송비평은 결코 거기에만 머물지 않는다. 크게는 사회현상으로부터 작게는 시청자의 반응에 이르는 영역을 포괄한다. 이러한 방송비평 마다 가지는 개별적 특수성을 고려하여 제작 메커니즘에 대한 지식의 있고, 없음의 평가가 이루어져야 하리라고 생각한다. 그보다 비평의 전문화는 '비평 방법'의 확립과 그 특성을 살리는 방향으로 추구되어야 한다.

비평의 방법들

방송비평은 어쨌든 텔레비전 모니터를 통해 시청자들에게 전달된 결과물에 대한 분석에서 출발하게 되어 있다. 방송비평의 방법론으로 나열된 것들을 보면 결국 다양한 내용(텍스트) 분석 방법들이다.[2] 그렇다고 해서 비평이 내용분석으로 모두 충족되는 것은 아니다. 분석에는 일정한 시각이 전제된다. 또, 분석될 결과를 해석하는 데에도 가치관이 반영된다. 그런 까닭에 분석은 단순한 분석에 그치지 않는다. 버거(Arthur Asa Berger)의 책 <대중매체비평의 기초>에 보면 대중매체를 분석하는 네 가지 방법이 간명하게 정리돼 있다.[3] 기호학적 분석, 마르크스주의 분석, 정신분석학적 분석, 사회학적 분석 등이다.

기호학적 분석은 텔레비전 프로그램 속에서 의미가 어떻게 발생하는가에 관심을 갖는다. 프로그램을 구성하는 수많은 요소들(등장인물, 배경, 카메라의 움직임, 언어 등)을 기호로 보고 그 기호들이 어떻게 기능하는가를 다룬다.

마르크스주의적 분석은 소외, 이데올로기, 계급지배, 헤게모니 등의 개념들을 통해 자본주의 사회에서 대중매체가 기능하는 방식을 설명하고, 그 구조를 변화시킬 방법을 찾으려고 한다.

정신분석학적 분석은 '방어기제', '공격성향과 죄의식' 같은 프로이드의 정신분석학 개념들을 적용하여 대중매체의 작용방식과 그것이 우리에게 어떤 영향을 미치는가에 대한 이해를 돕는다.

---

2) 김영석의 정리를 참고해보면, (1)역사적-전기적 접근, 도덕적-철학적 접근으로 구성되는 전통적 방법론 (2)형태분석적 방법론 (3)심리분석적 접근방법 (4)신화분석적 접근방법 (5)설명적 접근방법 (6)심미적 접근방법 등이 방송비평의 방법론으로 제시되고 있음을 보게 된다. 김영석, 방송비평의 방법론, 방송문화, 1990년 3월호.

3) Arthur Asa. Berger, Media Analysis Technique, Sage, 1983.
한국사회언론연구회 매체비평분과 번역, <대중매체비평의 기초>. 이론과 실천, 1990.

사회학적 분석은 사회 속에서 어떤 프로그램이 맡는 기능을 분석할 뿐만 아니라 그것이 그렇게 인기가 있는 이유를 여러 욕구와 만족의 사례들을 통해 이해를 구하고, 여러 가지 조사 목록들에 대한 양적 분석을 통해 시·공간적으로 차이가 생기는 사회·문화적 특성을 비교하기도 한다.

이 분석 방법들은 철학적 기원도 다를 뿐 아니라 분석의 목표도 사뭇 달라서 그들 사이에 치열한 방법론 논쟁이 벌어지기도 했다. 뚜렷하게 승패를 갈라놓지 못한 것이 현재까지의 결과이고 보면 각 분석 방법의 장점을 보완적으로 활용하자는 의견도 나오고 있고 텔레비전 비평에는 유용한 제안이다. 실제로 자본주의 사회에서 가지는 대중매체의 이념적인 작용을 기호학적인 분석방법과 실증주의적인 양적 분석방법, 그리고 정신분석학의 개념들을 동원해서 설명하는 시도들은 드물지 않다.

기존의 방송비평들을 되돌아 볼 때 위와 같은 분석방법들이 본격적으로 활용되지는 않았다. 방송비평이 대개 월간지 뒤쪽 문화란의 한 부분에서 이루어져 온 탓도 있고, 분석 방법이 아직 사회적으로 확산되지 못한 채 대학 안에서만 소통된 까닭도 있다. 따라서 방송평을 발표한 매체가 확대되고 다양화하게 되면 방송 기자의 활동과 다른 전문적이고 다양한 방송비평이 이루어지리라고 본다.

구조분석과 징후적 해독

기존 방송비평의 한계로 지적된 전문성의 결여에서 빚어지는 부정적인 결과가 비평내용이 실제 제작에 거의 반영되지 않는다는 점이다. 비평의 전문성이 결여되어 있는 탓에 비평 시각에도 일관성이 있을 리 없고, 따라서 그와 같은 변덕스런 비평에 따라 프로그램을 제작할 수는 없다는 얘기이다. 이와 같은 비판이 방송 현업자의 의견이라는 점을 염두에 둘 때 충분히 수긍할 만하지만, 사실 텔레비전 비평은 프로그램 제작에 반영될 것을 목표로 하는 기능적인 제언과 구별되어야 할 것이다.

그럼에도 불구하고 "무조건 지적해대기만 할 뿐 구조적인 원인을 분석하고 대안을 제시하지는 않는다"는 비판은 일단 지금까지의 비평이 가지는 한계로서 귀 기울일 만한 지적이다.[4] 이 인용문에서 '구조적인 원인'이 어떤 수준의 '구조'를 뜻하는지는 자세히 나와 있지 않다. 한편의 텔레비전 프로그램을 놓고도 그에 대한 분석의 수준은 여러 가지가 있을 수 있다. 거시적인 수준에서 사회구조는 프로그램의 성격을 규정하는 원인으로 작용한다고 볼 수 있다. 여러 구성 요소들이 서로 관계를 맺고 있는 복합체로서의 사회 안에서 방송은 그런 관계망 속의 한 구성요소로 자리 잡고 있기 때문이다. 따라서 한 편의 작은 프로그램이라도 방송을 둘러싼 정치, 경제, 이념 등으로부터 어떤 영향을 받아 생산된다.

물론 방송이 다른 구성요소들의 특성을 그대로 복사해 내는 것은 아니다. 방송 나름대로의 자율적인 영역이 있고, 그렇기 때문에 방송 자체의 특성을 살펴볼 필요가 생기는 것이다. 방송제도와 규제, 경영과 인사운영, 편성정책, 제작관행과 여건, 판매방식(광고) 등을 예로 들 수 있다.[5] 이것을 중간의 수준으로 놓는다면 제작자 개인의 가치지향이나 감각, 사회전반의 취향에 대한 파악, 기술적인 숙련도 등은 미시적 수준에서 프로그램에 영향을 미치는 요인이다.

이런 여러 요소들은 이른바 상대적 자율성 속에서 구조적으로 서로

---

4) 정길화, 방송비평을 비평한다, 한국방송협회, 방송문화 1990년 3월, 13쪽.

5) 최창섭, 방송비평회 창립 1주년-회고와 전망, 한국언론연구원, 월간 신문과 방송 1989년 8월, 43쪽 참조.

관련을 맺고 있을 것이다. 따라서 한 편의 프로그램에는 늘 이런 요소들이 중첩되어 투영된다. 돌려 말하면 한편의 프로그램에 대한 분석은 거기에만 머물지 않고 사회, 문화 차원의 문제들을 징후(徵候, symptomatically)적으로 파악하는 작업이 될 수 있다.[6)]

여기서 '제작에의 반영'을 지향하는 비평 문제로 돌아가 보자. 비평이 제작에 반영되는 수준은 어떤 공감을 통해 이루어지는 것이지, 결코 제작 지침서나 교본의 형태로서가 아니다. 비평이 프로그램 분석을 통해 그 속에 중첩되어 투영돼 있는 여러 문제들을 징후적으로 읽어내는 것이라면, 그런 비평의 의미는 제작자들에게(물론 시청자 또는 비평의 독자에게도) 공감 혹은 반감을 통해 전달될 것이다.

방송비평가와 방송제작자

방송 현업자들의 얘기를 들어보면 비평에 대한 반응이 어떤 점에서 비슷하다는 느낌을 받는다. 열악한 제작여건에는 누구나 무관심한 데 대한 하소연, 제작기술상 잘된 점과 잘못된 점을 가려서 보아주지 않는 데 대한 서운함, 제작자의 본래 의도로부터 벗어난 제작결과, 하지만 시청자들이 그 사정을 알리 없고 그것을 알릴 통로도 없으니, 그렇게 타의에 의해 변질된 내용 때문에 비판당해야 하는 답답한 심정 등이다. 제작자들을 만나보면 그들은 자기에게 가해질지 모르는 웬만한 비평내용들을 굳이 지적을 받기 이전에 당사자로서의 자의식까지 덧붙여 알만큼 알고 있는 경우가 대부분이다. 하지만 정작 텔레비전 화면에 나타나

6) 징후(symptom)는 몸 안의 병을 바깥으로 드러내는 증상이라는 뜻을 포함하면서 아울러 그렇게 겉으로 드러난 증상이 단일한 원인보다도 다양한 원인들로부터 중첩적으로 규정받고 있는 것임을 뜻할 때 쓰인다. 프랑스 정신분석학자 라깡(Jacques Lacan)이 주로 사용한 증상 개념은 알뛰세르(Louis Althusser)를 통해 사회철학적 함의를 얻게 되었고 그 맥락에서 사용할 때에는 징후로 번역되고 있다.

는 결과물들에서는 여전히 아무런 개선의 조짐이 보이지 않는데 문제가 있다. 비평가도 마치 성명서를 발표하듯 프로그램에 대한 평문을 써내고, 제작자들은 어떤 비평에도 아랑곳하지 않는 등과 같은 양자의 태도에서 얻을 수 있는 것이라고는 서로에 대한 냉소 이외에 아무 것도 없다. 대립의 양 편은 비평가와 제작자 또는 시청자와 제작자가 아니다. 차라리 이들은 이미 한 편이다. 착각의 혐의를 양쪽의 대화부족에 두어야 할 것이다.

그럼에도 불구하고 방송비평은 제작자의 속마음을 헤아려야 하는 것인가 하는 물음에서 선뜻 '그렇다'고 대답하기 어렵다. 방송 비평의 영역이 거기에 그치지 않기 때문이다. 비평가와 제작자가 서로 협조하는 동반자 관계라고 말하지만, 비평가의 역할이 제작자의 심중을 뒤쫓아가며 정리해준다는 뜻은 아니다. 또, 미처 제작자가 신경 쓰지 못한 작은 실수와 부족함을 개선시키기 위해 꼼꼼하게 점검해주는 것도 아니다. 둘의 관계가 동반자적이기 때문에 오히려 둘 사이에는 끊임없는 논쟁이 벌어져야 하고, 그것이 용인되는 모습을 보여야 할 것이다. 서로의 보완은 그런 변증법적인 갈등 속에서 이루어지는 것이지 한쪽이 다른 한쪽의 빈구석을 채워주는 식의 것은 아니다. 그렇기 때문에 프로그램에 대한 비평과정에서, 제작자들 스스로가 그 속에 함몰된 채 빠져 나오려는 생각조차 하지 않고 있는 그 시대와 그 사회 전반을 뒤덮고 있는 특정한 가치체계가 노출될 수 있고, 또 그 특정 가치체계의 대척점을 찾지 못한 상황을 지적할 수 있으며, 그런 표현 방법의 모색을 제작자들에게 촉구할 수 있다. 이 과정에서 기존의 가치체계 속에 잠겨있는 제작자 혹은 그런 가치체계에 막연한 거부감을 갖고는 있지만 그것이 아닌 다른 것을 표현해 낼 출구를 찾지 못해 답답한 처지에 있는 제작자들과의 갈등이 빚어질 수 있다. 그런데 바로 이것이 비평가가 제작자를 보완할 수 있는 점이다. 문제를 문제로 보게 하는 것, 문제를 문제로 보지 못하는 상태를 문제라 지적하는 것, 제작자들의 자기반성의 계기를 마련하는 것, 이런 것들이야말로 비평가의 몫이 아니겠는가.

가령 '넌센스 코믹 홈 드라마'라는 긴 이름이 붙은 유령이 횡행하는 근원을 비평가는 제기할 수 있다. 시청자들이 깨어있는 민주화의 고양기에 그런 프로그램은 살아남지 못하고 무덤 속에 숨어있다. 그러다가 사회 전반의 보수화 물결이 몰아치게 되면 그 유령은 잠을 깨 세상을 활개 치면서 오히려 시청자들의 의식을 잠들게 한다. '넌센스 코믹 홈 드라마'의 내용 분석은 이와 같이 그 시대와 사회의 물밑에 감춰진 정치적, 이념적 경향을 드러내는 도구가 될 수 있다. 이런 드라마에서 출연자 선정의 잘못이라든가, 내용의 비교육성 등을 문제 삼는 것처럼 넌센스한 비평도 없을 것이다.

비평, 공감/반감의 자리

비평가는 결코 작품해설가가 아니다. 어떤 프로그램의 의미를 처음부터 끝까지 일목요연하게 정리함으로써 그 제작자들의 본뜻을 시청자들에게 더 잘 전달하는 존재가 아니다. 물론 하나의 비평을 이루는 여러 단계 가운데 한 단계로서 작품의 의미와 제작자의 의도에 대한 해설이 중요한 자리를 차지하고 있다는 것까지 부정할 뜻은 없다. 말하고자 하는 바는 비평의 생명이 이렇고 저런 프로그램들에 기대어 유지되는 게 아니라, 그것 고유의 의미가 있다는 것이다. 그리고 그 고유의 의미는 제작자와 시청자 어느 한 쪽 편을 드는 데에서 생기기보다는 비평 자체가 가지는(또는 일으키는) 공감과 반감의 지점에서 표출된다는 것이다. 이 지점, 즉 비평이 가지는(또는 일으키는)공감과 반감의 자리에는 그러므로 제작자와 시청자 모두가 참여할 수 있고, 또 이미 개입되어 있다.

다른 문화·예술 분야들과 비교할 때 특히 방송비평의 경우 이런 공감/반감에 대한 인식이 중요하다. 집집마다 없다시피 한 텔레비전 보급률과 하루도 빠짐없이 5개의 공중파 채널과 수십 개의 케이블 채널을 통해 24시간 내내 어떤 내용인가가 방송되고 수용되는 현실을 돌아볼 때 텔레비전 방송은 이 시대 문화체험의 대표적인 매개물이다. 문화매체로서의 방송에 대한 인식, 방송에 대한 미학적인 비평의 요구 등이 대체로 그런 현상을 중시한 문제제기라고 볼 수 있다. 넓게 말해서 '방송문화'에 대한 관심, 즉 문화현상으로서 방송에 접근한다는 것은 한 사회를 문화형성체로 볼 때 바로 그 문화형성체의 성격을 진단하는 창구로서 방송을 조명한다는 뜻이다. 텔레비전 속에는 이렇고 저런 보도, 교양, 오락 프로그램들과 광고가 들어있다. 이들이 바로 텔레비전을 복합적인 욕망의 집합체로 만드는 구성요소들이다. 보도물들은 '알 권리'에 대응하는 '알릴 의무'의 탈을 쓰고 특정 정치집단의 노출욕망을 충족시키고 있고, 광고는 시청자들의 훔쳐보기 욕망을 이윤추구에 이용하고 있다. 제작자들은 좀 더 나은 화면을 제공하고 싶고, 시청자들은 보고 싶다. 양자의 욕망이 만날 때 그것은 快로 작용하여 공감을 일으킬 테고, 어긋날 때 불쾌로 작용하여 반감을 일으킬 것이다.

하지만 제작자와 시청자의 욕망이 만났다고 해서 그 프로그램이 언제나 좋은 작품인 것은 아니다. 욕망의 현실적인 표현은 늘 어떤 지향성을 갖게 되고, 그만큼 욕망은 순수하지 않기 때문이다. 특히 자본주의 체제에서 욕망의 가장 큰 뿌리는 자본이고, 그렇기 때문에 작은 뿌리들은 언제나 그 큰 뿌리의 모방일 가능성이 높기 때문이다. 그러므로 방송비평가는 프로그램이 담고 있는 욕망의 뿌리와 그것의 지향점을 밝혀내야 한다. 그 지향은 결국 어떤 가치의 선택으로부터 시작되는 것으로서 그 모습은 다양할 수 있다. 진보 대 보수, 민주 대 독재, 해방 대 억압, 지배 대 저항, 종속 대 자주, 분열증 대 편집증 등등 그 이분법은 아주 많은 이름들로 나열될 수 있다.

시청자와 제작자의 제자리 찾기

이탈리아의 기호학자 에코(Umberto Eco)는 그의 폭넓은 관심의 한 영역으로 텔레비전 방송까지 포괄하고 있다.[7] 에코가 텔레비전 방송에서 특히 관심을 보이는 주제는 "송신된 메시지를 서로 다른 환경에 있는 서로 다른 사람들은 어떻게 서로 다르게 받아들이는가"를 질문하는 것이다. 에코의 이런 질문은 그의 독특한 일탈해독(aberrant decoding)개념을 논의의 장으로 제출하려는 의도에서 비롯되었지만, 그와 같은 자신의 학문체계 내에서의 논의를 하필 텔레비전이라는 소재를 통해 진행시킨 데에는 당시 문화현상에 대한 그의 진단이 전제되어 있기도 하다. 즉, 해독과 일탈해독 개념이 의사소통(대인 커뮤니케이션 상황)에 눈을 돌릴 때 더 중요하게 활용된다는 것이다. "일탈해독이 대중매체에서는 규칙이다"라는 에코의 한 명제는 그런 그의 의중을 집약하여 담고 있다.

하지만 에코의 TV기호학이 이런 일탈해독개념을 중심으로 진행된 까닭에 그의 제안은 매우 제한적이고 어떤 점에서 빗나간 것으로 판단된다. 그의 결론은 "…송출기구의 태도를 교정시키려고 활동하는 정치, 문화 조직들은 그보다 차라리 수용지점으로 힘을 집중시켜야 할 것이다. 왜냐하면 이곳 수용지점이야말로 실제상황이 벌어지는 의미들의 전투장이고, 수용의 수동성이 가지는 자유의 영역이기 때문이다"이다. 아울러

7) 에코의 논의는 Umberto Eco(1980), "Towards a semiotic inquiry into television message", in J. Corner & J. Hawthorn(eds.), Communication Studies, Edward Arnold: London을 참조함.

이런 결론을 실현시키는 시행방안으로 그는 수용자 교육을 제안한다. 수용자에 대한 인식이 시작되고 있다는 점에서, 또 의미의 전투상황에서 수용자의 중요성에 대한 인식이 깃들어 있다는 점에서, 그리고 수용자 교육이라는 실천적 인식에 이르고 있다는 점에서 에코의 주장은 의의가 있다. 최근 우리 사회에서 일고 있는 시청자운동과 여러 가지 면에서 공감대를 이룰 수 있을 만한 내용이라서 더욱 그렇다.

이 결론의 한계는 한 마디로 송신자와 수용자라는 개념의 이분법에서 비롯된다고 할 수 있다. 의미의 전투 상황을 얘기할 때 그런 이분법은 대립 구도를 전혀 잘못 설정하게 된다. 누구라서 날 때부터 송신자일 것이며, 또 수용자일 것인가. 송출기구의 대척점으로서 수용지점을 이야기한다면 송출기구안의 여러 구성인자들, 즉 구성작가니, 프로듀서니, 기자니 하는 사람들은 모두 시청자들을 현혹시키기에 혈안이 되어있다는(적어도 우리 편은 아니라는) 혐의를 벗기 어렵게 된다. 이런 맥락에서라면 에코가 송출기구로부터 관심을 떠나보내자고 하는 주장은 마치 그곳에서 더 이상의 가능성을 찾을 수 없으니 그만 떠나자는 이야기로 들리기 십상이다. 하지만 한국사회에서 80년대 말 진행된 방송국 내부에서의 갈등과 투쟁은 송출기구를 에코처럼 단일한 단위로 파악해선 안될 이유를 말해준다.

의미들의 전투장은 비단 시청자들만이 아니라 제작자들에게도 해당되는 것으로 보아야 한다. 의미의 전투는 특정 집단에 국한되지 않고 사회 구성원 모두에게 걸쳐 일어나기 때문이다. 그 전투의 구체적인 매개역을 바로 비평이 맡는다. 그러므로 비평은 가장 먼저 송신자-수신자 대립구도로서의 이분법을 극복해야 한다. 물론 이 주장은 제작자와 시청자 사이의 너무도 뻔하게 있는 기능상의 차이를 없다고 하자는 뜻이 아니다. 의미투쟁의 대립 구도로서 양자를 수립하는 것이 잘못임을 지적하는 말이다. 의미의 투쟁을 일으키는 대립의 양자는 송신자와 수신자가 아니라 앞서 나열한 여러 가지 이름의 대립된 가치들과 현실에서의 그 각각의 담당자들일 것이다. 그래서 방송비평은 시청자들의 제자리 찾기 운동과 만나야 하고 방송사 내부에서의 제작자들의 제자리 찾기 운동과 만나야 한다. 그래서 그 운동들이 자기 모습을 확인하는 거울이 되어야 한다. 억압을 깨고자 하는 시도가 새로운 억압을 만들기 않도록 자기의 본 모습을 끊임없이 되돌아보게 하는 그런 거울말이다.

(저널리즘)

II

드라마

1. 텔레비전 드라마의 어제와 오늘

안방극장의 총아

프로그램 종류가 다양해진 지금도 텔레비전 드라마는 심심찮게 사회적인 화젯거리를 낳을 만큼 잘 팔리는 장르이다. 방송사간의 경쟁에서도 주말 연속극은 결코 양보할 수 없는 승부처로 여겨지고 있어서 다른 채널의 드라마에 못 미치는 시청률을 보이면 서둘러 마무리 짓고 유명 작가와 연기자를 동원한 후속 드라마를 통해 새로운 승부를 거는 모습을 드물지 않게 보아 왔다. 텔레비전을 '안방극장'이라는 다른 이름으로 부르는 예에서도 드라마를 텔레비전을 대표하는 프로그램 형태로 여기는 일반의 인식을 엿볼 수 있다. 텔레비전 방송의 역사를 보아도 그런 경향은 잘 나타난다.

1956년 5월 개국한 한국 최초의 텔레비전 방송국인 HLKZ-TV에서 이미 드라마 형태의 프로그램을 방송했다. 물론 그것은 국극단의 창극을 스튜디오로 옮겨 놓은 형식이어서 오늘날 우리가 생각하는 드라마의 개념과는 많이 다르다. 1961년 개국한 KBS-TV에서는 처음부터 드라마에 주력해서 <금요 극장>과 <유모아 클럽>이라는 드라마를 마련했고, 이듬해인 '62년부터는 일반 드라마 6편, 뮤지컬 드라마 1편, 창극 1편해서 모두 9편의 정규 드라마를 방송했다.

1964년 개국한 TBC-TV도 드라마 제작에 힘들 쏟아 라디오 연속극을 텔레비전으로 옮긴 "눈이 나리는데"를 우리나라 최초의 일일 연속극으로 내보냈다. 여기에 1968년 MBC-TV가 가세하여 1970년대를 텔레비전 드라마의 '홍수 시대'로 만들었다. 당시 사정을 극명하게 보여주는 것이 TBC이다. 70년대 중반 한때 TBC에서는 저녁 7시부터 매 시간 20분대에 4편의 일일 연속극을 편성하여, 주간 드라마까지 합쳐 어떤 날은 최고 7편의 드라마를 방송하기도 했다.

1980년대 들어 드라마는 다시 발전적인 변화를 보인다. 필연성도 없는 내용으로 하루하루를 때우는 일일 연속극이 쇠퇴하고 연결 간격을 좀 더 늘려 잡은 주말 연속극(시초는 '76년 TBC의 결혼 행진곡)이 드라마의 주축을 이루었다. 여기에 더하여 작품성과 주제 의식을 중시하는 영화적인 성격의 드라마가 생겨났다. KBS의 <TV 문학관>과 MBC의 <베스트셀러 극장>이다. 또 '87년 MBC의 <그 해 겨울은 따뜻했네>로부터 시작된 미니 시리즈가 지금까지 텔레비전 드라마의 발전을 주도하고 있다.

이렇게 드라마의 전개사를 조망해 볼 때 1990년대는 드라마의 역사상 어떤 특징을 보이는가. 1991년 12월의 편성표를 보건대 그 동안의 드라마의 역사를 혼합해 놓은 것 같은 인상을 받는다. 일일 연속극이 5편, 주간 드라마가 11편, 주말 연속극이 3편, 미니 시리즈가 3편, 대하드라마가 2편, 베스트 극장 해서 모두 25편으로 한동안 자취를 감추었던 일일 연속극이 5편이나 다시 모습을 보이고 있는 점이 이채롭다. 어쨌거나 4

개 채널을 합하여 25편의 드라마가 편성되는 호황이 여전히 계속되고 있다. 도대체 드라마의 재미는 어디에 연유하기에 이토록 마르지 않는 인기를 누리는 것일까? 이것은 분명 누구나 한번쯤 떠올려 봤음직한 궁금증일 텐데 그 동안 방송 비평의 주제가 되어 본 적은 없다.

드라마와 관련한 그 간의 비평 주제들은 표현상의 비윤리성과 내용의 비현실성 문제에만 머문 감이 있다. <꽃 피고 새 울면>에서의 근친간의 애정이라든가 <고개 숙인 남자>에서의 기혼자들의 외도, <사랑의 굴레>에서의 발작하는 듯한 연기, <춤추는 가얏고>에서의 욕설 섞인 대사 등은 그런 비윤리성(혹은 비교육성)이라는 잣대에 의해 비판된 경우들이다. 여자 변호사의 활약상이 그려진 <사랑의 종말>과 남자 주인공이 7년간의 식물인간에서 정상인이 되면서 빚어지는 갈등을 내용으로 한 <배반의 장미> 등은 비현실적인 상황설정으로 비판되었다.

물론 이 두 가지 평가 기준은 중요한 것임에 틀림없지만 그것만으로 드라마가 모두 평가한 것으로 치자니 석연치 않은 구석이 너무도 많이 남는다. 그렇다고 해서 연기자 캐스팅의 적절함 여부라든가 사극에서의 의상이나 소품들에 대한 고증 문제들을 첨가한다고 해도 충분치 않기는 매한가지이다. 결국 이 지점에서 드라마의 본질로 논의가 심화될 수밖에 없다.

드라마는 분명 허구, 즉 꾸며 낸 이야기이지만 보는 이들의 공감을 얻기 위해서는 사실성의 뒷받침을 받아야 한다. 드라마의 자리는 사실과 허구의 사이 어딘가에 있을 것이고, 그렇기 때문에 사실성의 경계선과 허구성의 경계선을 인정해야 한다. 이것이 이 글에서 논의하고자 하는 바이다.

사실성의 경계선, 허구성의 경계선

MBC-TV 미니 시리즈 <춤추는 가얏고>에서 탤런트 김자옥은 부정적 이미지의 국악과 교수로 나오는데, 서울대로 오인될 소지가 있었다고 하여 서울 음대 국악과 학생들이 MBC 방송사 앞에서 항의 데모를 한 일이 있다. 뒤이어 방송 중지를 요구하는 인간문화재들의 서명도 있었는데, 이 파동은 바로 드라마의 사실성의 경계선에 대한 엄밀한 인식이 필요함을 보여준다. 드라마의 사실성이란 그 내용 속에 다루어지는 소재가 현실에 존재하는 특정 인물이나 사건이어서 확보되는 것이 아니다. 드라마는 기본적으로 허구이지만 현실과 구조적으로 유사하기 때문에 시청자들에게 공감을 얻고 사실적인 것으로 받아들여진다. 그러므로 <춤추는 가얏고> 파문에서도 그 드라마가 담고 있는 국악과 관련한 주제 의식에 대한 논의가 이루어진 것이 아니라, 특정 인물이나 사건을 현실에서 확인하려고 한 시도는 드라마의 사실성의 경계를 허무는 잘못을 범한 것이다.

드라마의 허구성의 경계선도 사실성의 경계선만큼이나 중요하다. 드라마가 꾸며 낸 이야기라고 해서 있었던 사실을 없게 하거나, 달리 있었던 것처럼 왜곡해도 좋다고 할 수는 없기 때문이다. 그 사례로는 1991년 방송되었던 KBS의 실록 대하드라마 <여명의 그날>을 들 수 있다. 이 드라마에서는 박정희 전대통령이 일본 육사 출신으로 나오지 않고 해방 전후 광복군과 연계를 갖고 항일 운동을 하려 했던 것으로 묘사되어 시청자의 역사 인식을 오도할 여지가 있었다. 드라마에서 현실을 적절히 가공하는 자유가 행사될 수 있다고 해서 그것이 사실의 왜곡마저 인정하는 것은 아니다. 결국 <여명의 그날>의 작가는 드라마의 허구성의 경계선 밖으로 나가는 오류를 저지른 것이다.

드라마는 이렇게 허구이면서 사실성을 띠고 있고, 있을 법하면서 어디까지나 꾸며 낸 이야기라는 미묘한 존재이다. 그 사실성을 통해서 시청자들의 공감과 그것을 바탕으로 하는 카타르시스가 가능해진다. 그리고 허구성을 통해서 다양한 상황이 설정되고, 재미를 주는 장은 요소들의 배치가 이루어진다.

드라마의 재미의 요소로 동원되는 대표적인 것이 '애정 관계'와 '출세기'이다. 흔히 멜로드라마에서 이야기를 전개시키는 주요한 동력이 바로 삼각 혹은 그 이상의 애정 관계이다. <꽃 피고 새 울면>이나 <사랑의 굴레>의 구성은 그 대표적인 경우이다. 그런데 이런 삼각의 애정 관계는 비단 본격적인 멜로드라마임을 내세우는 드라마가 아닌 경우에도 거의 빠지지 않고 도입된다. 대학생들의 삶과 고민을 내용으로 하는 <우리들의 천국>도 처음 시작할 당시의 구도는 한 명의 가짜 여대생을 사이에 둔 두 남자친구의 긴장 관계였고, 화이트 칼라와 블루칼라의 계층적인 긴장과 직장 생활에서 빚어지는 여러 갈등 들을 표현하는 직장 드라마 <도시인>에서도 홍보실장과 최치원, 은경표, 남정님 사이의 이중의 삼각관계가 주요한 흥밋거리로 활용되고 있다. 대하드라마임을 표방하는 <여명의 눈동자>도 장하림과 최대치 사이에 윤여옥을 배치함으로써 두 인물을 이념상의 대칭 관계로 만들고 있지만 이 또한 삼각관계의 변형이다. 이런 삼각의 애정 관계는 시청자들이 각자 현실에서 겪는 인간관계를 추상화시킨 것으로서 드라마 속의 등장인물들이 겪는 고뇌와 갈등을 자기의 체험에 비추어 동일시하게 하는 장치인 것이다.

'삼각관계', '출세기' 너무 많이 등장해

한 인물의 출세기도 삼각관계만큼이나 드라마에서 자주 활용되는 재미의 요소이다. 그 중 가장 대표적인 사례가 <사랑과 야망>과 <야망의 세월>이다. 두 드라마 모두 제목에서부터 '야망'을 내세우고 있듯이 그의 야망을 실현하는 인생 과정을 그린 것이다. 심지어 실존 인물인 허준의 일생을 극화한 <동의보감>을 보아도 그런 장치가 주요한 흥미의 요소로 도입되고 있음을 알 수 있다. 천첩 소생이라는 가장 밑바닥 출신으로서 정일품에까지 오르는 과정에서 허준이 겪는 다양한 난관들은 대개 어떤 승부의 형태로 그 앞에 다가선다. 이때 허준은 '위암을 사흘 안에 치료하겠다'는 선언을 통해 시청자들로 하여금 도박에서나 체험할 수 있는 스릴을 맛보게 한다. 그리고 그 승부의 결과는 현실에서 누구나 그리는 전세역전의 승리로 귀결된다. 이번 드라마의 주인공들은 어떤 책의 제목처럼 여러 난관 속에서 시련은 겪지만 실패는 모르는 승승장구하는 모습을 보인다. 그런 이야기 속에서 갈등이 깔끔하게 승리로 해소되는 것을 보는 시청자들은 현실에서의 그렇지 못한 자신의 처지를 한때나마 보상받는다.

이외에도 드라마에서는 둘러치는 대사의 감각, 긴박한 전개, 과감한 생략, 선명한 화면 따위가 재미의 요소로 동원된다.

이렇게 볼 때 드라마는 대중문화와 고급문화의 구분이 갖는 경직성을 넘어서서 현대의 문화적 체험을 대표하는 장르로서의 특성을 통해 재미를 불러일으킨다고 볼 수 있다. 드라마의 존재의 특성과 그 안에서 주요하게 활용되는 재미의 요소들을 검토하는 것은 드라마가 텔레비전을 대표하는 장르로 대접받는 까닭을 이해하는 데 많은 도움을 주지만 여전히 남는 문제도 많다. 그것은 가치의 문제로서 드라마가 주는 재미가 이 사회에 바람직한가 그렇지 못한가도 평가해야 한다는 말이다. 물론 그런 평가는 개별 드라마들에 구체적으로 접근하는 비평들에서 이루어져야 하는 과제이리라.

(한국인)

2. 텔레비전 드라마와 대중 정서

대중문화의 여러 영역들은 모두 대중 정서의 흐름과 밀접하게 연관된다. 대중문화가 본래 대중들의 취향에 부응해서 생산되기 때문이다. 그 가운데 텔레비전 프로그램들은 특히 더 그렇다.

대중문화의 다른 영역들의 향유와 비교하더라도 텔레비전 시청의 가장 큰 특징은 그것이 일상생활의 맥락에서 이루어진다는 점이다. 텔레비전을 시청하는 공간이 일상생활의 장소인 집안이기도 하거니와 텔레비전을 시청하는데 어떤 격식을 갖추거나 준비 작업을 필요로 하지도 않는다. 심지어 다른 일과 함께 할 수도 있다.

이렇게 텔레비전이 일상생활 깊숙이 들어와 있는 점은 프로그램의 성격에도 영향을 미친다. 자연히 텔레비전 프로그램 제작자들도 높은 흥행 성과를 거두기 위해 시청자들의 일상적인 정서의 흐름과 생활양식의 변화에 밀착하려고 든다. 그래서 텔레비전은 영화처럼 거창한 볼거리에 치중하기보다는 자잘한 세부 묘사를 중시한다. 그런 까닭에 텔레비전 프로그램, 그 가운데에서 특히 시청자들의 관심을 크게 끈 드라마들을 보면 그 당시 대중들의 정서의 동향을 짐작할 수 있다. 90년대에 크게 히트 친 드라마들을 통해서 대중 정서의 흐름을 더듬어 보기로 하자.

현실에 대한 높은 관심, 즉 사회에 대한 총체적이고 구조적인 인식을 요구했던 80년대와 비교할 때 텔레비전 드라마를 통해 본 90년대의 가장 큰 특징은 정반대로 현실 문제로부터의 눈 돌림이라고 할 수 있다. 그 양상은 다양하게 나타났다.

먼저 90년대 초에는 80년대식 사고방식을 떨쳐 내려는 모습이 보였다. 그 방송 시간이 되면 수돗물 사용량이 줄어들 정도라는 말을 들을 만큼 91년에 방송되어 높은 시청률을 올린 드라마 <사랑이 뭐길래>에서 그런 현상이 잘 나타났다.

<사랑이 뭐길래>의 기본 구도는 선명한 이분법을 띠고 있다. 정반대의 삶의 양식을 보이는 두 가정의 아들과 딸의 결혼 이야기를 기본 축으로 삼고, 그들의 어머니 사이의 가치관의 대립, 모녀간 부녀간의 세대 차이, 두 집안의 가장의 스타일 차이 등이 끊임없는 말다툼을 통해 표현된다. 물론 그 장황한 대사들은 그 분야에 독보적인 능력을 발휘해온 작가 김수현의 역량에 힘입은 바 크지만, 동시에 그런 선명한 자기 주장을 당시 시청자들이 마음 깊은 곳에서 요구했기에 그런 높은 시청률이 가능했다고 볼 수 있다.

어째서 당시 시청자들은 그런 선명한 이분법에 입각한 자기 주장을 요구했을까? 이 대목에서 깊은 주의가 요구된다. 80년대까지의 이분법은 선과 악 혹은 정의와 불의의 선명한 대립이었다고 할 수 있다. 사회 자체가 독재와 민주, 억압과 자유의 대립구도에 있었기 때문이다. 그런 관점에서는 선의 입장에서 악을 비판하고 정의의 이름으로 불의를 단죄하는 양상이 나타나게 마련이다. 하지만 <사랑이 뭐길래>에서는 대립된 양자의 입장이 공평하게 표명되었고, 그 기반에는 선과 악의 선명한 구분이 어려워진 90년대의 현실이 깔려 있었다. 그래서 겉보기에 선명한 이분법에 입각해 있는 듯한 <사랑이 뭐길래>는 오히려 그 이분법을 넘어서는 과정에 있는 드라마였다고 평할 수 있다.

하지만 지금까지 선과 악의 이분법에 비춰 쉽게 이해되어 온 사회가 더 이상 그런 관점의 적용을 받지 않게 되면서 사람들은 그 현실에 대해 관심을 멈추고 눈을 다른 곳으로 돌리게 되었다. 그 다른 곳은 크게 두 가지로 나타났다. 하나는 복고현상이고 또 하나는 소비에의 탐닉이다.

복고현상은 92년도에 방송된 드라마 <아들과 딸>이후 <젊은이의 양지>, <형제의 강> 등 여러 드라마로 이어졌고, 소비에의 탐닉은 트렌디 드라마라는 경향을 낳은 <질투> 이후 그 아류작들을 통해 광범하게 되풀이되고 있다. 삶의 구성 요소라면 노동 즉 생산과 그것의 소비 그리고 그 뒤의 배설이라고 할 수 있다. 80년대가 이 가운데 특히 생산의 중요성을 강조했다면 90년대 드라마들은 소비와 그 즐거움에 몰입하고 있다. 그것은 곧 현실의 힘겹고 구차스런 측면들을 잊기 위한 몸짓인 셈이다. 6-70년대 영화 포스터가 붙어 있는 담벼락, 트랜지스터 라디오, 당시 음악 다방 풍경 등 멀지 않은 과거를 떠올려 주는 소품들 보는 재미를 준 복고풍 드라마들도 마찬가지이다. 현실로부터 눈 돌려 찾아간 곳이 아스라한 과거의 추억인 것이다. 그것이 극단적으로 흘러 <한명회>, <장희빈>, <만강> 등 야사극들이 새롭게 인기를 끌기도 했다.

하지만 이렇게 현실로부터 고개를 돌려 찾아간 복고의 시도에서 드라마들은 새로운 대중 정서와 만나게 된다. 즉, 총체적이고 구조적인 현실 인식으로부터 도피한 곳에서 사소하지만 구체적인 생활을 발견한 것이다. <종합병원> 이후 <파일럿>, <모델> 등 드라마 흥행의 또 한 줄기를 이뤄 온 전문영역을 소재로 한 드라마들을 거쳐 <당신이 그리워질 때>로부터 <바람은 불어도>, <정 때문에>에 이르는 최근 3, 4년 사이에 가장 큰 위력을 발휘하고 있는 KBS의 일일연속극들이 바로 그 징표이다.

전문직 드라마들의 꾸준한 인기는 도시 거주 화이트칼라들이 인구의 가장 높은 비중을 차지하게 된 사정과 무관하지 않으면서 동시에 현실에 대한 거시적인 인식에 대한 대안으로서 삶의 전문적 영역에서 발생하는 구체적인 모습들에 대한 관심이 높아졌다는 정서적 동향을 반영한 것으로 볼 수 있다. 또, 일일연속극들은 그 내용을 분석해 보면 제목만 바뀔 뿐 기본적으로 가족 안에서 벌어지는 고부간, 부부간의 사소한 오해와 갈등 그리고 화해와 포용 등이 반복되고 있다. 그럼에도 불구하고 KBS의 저녁 시간대 프로그램들과 9시 뉴스의 시청률까지도 견인해 낼 만큼의 위력을 발휘하는 데에서도 다 그런 사소한 일상사에 대한 시청자들의 재인식의 욕구가 깔려 있기 때문으로 보인다.

이런 일상사의 사소한 국면들에 대한 관심이 불러일으켜지게 된 것은 그 의미가 예사롭지 않다. 그 동안의 대중문화계를 볼 때 그 중심에는 스타가 있었고, 현실에서는 정치 권력자들이 중심에 서 있어서 그들의 모습과 행보가 유일한 관심사인듯한 경향을 보였었다. 그런데 스타 혹은 절대 권력자와 그에 저항하는 영웅들이 만드는 신화의 세계가 아니라, 보잘 것 없는 대중들 자신의 사소한 삶의 모습들 속에서 가치를 찾게 되었음을 나타내 주기 때문이다. 이제 대중들의 관심은 나와 다른 신화적인 세계 쪽 보다는 나와 같은 공감의 세계 쪽으로 돌려진 것이다. 꼭 드라마만이 그런 경향을 나타내 준 것은 아니다. 가령 '몰래 카메라' 같은 경우도 그 좋은 사례이다. '몰래 카메라'의 대상은 비록 스타들이지만, 무대 위에서의 신비로운 모습이 아니라 막 뒤에서 전개되는 그들의 '하찮음'이 훔쳐보기의 표적이 되고 있지 않은가. 대중과 스타 사이의 이질감에서 비롯된 숭배가 아니라, 그들도 나와 똑같은 일상의 삶을 살고 있음을 발견하고 갖게 되는 동질감에서 우러난 애정이 스타들의 인기의 핵심이 된 것이다. 최근의 '이경규가 간다'의 인기의 동기 또한 같다. 바로 대중들로 하여금 자신의 모습을 응시하게 해주기 때문이다.

이처럼 대중들이 드라마 속에서 자기를 발견하기 시작했다는 것은 현실 인식의 새로운 차원의 시작을 의미한다. 가령 최근의 정치 현실을 배경에 깐 드라마 <모래 시계>가 '귀가 시계'라는 별칭으로 불릴 정도로 높은 시청률을 기록한 데에서 드러나듯이 대중들이 현실로부터 눈을 돌렸다고 해서 결코 현실을 잊고 있지는 않았던 것이다. 비록 12.12 군사반란 주모자에 대한 사법처리 정국의 계기로 활용되었다고는 해도 어쨌거나 최근의 정치적 격변을 고발한 <제 4공화국>과 <코리아 게이트>에 대해 보여준 시청자들의 관심과 현실 정치권의 동향을 암시하는 <용의 눈물>이 완만하지만 지속적으로 시청률을 올리며 화제가 되고 있는 것, 그리고 비자금 장부를 둘러싼 소동을 코믹하게 보여주는 <영웅 반란>, 비록 함량 미달이기는 해도 정경유착을 소재로 한 <욕망의 바다> 같은 드라마들이 계속 만들어지고 있는 점등은 대중들의 현실 인식과 관련해서 중요한 변화를 시사하는 징표로 볼 수 있다.

이제 대중들은 더 이상 상대가 유력자라는 이유만으로 그에게 자신의 삶의 의미와 가치판단의 기준을 의탁하고 있지 않다. 분명하게 따질 것은 따진다. 다만 조용하게. 지금 여당 대선 후보 아들들의 병역 기피에 대한 엄정한 그러나 말없는 지탄이 그 증거이다. 대중들은 이제 이 사회의 주체가 영웅뿐만 아니라 구체적인 현실을 살아가고 있는 자기 자신과 같은 대중들이라는 자의식을 갖게 된 것이다. 텔레비전 드라마는 아직 여기까지 이르지는 못했다. 하지만 그 문턱 앞에 서서 그런 대중들의 속마음을 표현해도 괜찮은지를 한참 저울질하고 있을 것임에 틀림없다.

(명사설 명칼럼)

3. 드라마 비평의 실제

1) 역사극

(1) 텔레비전 사극, 역사의 행간에서 벌이는 게임

바야흐로 텔레비전 사극의 전성시대인가 보다. <태조 왕건>과 <여인천하>가 7월 현재 40% 안팎의 시청률로 인기 1위 자리를 주거니 받거니 하고 있고, 4위에 <명성황후>가 있다. 한참 쳐지지만 <홍국영>도 있고 또, 지금은 막을 내린 <천둥소리>, <목민심서> 등도 비슷한 시기에 편성된 사극들이다. 그전에도 사극이 최고 인기를 누린 적은 여러 번 있었지만 요즘처럼 동시에 여러 편이 기획되어 대부분 성공을 거두기는 참으로 드문 일인 듯싶다. <질투>와 <종합 병원> 이후 드라마의 주류를 이루어 온 '전문 영역을 소재로 한 트렌디 드라마'들에 시청자들이 식상할 무렵 해서 새로운 돌파구로 등장한 장르가 그 정반대 성격의 사극이라는 점도 재미있다.

여기에는 <용의 눈물> (96년)과 <허준> (99년)의 큰 성공이 직접적인 자극 요인이 되었다고 할 수 있다. 앞서 <임꺽정>이나 <홍길동>도 좋은 반응을 얻었지만 다른 파급 효과는 없는 단발성 인기였다. 그런데 <용의 눈물>과 <허준>은 역시 '되는 이야기가 된다'는 속설을 다시 한 번 확인시켜 주면서 드라마 전반의 구도를 사극 중심으로 이끄는 힘을 발휘했다. <허준>은 91년과 72년에 이은성의 같은 대본으로 모두 큰 인기를 끈 바 있는데 불과 8년만에 다시 한 번 방송되어 오히려 사극 역사상 최고의 시청률 기록을 세우는 놀라운 흡인력을 보여주었다. <용의 눈물>은 속편 격인 <왕과 비>로 이어졌는데, 그 사이에 있어야 할 세종

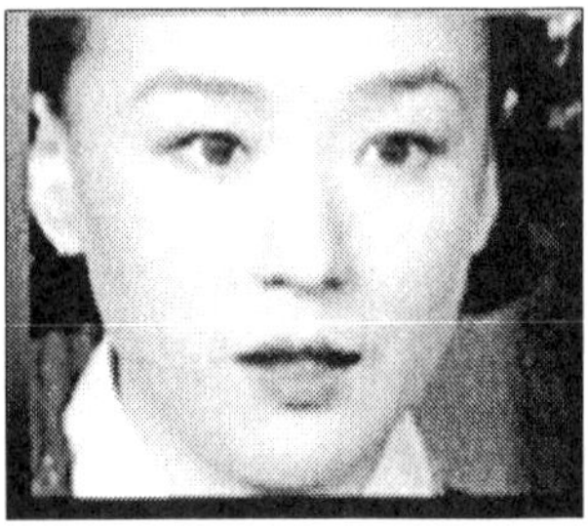

SBS <여인천하> 정난정

의 치세는 건너뛰고 이방원과 수양대군 이야기만을 다룬 셈이다. 여기서 사극의 인기몰이의 핵심이 권력투쟁과 모략에 있다고 보는 방송사의 인식을 알 수 있고, 그런 의미에서 <여인 천하>는 그 연장선 위에 있다고 할 수 있다. <여인 천하>는 중종조를 시대 배경으로 하고 있지만 한마디로 정난정 이야기라고 하면 더 빨리 이해된다. 장희빈, 장녹수와 함께 정난정은 사극의 3대 흥행 보증수표가 아니던가 말이다.

이와 같은 사극의 흥행성은 어디에서 기인하는 것일까? 스펙터클한 전투장면, 무협, 권력 암투, 순정한 사랑, 현실 비유, 영웅의 표상(인간 승리) 등 사극이 가지는 재미의 요인들은 제법 여러 가지이지만 또한 특화 되어 있다. 특화되어 있다함은 이런 재미의 요인들이 사극이기 때문에 허용되고 또 사람들이 사극에 특히 기대하는 바에 해당한다는 뜻이다. 사극의 주인공들은 모두 영웅이라고 할 수 있는데, 허준이나 정난정처럼 사회의 밑바닥에서 출발하여 온갖 역경을 극복하는 영웅도 있고, 왕건이나 세조처럼 군사적 정치적 영웅도 있다. 현대극이라면 그런 영웅의 표상에 대해서 이런 저런 의문이 제기되고 따라서 현실감이 떨어질 수 있지만, 사극에서는 기록된 현실에 기반하기 때문에 작가가 창작한 에피소드들에서는 현대극보다 더 한 과장까지도 허용된다.

예전에는 사극 하면 멜로 사극을 일컬었다. 여인의 순정과 기다림 그리고 그런 사정을 더욱 애틋하게 만드는 신분의 장벽이 주요 모티브로 제시되었는데, 이를테면 한국형 소우프 오페라라고나 할까 편성도 주로 일일연속극 형태였다. <사모곡>, <임이여 임일레라>, <하늘아 하늘아> 등 제목만 떠올려 보아도 그 성격이 짐작이 간다. 그래서 사극 하면 여성 시청자를 주요 대상으로 한다고 생각했고, 오죽하면 다른 분야와 다르게 사극 쪽에서만 유독 '남성'을 수식어로 하는 남성 사극이라는 장르 명칭이 다 나왔을까.

멜로 사극들이 80년대 후반 그 인기 수명을 다하면서 등장한 것이 이른 바 남성 사극들이다. 무협과 스펙터클을 가미하고 권력 암투를 내용의 주조로 삼으면서 멜로 사극을 외면했던 남성 시청자들까지 TV화면 앞으로 끌어들이면서 그런 별명이 붙은 것이다. 정통 무협물은 한국 TV에서는 미약한 영역이지만 무협적인 표현들은 부분적으로 가미된 경우가 많다. 이제는 드라마의 폭력 표현이 아주 세져서 각목이 예사로 등장하고, 스턴트 맨이 유리창을 깨며 날아가는 장면을 드물지 않게 볼 수 있지만, 예전에는 그런 아크로바틱한 액션이 허용되는 유일한 공간이 사극이었다. 시간 거리가 먼만큼 어느 정도의 비현실성이 받아들여질 수 있었기 때문이다. 텔레비전에 스펙터클한 장면을 담을 수 있는 것도 사극의 특성이다. <임진왜란>이나 지금의 <태조 왕건>처럼 국가 사이의 전쟁을 다루는 경우, 더 볼만한 전투 장면을 만들어 내기 위해 막대한 제작비를 들여서 미니어처를 만들거나 촬영용 세트장까지 짓고 있다. 이런 시도를 두고 한국 방송의 대표적인 고비용 저효율 구조를 지적하기도 하지만, 92년에 방송된 삼국시대를 다룬 <삼국기>처럼 물량 투입의 효과를 전혀 보지 못한 경우라면 몰라도 <태조 왕건>의 경우 비용만큼의 효과는 내고 있는 만큼, 제작비 절감을 작품 의욕에 앞서는 절대 요건으로 삼을 필요는 없을 것 같다.

하지만 역시 사극의 가장 핵심적인 재미는 정치 세력들 사이에 벌어지는 권력 암투이다. 여기에서 대본과 연출 역량이 드러나고, 이 부분이 인기의 차이를 가르는 지점이다. MBC 조선왕조500년사 시리즈 가운데 가장 인기를 끌었던 <설중매>에서 탤런트 정진은 한명회 역을 통해 일

약 일급 연기자로 도약했고, 뒤이은 <풍란>에서 유자광의 "(모든 책략은) 이 손안에 있소이다"라는 대사는 유행어가 되기도 했다. 또 <여인천하>는 매회 "중전 마마를 살려드릴 비책이 있습니다"라는 정난정의 대사로 끝을 맺고 있다. <여인천하>의 홈페이지 게시판을 보면 문정왕후의 회임이 사실이냐 거짓이냐를 놓고 시청자들 사이에 예측이 분분한데, 그 만큼 시청 몰입이 대단히 강함을 알 수 있다. 화면의 크기가 작다는 점에서 텔레비전 사극은 영화의 스펙터클을 따라갈 수 없다. 하지만 화면이 작기 때문에 모략이 준비되고 진행되는 스튜디오 촬영 부분에서 텔레비전은 오히려 영화에 앞선다. 이것을 일컬어 정사에 기록되지 않은 행간이라고 할 수 있을 텐데, 그 행간을 채우는 작가의 상상력에 따라 온갖 드라마가 연출되고, 시청자들은 거기에서 매혹을 느끼게 된다. <여인천하>를 두고 중종이나 조광조 이야기가 아니라 정난정 이야기라고 할 수 있는 것도 바로 정난정이 그 행간의 주인공이기 때문이다. <태조 왕건>에서도 궁예의 죽음과 더불어 정사와 야사에서 알려져 있던 극적인 큰 구도가 사라지게 됨으로써 점차 왕건의 후계 결정을 고리로 한 권력 다툼 쪽 줄거리를 부각시키려고 애쓰는 걸 보더라도 사극의 이런 생리를 짐작하게 한다.

KBS <태조 왕건>의 궁예

이처럼 권력 암투 부분에 시청자들이 몰입되기 때문에 사극은 현실 비유의 효과를 갖는다. 즉, 사람들은 사극을 통해서 당대 현실의 맥락을 읽어내기도 한다. 이런 효과는 양면성을 갖는데, 한 편으로 현실을 정당화하기도 하고, 다른 한 편으로 현실을 풍자하고 비판하기도 한다. 84년의 <설중매>나 98년의 <왕과 비>를 보면서 사람들은 수양대군 세력이 왕위를 찬탈하는 장면 위에 80년 군부 쿠데타 세력들의 모습을 겹쳐 보기도 했는데, 한명회가 구사하는 주도면밀한 계략들이 드라마 속에서 발휘하는 매혹성으로 인해 시청자들이 그것을 현실 비판적인 쪽으로 받아들이기는 어려웠을 것이다. 그에 반해 병자호란을 다룬 86년도 <남한산성>편 등 다른 많은 경우에 사극은 당시 현실을 비판적으로 비유하고 있다는 이유로 정보기관 등으로부터 지속적인 외압을 받아 중도하차 한 경우도 있다. 또, <태조 왕건>에서는 그의 후사를 정하는 문제로 의형제들과 공신들이 대립하는 상황에 접어들고 있는데, 이로부터 한국 정치의 한 특징인 가신과 공신들 사이의 주도권 다툼을 읽어낼 수도 있다. 심지어 국회에서 여야 의원들 사이에 서로 상대방을 가리켜 '아지태'같은 존재라고 손가락질했다고 하니 이런 모든 사례들은 시청자들이 사극을 현실과 얼마나 밀접하게 연관 짓고 있는가를 알게 한다.

그러면 이런 현상을 두고 온고지신 곧, 옛일을 거울삼아 현재의 나갈 바를 알려준다고 할 수 있을까? 그보다는 눈에 보이지 않는 현실 정치의 행간의 상황을 미루어 짐작하게 해주는 준거 텍스트 구실, 다시 말해서 신문 가십란과 같은 기능을 사극이 한다고 보아야 할 것이다. <태조 왕건>이나 <여인천하>에서 나타나는 세력들 사이의 대결은 눈앞의 이권을 두고 벌이는 이해당사자들의 게임과 같다. 아지태와 종간, 종간과 왕건이 벌이는 게임 속에서 농민 세력에 기반한 궁예와 호족 세력의 대표자로서 왕건 사이의 대결이라는 역사의 흐름을 읽기는 참으로 어렵다. 더구나 그토록 매력적인 전인화와 강수연을 보면서 문정왕후와 정난정의 권력 농단으로 당시 민중들이 겪어야 했던 고통을 추측하기는 더더욱 어렵다. 모략과 술수 쪽의 풍부한 상상력에 비해 역사의식 쪽은 아직 빈약한 것이 사극의 현단계이다. 이는 결국 텔레비전 드라마가 갖는 한계인가? 그보다는 다양성의 층이 얇은 텔레비전 문화의 한계라고 해야 할 것 같다.

(창작과 비평)

(2) 역사 드라마 비평의 실제

<일출봉> 상실과 꿈, 두 축으로 굴러가는 드라마

봉건체제 말기에 있을 법한 네 가지 인간형을 소개하는 드라마 <일출봉> (임충 극본, 이재갑 연출)의 홍보 내용을 보고 속된 말로 '남성 사극'을 오랜만에 보게 되리라고 생각했는데, 극의 진행을 보건대 이 드라마는 그런 속된 구분법을 넘어서고 있다. 남성 사극 하면 흔히 <조선왕조 오백년>가운데 한명회의 정략으로 인기를 끌었던 '설중매'편을 예로 많이 든다. 그것은 사극물이 대부분 궁중에서 벌어진 후궁들의 다툼이거나 외형만 옛 모습을 한 멜로드라마의 범주를 벗어나지 못해 왔기 때문에 정치문제가 소재 차원에서만 다루어져도 사극으로서는 이례적인 일이고, 따라서 정치 얘기가 없는 '주부용'멜로 사극과 구별하여 '남성사극'이라는 편견에 찬 분류를 했던 것 같다.

그런데 <일출봉>에는 그러저러한 요소들이 섞여 있어서 한편으로는 '잡종'같기도 하지만, 그것이 바로 기존의 속된 구분법을 넘어서게 하는 기반이 되고 있다. 상전인 오성의 처(박순애 분)에 대한 업산의 연모, 은옥(도지원 분)과 업산의 사랑이 있는가 하면, 진성 모(母)에 대한 오성 모의 질투와 업산에 대한 낳은 정과 기른 정이라는 모정 등 여성심리에 대한 상반된 고정관념도 도입되어 있다. 또한 오성을 쫓는 염동과 업산의 앞길을 가로막는 오성의 모략, 과장(科場)과 성균관에서 서로의 관계를 알지 못하는 형제 석주(업산)와 석우의 운명적인 만남 등 대중적인 흥미의 요소들이 별다른 치장 없이 활용되고 있다. 그런 요소들이 변혁기를 사는 등장인물들의 의식의 변화라는 일관된 경향 속으로 녹아들고 있어서 그것을 대중성에의 편승으로 지적하기보다는 차라리 구차스런

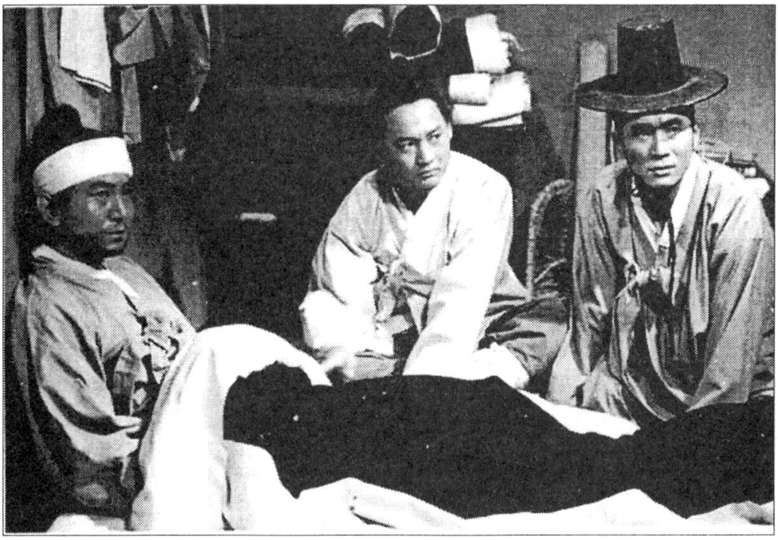

MBC <일출봉>

세부설명의 생략으로 이해해야 할 것이다.

그렇다면 사극으로서 <일출봉>의 의미는 어디에서 찾을 수 있을까? <일출봉>을 움직이는 큰 힘은 상실과 꿈이다. 상실은 그것을 채우려는 꿈을 낳게 마련이다. 그러나 꿈은 체제에 의해 억압되어 그것의 충족은 하염없이 뒤로 물러날 뿐이며, 그렇기 때문에 꿈은 새롭게 자기 분열을 행한다. 그 꿈은 억압체계를 변화시켜야 한다는 욕망의 다른 모습이다. 업산이 상실한 것은 양반신분, 곧 기득권이므로 구체적이고 세속적이다. 그래서 그의 꿈은 보수적이다. 윤진사의 서자인 진성과 씨종인 염동이 상실한 것은 평등이다. 그러므로 그들은 불평등을 강요하는 체제를 거역하는 꿈을 꾼다. 하지만 그 방식은 각자 가시가 가지고 있는 도구의 성격을 통해 왜곡된다. 진성을 문자를 가지고 있으므로 언문소설을 통한 의식개혁으로 그의 꿈을 표현하고, 염동은 연장을 가지고 있으므로 무장봉기를 통한 체제개혁을 꿈꾼다. 오성이 상실한 것은 자유이다. 그에게 양반신분은 오히려 그의 가능성을 옥죄는 굴레일 뿐이다. 그도 어려서부터 이미 자기의 소질을 알고 장사꾼의 꿈을 갖지만 제도적인 억압의 무게를 견디지 못하고 그의 욕망은 악한 인성의 대변자로 변질되고 만다. 이들 외에도 은옥 역시 남녀불평등 체제의 피해자이고, 업산의 동생 김석우도 사상의 자유를 박탈당한 채 체제의 모범생으로 양육되어온 상실의 존재이다. 그리고 그들은 모두 자기 나름의 방식으로 새로운 미래를 꿈꾸고, 그 서로 다른 꿈의 방식들 사이에 갈등을 빚기도 한다. 바로 이 자리가 사극이 현재를 '간접화법'으로 이야기하는 지점이고 드라마 <일출봉>이 대결하고 있는 주제이다.

하지만 <일출봉>의 구심점은 업산이고, 다른 사람들은 주변적인 것이 그들 간의 허심탄회한 대결을 피하게 한다. 진성이 행하는 대중들에 대한 깨우침도, 염동의 무장봉기도, 석우가 가담하는 지식인들의 의식화 작업도 모두 하나씩의 방법일 뿐 결국 업산이 하듯 현재의 고난을 참고 견디면서 자기에게 주어진 일에 충실한 자세야말로 그 모든 것을 감싸 안을 수 있는 것으로 묘사되고 있다. 더욱이 업산의 인생행로를 보건대 그는 처음의 상실로부터 점차 안정 상태로 다가가고 있다. 거의 예외 없이 모든 텔레비전 드라마들은 문제제기(즉 상실)로부터 문제의 해결(즉 안정)에 이르는 진행을 보인다. 그래야 시청자들이 한편의 드라마와 몇 달 동안 맺었던 관계를 뒤끝 없이 끊을 수 있기 때문이다.

이러한 '떠남과 돌아옴'의 이야기 구조를 답습할 때 <일출봉>은 현실에서 아직 결론이 내려지지 않은 우리시대의 꿈들을 안정지향적인 틀 속에 가두게 될는지도 모른다. 업산의 꿈 만큼이나 소중한 진성과 염동과 석우의 꿈들이 서로 어떤 대화를 나누며 펼쳐질지 기대하며 <일출봉>을 보기로 하자.

(TV저널)

<동의보감>과 <허준>

〈동의보감〉 영상미와 사실성에 의료사상 조화

지난 17일 14회로 막을 내린 MBC-TV 창사특집극 <동의보감> (극본 이상현, 연출 이재갑)은 드라마를 보는 재미와 삶의 교훈을 함께 준 작품이었다. 이 드라마는 <동의보감>의 저자인 허준의 일대기를 극화한 것이다. 한 인물에만 초점을 맞추게 되면 드라마의 공간구성이 단조로워질 염려가 있지만 <동의보감>은 전혀 그런 생각이 들지 않을 만큼 재미있는 요소들을 밑에 깔고 있었다.

<동의보감>이 주는 재미의 요소들은 어떤 것들일까. 먼저 원작소설(이은성 지음)의 뛰어남을 들 수 있다. 하지만 원작의 유명세는 오히려 드라마에 부담을 줄 수도 있다는 점에서 <동의보감>은 소설을 영상화하는데 그치지 않고 드라마의 고유함을 잘 살려낸 작품이라고 평가를 받을 만하다. 가령 허준이 새벽에 물 길러 다니는 장면을 보자. 하얀 눈이 쌓인 어두운 산골에 어느덧 풀이 돋는다. 이러한 화면의 변화는 시청자들에게 계절의 변화와 시간의 흐름을 일러준다. 이것은 시청의 즐거움이 줄거리에만 있지 않고 그림을 보는 유쾌함에도 있음을 알게 해 준다. 또 얼굴에 침을 놓거나 인체를 해부하는 장면 등은 텔레비전 화면에 처음 등장한 것으로서 사실성을 높이는데 한 몫 하는 요소였다.

그러나 역시 <동의보감>의 대표적인 재미의 요소는 한 인물의 출세기라는 데 있다. 현감의 천첩소생이 정일품에 이르는 인생 행적은 보는 사람의 흥미를 불러일으키기에 충분하다. 특히 유의태와 양예수가 벌인 침놓기 대결이나 사흘 안에 위암을 완치시키는 사건들에 들어 있는 도박적 요소와 그것이 결국 유의태와 허준의 승리로 돌아갈 때 느끼는 전

세역전의 쾌감 등이 흥미를 더해준다.

그러나 <동의보감>은 통속적 재미에만 그치지 않고 거기에 일정한 주제를 담고 있다. '기개 있고 고결한 성품을 지닌' 허준이라는 한 인간이 보여주는 삶의 자세를 주제로 볼 수도 있지만, 좀 더 구체적으로는 의술을 통해 한 인간이 어떻게 사회적이고 정치적인 깨우침에까지 이르는가를 보여준 것에서 이 드라마의 주제를 찾을 수 있다. 허준은 삼적대사에게 "의술의 정도란 무엇인가?"고 묻는다. 허준은 "올바른 의원은 병들기 전에 다스리는 것인데, 병을 예방하고 몸을 보양하는 섭생의 이치를 깨우치려 해도 사람들은 코웃음을 칠뿐이다. 양식이 다 떨어진 판에 무슨 보양이며 섭생인가하고 오히려 반발한다. 벼슬아치들이 백성의 것을 모두 긁어가는 형편에 어찌 의술의 정도를 펴 보이겠는가"라며 분개한다.

이렇게 <동의보감>은 허준이라는 인물의 극적 삶을 통해 우리 선조들의 의료관을 오늘에 이어받을 만한 하나의 '사상'으로 승화시켜 표현하고 있다. 그렇기 때문에 사극이면서도 현대적인 말투를 사용한다든지, 인물과 이야기는 있으되 역사성이 없다는 등의 논란거리가 드라마 <동의보감>에는 그다지 심각한 문제로 생각되지 않는다. 이렇게 드라마의 수준은 조금씩 높아지고 있다.

(한겨레신문)

<허준>, 이야기되지 않은 '허준'의 진정한 새로움

MBC <허준>

텔레비전 프로그램에 대해 제기되는 질문 방식 가운데 대표적인 것이 그 인기의 비결이 무엇인가이다. 이에 대한 답변들은 대개 그 레퍼토리가 정해져 있어서, <허준>의 경우에도 캐스팅의 성공, 조연들의 감초연기, 빠른 전개, 기존의 사극과 다른 현대적 분위기 등이 지적되고 있다. 물론 이런 점들이 잘 어울려 좋은 흥행 성적을 올리는데 기여하고 있지만 일반화되기는 어려운 요인들이다. 그 까닭은 같은 요인들을 담고 있으면서 별다른 인기를 끌지 못한 드라마가 얼마든지 있다는 데에서 미루어 짐작할 수 있다. 또, <허준>을 현대적이라고 할 때 비교의 대상이 되는 기존의 사극들이란, 필자의 시청 경험에 의하면, <장녹수>류의 이미 십 년도 더 지난 멜러 사극들을 지칭한다는 점에서 전형적인 결과론적 짜맞추기 추론의 예라 할 수 있다. 사극에 있어서 말투나 배경 음악에서의 변화는 이미 90년대 초의 <일출봉>이나 <천명> 등에서 더 분명하게 감지되던 것들이다. 또, 극의 빠른 전개와 관련해서는 <허준>의 8년 전 판본인 <동의보감>도 가지고 있던 특징이었다.

질문을 조금 다른 각도에서 던져보면 어떨까. 즉, 제작 요소와 관련된 해명을 시도하는 것보다 차라리 그 인기를 통해서 읽을 수 있는 당대

사회의 정서의 향방에 대해 논의를 한다면, 정답이 없는 인기 요인 찾기보다 더 생산적이지 않을까 싶다.

이와 관련해서 요즘 필자가 참여하고 있는 <PD 연합회보>의 방송비평모임에서 아주 중요한 지적이 있었다. 즉, 영웅의 성격 변화를 <허준>의 인기를 통해서 읽어낼 수 있지 않겠느냐는 것이다. 드라마의 영웅이란 대중들의 원망(願望)의 정화로서 대중을 대신하여 그것을 이뤄주는 존재이다. 그런데 영웅의 존재 양식과 행동 양식은 대중들의 그것과는 격을 달리하여 쉽게 범접할 수 없는 높은 곳에 있게 마련이다. 허준의 경우도 그런 영웅의 성격을 갖고 있지만, 그 존재 양식이 사뭇 다르다. 그는 대중들 바깥의 존재가 아니라 그들 안에 있다. 그가 행사하는 의술은 신과 같은 능력을 보이지만 마법적이라기보다는 개연적이다. 그는 새로운 시대를 개척하는 쪽이 아니라 (흔히 하는 말로 IMF로 인한) 대중들의 상실감을 위로하는 쪽이다.

이렇게 새로운 영웅의 화신으로서 허준을 볼 때, 예진이나 다희와 같은 허준 주변의 여성들이 삼각의 애정 관계를 만들지 않는 점이 자연스럽게 이해된다. 그들은 허준의 인간적인 애인이라기보다는 영웅의 과업에 동참하여 무조건적으로 헌신하는 수호천사의 역할에 가깝기 때문이다. 이곳이 바로 <허준>과 <동의보감>이 구별되는 지점이다. <동의보감>에서 허준은 수많은 역경을 딛고 일어서는 인간승리의 드라마를 연출한 주인공이었다면, <허준>에서의 허준은 시대의 결핍을 채워주는 어떤 정서적인 본향이라고 할 수 있다.

또 하나 <허준>에서 흥미로운 부분은 드라마의 사실성의 경계선을 살짝 넘어섬으로써 시청자들을 미혹하는 독특성을 보여주는 점이다. 대개의 드라마들이 허구성의 경계선을 넘어섬으로써 사실 자체를 왜곡하는 오류를 범하는 예는 있었어도, 사실성의 경계를 넘어섬으로써 허구로서의 드라마의 본질을 훼손시키는 경우는 이번에 처음 보는 것 같다. 무슨 말이냐 하면 한방 상식을 적극적으로 전달하려 함으로써 픽션의 본령을 넘어서고 있다는 뜻인데, 우려스러운 가운데 일단 지켜보아야 할 대목이다.

이제 <허준>은 '혜민소'와 '의녀'들의 세계를 조명함으로써 내용상으로도 <동의보감>을 뛰어넘고 있다. 회수를 늘이면 드라마가 지루해 진다고? 천만의 말씀이다. 드라마가 지루해지면 안 된다는 입장에도 반대하지만, <허준>의 경우는 그것과도 또 다르다. 이은성에 의해 이룩된, 드라마 역사에 길이 남을 한 편의 극본이 이제 최완규에 의해 한 걸음 더 내딛고 있는 것이다.

(뉴 미디어 저널)

<상도> 모략에서 성찰로

MBC <상도>

고무줄과 엿가락에 비유되며 지탄받는 드라마 방영 연장이 반가울 때가 있다. 이병훈 PD와 최완규 작가의 '인간 사극' 제2탄이랄 수 있는 <상도>의 경우가 그렇다. 드라마의 산뜻한 완결성을 담보하느라 처음 예정대로 40회로 종영했다면 당장 이번 주부터 사는 재미 하나를 잃었을 것이다. 이런 바람은 텔레비전 키드를 자처하는 필자만 갖고 있는 것 같지는 않아서 평소 텔레비전 드라마를 즐겨 보지 않던 사람들도 일주일 내내 <상도>만 했으면 좋겠다고 말한다.

그런데 <상도>의 이 연장 10회분이야말로 드라마의 주제와 성취를 담아내야 하는 매우 중요한 단계라는 점에서 다른 '엿가락'들과는 다르다. 이 PD, 최 작가 짝의 전작이었던 <허준>과 <상도>의 전개 구조를 비교해 보면 그런 생각을 갖게 된다.

드라마 <허준>은 의원 유의태 밑에서 허드렛일이나 하던 허준이 어의에 이르기까지의 성취 과정을 종적으로 전개하는 기본 구조를 갖고 있다. 그러다가 후반부에서 내의원과 의녀 사회로 횡적인 확대가 시도되었다. 그런데 드라마 <상도>는 만상 안에서의 임상옥의 상승과정이라는 종적 구조와 더불어 석숭 스님과의 만남, 송상 대방 박주명에 대한 원한, 정치수와의 경쟁 등 횡적인 관계들이 함께 펼쳐져 왔다. 그러다가 극 후반부에 이르러 앞서 깔아놓은 복선, 곧 임상옥이 맞닥뜨릴 세 번의 위각 바야흐로 전개되고 있다. 그러면서 드라마는 종적, 횡적 전개와 다른 제3의 길 즉, 속으로 깊어지는 심화의 길로 접어들고 있다.

드라마 <상도>를 다시 최인호의 원작 소설과 비교해 보자. 소설에서는 간략하게 언급하고 지나간 임상옥의 소년시절과 장사 입문기라 할 수 있는 청년시절이 드라마에서는 매우 비중있게 창출되었다. 그 시기의 줄거리는 임상옥의 '상술'이 펼쳐지는 일종의 무용담에 해당한다. 특히 정치수의 기발한 모략에 맞서는 임상옥의 더욱 기발한 대응과 역전극이 펼쳐지면서 시청률도 조금 올라갔다. 그에 비해 원작 소설은 이미 거상이 된 임상옥이 세 번의 위기를 극복하는 과정에서 이루어지는 삶에 대한 성찰 부분에 대부분의 지면을 쓰고 있다. 조금 거창하게 평하자면 최인호의 작품이 구도소설 쪽이라면, 드라마 <상도>는 기업 소설이라고나 할까.

이제 드라마도 <상도>의 본론이자 결론인 세 번의 위기로 들어서서 그 두 번을 보여주었다. 청국 약제상들에 맞서 인삼을 불태우는 첫 번째 대응은 그 자체로 워낙 충격적인 에피소드여서 '죽어야 산다'는 의미가 대중적으로 잘 수용될 수 있었던 것 같다. 하지만 두 번째 위기인 홍경래와의 담판과 다리 세 개로 서는 솥의 비유는 아무래도 그 함의를 표현하는 데 많이 미흡했다고 생각된다. 이제 마지막 '계영배'의 교훈 하나를 앞두고 있는데, 소설에서는 가장 중요하게 그려진 이야기가 드라마에서 어떻게 축약 제시될지 기대된다.

이병훈 PD는 사극에서 멋진 그림을 많이 만들어내는데, 특히 여인들의 단아한 한복 걸음새를 정측면 롱샷으로 보여주는 장면은 두고두고 다시 봐도 정갈하면서 매혹적이다. 여기에 더하여 장사꾼의 도리, 재물을 대하는 태도, 그리고 궁극적으로 삶에 대한 성찰에 이르는 임상옥의 일생이 시청자들 스스로의 삶을 돌아보는 데 작은 울림이라도 줄 수 있는 상징적 장면을 만들어낸다면, 그것이 바로 소설을 뛰어넘어 텔레비전 드라마가 해낼 몫이 아닐까 한다.

(월간에세이)

<춘원 이광수> 친일 지식인 비판적 조명

지난주 텔레비전에서는 광복주간을 맞아 다큐멘터리와 토론, 드라마 등 여느 해에 비해 아주 풍성한 특집 프로그램들이 방송되었다. 그 가운데 특히 눈에 뜬 프로그램이 문화방송 텔레비전에서 4부작으로 방송한 특집 드라마 <춘원 이광수> (이윤택 극본, 신호균 연출)였다.

그저 현대문학의 길을 연 소설 <무정>의 작가쯤으로나 알고 있던, 혹 조금 더 관심 있는 사람들에게는 일제말의 친일 변절자로 비난받고 있는 이광수의 삶을 이 드라마는 오늘의 현실에 비추어 재해석하여 소개했다. 특히 일제의 권력에 굴복한 한 지식인의 모습에서 보편적인 지식인의 한 초상화를 그려보려고 한 시도가 새로웠다. 광복 특집드라마 하면 굳이 시청하지 않더라도 익히 짐작할 만한 몇 가지 교훈들 가운데 하나로 주제가 고정돼 있던 것과 비교할 때 <춘원 이광수>의 탐구자세는 격을 달리하는 것으로 평가할 수 있다.

이광수의 친일행각에 대해 이 드라마는 드라마 속에 프로듀서와 작가를 등장시키는 액자형식을 통해 섣부른 옹호와 비난의 갈래길 사이로 피해갔다. 그러나 그 순간 이 드라마는 지식인의 모습을 안창호와 같은 노련한 정치가도, 신채호와 같은 정의로운 원칙을 중시하는 사상가도 아닌, 꿈과 이상을 좇은 인문주의적 감수성을 지닌 문사 이광수로 특정하는 잘못을 저지른다. 시대의 파도 앞에 희생되는 건 언제나 나약한 지식인일 뿐이라는 프로듀서의 자조, '배운 것이 병이 되었다'는 한탄, 80년대 철새시인 운운 하는 것 등은 모두 이 드라마에서 비판하고자 한 지식인에 대한 성격 규정이 모호한 것임을 드러낸 예들이다.

특히 이광수의 변절에 대한 직접적 원인을 설명하지 않고 안창호의 죽음에 이어 '천황폐하 만세'를 외치게 한 것은 돌연스러웠다. 그 생략의 이유가 있었다면 드라마 속 프로듀서와 작가를 통해 변절의 직접 원인을 '생략하지 않은 전개'와 '생략한 전개'를 그들의 편집기 화면 속에서 비교시킬 수도 있었을 텐데 말이다.

그런 부분적인 불만스러움이 있지만 <춘원 이광수>는 텔레비전 드라마의 형태 실험으로서 앞으로의 더 큰 가능성을 열었다. 창문 너머로 방안을 보여주는 영화적인 영상 연출, 커트 분할 없이 한 화면을 오래 붙들어 놓고 그 안에서 연기를 펼치게 하는 연극적 기법의 수용 등 풍요로운 화면 연출이 돋보였다. 또한 결론을 시청자들에게 열어놓음으로써 드라마가 결코 사실의 재현이 아니라 다만 재해석된 현실임을 선언한 것도 예사롭지 않다. <춘원 이광수>는 광복을 계기로 제작되었지만,

그런 계기적 틀에 머물지 않고 텔레비전 드라마의 수준을 한 차원 높인 우리 드라마의 한 성과라고 말할 수 있다.

(한겨레신문)

<임꺽정> 대 <림꺽정>

SBS <임꺽정>

KBS에서 방송한
북한 드라마 <림꺽정>

<림꺽정>은 <안중근, 이등박문을 쏘다>에 이어 한국 시청자들에게 두 번째 공개되는 북한 드라마이다. 필자는 몇 년 전 북한 방송 관련 프로젝트에 참여하면서 당시 북한 방송 프로그램들을 일부 모니터한 적이 있다. 따라서 필자를 한 명의 모델 시청자로 놓고 판단해 보면, 우리가 북한 프로그램을 시청할 때 나타내는 어떤 공통된 반응이나 태도가 있는 것 같다.

첫 번째 반응은 "에이, 별 거 없네"일 것 같다. 우선은 생전 처음 본

다는 데에서 호기심이 발동하지만, 볼수록 썩 매혹적이지는 않고, 시간이 더 지나면서는 지루한 감마저 들지 않았을까 싶다. <림꺽정>에는 세 명의 인민 배우와 두 명의 공훈 배우가 출연한다. 말하자면 이른바 스타들이 대거 등장하고 있는 셈인데, 워낙 스타 시스템이라는 것이 텍스트 주변적 자료들의 도움을 입어야 구축되는 것이라서, 그 배우들과 이 영화 그리고 감독 등등에 대해 사전에 전달받은 내용이 없으니 그런 스타들의 위광이 발휘될 토양이라고 할 수 있는 어떤 선망이나 동경심이 형성될 여지가 없다. 이 점이 <림꺽정>으로 하여금 남쪽 시청자들의 취향과 텍스트 자체로만 승부를 벌여야 하는 상황을 만들었으리라. 또, 문화물들에 대해서 이념적으로 꽤 자유주의적인 시청자들에게만 국한하더라도, 과거 체제 문제로 문화 텍스트마저 접촉이 불가능하던 시절에는 금단의 열매를 따먹고 있다는 상황의 긴장감이 감상자들의 내면을 더 고양시켰을 텐데, 이 두 프로그램은 공중파 방송을 통해서 전달되고 있으니 전혀 금단의 열매라는 희소함과 금제를 위반하고 있다는 특권 의식 조차의 도움도 받기 어렵다. 마찬가지 이유에서 주체사상을 추구하는 시청자들에게도 이번 시청이 어떤 사상적 수혈로 여겨지지 못할 것이다.

두 번째 반응은 위와 정 반대의 경향이면서도 시청자 내면에서 공존하고 있는 미묘한 것이다. 비록 북한 프로그램임에도 불구하고 별 거 없다는 생각과 더불어 그럼에도 불구하고 자꾸 그것이 '북한' 프로그램이라는 쪽으로 마음이 쓰인다는 점이다. 즉, 이야기 그 자체로 받아들이기보다 북한의 이념적 지향과 연계하여 그 프로그램의 목적성과 의도성을 집어내려고하는 심리 상황이 함께 작동하고 있는 것 같았다. 가령 <안중근>의 경우, 체제(일제)에 대한 개인적인 저항의 한계를 인식하고 조직적이고 집단적인 저항의 핵으로서 이른 바 '수령'의 중요성을 제기하고 있다는 평가에 대해 꽤 그럴듯한 것으로 받아들이게 되고, <림꺽정>을 바로 그런 맥락의 연장선 위에 있는 것으로 해석하려고 하는 태도가 있었다. '수령'의 '영도력'이 발휘할 수 있는 위력을 인민들에게 가르치려고 제작했겠구나 하는 생각이 시청 내내 불쑥불쑥 밀고 올라왔다. <임꺽정>이나 <홍길동> 아니면 무수한 영웅적인 풍모의 주인공들이 등장하는 드라마들을 보면서는 전혀 '수령론'같은 것이 떠오른 적이 없었는데 말이다. 물론 과거 <설중매>를 보면서 군사 쿠데타의 정당성을 선전하기 위한 혹은 거기에 아부하기 위한 프로그램이라고 평하던 습성이 북한 프로그램에 대해서도 여지없이 발동했기 때문일 수도 있다.

그런 남쪽 시청자로서의 편향성을 인정하고 SBS의 <임꺽정>과 북한의 <림꺽정>을 비교하면 몇 가지 차이가 드러난다. <림꺽정>에서는 짧은 분량에도 불구하고 양반계급의 수탈이 꽤 자세히 묘사되고 있다. 양반계급의 수탈과 기만으로 인한 극도의 배신감과 분노가 청석골로 들어가 전면 항거에 나서게 되는 동기로서 아주 설득력 있게 표현되었다. 그에 비해 <임꺽정>은 긴 분량에도 불구하고 그런 사회 구조의 불평등에 기인한 계급 갈등과 지배 계급의 야수적 행태에 대해서는 표현이 미약했다. 대신 그 긴 분량을 인간의 애틋한 정을 묘사하는데 할애하였다. <임꺽정>에서는 각 두령들의 나름의 사연들이 대부분 아낙을 맞이하는 과정을 중심으로 전개되었고, 이런 '드라마'의 부분에서 특히 강점을 보였다. 이런 차이는 <임꺽정>에서 곽오주가 죽은 아이를 품에 안고 환청에 시달리는 에피소드를 강조한 데 비해 <림꺽정>에서 그런 심리적인 측면이 아예 없다는 데에서 두드러지게 드러난다. 하지만 지금 비교한 이런 측면은 남쪽과 북쪽이 모두 각기 장점으로 평가받을 만하다.

그밖에 <림꺽정>에서는 하나의 테이크로 줌 아웃과 인을 연속해서 구사하는 쇼트들이 자주 눈에 띤데 비해 <임꺽정>은 주로 커트로 장면을 이어간 점도 다르게 보였다. 그것이 각기 자극적인 묘사를 통한 과장과 긴박한 상황도 산뜻하게 표현하는 차이로 우선은 여겨지는데, 물론 더 면밀한 분석이 필요한 영역이다.

그리고 <림꺽정>에서는 양반들에 대한 응징 장면에서 양반들을 희화화한다는 느낌도 들었다. 비굴한 표정도 그러려니와 홍콩 액션을 방불케 하며 날아간 양반들이 방문이나 병풍, 심지어 담장과 함께 쓰러지도록 과장되이 장면을 설정한 것들이 그런 느낌을 주었다. 그리고 하나 더. 림꺽정이 두령들 회의를 주제할 때면 늘 그 뒤에 아들이 서 있는데, <임꺽정>에서는 단 한 번도 아들을 그렇게 중요하게 배치한 적이 없다. <림꺽정>의 그런 장면 구성에서 자꾸 '후계론'이 읽힌 것은, 이 또한 음모론적인 습성 때문이었을까? 그런데 <림꺽정>의 마지막 장면에서 그 혐의가 입증되었다. 림꺽정이 관군에 의해 살해되고 패거리가 붙잡혀간 뒤, 그 아들은 황량한 눈밭을 홀로 걸어 탈출한다. 내레이션은 림꺽정 패거리의 뜻을 미래에 펼칠 주인공으로 그 아들이 규정되고 있다. 역시 목적성이 두드러진 드라마였다.

하여간 이렇게 북한 프로그램을 자꾸 보는 것은 좋은 점이 더 많은 것 같다. 우리 방송의 발전을 위해서라도 말이다. 남쪽의 눈으로 북을 보게도 되지만, 그 다음에는 다시 북과 비교하여 남쪽 프로그램을 더 풍부한 각도에서 보게 되는 것 같아서 그렇다. 이렇게 시청자와 제작자들을 더 발전시킬 수 있다는 점에서 북한 프로그램의 일반 공개는 분명 방송사의 역사적 결단임에 틀림없다.

(PD 연합회보)

2) 정치 드라마

(1) TV와 정치의 혼합 드라마

MBC 제4공화국

고석만 대 MBC의 대결

처음 <제 4 공화국>과 <코리아 게이트>가 방송될 때 기분은 물론 흥미로움 그 자체였다. 이미 방송사의 사전 예고와 각종 신문과 잡지의 기사들을 통해 이 두 드라마가 10.26과 12.12를 극화할 거라는 내용을 알고 있었기 때문이기도 했고, 그보다 먼저 같은 내용을 두 방송사에서 동시에 제작한다는 그 형국이 곧 방송사 간의 대결로 보였기 때문이다.

공히 10.26을 극화한 첫 두 회를 보고 난 뒤 각 지면들마다 두 드라마의 미묘한, 정말 극도로 미묘하기만 한 성격 차이를 너무도 극명하게 구분해 놓은 것을 보고 참으로 감탄해 마지않을 수 없었다. <코리아 게이트>는 다큐적 성격이 강한 반면, <제 4 공화국>은 드라마적 성격이 강하다는 것이었고, 전자는 고석만류라는 말로 또 후자는 MBC적이라는 말로 그 까닭에 대한 해석을 덧붙이기도 했다.

그런데 그렇게 그저 감탄스럽기만 했던 구분이 회가 거듭될수록 분명하게 확인되었다는 점이 필자를 더 놀랍게 만들었다. 드라마 <제 4 공

화국>은 그 옛날 '실화극장'을 부활시켜 명맥을 이어가고 있는 반면, 다큐 <코리아 게이트>는 18회(나머지 2회야 그저 맥없는 마무리 아닌가)로 서둘러 유명을 달리하고 만 것이다.

유신 이후의 박정희 시대를 드라마로 꾸민다는 기획은 고석만 프로듀서의 연출 경력으로 보아서 쉽게 예상된 것이었다. 그런데 방송사 밖에 있는 입장에서는 전혀 알 길 없는 어떤 내부의 갈등으로 인해 명예퇴직이 가능한 연수를 몇 달 남짓 남긴 시기에 고석만 프로듀서는 자신의 평생 직장이었던 MBC를 돌연 사직했고, 뒤이어 발표된 정치 드라마 제작 계획으로 미루어, 바로 그것이 그의 단호한 행동의 이유가 아니었을까 짐작해볼 따름이었다. 사태를 더 흥미롭게 만든 것은 거기에 대응하여 MBC-TV에서도 그간의 정치 드라마의 점유권을 내세워 <제 4 공화국> 제작 발표를 하였다는 것이다. 시청자들은 자연스럽게 두 드라마를 고석만과 MBC의 대결로 이해하게 되었고, 그 사태는 일간지들에게 흥미로운 기사 거리를 제공했다.

<재벌 25시>, <제 1 공화국>, <제 2 공화국>, <제 3 공화국>, <땅>으로 이어지는 사회성 드라마 혹은 정치 드라마의 발신지는 MBC인가, 고석만인가 하는 본적지 확인에 초점을 맞추어 두 제작 주체는 대립 항으로 설정되었고, 그 둘 사이의 대결 구도는 사람들의 흥미를 끌기에 더 없이 좋은 재료가 되었다.

정치 드라마인가, 정치적 드라마인가

하지만 그것은 함정이었다. 방송사 사이의 대결에 현혹되어 몇 회를 비교 시청했지만, 이 두 편의 드라마의 대결에는 전혀 다른 의미가 내포되어 있는 것 같다는 의심이 마음 깊은 곳으로부터 스멀스멀 기어 나오기 시작했다. 이때쯤 필자에게도 두 군데에서 이 두 드라마를 비교해 달라는 원고가 청탁되었는데, 이 두 드라마의 대결 구도 속에서 뭔가 구린내가 맡아진다는 느낌 때문에 쉽게 그 청탁을 수락하기가 어려웠다. 그래서 좀 더 두고 봐야 되겠다며 원고 쓰기를 미뤘는데, 곧이어 여기 저기 지면들에서 이 두 드라마에 대한 중간 평가가 행해졌고, 그 내용들은 다시 필자의 심증을 정리할 겨를을 주지 않고 앞서 나갔다.

"지나치게 (희화적인) 에피소드들이 삽입되면서 드라마의 균형이 파괴되어...정치 드라마보다는 풍자 개그의 성격에 가까워졌다"는 것이 그 중간 평가들에서 행해진 내용의 일단이다. 그런데 필자에게 좀더 확인되어야 할 것으로 여겨진 부분은 그 두 드라마가 정치 드라마 쪽이 아니라 풍자 개그 쪽으로 옮겨가게 된 어떤 배경이 있지 않을까 하는 것이었다. 어째서 이 두 드라마는 풍자 개그 적인 양상을 띠게 된 것일까?

김기팔, 이상현, 이영신 등 정치드라마의 장을 이어온 작가들과 그들과 모두 작업을 한 바 있는 고석만의 연출 이력은 도중하차, 즉 제작 중단으로 얼룩졌고, 여기에는 언제나 예외 없이 외압이라고 하는 뻔한 요인이 작용했었다. 생존해 있는 혹은 여전히 위세를 떨치고 있는 정치 권력과 경제 권력이 그 외압의 주체들이었는데, 말하자면 고석만의 드라마들이 자기들의 정당성과 권위에 위해가 되는 도전 행위로 간주되었던 것이다.

그런데 이번에는 그 외압의 성격이 다르다. 그것은 ***외압***이라기보다는 ***외풍***이라고 보아야 할 것 같다는 생각이 든다. <모래시계>를 연출한 김종학 프로듀서는 (필시) 득의양양한 어조로 "아무도 광주를 드라마화하지 말라고 한 적이 없다"고 말했는데, 그 말에서도 석연치 않은 구린내가 맡아지지 않는바 아니었다. 이번에는 오히려 '누군가가 광주를 드라마화하라고 부추기지 않았는가'에 초점이 맞춰져야 할 것 같다. 그러므로 <코리아 게이트>의 조기 종영은 <땅>의 외압에 의한 ***쓰라린 중도 하차***와는 달리 외풍을 감지한 프로듀서의 ***씁쓸한 제작 유보***로 보아야 한다. 고석만 프로듀서의 연출 이력서에 새로운 분류 항목이 하나 추가된 것이다.

95년 하반기에 정치 드라마는 정치권력에 의해 억압되기보다는 오히려 정치적으로 활용되는 토양을 만났고, 그런 정치성은 두 드라마의 자존심 대결이라는 수선스러움을 통해 아주 자연스럽게 활성화되었고, 그런 실상은 또한 두 드라마의 자존심 대결이라는 허울에 가려 쉽사리 간파되지 않았다. 군 출신 정치권력은 정치 드라마를 억압할 줄 밖에 몰랐는데, 문민 출신 정치권력은 그것을 억압하지 않는다. 그렇다. 아무도 그것을 다루지 말라고 하지 않는다. 다만 정치 드라마를 '정치적' 드라마로 변질시킬 뿐이다.

시대 헝클기와 가상현실의 정치

정치 드라마가 정치적 드라마로 변질될 때 작용한(그러므로 결코 제작진이 주도면밀한 계획표 아래 의도적으로 구사했다는 식으로 오독하지 말기 바란다, 알 수 없지만) 몇 가지 특징적인 방식들을 열거해 보자.

첫째, 등장인물들이 우리 편과 남의 편으로 이분법적으로 구성됨으로써 보는 사람으로 하여금 특정한 관점에 서게 하거나, 특정 대상에 대해 특정한 감정을 갖게 한다(이런 단정적인 표현이 시청자를 수동적인 존재로 보는 것 아니냐는 불만을 불러일으킨다면, 표현을 조금 바꿔도 무방하다. 그런 관점에 서고 그런 감정을 갖기에 좋은 구도를 띠고 있다고 말이다). 여기에는 다시 몇 가지 방식이 변주되어 사용되고 있다. 즉, '선악의 극명한 대비', '피해자의 편재(遍在)와 가해자의 현재(顯在)',

'희화화를 통한 대상의 이질화' 등이 그것들이다.

'선악의 대비'는 널리 알려졌다시피 장태완 대 전두환의 경우가 대표적이다. 그 대비는 물론 정의와 불의라는 가치의 문제를 바탕에 깔고 있지만, 그 보다는 무자비하고 야비한 전두환의 인성 표현 대 고문과 보복(장태완의 아들과 정병주의 의문사)에 의한 육체적 심정적 피해라는 인간적 측면들이 더 큰 감정이입의 요소가 된 것 같다.

'피해자의 편재와 가해자의 현재'는 광주와 관련한 현실의 메커니즘이 드라마를 통해서 역전된 모습을 보이고 있다. 지금까지 광주에서 피해를 입은 사람들의 증언과 증거와 사례는 수없이 제시되었지만, 정작 '쏜 사람' 혹은 '쏘라고 시킨 사람'은 없었다. 피해자는 현실에 존재하지만 가해자가 없었다(알 수 없다고 우겨왔다). 그런데 드라마에서는 달랐다. 광주는 선택되었고(확인할 길 없는 허화평의 대사), 그곳에서 작전이 펼쳐졌으며, 그 수행에 하나회의 수많은 부대가 차례로 동원되었음을 도표까지 작성해가며 일목요연하게 보여주었다. 피해자는 대강의 범위로 한정된 광주 시민 집단이었다. 물론 광주 시민들의 울분(방송에 대한 것까지 포함해서)과 행동과 좌절에 대해서 긴 시간을 할애하고 있지만 초점은 이른바 반란군 쪽에 구체적으로 맞춰졌다. 말하자면 드라마는 광주의 시뮬레이션이었지만, 그 시뮬레이션 체험의 도달 지점은 5공 수립 주체들의 죄악의 확정이었다.

'희화화'의 주된 대상은 최규하인데, 이 작업은 <제 4 공화국>에서 아주 특징적으로 이루어지고 있다. <제 4 공화국> 초기에 표현된 그의 모습은 비록 무력한 것이기는 했어도 희극적이지는 않았다(오히려 비극적이었다). 그런데 그의 '입'이 뉴스의 관심거리로 떠오르면서, 그리고 어처구니없는 일이 아닐 수 없게도 붙어버린 그의 입이 뉴스 진행자의 속을 썩이면서, 드라마에서는 무능한 기회주의자로 이미지 변신을 겪는다.

국정의 핵심을 전혀 파악하고 있지 못한 무능한 총리에다가 박정희의 면박에 전전긍긍하는 기회주의적인 관료로 말이다. 이런 희화화는 이대근(차지철이 아니라 변강쇠 이대근에 더 가깝다)과 백일섭(마찬가지로 김형욱이 아니라 그가 다른 드라마 <아들과 딸>에서 맡은 배역인 코믹한 아버지 이만복씨에 가깝다)에 의해서도 이루어지지만, 이들의 희극이 정치적 효용성이 거의 사라진 정치 드라마를 대충 얼버무리기 위해 동원된 성격이 강한 반면, 최규하 전 대통령에 대한 희화화는 현실적 활용 동기가 강하게 느껴지는 점이 다르다.

이런 식으로 단순한 구도 속에서의 이야기 만들기가 공감을 얻게 하는데 '시대 흐트러뜨리기'라는 또 하나의 요소가 보조적인 구실을 한 것 같다. 정치 드라마가 드라마이기보다는 정치에 가까워졌다고 보는 두 번째 이유가 바로 이것이다.

10.26에서 12.12를 지나 윤필용의 하나회 사건으로 진행된 것이 실제 시간은 뒤로 돌아간 것이지만 드라마 진행상으로는 (전두환, 노태우의 뿌리를 드러냄으로써 그들의 죄악을 부연설명 한다는 의미에서) 차라리 앞으로 나아간 것으로 보아야 한다. 장영자 사기사건은 반대로 앞으로 나간듯하면서 뒤로 돌아갔고, 다시 문세광, 최은희와 김정일, 석유 파동, 김형욱으로 오락가락하면서 도대체 4공화국 시기가 어떻게 진행된 것인지, 에피소드가 늘어나면서 도리어 갈피를 잡기는 더 어렵기만 했다. 이렇게 한 시대가 단편적인 에피소드 단위로 헝클어짐으로써 그것을 감상하는 자세 또한 전체에 대한 통찰 보다는 단편들을 목격하면서 불러 일으켜지는 원색적 감정에 치우치게 되었다.

더 나가 그 단편적인 텔레비전 영상들은 곧 역사적 사실 그 자체로 자리를 잡게 된 것 같다. 그 가상현실의 역사는 그것을 재활용하는 새로운 형식들을 파생시켰다. 아니 그 파생형식들을 채워주는 재료로 다양하게 활용되었다고 하는 편이 정확하리라. 가령 12.12편이 방송된 다음날 낮 MBC-FM의 어느 프로그램에서 신철(철이와 미애)의 랩으로 꽤 긴 시간 응용되었다. 장태완의 박력있는 대사가 나오면 신철의 "장태완 화이팅"하는 추임새가 끼어들고, 드라마속 전두환이나 노태우의 대사 뒤에는 "웃기고 있네"와 같은 비아냥거림이나 그들을 조롱하는 유행가를 삽입시키는 식이었다.

이처럼 현실의 모사물인 드라마가 현실 그 자체인 듯 활용된 대표적인 예는 다름아닌 뉴스였다. 12.12와 5.18 수사 관련 보도에서 MBC와 SBS는 각기 자기네 드라마의 관련 장면들을 '자료 화면'처럼 사용했다. 급기야 KBS 뉴스에서도 MBC의 화면을 꿔다가 쓰기까지 했다. 말하자면 전두환에 대한 보도의 자료화면으로 박용식이 등장한 꼴이다. 물론 9시(혹은 8시)뉴스에서 그렇게 구체적인 연기자의 얼굴이 등장하는 장면을 자료 화면처럼 사용한 것은 아니고 익명의 인물들에 의해 연기된 당시의 총격전 상황 같은 것들이 주로 비춰졌지만, 어쨌거나 현실의 모사물인 드라마가 이제 수사와 보도라는 현실 행위의 준거가 된 것이 아닌가. 가상현실이 현실을 이해하는 틀, 현실에서의 삶의 진행을 규정하는 환경이 되고 말았다.

그들의 비사가 진행되고 있을 뿐

그러나 이런 정치 드라마 시뮬레이션은 인간 인식이 결코 현실에 다가갈 수 없고 다만 상징을 통해 접근할 따름이라고 하는 의미와는 사뭇 다르다. 상황의 특이성이 있다. 사람들로 하여금 이 정치 드라마들의 가상현실 속으로 빠져들게 하기에는 바로 앞서 그와 상충된 정황들이 발생했었고, 그에 대한 기억을 사람들이 아직 가지고 있기 때문이기도 하고(역사 바로 세우기와 역사적 평가로 떠넘기기 사이의 상충), 그 가상현실이 현실을 온전히 덮어씌우지 못하고 있기 때문이기도 하다(현실의 김대중이 가상현실 속에서는 부재 한다는데 대한 불만들). 그래서 이 정치 드라마들이 조성하는 정치 가상현실의 작위성이 드러나고 만다, 그 한 조각이나마.

이 드라마들의 작위성은 박정희의 청와대 중심의 시대 인식에서 잘 드러난다. 유신 이후 시기를 책임지고 감당해온 주체는 박정희가 아니다. 그는 그 시대를 도발한 장본인일 따름이다. 하지만 두 드라마를 보노라면 마치 그 시대의 모든 정황이 박정희를 중심으로 조직되고 또 돌아간 듯 생각될 정도다. 다큐적 성격이 강하다는 <코리아 게이트>에서조차 1970년에 대해 보여준 인식은 필자를 불쾌하다 못해 경악케 했다. 그 해에 발생한 와우 아파트 붕괴, 광주 대단지(성남) 소요, 그리고 전태일의 분신 등 일련의 체제 모순의 징후들을 선거를 앞둔 박정희에게 등장한 '악재'라 표현하다니. 바로 그런 삶을 산 사람들은 어디로 사라지고 3선에 몰두해 있던 한 독재자의 짜증거리로만 등장하다니.

이 글을 청탁받고 그 동안 녹화해 놓은 테입을 다시 돌려 보노라니 박정희 중심성이 지나치게 강해서 너무나 지루하고 짜증스러웠다. 그 까닭은 박정희와 그의 떨거지들의 표상 공간과 그에 대항한 사람들의 표상 공간 사이에 차별이 이루어져서 그렇다. 그것은 박정희와 그의 떨거지들이 자주 등장하는데 비해 당시 야당 정객들의 행보가 적게 등장한다는 양적 불균형만의 문제가 아니다. 박정희들의 표상 공간이 사적 영역인데 반해, 야당 정객들은 공적 영역에서만 표상되고 있는 점이 근본적 차별의 핵심이고, 그것이 양적 불균형의 원인이기도 하다. 7대 대통령 선거 당시 김대중의 공약 발표는 목소리마저 죽인 채 문자로만 정확하게 28초로 처리하고 넘어갔다. 그리고 바로 다음 시퀀스는 김대중에 대해 분개하는 박정희의 집무실 풍경이었다. 김대중은 그 자신에 의해 표현되지 않고 그 역할 또한 박정희에게 맡겨진 것이다.

그와 비교해 박정희들에 대한 묘사는 시시콜콜할 정도로 사적 영역 깊숙이 들어와 있다. 박종규, 이후락, 차지철, 김재규, 전두환 등의 성격은 객관적인 설명 방식이 아니라 행동을 통한 묘사 형태를 띠느라 꽤 공들인 모습을 보인다. 심지어 차지철과 김재규의 꿈까지 동원해서 김형욱의 실종을 처리하고, 전두환의 성격을 강창성의 꿈으로 묘사하기까지 했다. 무엇이 현실이고 어디까지가 가상인가. 이렇게 드라마에서 볼 수 있는 유신시대는 박정희의 역사일 뿐이고, 그 드라마의 활용은 정치적인 것일 따름이다.

그런데 어째서 우리는 그들의 역사에 몰입해 있고 그들의 효용성만을 발휘하는 이런 정치적 드라마들에 눈 길을 돌리는 것일까?

그 까닭은 우리가 그 시대를 몸소 겪으며 살아왔어도 정작 그 시대에 대해 아는 것이 없기 때문이다. 이렇게라도 조금씩 던져주는 떡밥을 받아먹어야 그 만큼이나마 그 시절을 반추해 볼 수 있기 때문이다. 말하자면 언로가 왜곡돼 있기 때문이다. 나의 삶과 우리의 삶의 이야기를 나눌 정상적인 언로는 닫혀있고, 열린 것은 궁중비사만을 그때그때 자기들의 구미에 맞춰 이렇게 저렇게 각색하여 전할뿐이기 때문이다.

이와 관련하여 한겨레신문과의 인터뷰에서 "언론의 자유가 100% 보장될 때 다시 만들 수 있을 것"이라 밝힌 고석만 프로듀서의 소회는 시사적이다. 그 일들이 벌어졌던 바로 그 시대에 우리는 몰랐는데, 지금도 그 상황에 별다른 변화가 있는 것 같지 않다. <코리아 게이트>의 마지막 회의 좌절(광주 민중항쟁에 대해 언론이 진실 보도를 했을 때 우리 역사는 어떻게 바로 세워졌을 것인가를 그리려다가 방송사에 의해 거부된 그 익숙한 좌절)이 말해주는 바, 결국 이 모든 이야기들은 우리들의 이야기가 아니라 그들의 발언이자 그들의 각색에 의한 대본일 뿐이다. 그 동안 줄기차게 제기된 실상 규명 요구와 정당한 비판을 무시함으로써 국민들을 정치에서 소외시키더니, 하루아침에 죽일 놈들이 바로 이 놈들이라며 국민들을 정치판으로 우 끌어들이는 이 메커니즘은 국민들이 겪는 정치적 소외의 또 하나의 측면이다. 술자리와 안방에서까지 그 연극대본에 따라 제 1막에서는 관용을 베푸는 배역을 맡다가, 제 2막에서는 분개해야 하는가. 정치와 텔레비전이 벌이는 한판의 연극 무대에서 국민은 오직 엑스트라일 뿐인가. 하지만 TV를 끄지는 않겠다. 그들의 대본이 어떻게 진행되는지 그러다가 어떤 식으로 꼬리를 사리며 막을 내리는지 지켜볼 작정이다.

(대화)

(2) 정치 드라마 비평의 실제

<땅>, 토지문제를 통해 본 이 땅의 현대사

올해 들어 매주 일요일 밤이면 '새야 새야'를 장엄하면서도 경쾌하게 변주시킨 관악기 소리를 들을 수 있다. 그것은 1월 7일 첫 회를 내보낸 문화방송 텔레비전의 대하드라마 <땅>의 주제곡이다. 극본(김기팔)과 연출(고석만)을 보면 이 드라마가 어떤 맥락 속에 있는가를 금세 알 수 있다. 이 두 사람은 <제 1 공화국>을 통해 한국 텔레비전 드라마의 역사에 정치드라마의 장을 처음 연 장본인들이다. 이들이 다시 만났다는 것은 드라마 <땅>이 <야망의 25시>, <제 2 공화국>으로 이어져온 정치드라마의 맥락 속에 있음을 뜻한다.

역사적 전형성을 부여

<땅>은 서막에서 재벌의 골프장 건설에 반대하는 주민들의 시위를 재용의 주요 동기로 삼았고, 제1편에서 해방 직후의 좌우익 대립과 토지분배 문제로부터 이야기를 시작하고 있지만, 토지문제에 국한되지 않는 이 땅에서 전개된 현대사를 서술하고 있다. 말하자면 텔레비전으로 보는 이 땅의 현대사인 셈이다.

<땅>에서 우리의 현대사를 정리하는 시각은 낭만적이고, 우유부단한 지식인 장건식과 뛰어난 현실주의자인 장대식의 대립구도를 중심축으로 하고 있다.

장건식은 지주의 외아들로 태어나 대학교육을 받은 지식인으로서 해방과 함께 징용에서 돌아와, 좌익사상을 추종하여 출판사도 운영하고 빨치산으로도 활약한다. 하지만 그렇다고 해서 그가 투철한 공산주의자는 아니다. 다만 언제나 고민하고 회의하는 지식인으로서 격동의 역사로부터 피해를 당하는 인물이다. 그에 반해 장대식은 시대의 흐름 속에서 권력의 향방에 따라 기민하게 적응하고, 현실의 혼란을 이용하여 쉬지 않고 기회를 잡아 나가는 인물이다.

드라마는 이 두 인물의 인생역정을 통해서 우리의 현대사를 살아 온 사람들의 보편적인 역사체험을 형상화함으로써, 오늘 이 땅에서 겪고 있는 고통과 아픔의 책임이 어디에 있는가를 되돌아보게 한다.

드라마 <땅>이 이와 같은 역사서술의 사실성을 획득하는 방식에는 사뭇 독특한 면이 있다. 앞서 방송되었던 <제 2 공화국>과 비교하면 그 특징이 확연히 나타난다. <제 2 공화국>은 실존 인물과 닮은 외모의 배우를 출연시키고, 사실로 기록된 사건과 확인 가능한 발언들을 재현하고 있으며, 국회의사당 세트, 경무대 축소모형 등 외면적 유사성을 통해 드라마의 역사적 사실성을 나타내고자 했다. 그런 까닭에 <제 2 공화국>은 '다큐드라마'라는 이름으로도 불렸다. 그에 비해 <땅>은 실존하지 않은 허구의 인물과 기록되지 않은 가공의 상황 속에서 이야기를 구성하고 있지만, 거기에 역사적 전형성을 부여함으로써 사실성을 얻고 있다. 즉, <땅>에 등장하는 갖가지 군상들은 이 땅의 현대사를 살았고, 또 지금도 살고 있는 바로 우리 자신의 모습인 것이다.

탄탄한 구성과 수준 높은 제작기술

이 드라마가 이렇게 역사서술의 사실성을 확보하는 데에는 제작기술상의 몇 가지 요건들에 크게 힘입고 있다. 먼저 이 드라마는 개인사의 희비극 속으로 장황하게 빠져들지 않고 객관적인 거리를 유지한다. 가령 장건식이 징용, 빨치산 활동, 토벌대에 생포 등 여러 차례 생명의 위기를 맞지만 그때마다 그 아버지의 애타는 심정 같은 것을 짐짓 희화화한다. 또 군사혁명으로 구속된 건식을 면회하고 집으로 돌아오는 그의 누이가 우는 장면도 배경음악 없이 건조하게 표현함으로써 개인적인 비극을 쥐어짜는 것과 같은 불필요한 감정의 과잉을 억제하고 있다.

시시콜콜 설명하지 않고 핵심만 던지고 받는 대화법도 같은 효과를 낸다. 징용에서 돌아온 장건식 부자의 만남 장면을 보자.

건식: (절을 하며 다짜고짜) 천원 주이소

아버지: 이 문디이 자슥

단 두 마디의 간결한 대화 속에 시청자는 건식이라는 인물의 됨됨이(양심적인 지식인이지만, 지주의 버릇없는 외아들이기도 하다는)와 그 아버지의 양가적 애증의 심정을 모두 전달받는다.

또, 4·19나 5·16 등에 대한 서술도 자료화면을 적절히 활용하고, 이

승만의 하야성명만으로 간결하게 처리하고 있고, 전반적으로 카메라의 기교를 피하면서도 전쟁이 났다는 소식을 들은 건식의 내면적인 갈등을 집 앞에 나와서 있는 그의 모습을 빠른 속도의 왼쪽 트래킹 만으로 표현하는 등 군더더기 없는 묘사가 돋보인다.

그리고 매 회 끝에 나오는 "이렇게 우리의 주인공은…", "…에 대해서는 다음 주에 지켜보겠습니다"와 같은 내레이션은 드라마에 다큐멘터리적인 분위기를 주면서도, 이것이 어디까지나 꾸며낸 이야기라는 기본전제를 재확인시켜 준다. 다시 말해서 이런 장치는 시청자로 하여금 드라마 속의 사건으로 빠져들지 않고 주인공의 삶을 관찰하는 위치에 서게 하면서 동시에 이 드라마의 역사서술 시각과 시청자의 그것이 같은 것처럼 느끼도록 하는 이중의 효과를 가진다.

이렇게 드라마 <땅>은 탄탄한 구성과 수준 높은 제작기술 등을 통해 역사서술의 사실성을 확보하고 있다.

반사적인 현실비판은 단점

이런 장점을 갖는 드라마 <땅>에도 아쉬운 점은 있다. 토벌대에 잡힌 건식이 전향서를 쓰게 되는 동기까지 생략된 것은 군더더기를 쳐낸 것으로 보기에는 지나친 생략이었다. 이념 대립 현실을 내밀하게 들어대지 못한 채 얼버무리고 넘어가는 비약이 아직은 어쩔 수 없는 것이었을까? 현대사를 조망하는 초점이 건식과 대식의 대비구도에 맞춰짐으로써 지배자의 역사로부터는 벗어났지만 그것이 민초의 역사라고 하는 관점까지 아우르고 있지는 못하다는 점, 그렇기 때문에 현실을 해석하고 전망하는 어떤 입장을 기대하기 어렵다는 점, 따라서 과거사를 객관적으로 드러내기만 해도 얻을 수 있는 반사적인 현실비판에 그치고 있다는 점 등이 지금까지 <땅>에서 그러난 아쉬운 점으로 지적할 수 있다.

하지만 이 정도 표현조차 "국민 상호간의 불신과 계층 간, 지역 간의 갈등을 조장"한다는 구실로 방송위원회로부터 사과방송 명령을 받는 등 억압을 받는 것이 현실이다. 역설적이게도 드라마 <땅>이 받는 수난은 이 땅에 살고 있는 사람들이 겪는 고통을 상징적으로 대변한다. 어떤 외압에도 굴하지 않고 대하드라마 <땅>이 그 주제곡처럼 장엄하고도, 힘차게 우리의 현대사를 정리해 주기 바란다.

(한국논단)

<바람의 아들> 풍문과 우화 사이

KBS <바람의 아들>

한국에서 바람은 참 여러 쓰임새를 갖고 있다. 그 가운데 첫째로 꼽을 수 있는 구실이 이야기를 전해주는 것이 아닐까? 우리는 바람에 실려 날아온 이야기, 이름 하여 풍문을 통해 많은 정보를 접한다. 그렇지만 그 이야기들은 뭐 하나 분명히 손에 쥐어주지 않은 채 다시 바람처럼 역사의 저편으로 날아가 버린다. 풍문으로 시작해서 취중 객설로 끝나 버리기가 다반사다.

하지만 사람들의 기억 속에 어떤 자취가 남는다. 여기에 이야기꾼이 살을 붙이고 숨을 불어넣으면 희미하던 풍문 속 이야기에 다시 피가 돌면서 대중들의 원망도 함께 되살아난다. 제도와 기관이 방기한 심판을 역사는 이렇게 이야기를 만들면서 준비한다고 보아도 괜찮지 않을까.

나에게는 <바람의 아들> (연출 김종식, 극본 손영목)이 바로 이렇게 풍문의 민담화 과정 중에 나타난 우화로 보인다.

이 드라마는 아무 것도 구체적으로 지칭하지는 않는다. 군산 보궐선거에서 야당후보 매수 사건이 있었는지, 그때 맞붙은 권무혁이나 이수학이 현실의 어느 인물을 빗대고 있는지, 장한기라는 사람이 혹은 그의 불우한 세 아들이 실존인물들인지, 남대문 시장의 상권을 장악하고 있는 황회장이라는 자가 실제 누구를 지칭하는 것인지 말이다. 하지만 그것이 실제의 누구냐와 무관하게 한국의 현대사 속에 분명 그런 기능들과 그런 관계들이 있었음을 우리는 너무나 잘 알고 있다.

그곳이 꼭 군산이 아니더라도 선거 때 후보매수 사건은 지금까지 이곳 저 곳에서 있었고, 크고 작은 시장에 기생하는 폭력집단이 있으리라는 걸 모르는 사람이 있을까. 그들이 어떤 식으로든 정치권과 연계를 맺고 있으리라는 것 까지 포함해서 말이다. 마찬가지로 해방 이후 사상적인 문제로 한 지식인과 그의 가정이 탄압 받은 경우는 꾸며내어야만 가능한 이야기가 아니다. 이렇게 이 드라마에 등장하는 사건과 인물들은 모두 꾸며낸 것이지만, 현실적이다.

그러나 우화는 비록 실체를 구체적으로 지칭하지는 않아도 기능 단위들을 얼마나 정확하게 설정하느냐에 따라 성패가 좌우된다. 그런 면에서 보자면 몇몇 중요인물들은 <바람의 아들>이 우화로 완성되는데 장애물이 되고 있다.

연화(김희선)는 극중에서 맡은 비중에 비해 그 기능이 미약해 생명력이 느껴지지 않는다. 다만 행간의 존재처럼 남아있다. 그녀의 겉모습은 자존심 강한 여성으로 묘사되고 있지만 주체적인 역할을 부여받고 있지는 못하다. 아버지에게 순종적인 엄마를 향해서는 불만을 강하게 표하지만 정작 아버지 이수학에게는 아무런 영향을 미치지 못한다. 권무혁의 두 아들과의 관계에서도 다만 이렇게 저렇게 다루어지는 존재일 뿐 자기주장이 없다.

또, 장홍표(이병헌)와 권유승(손창민)의 변화무쌍한 삶의 행로가 우화의 기본 골격을 혼란시키고 있다. 장홍표는 극중에서 무수한 싸움질을 벌이지만 그것들이 이야기 속에서 차곡차곡 쌓여가질 않는다. 그래서 이수학의 돈을 훔친 것과 황회장의 돈을 훔친 행위는 동어반복으로 여겨진다. 권유승은 물불 가리지 않는 권력지향형 인간으로 돌변하는데, 그것이 자기 친아버지가 여당의원이라서가 아니고 오히려 여당 내 양심파이기 때문이라는 설정은 드라마로의 몰입을 너무 크게 가로 막는다. 권무혁을 살리자니 어쩔 수 없이 권유승을 죽일 수밖에 없는 드라마 제작상의 말 못할 사정이 있었으면 차라리 얼마나 좋을까 하는 마음마저 든다.

이렇게 중요인물들의 삶에 극적인 반전이 거듭되면서 그 각각의 에피소드들은 '현대사의 우화'라는 기본 골격에서 일탈하여 자기 나름의 여담을 만들고 있다. 그리고 이제 극의 초반에 복선으로 깔린 두 개의 문제 즉, 권무혁이 장한기에게 무슨 짓을 했는가와 권산(신현준)과 권유승의 대결이 어떤 양상으로 펼쳐질 것인가가 남아있을 뿐이다.

<바람의 아들>의 전반부는 진한 감정이 불러 일으켰었다. 권세가에서부터 밑바닥 인생에 이르기까지 그 모두가 현대사의 뿌리로 들어가 보면 하나로 얽혀 있고, 그 속에 바로 우리 자신의 삶도 들어있음을 확인하게 될 것 같은 기대감에서였다. 그런데 후반부로 넘어가면서 드라마 스스로 여담들을 만들어내면서 우리의 삶과 기대를 그 우화 속으로 들이밀 여지가 점점 좁아지고 있다. 여담은 대중들의 원망을 담은 민담의 몫으로 남겨두고 우화에서는 바람결에 나부끼는 풍문을 정확하게 사로잡을 수 있는 기본 골격을 짜는데 더 힘을 기울여야 하지 않겠나 싶다.

(TV 저널)

<행복의 시작> 피해망상 이야기의 과대망상

SBS <행복의 시작>

<행복의 시작> (홍승연 극본·이유황 연출)은 닫힌 사회에 대한 피해 의식으로 시작하여 이종 장르들의 혼합으로 진행되다가, 이야기 구성력 없이는 그 어떤 시도도 헛됨을 깨닫고 끝났다.

처음에 이 드라마는 두 가지 점에서 홍미를 끌었다. 하나는 현대사의 정치 역학 속에 들어 있던 한 인물에 돋보기를 들이댄다는 점이었다. 그 동안의 정치 드라마들이 현대사의 큰 줄기를 짚는데 치중하느라 그 속에 들어 있는 삶의 묘사에 대해서는 불가피하게 많은 생략을 했고, 그 점은 드라마의 아기자기함을 바라는 시청자들의 욕구를 채워 주지 못했다. 그런데 <행복의 시작>은 그 일상사가 세밀하게 묘사될 것으로 여겨졌다. 특히나 정계와 재계의 연관은 보통 사람들에게는 알 길 없는 비사(秘史)의 영역인 탓에 이 드라마가 취하고 있는 추리물 형태는 그 구체적 모양새를 보여주는데 제격이라는 느낌도 주었다.

도대체 진유경(이휘향)은 왜곡된 정치 역학 속에서 어떤 구실을 했으며 또, 어떤 이유로 용도 폐기되었을까? 이때 민기백 전무(노주현)는 어떤 역할을 맡았고, 또 미스터리의 여인 이비서는 어떤 복선을 깔고 있을까? 그리고 그런 시청자의 궁금증을 대신해서 풀어 줄 최기자는 어떤 단서들을 가지고 그 비밀을 조목조목 파헤쳐 나갈까 하는 것들이 홍미를 불러일으키기 충분한 포석들이었다.

둘째는 보편적 인간관계의 갈등에 대한 탐구가 이루어질 것 같은 점이 홍미를 끌었다. 타의에 의해 휩쓸린 한 여인의 부유하는 삶과 그런 상황으로 인해 성장 과정 내내 고통을 겪는 딸 사이의 감정 변화 과정이 섬세하게 묘사될 것 같았다. 또 이 드라마의 제 2막이라고 할 수 있는 전원생활에서 마을 사람들과의 갈등 관계가 어떤 경로를 거쳐 화해와 조화에 이르게 될지도 역시 또 다른 기대를 갖게 했다.

여기에 초기 편성 전략의 일단(一端), 즉 4회를 축약시켜 한꺼번에 재방송한 것은 드라마의 기본 구도를 속도감 있게 전개시켰고 시청자들의 눈길을 모으는데 큰 기여를 했다.

그런데 진유경이라는 인물의 행적에 대한 추리의 내용은 그녀의 자서전과 집필되지 않은 자서전 2탄을 통해서 마무리 지어졌을 뿐 정작 시청자들에게는 전달되지 않았다. 어째서 그런가. 작가 자신이 그 내용을 알지 못하기 때문이다. 결과적으로 이 드라마에서 동원한 현대사의 왜곡된 정치 역학은 다만 우리의 피해 의식을 자극하는 장치였을 따름이어서, 구체적인 내용으로 들어가지도 못한 채 문턱에서 변죽만 울리다 말았다.

그런 변죽만 울리다 마는 행태는 이 드라마가 깔아 놓은 모든 복선들의 전개 과정에서 줄곧 드러났다. 이비서의 미스터리 한 모습은 고작 민전무에 대한 짝사랑으로 밝혀졌고, 최기자(손지창)의 냉철한 지성은 나라(고소영)와의 연애로 변질되었으며, 도예가인 강선생(이정길)은 속세의 오욕칠정을 초탈한 인물인 냥 등장했다가 전원 주택지의 땅부자로 만듦으로써 한낱 배부른 한량의 이미지로 비춰지게 하고 말았다. 게다가 마을 사람들은 강선생과 진유경 간의 치열한 갈등을 중년의 애정 다

틈으로 만드는데 동원된 희화적인 모습 이상을 보여주지 못했다. 그에 따라 치매 노인이나 도회풍을 동경하는 마을 처녀의 바람기 등이 일정한 상징성을 띠면서 드라마의 기본 구도 속에 응집되지 않는 산만한 소품들이 되고 말았다.

결국 거창한 구도를 갖고 출발한 듯 보인 이 드라마는 그것이 다만 눈길을 끌기 위한 도입부의 사소한 장치임을 노출시키면서 나라와 윤재석(이세창), 최명규 사이의 삼각관계, 진유경과 강선생, 민전무, 이비서 사이의 이중의 삼각관계, 그리고 점입가경, 최명규와 민전무의 부자 관계가 밝혀지면서 꼬인 나라와 최기자의 관계 등이 얽히면서 애초의 거창한 구도는 온데간데없이 사라져 버렸다.

마지막으로 남은 것은? 이야기 구성력에 기초하지 않고 이런 저런 거창한 분위기만을 끌어와 한 편의 드라마를 만드는 것은 분열증적인 것이 아니라 망상증적이라는 깨달음 그리고 오늘은 이휘향이 어떤 의상들을 선보일까 하는 기대감 정도가 아니었을까.

(TV 저널)

<모래시계>

〈모래시계〉의 정서, 권력에의 매혹

모래시계는 위쪽 모래가 아래로 다 쏟아져 내려도 다시 뒤집어 세우면 새로운 시간을 표시한다. 역사는 그렇게 계속 흘러가지만, 역사 속 개인들은 모래 알갱이처럼 역사의 흐름에 휩쓸리고 파묻힌다. 이는 드라마 제목과 관련해 탤런트 박상원이 내린 해석이다. 모래시계는 일상생활의 맥락에서 볼 때 생소한 물건이지만, 박상원의 비유는 제법 그럴 듯하다.

하지만 그 해석은 모래시계를 이렇게 저렇게 뒤집어 세울 힘을 가진 권력자, 혹은 힘만 있으면 모래시계 뒤집듯 세상을 뒤집었다 바로 세웠다 할 수 있다고 생각하는 사람의 관점이기도 하다. 모래 알갱이 곧 민중의 입장에서 볼 때 역사에 대한 모래시계의 비유는 적절치 못하다. 권력자의 관점에서라면 모래 알갱이들을 모래시계 안에 가두어둘 수 있다고 볼지 모르나, 모래알 같은 민중들이 휩쓸리고 파묻혀버리기만 하는 것은 아니다. 그들에게 역사는 구체적 체험이고 생활이다. 민중은 휩쓸림과 파묻힘을 거듭하며 그 체험 하나하나를 기억 속에 아로새겨 둔다. 그 낱낱의 기억이 역사를 만들어내기도 하고, 잘못된 역사를 바로잡는 힘이 된다. 그것은 아직도 많은 사람들의 믿음이다.

SBS <모래시계>

드라마 <모래시계>도 그런 기억들 가운데 하나로 볼 수 있다. 하지만 그 기억은 아주 잘못돼 있다. 70년대 후반의 학생운동을 80년대 중반의 모습으로 덧씌운 잘못을 지적하고자 하는 것이 아니다. 그 기억이 모래 알갱이의 입장에 서있지 않다는 점을 지적하고자 하는 것이다. 이렇게 말하게 하는 가장 큰 근거는 이 드라마가 '힘에 대한 매혹'에 기반하고 있다는 점이다.

윤회장(박근형)과 박태수(최민수), 강우석(박상원)과 혜린(고현정)과 종도, 재희(이정재)에 이르기까지 모두 저 나름의 힘을 대변 할 뿐이다. 윤회장은 돈을 무기로 정치권력의 하수인과 거래를 한다. "나는 평생 장사를 해온 사람입니다. 제가 늘 해온 방식대로 하겠습니다."라는 대사는 어느 재벌회장의 신화 속에서 나옴직한 매력적이고 강단 있는 말인데,

이 드라마에서는 카지노 업자인 윤회장의 것이 되어 있다. 박태수는 "힘이 없어서 사랑하는 여인을 빼앗기는 일이 다시는 없을 거라고 내가 말했다"며 한껏 폼을 잡는다. 재주 많은 혜린은 대학 신입생 무렵에 이미 포켓 당구의 달인이 되어 있었고, 도박판 딜러로서도 최고의 기능을 익힐 뿐 아니라 카지노 업을 물려받고 기존 대주주들에 맞서는 당찬 모습을 보인다. 재희는 어떤 상황에서도 혜린의 '보디'를 '가드'해내는 신기에 가까운 능력을 발휘한다. 그리고 이제 우석도 각종 부패 권력들에 맞서기 위해 수호전의 장사들을 불러 모으듯 물리력을 기르기 시작했다. 그리고 비장감 어린 배경음악과 대사 없는 영상을 통해 그들은 그 힘을 한껏 뽐낸다. 그 개개의 인물들이 발산하는 매력은 바로 이런 힘에 있고, 거기에 매혹당한 존재는 다른 누구도 아닌 바로 이 드라마 자신이다.

역사의 야사화

이 드라마에서 광주, 삼청교육대, 카지노, 정체불명의 정보부 간부 등은 '역사의 복원' 혹은 '현실의 투시'와 무관하다. 이것들은 다만 폭력배들 간의 격투와 꼭 같은 차원에서 등장인물들의 힘을 보여주기 위해 뒷그림으로 도입된 사건들일 따름이다. 태수와 우석과 혜린은 번갈아 가며 혹은 함께 그리고 언제나, 모래시계가 뒤집히는 역사의 현장에 강림해 있다. 이처럼 몸소 체험하는 인물들을 통해 역사의 현장에 다가간다는 것은 보는 사람들의 박진감을 더 크게 하는 장치가 될 수 있다. 하지만 이들은 당대의 전형적 인물이 아닌, 설탕물을 뒤집어 쓴 영웅 로맨스의 주인공들일 뿐이다. 더욱이 이들은 역사의 현장에 임재해 있다가도 위기의 순간이 닥치면 그때마다 마치 타임머신을 탄 듯 이 현장에서 저 현장으로 공간 이동을 한다. 그 점이 바로 이들이 그 현장에 실재하고 있지 않는 인물임을 드러내는 증표이고, 바꿔 말하면 그 현장이 영웅 로맨스를 더 그럴듯한 것으로 만들어주기 위해 동원된 신기루임을 알려준다.

이 드라마가 관심을 갖고 있는 것은 그러므로 '역사'가 아니라 다만 드라마의 분위기를 사뭇 경건하게 만드는데 사용될 '사건'일 뿐이다. 역사가 아닌 사건, 이렇게 이 드라마를 통해 역사의 야사화를 지켜보게 된다. 역사의 현장을 그리되 거기에서 역사성을 탈색시킬 수 있는 것은 진정 시계바늘이 없기 때문에 누릴 수 있는 모래시계만의 특권이리라.

〈모래시계〉에 담긴 또 하나의 정서, 절대 신뢰에의 향수

한편의 드라마가 다른 경우에 비해 특히 시청자들의 호응을 크게 받았다면, 여기에는 남다른 이유가 있다고 보아야 할 것이다. 그 이유들로 제작기술 상의 우수함, 소재의 참신함과 대본의 완성도, 연기자들을 장악해내는 연출력 등을 드는 것이 일반적이다. 하지만 여기에 빠져선 안 되는 사항이 특정 시기에 시청자들이 가지고 있는 정서와 욕망의 동향이다. 다른 요소가 구비되어 있다 해도 시청자의 바램과 맞아떨어지지 못하면 그렇게 큰 호응을 얻기 어렵다는 말이다.

<모래시계>에서 그 내용을 찾자면 우리가 70년대와 80년대에 겪었던 좌절과 거기에서 비롯된 설화적 환상을 그렸기 때문이라고 본다.

그때 우리는 무슨 희망을 가졌던가. 20년간의 군사 독재를 체험했고, 잠시 정치적인 봄을 맞이했다고 생각했던 적이 있었지만 금세 더 큰 좌절을 겪게 되었다. 이 드라마는 바로 이 좌절(의 정서)에서 시작되고 있다. 그 좌절의 정서를 중심되게 담당하는 인물이 태수이다. 그는 빨치산의 아들이어서 육사에 진학하지 못하고, 그 반작용으로 주먹 세계에 몸

을 던진다. 그리고 광주를 겪는다. 또, 혜린과의 사랑에서도 좌절을 겪고 삼청교육대로 끌려간다. 그리고 마침내 권력 다툼의 희생자가 되어 삶을 마친다. 그는 정치깡패로서 당시 시대를 대변할 만한 전형적인 인물이 아니었음에도 불구하고 그가 겪은 좌절은 그 시대를 살아온 사람들이 느낀 정서를 대신하는 것이었고, 그래서 시청자들은 그를 비난하기 보다는 오히려 그에게 동정심을 보여주었다. 카지노 업자인 윤회장이 줄곧 악역을 맡아왔지만 기자회견을 성사시키지 못하고 죽는 처지도 비슷한 감정을 불러 일으켰으리라. 또, 혜린이 비밀장부를 공개하지 못한 일, 여기자가 그것을 기사화하는데 실패한 일, 우석이 확증을 갖고 있었음에도 불구하고 권력의 심층부까지 단죄하지 못한 일 등등이 모두 그 시대에 우리가 겪은 좌절의 조각들이다.

그런 좌절에서 비롯된 어떤 결핍감은 대략 세 가지 양상의 보상 심리를 낳은 것으로 보인다. 첫째는 환상 속의 승리이다. 둘째는 우리가 갖고 있지 못한 것에 대한 동경인데, 그것은 다시 둘로 나뉜다. 그 하나가 힘(권력)에의 매혹이고, 또 다른 하나가 사람 사이의 절대 신뢰 관계에 대한 향수이다.

환상 속의 승리는 세 여자가 일구어 냈다. 혜린이 제공한 장부를 여기자가 인쇄해서 배포하고, 우석의 처는 밤샘 작업을 하는 사람들에게 라면을 끓여 뒷바라지 한다. 그 일이 마침내 권력 핵심부의 한 정보부 간부를 단죄하게 된다. 물론 현실에서 일어난 적이 없는 환상 속이 승리일 뿐이다.

둘째 반응은 등장인물들이 힘의 획득을 추구하는 것으로 나타난다. 태수와 혜린과 우석 그리고 재희에게서 나타나는 영웅적인 풍모는 많은 시청자들을 매혹시켰다.

그리고 또 하나, 절대 신뢰의 인간관계가 많은 사람들의 갈증의 근원임을 확인시켜주었다. 비록 폭력배들이기는 해도 그들 사이에는 상호 의탁하고 복종하는 의리가 있다. 면회 나가는 두목에게 모든 감방에서 들려오는 외침 "형님 면회 나가신다"와 "형님, 안녕히 다녀오십시오"는 얼마나 감동적이었나. 그리고 여주인인 혜린에 대한 재희의 무조건 적인 헌신, 또 우석과 그의 처 사이의 절대적인 믿음 등은 오늘 우리에게 없는 것과 그래서 우리가 회복하고 싶어 하는 것이 무엇인가를 잘 보여주었다.

그래서 드라마 <모래시계>는 비록 폭력배를 미화했다고 비판을 받았지만 그 폭력배가 차라리 아름답게 여겨질 수 있었던 것도, 그리고 광주를 드라마화한 그 자체만으로 높이 평가받기도 했지만 광주를 잘 모르는 많은 사람들에게도 공감을 불러일으킬 수 있었던 것도 바로 동시대인들의 공통된 정서에 호소력을 갖고 있었기 때문이다.

(TV 저널 / 뉴스메이커)

<지리산> 이념과 탈이념의 대립

언제부턴가 우리에게 4월과 5월은 달력의 열두 장 가운데 어느 한 장으로서가 아니라, 어떤 빛깔을 띠고 어떤 정신을 표상하게 되었다. 사회의 한편에서는 이 계절이 되면 그 빛깔을 선명하게 살리고 그 정신을 실천하려는 움직임들이 다른 때에 비하여 더욱 고무되고 있음을 우리는 보아왔다.

하지만 텔레비전은 4월과 5월이 왔다고 해서 별다른 모습을 보여준 적이 있는 것 같지 않다. 이처럼 평온하고 일상적인 4월과 5월의 텔레비전에 비하여 6월의 텔레비전은 자못 활기를 띤다. 거의 매년 예외 없이 6·25에 즈음한 대형기획물들이 제작, 방영되어 평소에 접하기 힘든

장대한 규모의 다큐멘터리나 드라마들을 시청자들에게 제공해오지 않았던가.

해마다 6월의 기획드라마를 보면서 소재를 달리하고 줄거리를 달리하는 가운데에고 일관되게 유지되고 있는 특성을 발견하게 된다. 올6월에 KBS 제1텔레비전을 통해 방송된 미니시리즈 <지리산>의 경우에도 부분적인 독특함이 있음에도 불구하고 그런 경향이 그대로 유지되고 있다.

<지리산>에서는 이제까지 텔레비전을 통해서 접할 수 없었던 '빨치산' 이야기를 중심에 두었다는 점에서 소재의 특이성을 우선 발견할 수 있다.

또, 해방 직후에 벌어진 좌·우 대립 상황에서 '인민혁명의 완수가 진정한 독립'이라고 하는 좌익 측의 '독립관'을 단편적이나마 제시한 것이라든지, 기차 안에서 유리창을 도둑질한 놈들을 욕하는 노인에 맞서, 한 학생의 입을 통해 "근본적인 잘못은 인민을 굶기는 지주에게 있다"는 진술은 하게 한 점, 지리산의 '빨치산' 토벌대가 양민을 처형한 장면이라든가 주영중이라는 인물을 통해 과거 친일의 선봉에서 일본군 장교를 지낸 사람이 해방 후 대한민국 국방경비대 대위가 되어 빨치산 토벌군인으로 활약하는 장면 등을 보여줌으로써 우리 현대사에 있어서의 부정적 상징성을 수용한 점 등은 이제 허용되고 있는 표현의 영역에 다소 융통성을 보여주고 있음을 짐작케 해주었고, 표면적으로 그것은 과거에 비해 진전된 모습으로 여겨졌다.

그러나 이러한 진전된 모습에도 불구하고 <지리산>은 전체적으로 기존의 6·25를 소재로 한 드라마들이 지니고 있던 한계는 극복하지 못하고 있다. 다만 아군과 적군의 단순한 구분 도식에 따라서 아군은 좋게만 표현하고 적군은 나쁜 점만 부각시켰던 과거의 수준은 최근 몇 년 사이에 넘어선 듯 보인다. 하지만 그런 변화의 모습들이 이념문제 혹은 공산주의에 대한 보다 진지한 접근으로 나타난 것은 아니며, 단지 새로운 대립구도를 도입하여 과거의 그것을 대치시켰을 따름이다.

<지리산>에서의 의미구조는 '이념 대 탈이념'의 대립이라고 말할 수 있다. '이념'은 빨치산 대장 이현상의 공산주의와 북로당의 공산주의이고, '탈이념'은 하영근의 기회주의, 권창혁의 허무주의, 유태림의 감상적 낭만주의, 이규의 순응주의 등 다양한 겉모습을 띠면서 그 기반에 민족주의를 공통적으로 전제하고 있다. 주인공인 박태영의 경우는 양심적인 휴머니스트로 출발하여 은신처로 들어간 지리산에서 좌익사상을 만나 해방 후 공산주의자가 되지만, 탈이념 측의 다양한 태도들을 동시에 지니고 있는 갈등하는 존재로서 작품 전체의 구도를 한 몸에 응축시켜 지니고 있다.

이와 같은 대립구조를 통해서 <지리산>이 발생시키는 의미는 결국 예전의 반공드라마에서 보여주던 흑백논리를 좀 더 세련된 모습으로 윤색시킨 것으로 기존의 논리와 크게 다르지 않음을 알 수 있다. 하영근이 처단되는 장면에서 그것은 비교적 명료하게 드러난다.

난리를 피해 프랑스로 유학 가있는 외동딸로부터 날아올 소식을 노심초사 기다리던 하영근이 마침 편지를 받아 읽고 있는 순간을 이 드라마는 그의 죽음의 시점으로 설정하였고, 뒤이어 하영근이 총에 맞아 피를 흘리며 쓰러지는 장면과 프랑스에서 평화로운 나날을 보내고 있는 그의 딸의 모습을 대비시키고, 또 하영근의 장례식과 그의 딸의 결혼식을 대비시킴으로써 이념문제를 풀어가는 방식이 평화로움 대(對) 처참함, 생의 출발 대 그것의 종말이라는 대립구조로 유도되고 있다. 이와 같이 논의의 방향을 정작 더 비중 있게 고려해야 할 부분에서 이탈시켜 감정지대로 몰고 가는 방식은 기왕의 직설적인 표현법에 덧칠을 한 일종의 분식일 따름이다.

이 드라마에서 보여주는 공산주의의 성격은 박태영에게 공산주의가 무엇이었던가를 검토해보면 알 수 있다. 하준규를 중심으로 징용을 피해 지리산 은신골에 모여 있던 장정들이 이현상을 만나면서 좌익사상을 접하게 되고, 이때의 인연으로 박태영은 해방 후 남로당에 입당을 한다. 그러나 그에게 당이라는 조직 속에서의 활동은 갈등의 연속이었고 급기야 신탁통치 안에 대한 '찬탁' 건으로 그것이 표출된다.

"왜 실현 못할 이념으로 싸우는가? 나는 찬탁도 반탁도 아니다. 우리 민족이 사이좋게 살기를 바랄 뿐이다."

이와 같은 진술을 통해 볼 때 박태영은 공산당원이었을 뿐, 공산주의자라기보다는 차라리 민족주의자라고 할 수 있다. 그리고 남로당에 가입하려는 독서회 후배들을 만류하는 장면에 이르러서는 한 사람의 무정부주의자에 가깝다. 결국 박태영에게 공산주의는 삶의 지향점을 제시해 주는 이념이 아니라, 삶을 얽어매는 굴레였다고 볼 수 있다. 하지만 공산주의를 또 남로당을 그렇게 본 것은 박태영의 시각일 뿐 그에 대응되는 다른 편에서의 입장에 대해서는 이 드라마가 배려하지 않고 있다는 점을 놓쳐서는 안 될 것이다.

이렇게 하영근과 박태영으로 대비되는 두 개의 삽화를 통해 볼 때 드라마 <지리산>은 분단 상황을 극복하고자 하는 목적에 그 걸림돌로 놓여 있는 이념 문제를 정면으로 고뇌하고 있다기보다는 오히려 그 자리를 피해가면서 관심의 방향을 비본질적인 대립으로 호도하고 있다고 말할 수 있다. 왜냐하면 여기에서 제시되고 있는 '탈이념'은 그것 자체가 어떤 사회구조를 상정하지 못한 채, 다만 '이념'을 앞세우는 조류에 대한 거부로서의 입장만을 취하고 있기 때문이다. 그러므로 <지리산>에서의 '탈이념'은 '이념의 극복'과는 거리가 먼 '이념의 혐오'일 따름이다. 이런 경향은 그 기록자가 창씨개명을 피해 일본으로, 징용을 피해 지리산으로, 난리를 피해 프랑스로, 조국의 고난의 시기마다 동족과 함께 그것을 감당해내지 않고 피해 다니기만 한 이 규라는 인물로 설정되었다는 점과도 무관하지 않을 것이다.

(생활성서)

3) 트렌디 드라마

<질투>

MBC <질투>

도식적인 삼중의 삼각관계가 주는 재미

주제보다 재미를 추구한다면 드라마 <질투> 정도는 돼야 할 것이다. <질투>는 여기저기에서 드라마 시청률 수위를 바라보고 급상승하고 있다. 이 드라마 첫 회와 2회를 보고 다음 회를 기다리는 경험을 한 사람이 필자만은 아닐 것이다. 도대체 <질투>의 재미의 비결은 어디에 있는 것일까?

가장 먼저 화려한 배역 선정이 그 비결이라고 생각하기 쉽다. 하지만 KBS 대하사극 <삼국기>가 배역이 화려하지 못해서 그렇게 주목을 끌지 못했겠는가? 화려한 배역만으로 흥행이 보장된다면 흥행 못할 드라마가 없을 것이다. 물론 인기 배우와 지명도 높은 연기자들을 캐스팅하면 그렇지 않은 경우에 비해 기본적인 흥행성적을 기대하기가 더 쉬운 것만은 사실이다. 출연자와 관련한 진단의 핵심은 참신한 연기자들을 어떻게 응집시켜낼 것인지 하는 점과 참신성에서 쳐지는 중견 원로 연기자들이 어떻게 하면 그들의 참신성을 덜 방해하게 하느냐가 될 것이다. <질투>는 그 두 가지 과제를 모두 성공적으로 수행하고 있다. 최진실을 간판으로 최수종, 김혜리, 이응경, 정명현 등이 최근 가장 돋보이는 젊은 연기자들이라면, 김창숙과 김상순, 전 운 등은 자신의 연기 폭을 정확하게 지켜 드라마의 전반적 분위기를 젊게 가져가는데 도움을 주고 있다.

다음으로 쉽게 떠올릴 수 있는 생각은 줄거리에 비결이 숨어 있지 않겠는가 하는 것이다. 하지만 줄거리에 관한 한 <질투>가 기왕의 다른 드라마들과 비교해서 크게 돋보이는 점은 없다. 영호와 하경과 영애가 이루는 삼각관계를 기본구도로 삼고, 여기에 하경-채리-민상훈의 삼각관계와 영호-영애-우상무가 이루는 또 다른 삼각관계 등 삼중의 삼각관계에서 빚어지는 애정의 갈등이 줄거리를 끌어가는 주요한 동기를 제공한다. 그렇다면 기본 줄거리는 멜로드라마에서 흔하디흔한 것 아닌가. <질투>가 드라마의 재미로서 성취한 것이 있다면 바로 이 부분이다. 즉, 흔하디흔한 줄거리도 어떻게 영상화하느냐에 따라 그 재미가 더욱 커질 수 있음을 보여주기 때문이다.

질투는 영상 매체의 매력을 십분 발휘하고 있다. 예를 들어 보자. 민변호사의 비서가 도 배채리는 고객 디스켓을 훔쳐가려는 전임 비서와 격투를 벌여 다시 빼앗아온다. 머리는 헝클어지고 옷매무새는 흐트러진 채 엘리베이터에서 민변호사와 마주치는데, 배채리의 모습을 본 민 변호사의 머릿속 공상을 영상화한다. 이는 마치 만화의 말풍선을 보는듯한 희극적 효과를 낳았다. 문자였다면 별 감흥을 주지 못할 상황도 영상으로 바꿔주면 얼마나 재미를 줄 수 있는지를 보여준 예이다. 또, 약속장소에 나타나지 않는 영호를 기다리는 하경의 지루하고 안타까운 시간의 흐름을 컵에 담긴 음료의 빛깔 변화로 나타낸다든지, 그 둘의 전화통화 장면에서 기존의 세로 가르기가 아닌 가로 가르기를 시도한 것, 그리고 그 화면을 다시 세로 가르기로 이어간 것은 절묘하고도 획기적인 영상 감각이라 하지 않을 수 없다.

젊은이들의 사랑 맺기 과정은 어떤 형태로든 흥밋거리이게 마련이다. 그런데 <질투>의 경우에는 그들이 1차적으로 맺어지는 절차가 신속하다. 어차피 그렇게 맺어지기로 하고 시작한 이야기인 만큼 현실에서의 구구절절한 연애의 절차들이 생략되어서 궁상맞지 않고, 그래서 그들의 맺어짐은 유쾌하다. <질투>의 재미는 바로 그런 경쾌한 이야기 진행에서 비롯된다. 그것은 대중취향의 도식성을 과감하게 채용함으로써 이루어진다. 가령 영호에게 갑자기 출장 명령이 떨어져 하경과의 약속을 지키지 못하게 만든다든지, 그래서 전달한 약속 취소 쪽지는 책상에서 떨어져 하경의 발밑에 밟히고, 밤늦게 돌아온 영호가 전화 응답기 소리를 듣고 급히 하경과의 약속 장소로 달려가지만 둘의 길이 엇갈리는 등 이런 난관의 설정은 어디선가 많이 본 도식들이다. 일단 연애담에서 재미를 찾기로 마음먹은 시청자에게 그런 대중적 내러티브의 도식성은 오히려 군더더기 없는 명쾌한 전개로 받아들여진다.

또 이 드라마의 주요 인물들은 저마다 탁월한 재능을 겸비하고 있어서 이런 경쾌한 리듬감이 더 보강된다. 그들에게 고민은 오직 남녀문제일 뿐 다른 현실적인 능력들은 매우 뛰어나서 승승장구한다. 여행사에 입사하자마자 상사들의 이름을 모두 외우고, 또 고객관리까지 성공적으로 해내는 하경은 너무나 애교스럽다. 변호사 비서 배채리 역시 과중한 업무에 지쳐 쓰러진 민상훈이 자는 사이 그의 일을 대신 처리해놓는 등

척척이다. 심지어 이 드라마의 거의 유일한 어눌한 역인 피자집 주방장 마저 추리소설 작가 공모에 당선되는 놀랄 만한 이중 능력의 소유자이다. 이 드라마에 구질구질한 생활 걱정은 없다. 다들 예쁘고, 예절바르고, 능력 있는 인물들이다. 더 즐기지 못해 안타까운 것이 고민이라면 고민일까.

주제의식 없는 순발력이 주는 공허함

<질투>는 이렇게 표피적 재미의 극단을 추구하고 또 이룩한 드라마이다. 등장인물들의 성격도 깊이 있게 묘사되고 있지 않다. 다만 그들의 스타일을 통해 치장된다. 하경의 성격은 깜찍한 '티코' 승용차가 상징한다. 채리는 그보다 여유 있지만 여전히 조그마한 '프라이드' 승용차로, 영호는 발랄한 '스쿠프'로, 우 상무는 육중한 '그랜저'로 상징되고 있다. 감각적인 스타일의 차이일 뿐 깊이 있는 이해와는 전혀 방향을 달리한다. 그들의 행동 또한 순발력 있게 움직인 결과를 보여줄 뿐 속사정이나 깊은 사색은 생략된다. 그래서 누구와 누구가 좋아하다가, 어느덧 다시 또 다른 누구와 좋아지고, 그래서 다른 누구는 상처받고 하는 식으로 그들의 행위의 결과를 따라가기 바쁘다. 즉, 고민의 상황에 오래 머물지 않는다. 그래서 <질투>가 재미있다.

그렇다. <질투>는 재미있다. 하지만 그 재미를 느끼면 느낄수록 밀려오는 미진함과 불안감은 왜일까? 곰곰 생각해보니 그 불안감의 정체는 노동과 배설이 삭제된 소비 때문이다. 그들을 둘러싼 환경은 도시의 모든 편의시설들이고, 그들의 직업도 더 나은 소비를 위해 봉사하는 것이고, 그들의 애정 행각도 원인은 없고 결과만 있을 뿐이며, 그들의 고민도 감정의 소비일 뿐 성숙과는 거리가 멀다. 이렇게 노동의 땀도, 소비

의 결과로서의 배설물로부터도 눈 돌리고 다만 가장 즐거운 소비의 순간만을 연속시켜놓는 것이 이 드라마의 재미의 비결이자 동시에 그 재미가 주는 불안감의 근원이다. 드라마가 시청자에게 줄 수 있는 행복감은 정녕 당의정에 머물 수밖에 없는 것일까? <질투>를 통해 다시 한 번 확인하는 우리 드라마의 한계이다. 주제의식은 없어도 순발력은 있어서 비판적 이성을 뭉개는 속도가 빠른 드라마가 <질투>임을 잊지 말아야 한다.

사족을 덧붙이면, 점보트론이 드라마 속에 자주 나오는 것은 노골적인 간접광고이다. 그것이 어느 국회의원 아들의 사업이라서 하는 말이 아니다. 드라마 앞뒤로 붙는 광고는 드라마 속에서나마 순수성을 지켜달라는 단서가 붙어있는 것 아닌가. 특정인의 사업을 순발력 있고, 또 자상하게(민상훈이 채리에게 점보트론을 설명한다) 소개하는 것은 그런 시청자와의 무언의 약속을 깬 드라마의 반칙행위이다.

(말)

<종합병원>

인간에 대한 예의, 시대에 대한 예의

사회의 특수 영역, 혹은 전문 직업인들을 소재로 삼은 드라마가 많이 만들어지고 있다. <파일럿>이 그 처음이라고 할 수 있겠는데, 그 뒤를 이어 <마지막 승부>, <도전>, <사랑은 블루>, <갈채>, <사랑을 그대 품안에>, <호텔> 그리고 앞으로도 공군 조종사들의 이야기인 <창공>이 더 남아있다.

물론 이들 사이에도 편차가 있긴 하지만 크게 보아서 이 드라마들은 대체로 그 전문적인 세계를 본격적으로 그리기보다는 젊은 세대의 사랑

MBC <종합병원>

이야기에 치중하고 있다. 애초의 의도와는 달리 멜로드라마로 흐르기도 하고, 아니면 처음부터 그 전문직 세계가 다만 사랑 이야기를 좀 더 볼만한 것으로 치장하기 위한 장식으로 도입되기도 한다. 그런데 어떤 의미에서 보면 그것은 지엽적인 문제이다. 더 중요한 것은 이 드라마들이 어째서 사랑 이야기를 전문적인 특수 영역 속에서 혹은 그것을 배경으로 해서 전개시키려고 했느냐 하는 그 동기에 있다.

텔레비전 드라마들이 전문적인 혹은 특수한 영역에 몰입하고 있는 모습에서 필자는 폐쇄된 공간으로의 회귀 욕망 같은 것을 느낀다. 넓은 세상을 감당하며 산다는 것이 얼마나 힘겨운 노력이 경주되어야 하고 또, 어쩌면 그로 인해서 몸과 마음의 고통까지도 견뎌야 할지 모른다는 그 근심이 우리 사회의 어떤 공통된 잠재의식인지도 모른다. 드라마들이 닫힌 영역 속에 몰두하는 것도 그런 근심에 대해 나타내는 거부 반응인 것 같다. 그런 면에서 보자면 이런 일련의 드라마들의 출발은 <질투>부터라고 할 수 있다. 풀릴 것 같지 않은 큰 문제를 안고 고민하느니 차라리 작은 세계 속에 몰입하여 그때그때 마주치는 사람들과 티격태격하며 사는 삶에 가치를 둔다든지, 감각에 의존해 인생을 즐기며 사는 게 그나마 남는 거라고 보는 삶의 태도에서 그런 판단을 하게 된다.

텔레비전 드라마의 이런 전반적인 경향 속에서 <종합병원>이 차지하는 위치는 아주 중요하다. 다른 드라마들과 비교할 때 전문직으로서 레지던트들의 병원 생활에 대한 표현이 꽤 충실하다는 점에서도 물론 높은 점수를 줘야 한다. 하지만 필자가 말하고 싶은 것은 그보다 전문 영역에 임하는 <종합병원>의 태도에 있다.

이 드라마도 물론 초기에는 그 내부인들이 구성하는 세계에 몰입한 것이 사실이다. 레지던트들 사이의 성격 차이와 년차에 따른 갈등, 학연에 의한 편 가름, 의사와 간호사 사이의 미묘한 알력, 과장 승진 문제 등등 이를테면 인간세상의 한 축도로서 병원의 모습을 보여주었다.

어느 정도 기간이 지나고, 병원 안에서 벌어질 법한 이야기들이 웬만큼 다뤄진 다음 이 드라마는 슬슬 바깥세상과 교류를 하기 시작했다. 그 교류는 의사들의 바깥나들이를 통해서 이뤄지기도 하고, 병원 밖 세상을 사는 사람들이 환자가 되어 병원 안으로 들어오면서 이뤄지기도 했다. 임신 불능자와 임신 중인 간호사가 한 병실에 입원한다든지, 남의 병은 잘 보면서 자기의 병은 미리 살피지 못한 관상쟁이 기인의 입원 등을 통해 본 삶의 역설, 도박이나 마약 중독자가 전해주는 세상의 어두운 구석, 또 농촌에서 개업한 선배를 찾아가거나 무의촌 봉사를 가서 겪는 경험들이 바로 그런 교류의 내용들이다.

하지만 종합병원 입원실에 비친 그런 세상은 삶의 보편적인 모습이라기보다는 삶의 아주 이색적인 지대에 해당하는 것들이고, 역사적인 것과는 더더욱 거리가 멀다.

그러다가 지난 두 회 즉, '그날이 오면'과 '그래도 세상은 아름답다' 편에서 드디어 <종합병원>은 80년대의 역사를 입원실 안으로 들여왔다. 사회운동에 투신한 도훈의 의대 선배의 어린 딸이 입원을 하면서 그 만남이 주선되었는데, 그렇게 해서 전달된 80년대 인간 은 아주 피곤하고 외로운 모습을 하고 있었다. 시대의 모순을 해결하고자 노력한 그들에게 그날은 오지 않았다.

이 드라마는 그런 식의 노력으로 그날이 오지는 않을 거라고 말한다. 차라리 보호자 없는 어린 환자를 업고 병원으로 달려온 정아의 행태가 거기에 대비됨으로써, 비록 그날이 오지는 않았지만 그래도 이런 인간애의 힘으로, 비록 역사를 온전하게 감당하고자 하는 큰 시도가 아니지만, 다만 눈앞에 닥친 문제에 즉각적인 반응을 보인 것이기는 하지만, 그래도 이런 선행과 동정심의 힘으로 세상은 아름답다고 말하고 있다. 이런 인간형은, 물론 정아도 그렇지만 그와 가장 뜻이 잘 통하는 도훈이 전형적으로 보여준다. 우선 치료하자는 '동정 논리' 대 누가 책임 질거냐는 '직업 논리'의 대립 속에서 도훈은 언제나 전자를 대표하는 인물이었고, 그것은 이 드라마가 보여주는 가장 큰 인간에 대한 예의이다. 하지만 시대에 대한 예의는? 이제 이 두 편을 통해서 <종합병원>이 좀 더 보편적인 사회와의 교류, 그리고 지금도 여전히 우리의 삶의 바탕이 되고 있는 역사와의 교류가 더 모색되었으면 한다. 왜냐하면 지난 시절의 희생이 있었기에, 그래서 세상은 이만큼이나마 아름답다 고 보기 때문이다.

〈종합병원〉 앞에 놓인 길, 더 넓은 세상을 향한 눈길

드라마 <종합병원>이 지금까지 거둬온 성공의 기반으로 두 가지를 들 수 있다. 첫째는 등장인물의 개성이 잘 창출되었다는 점이고, 둘째는 종합병원이라는 특수 영역에서 벌어질 법한 일들이 현실감 있게 표현되었다는 점이다. 그런데 이제 1년 3개월 이상 드라마가 진행 되다보니 그 두 측면에서 모두 새 기운을 수혈 받아야 할 것 같은 피로감이 느껴진다.

그 피로감은 먼저 이 드라마를 통해 스타로 성장한 연기자들이 이제 저마다 바쁜 일정표(혹은 군복무 문제로 혹은 겹치기 출연 문제로) 때문에 하나 둘씩 이 <종합병원>을 떠나가는 데에서 나타나고 있다. 홍리나, 박소현, 전도연 등의 이탈은 드라마 전체에 별다른 영향을 미치지 못했지만, 가령 치프 레지던트 역할을 맡았던 최욱철이 해가 바뀌면서 드라마의 논리에 따라 그 병원을 떠난 것이나, 이정화(신은경)와 김도훈(이재룡)의 절친한 친구로서 매개역할을 해주었던 박형준과 신세대 레지던트의 대표로서 감초역할을 한 구본승이 현실에서 맞닥뜨린 군복무 관계로 제외된 차에, 이제 이 드라마의 가장 중심인물인 신은경 마저 폐결핵 환자가 되면서 모습을 감추려고 한다. 비록 '울렁증'과 양정화와 이훈이 보강되면서, 이들과 기존의 인물들 사이의 애정관계를 통해 인물 교체기의 어수선함을 긴급하게 봉합시키고자 노력하고는 있지만, 새로 투입된 인물들의 성격이 아직 모호하고 또, 역할도 미약하다.

이 드라마의 피로감은 소재 영역에서도 드러난다. 레지던트가 과장에게 정갱이를 걷어 차인다던지 하는 병원의 엄격한 위계질서에서 빚어지는 흥미로운 상황들, 학술발표 준비 과정에서 벌어지는 소동들, 무의촌 진료 활동, 승진 문제, 의사와 간호사 간의 관계, 학연에 의한 알력 등 병원을 구성하는 사람들 사이에서 벌어질 법한 일들은 이제 다뤄질 만큼 다뤄졌기 때문이다. 그래서 얼마 전부터 주요 배역들을 응급실로 파견시키는 설정을 통해 응급실에 실려 오는 환자들이 하나씩 갖고 있는 사연들로 소재를 충당하고 있다.

이제 이 지점에서 <종합병원>은 새로운 갈림길에 놓였다고 할 수 있다. 그 한쪽 길은 지금까지 이 드라마가 사회의 한 전문영역인 병원 내부의 레지던트 사회에 몰입함으로써 (비록 의도치 않았다 하더라도) 사회 현실을 외면해 왔다면, 앞으로는 응급실 환자들을 통해 더 절실한 인간사의 문제들을 대면할 새로운 가능성을 갖게 된 것이다. 그 다른 쪽 길은 SBS 외화 <시카고 메디컬>처럼 점점 더 극단적이고 특이한 환자의 사례들로 가지를 쳐나감으로써 오히려 현실감을 상실하게 될지도 모른다는 점이다. 이것은 동전의 양면과 같아서 제작진이 분명한 방향

감각을 견지하지 않으면 자칫 빠져들기 쉬운 함정이 된다.

가령 병원 안에서라면 직원 노조에 대해서 한번 관심을 가져봄직하고, 병원 밖에서 찾자면 백화점 붕괴로 인한 응급환자들을 유치하는 것은 어떨까. 일요일이면 늘 <종합병원>을 기다리는 한 충성스런 시청자의 제안이다.

(TV 저널 / 서울 eye)

<TV 시티> 방송국 주변을 겉돈 트렌디드라마

MBC <TV 시티>

텔레비전 방송이 프로그램을 통해 자기 얘기를 한 적이 지금까지 세 번 있었다. 먼저 두 번은 '89년에 있었다. 5공 언론의 추악한 일면을 드라마로 고발한 베스트셀러극장 <신 용비어천가>와 지난 날 자신의 방송행태를 반성하는 <MBC를 말한다>가 그것이다. 이 두 프로그램은 방송사에 몸담고 있는 사람들의 반성적 자화상 그리기 성격이 강했다. 그리고 6년 뒤 다시 텔레비전 방송은 자기 얘기 비슷한 것을 <TV 시티>라는 드라마로 만들었는데, 그 성격이 많이 달라졌다. 그 둘 사이의 다름은 방송에 대한 시청자의 관심과 그에 대한 방송의 반응이 달라진데 원인이 있다.

시청자들은 그동안 프로그램에 대해서만 관심을 보여 왔다. 그러다가 보도 프로그램의 정치적 편파성에 대한 반감이 싹트면서부터 프로그램을 제작하는 방송사 쪽으로 시야를 확장시키게 된 것이다. 1985~6년에 벌어진 시청료 거부 운동은 그 신호탄이었고, 그 뒤로 방송을 감시하는 활동이 조직화되기에 이르렀다. 시청자들로부터 이런 불신의 눈길을 받게 되자 양심을 지켜온 많은 방송인들이 그에 대한 대답으로 자기반성의 아주 작은 시도를 보인 것이 바로 앞의 두 프로그램이었다.

그런데 방송에 대한 이런 비판과 감시의 눈길과 전혀 다른 '선망의 눈길'을 보내는 시청자들이 최근 많이 생겨났다. 그 경로가 방송고시이든, 연기자 모집이든, 아니면 연줄을 통해서든 수많은 젊은이들이 방송사 안으로 들어가고자 몰려들고 있을 뿐 아니라, 그 대열에는 취업 연령과 무관한 병국이 같은 어린이들까지 여럿 들어있다. 여기에는 방송국 안에만 들어가면 마치 대중의 스타가 되거나 스타를 만드는 프로듀서가 될 것 같은 환상이 작용하고 있는 것 같다. 그렇게 중요한 인물이 되지는 못한다 할지라도 하다못해 그들과 가까이에서 지낼 수 있다는 것만으로도 얼마나 그럴듯한가.

<TV 시티>는 바로 이와 같은 시청자들의 선망을 다시 한 번 부추기면서 그 눈길을 끌고자 한 드라마이다. 이 드라마가 방송국 내부를 드러냈다고는 하지만 그것은 방송인의 자기 성찰을 객관화하는 시도와는 거리가 멀다. 현장진행(FD) 보조, 스턴트 맨, 전문 진행자 등과 같은 제작체계 상 가장 말단에 위치하는 인물들을 앞에 내세움으로써 정작 방송국의 인사 체계를 구성하는 프로듀서나 관리직 간부들은 그 뒤에 숨어 있다. 그래서 <TV 시티>를 보면 프로그램 제작의 동력이 마치 각 개인 마다의 순간적인 재치, 무모하게 여겨질 수도 있는 의욕, 그리고 그를 스타로 끌어올려주는 행운 등 한마디로 말해 '끼'가 성공의 왕도인 듯 묘사되고 있다. 그래서 간혹 등장인물들이 '시청률'이나 '작품의 완성도' 운운하게 되면 오히려 어색하다. FD보조 권오중과 여성 리포터 김

지호 간의 연애 이야기에 몰입해있던 참이라서 그렇다.

한 때는 시청자들의 비판을 자기 성찰로 화답해주던 방송인들이 어느덧 또 다른 시청자들의 선망의 눈길 쪽으로만 마음을 쓰게 되는 건 아닌지 걱정된다.

(서울 eye)

<아이싱> 감동과 재미 모두 썰렁

물론 방송사의 시청률 지상주의는 비판되어야 하지만, 그 시청률을 통해 대중정서의 한 끝을 읽어낼 수 있다는 점까지 부정할 수는 없다. 뉴스에서 시작하여 코미디를 거쳐 '왕국'이란 별칭이 붙어있던 드라마에 와서 그 몰락이 확인되고 있는 MBC의 저조는 분명 그 대중정서의 향방을 읽어내지 못한데 원인이 있음을 알아야 한다.

MBC <아이싱>

5-6공 시기 시청료 납부 거부 운동을 초래한 KBS 뉴스에 비해 상대적으로 민심을 어루만져주던 MBC 뉴스가 새로 들어선 정권의 눈높이에 보도의 지향점을 맞추다 보니 자연 민심은 그로부터 등을 돌린 게 아닌가 하는 추측도 하게 된다. 사정이 정말 그러하다면 시청률은 곧 '민심이 천심'이라는 가르침을 대변한다고도 말할 수 있으려니.

그렇게 거창한 추론이 아니더라도 막 끝난 <아이싱>에서 MBC 드라마가 고전하고 있는 근거를 쉽게 찾을 수 있다. 이미 여러 차례 지적된 것인데, 첫째, 내용 구성이 진부하다. MBC 드라마의 역량이 최고로 꽃핀 때가 94년이다. 그보다 두 해 앞서 <질투>를 시발점으로 <마지막 승부>, <파일럿>, <M>, <종합병원>으로 이어지는 행진은 다른 방송국에서 도저히 감당할 수 없을 만큼의 속도를 보여주었다. 전문 영역을 소재로 삼으면서 그것을 경쾌한 분위기로 감싸는 방식이 드라마의 새로운 영역을 성공적으로 개척해낸 것이었다. 하지만 그 지나친 성공이 한 번 더 자기 갱신으로 발전하지 않고 오히려 <도전>, <호텔>, <거미> 등에서 보듯 자기 모방으로 주저앉고 말았다. 급기야 <아이싱>에 이르러 그 자기 모방의 약점이 극대화된 것이다. 애틀랜타 올림픽에서의 추태에도 불구하고 '오빠 부대'의 절대 지지를 잃지 않는 위력적인 소재인 농구를, 아직 우리에게는 정체성이 모호한 아이스하키라는 함량 미달의 소재로 바꿔치기 한 정도를 가지고 흥행을 기대했다는데 안이함 이상의 피로감마저 느껴진다.

둘째, 대중 정서의 흐름을 두 가지 측면에서 모두 거스르고 있다. 가령 트렌디 드라마들은 삶을 구성하는 여러 모습들 가운데 가장 부담 없는 소비의 측면만을 겉에 드러냄으로써 삶의 성찰이나 드라마의 감동을 포기하는 대신 확실한 쾌락을 보장해 주었다. 반면 MBC 드라마의 저력이 스며든 마지막 흔적이랄 수 있는 <서울의 달>은 그런 무수한 트렌디 드라마의 숲 속에서 현대 도시인들의 뿌리 뽑힌 삶을 묘사함으로써 비록 감추고 싶은 모습일망정 그것이 바로 우리들의 자화상임을 깨우쳐 주었다는 점에서 감동이 있었다. 그런데 <아이싱>에서는 비슷한 화면이 반복되는 통에 촬영의 뛰어남을 스스로 갉아먹은 경기 장면과 삶의 진정성에 이르지 못한 연애담이 지긋지긋하게 이어짐으로써 쾌락과 감동을 모두 외면한 결과가 초래되었다.

<아이싱>을 돌아보면, 스타 군단과 해외 로케, 박진감 넘치는 화면에

도 불구하고 MBC가 이토록 썰렁한 까닭을 짐작할 수 있다.

(뉴스 메이커)

<거미> 공포드라마와 시대정서

MBC <거미>

올해에도 어김없이 납량특집으로 공포물 몇 편이 방송되었는데, 그 가운데 <거미>는 미니시리즈로 아예 여름 한철을 책임지고 있다. 하지만 여러 장치들에도 불구하고 <거미>는 그다지 공포스럽지 않다. 어쩌면 그것은 <거미>의 잘못이 아니라 삼풍백화점과 대구 지하철 공사장과 아현동 도시가스와 성수대교 탓인지도 모른다. 드라마의 상상력이 능가하지 못할 만큼 현실이 주는 공포의 위력이 워낙 거대하지 않은가 말이다. 그렇다면 현재의 한국사회는 <거미>같은 납량 특집극에게는 아주 불운한 시대라 하지 않을 수 없다는 말인가?

아니다. 불안한 시대는 오히려 공포물의 좋은 토양이 된다. 영화를 참고하자면, '킹콩'류의 동물 재난 영화의 흥행은 공산주의에 대한 미국인들의 두려움에 기반했다고 하고, 코폴라의 '드라큐라'에는 에이즈에 대한 서구인들의 불안감이 깔려있다고 한다. 그리고 '엑소시스트'에서 '오멘'을 거쳐 최근의 '트윈 픽스'에 이르기까지 서양 공포물의 영원한 기반은 아마도 그들의 기독교적 정체성이리라. 최근 공포영화에서 즐겨 활용하는 현실과 허구 사이의 경계선 붕괴 역시 허구에 대해 현실이 차지해온 준거로서의 지위가 미약해진데 따른 혼란 정서가 반영된 것이라고 할 수 있다. 이런 양상은 텔레비전에서도 각종 오락 프로그램들의 이른바 '환상체험' 코너들에서 유행처럼 재활용되고 있다.

작년 여름 방송된 납량 특집 드라마 <M>이 큰 인기를 끈 비결 역시 공포감의 현실적 기반에서 찾을 수 있다. 우리 주변에서 벌어지고 있는 낙태를 소재로 채택함으로써 현실감을 주었고, 그에 대한 인간적 가책을 투사시켜 실체는 없이 기운으로만 떠도는 'M'이라는 복수의 화신을 창조해낸 점은 이 드라마의 가장 빛나는 성취였다. 여기에 견주면 특수촬영과 분장술의 발전은 오히려 주변적 요인이랄 수 있다.

그 영광을 이어받아 95년도의 공포물로 제작된 <거미>는 어떤가? 이미 오래전 '프랑켄슈타인'이 경고한 과학 기술의 양면성, 일본에 대해 갖고 있는 한국사람들의 경계심과 피해의식, 그리고 거미에 대한 고정관념과 같은 혐오감 등이 이 드라마가 공포감을 불러일으키고자 할 때 내세우는 요인들이다. 하지만 지금 저 깊은 잠재의식 속에서 우리를 불안하게 만드는 것들은 우리가 일상생활 속에 껴안고 가야하는 '무너질 것들'과 '터질 것들', 그리고 더 근본적으로는 그것을 해결하고자 하는 사회적인 뜻은 모이지 않고 다만 불운이 자기를 피해가기만 바라고 있는 어떤 '신뢰의 붕괴', '인간관계의 파산'이 아니겠는가.

이러한 마당에 <거미>가 준비한 정서들은 조금 뜬금없다 싶다. 드라마가 바로 지금 이곳의 정서를 읽어내지 못하면 일인이역의 연기자를 한 화면에서 만나게 하고, 수십 마리의 거미를 화면 속에 풀어놓는 등 아무리 뛰어난 기술을 발휘해도 그것이 제 빛을 발하기 어렵다.

(서울 eye)

4) 풍속화

<아들과 딸> 따뜻함을 그리워하는 이 시대의 백일몽

MBC <아들과 딸>

볼만한 드라마는 일상생활을 꽤 안정시키는 것 같다. 가령 <마포무지개>와 <숲속의 바람> 사이에서 갈피를 잡지 못하던 주말 저녁이 <아들과 딸>로 인해 안정감을 찾게 된 것을 보라. 텔레비전은 일상생활의 필수불가결한 구성요소라고 하는데, 어쩌면 일상생활이 텔레비전 편성표에 맞춰 재구성된다고 하는 편이 차라리 더 적절한 사태 설명이 될 듯싶을 정도이다. 지금 이곳에 살고 있는 사람들의 보편적인 정서를 대변하지 않고는 그렇게 시청자들과 밀착하기가 어려울 것이다. "수돗물 사용량이 줄어든다"고 비유된 <사랑이 뭐길래>의 대중적 인기도 그 속내를 유심히 들여다보면 당대 사회의 정서의 구조가 그 드라마 속에 아로새겨져 있었기 때문임을 알 수 있다. <아들과 딸>도 그렇다. 이 드라마도 지금 여기 이 사람들의 어떤 정서적 상태를 반영하고 또, 대변하고 있다. 그런데 그 분위기가 전과는 조금 다른 것을 느낀다.

이를테면 장수봉PD의 가장 두드러진 작품이었던 <춤추는 가얏고>에서는 치열한 삶의 한 모습이 드라마의 중심에 있었다. 이야기 전개상의 중심은 무희였지만, 정서 혹은 정신의 흐름의 중심은 죽사 이금화였다. 그 예술혼의 추구를 위해서, 혹은 불타오르는 내면의 정열로 인해서 자기 자신의 삶뿐만 아니라 가족들의 삶 까지도 힘겨운 극한 상황에 처하게 만든 한 가야금 연주자의 이야기가 그 드라마였다. 그런 존재의 치열함, 순결함, 선명성 등의 수사로 표현될 법한 이 드라마의 정서는 80년대식 정서의 마지막 자취가 아닌가 생각한다. <아들과 딸>의 정서는 그런 선명성이 흐려진 시대의 그것이다. 무엇이 옳고 무엇이 그른지를 판별하기 어려운 시대, 정의가 과연 승리할 수 있을지가 모호해진 시대, 더 나아가 정의가 무엇이며 과연 그런 것이 있기나 한지 의심스러운 시대에 자연스럽게 꾸게 되는 백일몽의 세계이다. 현실로부터 눈 돌려 잠겨들게 되는 나만의 추억의 세계이다. 그러므로 그 추억은 다만 회한일 뿐 현실에 작용할 수 있는 준거, 즉 역사는 아니다. '그 시절 우리의 삶에 이런 모습들이 있었지' 회상하며 미소 짓는 기억 속의 세계이다.

<아들과 딸>은 두 가지 꿈을 꾼다. 그 하나는 과거에 대한 꿈이다. 이때 과거의 소재는 고향이다. 그 시절 고향에는 구멍가게를 하는 어머니가 있었고, "후남아~", "종말아 뭐하니"하고 재촉하여 부르는 어머니의 소리가 있었고, 실속 없이 정치판에 휩쓸리거나 사업에 섣불리 손을 대 집안을 어렵게 만든 아버지가 있었고, 성탄절이면 빵을 나눠주던 교회, 이발소, 양조장, 자전거 등교, 청자 담배, 진공관식 라디오가 있었고, 그리고 읍내에서 집으로 갈 때 걷던 갈대 무성한 길이 있었다. 그래서 그 시절은 비록 어렵고 누추했지만 따뜻했다(아니 그 시절을 추억하면 따뜻해진다).

또 다른 꿈은 미래에 대한 것이다. 그 꿈의 담당자는 후남이다. 그 까닭은 아마도 이 드라마에서 후남 만이 유일하게 따뜻한 과거의 추억으로부터 절연된 존재이기 때문이리라. 그래서 그녀는 미래를 꿈꾼다. 병원에서 약 타기를 기다리는 동안 문득 교사가 되어 학생들을 가르치는 자신의 모습을 그리는 백일몽에 잠겼던 그녀의 모습이 그 상징이다. 하

지만 조금 더 생각해 보면 그런 꿈을 꾸는 그녀의 모습까지 포함해서 후남이라는 존재 자체가 하나의 꿈이다. 소설가로 데뷔하고 집안 좋은 고시 합격자와 결혼하고, 그 따뜻한 마음으로 다른 사람들을 감싸게 되는 그녀의 모습은 바로 한기어린 시절을 (혼돈 속에서 다만) 견뎌 나가야하는 우리 모두의 소박한 꿈인 것이다.

이 드라마의 정서는 바로 '따뜻함에의 그리움'이라고 할 수 있다. 그 그리움의 방식은 물론 꿈꾸기이고. 그래서 드라마 표현 상 따뜻함을 추억하게 해주는 삽화들은 아주 강조되면서, 그 시대를 거시적인 차원에서 얘기해줄 법한 많은 요소들이 생략된다, 마치 꿈의 작업처럼. 그런 탓에 이 드라마는 때로 현실성의 부적절함과 사회구조에 대한 인식의 부족을 드러(낸다는 평단의 비판을 받)기도 하는 것이다. 그런 것들은 꿈에서 깨어난 다음의 문제 같으면서, 또 다른 한편으로 생각해 보면 꿈도 잘 꾸면 그 모두를 그 속에 배어있게 할 수도 있을 것 같다. 하지만 지금 우리는 그런 잘 된 꿈을 꾸기에 지쳐있는 것 같다. 그런 한에서 <아들과 딸>의 위로를 받는 것도 썩 나쁘지는 않을 듯싶다. 그리고 어서 기운을 차리자. 추억만은 아닌 역사가 되는 꿈을 꾸도록 말이다.

(TV저널)

<서울의 달> 소외된 존재, 흉내내기 삶

비극적 결말 그러나 의미 깊은 괴로움

전하는 말에 따르면 MBC TV의 주말 드라마 <서울의 달> (김운경 극본 · 정인 연출)이 시청자와 제작진 사이에 두 번의 중요한 상호작용이 이루어졌던 것 같다. 먼저는 시청자들의 균형 감각이 드라마의 균형을 회복하는 데 기여했고, 나중에는 연출자의 심지가 드라마를 지탱했다.

MBC <서울의 달>

주말 드라마는 최소 6개월쯤 지속되기 때문에, 초기에는 인물 소개와 배경설명에 더하여 장차 빚어질 큰 갈등을 예고하는 복선을 까는 등의 기초 공사를 해야 한다. 그런 까닭에 한회 한회를 어떤 재미를 기대하며 대하는 시청자들에게는 자칫 따분함을 주기 쉽다. 그래서 많은 드라마들이 첫 회에 특히 충격적인 사건이나 장면들을 제시하곤 하는데, 그것들은 오로지 시청자들의 눈길을 끌기 위한 장치들이라서 전체 줄거리 속으로 녹아들지 않는 일회성 소모품이게 마련이다.

<서울의 달>에서도 홍식이 가로챈 춘섭의 돈 4백만원이 두 사람을 붙어있게 하기 위한 일종의 복선에 해당하는 장치였다면, 그와 비교해서 유한마담들을 유혹하기 위해 홍식의 스승이 구사한 수법들은 눈길을 끌기 위해 도입된 성격이 강했다. 그의 역할은 두 회 뒤 경찰에 구속되면서 끝이 나고 말았는데, 흥미로운 것은 드라마가 엿가락처럼 늘어지고 있다는 비난을 듣던 말기에 다시 그가 등장해 마무리 역할을 맡은 점이다. 시청자들의 반응을 보아가며, 후속 드라마의 준비 상태를 고려해가며 만들어야 하는 텔레비전 드라마는, 바로 그런 까닭으로 해서 상황에 대한 최고도의 적응성을 갖춰야 하는데, 홍식의 스승제비는 그런 적응성을 위해 동원된 자원 노릇을 드라마의 처음과 끝에서 톡톡히 한 셈이다.

중심 잡힌 제작진과 시청자 비판 '상호조화'

하지만 <서울의 달>이 한때 함정에 빠졌던 것도 바로 그런 연속 드라마의 조건이 되고 있는 상황적응성 때문이라고 할 수 있다. '서울, 대전, 대구, 부산' 춤이 유행어가 될 정도로 일반의 관심을 끌면서 이 드라마는 제비족의 세계로 깊이 빠져들었고, 급기야 시청자들에게서 제비족을 미화 하려느냐"는 경고를 받기에 이른 것이다.

<서울의 달>은 서울이라는 공간 속에 몸을 담고 있는 많은 이들의 삶이 일종의 흉내 내기에 가깝다는 것을 깨닫게 해준 점에서 높은 평가를 내릴 수 있다. 즉, 그들은 자기가 생각하는 서울의 주인공의 모습을 흉내 내려 하지만, 그런 어설픈 시도들이 성공할 리 없을 뿐 아니라, 실상 서울에서는 주인공 자체가 없는 모두 소외된 존재들임을 깨달아간다. 고전음악에 대한 소양을 가장하려 했던 채시라(영숙), 지식인의 말투를 흉내 내는 윤미라, 영어를 구사하고 세련된 매너를 모방한 한석규(홍식) 등의 행태가 바로 그런 상황을 대변했던 것인데, 그런 주변적 군상들을 고루 균형 있게 묘사하던 드라마가 유행어 한마디의 돌출로 균형을 잃었던 것이다. 하지만 마치 제비족의 삶이 드라마의 중심 내용인 듯 <서울의 달>이 휘청댈 때, 균형을 다시 찾게 해준 힘이 시청자들의 질타였던 셈이다.

그런데 시청자가 항상 옳은 것은 아니다. 시청자들은 드라마가 위의 경우처럼 해도 너무 한다는 생각이 들 때 강한 양심의 소리를 만들어내지만, 그 선한 심성은 반대로 등장인물들의 불행을 못 견뎌하는 일면을 보이기도 한다. 그래서 젊은 층들은 이 드라마의 후반부 들어 부쩍 울어댄 영숙이 화면에 등장하는 순간 채널을 돌려버리는 신세대식 행동을 취하기도 했다지만, 대부분의 시청자들은 여전히 7-80년대식 정서를 간

직하고 있어서 부디 영숙과 홍식이 잘 되기를 빌었다고 한다. 그저 상상 속에서나마 행복을 느끼길 원했다는 말인데, 이런 분위기에 PD와 작가의 심지가 흔들렸다면 그 구질구질한 현실을 텔레비전 화면 속에서까지 확인해야 하는 괴로움은 없었을진저.

하지만 현실이 행복한 세계가 아닐 때, 더욱이 현실을 달콤하게만 그리는 사탕발림 드라마들만 차고 넘칠 때, 우리 현실이 그렇게 행복하지 못하다고 발언하는 이런 드라마의 존재는 얼마나 소중한가.

<서울의 달>을 떠나보내면서 기억하고 싶은 한 가지는 이렇게 시청자들의 동향이 제작진에게는 제작의 준거가 되는 동시에 함정이 될 수도 있다는 사실이다. 하지만 시청자들은 함정에 빠진 드라마를 건져주기도 한다. 단, 이번처럼 제작진이 기본적으로 중심을 잡고 있을 때에 한해서 그렇다. 그래서 비록 <서울의 달>의 내용이 비극으로 끝났기 때문에 보는 마음은 괴로웠어도, 제작진과 시청자 사이의 상호의존성이 보여줄 수 있는 작은 성취 하나를 이룩했다는 점에서 무척 의미 깊은 괴로움이었다고 생각한다.

(TV 저널)

<형제의 강> 향수에서 자각으로

요즘 그런대로 시청률을 유지하고 있는 것이 이른바 향수 프로그램들이다. 회고니 복고니 하는 이름으로도 불리지만, 이 프로그램들의 정서는 과거를 돌아보는데 머물거나, 과거의 풍토를 오늘에 되살리자는 것이라기보다는 지나간 시절을 잠시 그리워한다는 점에서 '향수'라는 이름이 더 적절하다.

어쨌거나 요즘 안방극장을 즐겁게 만들고 있는 두 편의 드라마가 모

KBS <형제의 강>

두 이런 향수 정서를 바탕에 깔고 있다. <첫사랑>과 <형제의 강>이 그들이다. 그런데 <첫사랑>이 배용준의 성격을 일찌감치 전환시킴으로써(거친 야생의 정서에서 미려한 도회 정서로) 현실성을 잃은 반면, <형제의 강>은 오늘의 모습을 직시하기 위한 자각의 과정으로서 지난날을 돌아보고 있는 점이 드라마의 격을 다르게 만든다.

이 드라마에서 '형제'는 대칭형으로 설정되어 있다. 맏이(김주승)는 철저한 계급상승욕의 화신으로 등장한다. 학교 공부에 매진하는 한편으로 교과서를 큰소리로 되풀이 읽는 훈련을 통해 서울말씨를 익히고, 동네에서 가장 문화생활을 향유하는 약국집에 가정교사로 기거하면서 피아노 반주에 맞춰 노래를 부르는 등 삶의 품격을 습득한다. 그래서 그는 냉혹하고 이기적인 인간형으로 등장한다. 한국 현대사에서 크던 작던 계급 상승을 이룬 인물들의 성장 궤적을 거의 정확하게 꿰뚫는 형상화이다.

둘째(박상민)는 형과는 정반대의 대칭형이다. 배가 고파도 동생들에게 먹을 것을 양보하고, 학교 공부보다는 시장에 나가 묵장사를 하거나 똥짐을 지고 밭을 일구는데 더 의욕적이다. 그래서 그는 인간미와 가족애가 넘치는 이타적 인 인간형으로 나온다. 그동안 텔레비전의 성공 드라마를 통해 적잖이 등장했던 상투성이 짙다.

이 둘은 마치 거울에 비친 모습처럼 대칭형이기는 하되 정확하게 일치하는 성격을 갖고 있다. 비록 그 방법은 상반되더라도 추구하는 목표와 갈 길이 꼭 같다. 시대와 함께 성장하리라는 것, 형은 제도에서 요구하는 방식을 통해 높은 지위를 추구할 것이고, 동생은 체제의 빈틈을 활용해 떼돈을 벌 것이다.

어쨌거나 좋다. 그 두 모습 모두 오늘로 이어지는 지난날 우리의 자화상이므로. 하지만 가령 몇 년 전 방송된 드라마 <강남 뻐꾸기>나 오래 전 김수현의 <사랑과 야망>에서처럼 이미 우리가 알고 있는 돈벌이 경로, 곧 개발 붐에 따른 땅장사로 한 몫 잡는 방식을 이번에도 반복한다면 이 드라마의 성격은 자각과는 무관한 향수에 머물고 말 것이다.

오늘 우리의 자화상을 그리되 그것이 사회구조와 삶의 양상을 투시하고자 한다면 형의 출세 부분이 관건이라고 본다. 그것을 인간으로서는 실패라고 노골적으로 말하면 진부한 도덕교과서가 될 뿐이다. 누구나 그런 출세를 동경해오지 않았는가. 드라마에서는 형의 무한한 행복이 표현되어야 하지 않을까 싶다. 그것이 오히려 보는 사람으로 하여금 역설적이게도 인간의 실패를 자각하게 하는 그로테스크한 효과를 낳도록 말이다. (*필자의 예상과 달리 이후 전개에서 둘째는 개발 붐에 편승해 큰돈을 버는 쪽이 아니라, 인간성을 유지하여 현실적으로 계속 실패하는 모습을 보여주었다.)

(뉴스 메이커)

<사춘기> 여백의 묘미 돋보이는 중학생 시점 드라마

사전 시사를 기대하기 어려운 우리 방송 풍토에서 좋은 프로그램과의 만남은 거의 전적으로 우연한 행운에 의존할 수밖에 없다. MBC TV에서 새로 시작한 드라마 <사춘기>와의 만남도 그랬다. <도전, 추리특급>을 시청하려고 기다리던 4월 15일 그 시각에는 <도전 …>이 아닌 <사춘기>라는 다른 프로그램을 방영하고 있었다. 일순 당황한 필자의 시선

MBC <사춘기>

을 붙잡은 것은 '기획 황인뢰'라는 화면 속의 글자였다.

드라마 <사춘기>에는 다른 드라마에 없는 것이 몇 가지 있다. 가장 중요한 것 하나를 들자면 여백이 있다는 점이다. 그 여백은 소리도 영상도 없는 빈자리는 아니다. 대사는 없지만 그 대신 기타 소리와 피아노 소리가 있어서 대사가 전달하는 이상의 의미를 발생시킨다. 때로는 그 소리마저 정지하는 순간이 있는데 그 속을 긴장감이 꽉 채운다. 또 이 드라마에는 인물과 사물의 그림자가 있다. 이 그림자는 조명의 미숙함 때문이 아니라 의도적으로 드리워진 것이다. 즉, 텔레비전 드라마에서도 영상의 상징성을 표현하려는 어떤 감각적 시도를 느끼게 된다.

<사춘기>의 인물과 사물들은 그 그림자로 인해 어떤 생명력을 얻는다. 그림자 없이 전면에 노출된 화면이 전시된 박제인 듯 연기자를 비추는 반면, 이 드라마의 그림자는 저 깊은 곳에서 더욱 도드라지는 삶의 형상을 그려준다. 따라서 드라마의 여백이란 다만 빈칸이 아니라 '있음의 없음' 즉, '꽉 채워진 부재'임을 알게 된다. 바로 이런 '여백'이 <천사의 선택>, <여자는 무엇으로 사는가>, <고개 숙인 남자>, <창밖에는 태양이 빛났다>로 이어져온 황인뢰 드라마의 한 특성이 아닐까 생각하고, 그런 수준 높은 감각이 장용우 PD에게로 이어짐을 볼 수 있다.

하나만 더 얘기하면 이 드라마에는 '중학생'이 있다. 국민학생과 고등학생 사이에서 그 정체성을 인정받지 못해온 시기가 이 시기이고 그것은 가끔 있었던 중학생 대상 프로들의 실패라는 점에서 방송의 한계로

만 볼 것이 아니라 그들에 대한 사회적 인식의 한계로 보아야 할 것 같다.

<사춘기>는 형과 누나를 둔 중학교 2학년생 이동민의 시점에서 전개된다. 동민이가 바로 사춘기의 당사자이다. 이 드라마에서 얘기하는 사춘기란 단순히 신체상의 변화와 이성을 생각하는 나이라는 의미에 머물지 않고, 자아와 타자 그리고 그들 사이의 관계 즉, 사물과 세상에 대해서 생각할 줄 알게 되는 시기라는 뜻까지 함축한다. 그래서 우리의 주인공 동민이는 드라마 속에서 전개되는 사건들을 중학생의 인식 범위 안에서 정리하는 내레이터 구실을 맡는다.

학교와 집에서 벌어지는 갖가지 일들의 현장에 늘 동민이 있어서 그가 느끼고 이해하는 속생각을 통해 상황이 내용을 얻게 된다. 가령 긴 안락의자에 반쯤 누운 자세로 앉아 텔레비전을 보고 있는 아버지는 이렇게 묘사된다.

'일요일이면 아버지는 늘 텔레비전 앞에 앉아 계신 채로, 하는 말이라고는 "여보 재떨이, 여보 물, 여보 신문"이라는 좀 이상한 합성어 뿐'

이러한 동민의 생각을 통해 시청자들은 동민의 가정 분위기와 가장의 성격, 그리고 화면 속의 상황을 전달 받는다. 물론 드라마가 전개되면서 가령 '어째서 가족들끼리 서로에게 상처를 주며 사는지 모르겠다. 산다는 건 어쨌든 정말 어려운 일이다'와 같이 동민의 인식은 더 발전한다. 이제 막 삶에 대한 깨달음이 시작된 나이의 동민이기에 가능한 의문문 형태의 과감한 진술이고, 그 덕택에 많은 사람들이 가슴 속에 묻어두고 있던 체험들과 어우러져 공감으로 한발 더 다가가게 된다.

그런데 <사춘기>의 어려움도 여기에 있다. 동민의 시점에서 드라마의 많은 의미가 재생되기 때문에 사물에 대한 이해의 수준이 깊지 못하다는 것이 자칫 진지하지 못한 유아성 또는 상황에 대한 편의적 해석과 혼동을 일으키게 될지도 모른다. 이때 중학생 동민이가 안전판 구실을 해서는 안 되리라는 점, 하지만 그렇다고 해서 또 동민의 시점을 자주 배제한 채 상황이 진행되면 자칫 3인칭 시점의 드라마로 변질될지도 모른다는 것, 이 둘 사이에서의 긴장이 이 드라마의 성패를 좌우하리라는 것이 지금 단계에서 말하고 싶은 필자의 소견이다.

중학생 드라마 <사춘기> 덕택에 이제부터 시청자들은 모두 세상과 사물과 가족들을 다시 한 번 둘러보고 생각하는 사춘기로 빠져들 것 같다.

(TV 저널)

<도시인> 노사대립 현실 바른 묘사 기대

MBC <도시인>의 음정희

문화방송 텔레비전의 <도시인> (극본 이윤택 · 연출 신호균)은 어느 기업의 기획 · 홍보실과 염색공장을 배경으로 거기에서 일하는 사무직 노동자와 생산직 노동자들의 회사생활을 그리고 있는 드라마다. 이야기의 주요 가닥은 홍보실 직원인 '줏대 없는' 남자 최치원(최수종)과 '되바라진' 여자 은경표(배종옥)를 중심으로 벌어지고, 이들을 노동현장과 연결해주는 여성노동자 남정민(음정희)과 맞벌이부부의 처지와 가정생활을 대표하는 정몽주 대리가 보조 역할을 맡는다. 6회가 방영되는 동안 기업 내 여사원의 부당한 근무여건에 대한 문제제기와 그것으로부터 시작된 여사원들의 조직화와 문화운동, 사무직 노동자와 생산직 노동자 사이에 가로놓은 벽, 낙하산 인사 때문에 생긴 직원들의 반목 등 큼직큼직한 문제들이 다뤄졌다. 이렇게 볼 때 <도시인>은 우리 방송드라마의 발전을 위해 한번은 꼭 맞닥뜨려야 하는 주제와 대결하고 있는 셈이다.

그러므로 여러 지면을 통해 비판되고 있는 이 드라마의 코믹함이나 가벼움은 그리 중요한 문제가 못된다. 이 드라마가 인물표현에 한 단계 진전을 이룩한 것으로 여겨지는 인물은 염색공장의 주임과 계장이다. 주임은 현장에서 잔뼈가 굵은 인물이어서 여공들을 가혹하게 대하지만 "송충이는 솔잎을 먹어야 한다"는 자기 나름의 확고한 신념을 갖고 있다. 반면 계장은 공대출신으로 현장에 파견근무중이어서 따뜻한 인간미를 보이지만 여공들에게 실제 발언권을 행사하지는 못한다. 이 둘 사이의 어떤 긴장감은 이 드라마의 현실성을 높이는데 중요하게 작용하고 있다.

하지만 이 드라마의 성패는 사장과 그의 부인에게 달려 있는 것 같다. 왜냐하면 심각한 문제는 화이트칼라와 블루칼라의 대립이 아니라 노동자와 자본가의 대립이기 때문이다. 한 예로 은경표의 실수로 빚어진 사무직 노동자와 생산직 노동자의 갈등은 어이없게도 사장이 주선한 감자탕 안주의 술자리에서 풀릴 수 있었지만, 그렇게 안이한 발상으로는 앞으로 벌어질 노사의 대립을 드라마에 담아내기 어려울 것이다. 또 여성문화운동을 사장 부인이 주도하고 있는데, 과연 계급적 억압이 함께 작용하고 있는 여성문제를 이런 상황설정에서 올바로 제기할 수 있을까 하는 의문도 든다.

어쨌거나 <반민특위>와 <행복어사전>에서 기량을 보여준 바 있는 연출자가 시도하는 드라마의 실험이 제대로 풀려나가기를 기대한다.

(한겨레신문)

<전설의 고향> 다시 전설 속으로 들어가다

KBS<전설의 고향>

아쉽다. <전설의 고향>이 끝났다. 7년 만에 다시 시작한지 두 달 반 만에. 납량특집이라는 한시적 기획이었던 탓이다. 더 아쉬운 것은 귀신 이야기들 뒤에 붙은 사람 이야기에 재미를 붙일 즈음해서 그만 막을 내렸다는 점이다. 물론 귀신 이야기라고 해도 사람 사는 처지와 무관하지 않지만, 땀을 식힌다는 기능성이 강조되다 보니 아무래도 그 속에서 사람 사는 모습을 찾기에 앞서 섬뜩한 장면들에 눈길이 먼저 가기 마련이다. <전설의 고향>의 진짜 묘미는 삶의 우여곡절을 아기자기하게 엮어놓은 것 아닌가. 그래서 전설들을 듣다(보다) 보면 바삐 돌아가는 타향살이에 지친 마음이 어루만져지는 느낌을 받게 된다. 마치 고향에 온 듯 말이다.

어떤 이들은 <전설의 고향>을 두고 이런 지적을 하기도 한다. 신세대 감각에 맞지 않는다거나, 기성세대에게는 구태의연한 다 아는 이야기, 심지어 7년 전 이미 했던 이야기의 재탕이라고. 그런데 여전히 재미있다. 시청률 순위를 봐도 늘 10위 안에 중간쯤 끼어있다. 어째서 그럴까? 아마도 전설이라서 그럴 것이다. 전설은 결국 재탕일 수밖에 없고 또, 그래야 당연하다. 몇 백 년의 세월을 이 사람 저 사람의 입을 거쳐 내려오면서 줄거리는 더 맛깔스럽게 다듬어지고, 수많은 민초의 정서가 한데 보태져 공동체 정서의 정화가 된 것이 바로 전설 아니겠는가.

마지막으로 방송된 두 회를 보자. <춘보>는 한양 어느 고관 집의 여종 옥섬을 사모하는 홀아비 새우젓 장수인데, 그가 옥섬의 관심을 끄는 방식이 참 해학적이면서도, 영 엉뚱하게 여겨지지는 않는다. 매일 아침 옥섬이 마당을 쓸거나 혹은 물을 버리려고 대문을 열면 밖에서 기다렸다가 냉큼 다가와 웃는 얼굴로 자기소개를 하고 간다. "나, 김춘보라는 사람이요"

그런데 이 소박한 구애 행위가 마님의 술수에 걸려 가혹한 형벌을 받는 옥섬에 의해 공범으로 지목되는 복선으로 작용하게끔 한 그 설정이 절묘하다.

마지막 회인 <우생원>에서도 역시 별개로 진행되던 두 개의 상황이 하나로 연결되는 방식이 참으로 신비스럽다. 아내와 사별하여 어린 자식 들을 데리고 힘겹게 살아가는 농부 이야기와 돌림병으로 시댁 식구들을 모두 잃고 친정에 와서 살고 있는 대갓집 규수가 몇 번의 계기들을 거쳐 운명적으로 만나게 되는데, 그 만남의 필연성을 이야기꾼들은 농부의 죽은 아내의 혼백이 그렇게 해주었다고 해석하고 있다.

이렇게 <전설의 고향>을 보면 줄거리의 대강을 예상할 수 있을 만큼 상투적인 전개 방식을 보이는 반면 결말에 이르는 방식은 전혀 예상할 수 없는 절묘한 계기를 배치하고 있는 데에서 그 이야기 구상 능력에 항상 놀라게 된다. 이를테면 인간 심성에 대해서는 아주 전형적인 파악을 하고 있다. 즉, 옥섬을 건드린 도련님이 고문을 받고 있는 옥섬 앞에서는 겁에 질려 그녀를 배반한다는 식이다. 또, 옥섬의 허위 자백으로 붙잡혀 온 춘보는 앞뒤 사정을 가늠하고는 옥섬의 목숨을 살려준다면 자기가 금두꺼비 값을 물어주겠노라고 한다. 여기까지는 쉽게 짐작할 수 있을 만한 진부한 전개라고 할 수 있다. 그런데 옥섬이 자기 생명의 은인인 춘보를 찾기 위해 '팔뚝 술집'을 차린다는 설정은 전혀 예상하기 어려운 독창성을 띤다. 게다가 팔뚝만 내놓고 술을 따르는 아이디어가

장사속이 아니라 은인을 찾기 위한 것이라는 그 동기의 절실함이 보는 사람의 가슴을 울리기에 충분하다.

대중들의 기대를 저버리지 않으면서 동시에 그것을 뛰어넘을 수 있는 공식을 찾고자 하는 것은 대중문화 흥행사들의 오랜 염원이다. 이처럼 사건과 인간형에 대해서는 애둘러 가지 않는 직설적인 묘사와 진행을 보이면서, 결말에 이르는 길목에는 절묘한 계기를 배치함으로써 듣는 이의 상상력을 뛰어넘는 '전설'의 구성에서 바로 그런 경지를 발견하게 된다. 더욱이 그 결말이 언제나 착한 사람들이 바라는 방향으로 맺어지는 미덕까지 갖추고 있으니 더 바랄 나위가 없다.

비록 아쉬움을 남기고 <전설의 고향>은 드라마의 전설 속으로 사라졌지만, 서민들에게 가장 확실한 마음의 고향은 오랜 시간을 두고 그 켜를 쌓아온 민중 정서임을 다시금 확인할 수 있었다.

(TV 저널)

5) 가족 멜로

<당신 옆이 좋아>

세상이 만일 열두 명이 사는 마을이라면 세월이 아무리 흐르고 사정이 바뀌어도 결국 그 안에서 사랑도 만들고 싸움도 해야 할 것이다. 그런 마을이 한국방송 1텔레비전 일일연속극 <당신 옆이 좋아> (정성희 극본·이성주 연출)에 나온다. 마을 주민은 문희(하희라)와 재희(정혜영), 그들의 부모(한진희, 이효춘)와 생모(김해숙), 민기(손현주) 민성(이재룡) 형제와 부모(박인환, 박원숙), 그리고 금봉(이자영) 모녀와 지원(권해효),

KBS <당신 옆이 좋아>

이렇게 모두 열둘이다. 다른 조연들도 많이 있는데? 줄거리를 이들이 끌고 간다는 원론적인 차원의 얘기가 아니다. 세상이 이렇게 열두 명으로만 이루어져 있다고 가정하지 않고는 받아들이기 어려운 내용들이 이 드라마에서 펼쳐지기 때문이다.

일일극이 어차피 지지고 볶는 삶을 보여주는 거라면 <당신 옆이 좋아>의 처음 구도도 그렇게 나쁘지 않았다. 부잣집 도련님들을 낚아채 보려는 되바라진 여고생들과 이들의 얕은 수로는 대적하기 버거운 부잣집 마나님이 있고, 순수한 사랑의 비애를 보여줄 부잣집 촉망받는 아들과 가난한 집 효성 깊은 딸이 나온다. 변두리 극장 매점과 간판 그리는 작업실은 향수를 자극하고 궁핍한 살림살이에서 나올법한 악다구니와 매정한 속임수도 기본 포석 안에 깔려 있는가 하면, 가난 속에서도 깊은 우애를 보여주는 이복자매들의 모습도 예뻤다.

그런데 도입부가 지나고 본격적인 사건이 전개되어야 할 즈음, 드라마의 기본 설정이 전면적으로 바뀌어 버렸다. 돌연 민기와 민성 형제는 미국으로 출장 보내지고 7년 세월이 흐른 것으로 해서 드라마를 다시 시작한 것이다. 바람둥이처럼 보였던 민기는 그 기약 없는 7년 이별 뒤에도 다시 금봉을 찾아간다. 세상이 열두 명으로 이루어진 마을이 아니라면 납득이 안 가는 설정이다. 또, 드라마 도입부에 깔아놓은 여러 조연들의 역할이 아주 약화돼버렸다. 결국 포목점에서의 반지 사건을 풀어먹고 나니 남은 건 민성과 문희를 둘러싼 갈등뿐이어서, 시청자의 짜증 속에 그저 드라마 혼자 지지고 볶기를 지루하게 되풀이하고 있다.

일일연속극의 생명이 무언가? 시청자의 하루하루 생활 속으로 섞여 들어와야 하는 것 아닌가? 이제 비로소 동화되고 빠져들 즈음 드라마 스스로가 그 맥을 끊다니, 이는 일일연속극 문화에 대한 "배신이고 배반"이다. 생모가 가진 자본력과 평남방직의 자금난, 문희의 자립과 성취 그리고 폭로되는 재희의 정체와 반성, 뭐 이런 정도의 줄거리가 남은 거라면 참 고민된다. 그나마 절묘한 손현주의 오버액션 보는 재미에 오늘도 채널을 맞추고 있지만, 그 뻔한 줄거리를 과연 언제까지 견뎌낼지 자신 없다.

(한겨레신문)

<그대 그리고 나> 반성적 시대의 위안

MBC <그대 그리고 나>

<그대 그리고 나>의 핵심적인 의미를 논하려면 주인공인 박상원과 최진실에게 주목할 필요가 있다. 드라마 보는 재미를 주는 에피소드들은 다른 조연들로부터 나오지만 결국 그 행태들이 이 두 사람에게 수렴된다는 점에서 그렇다. 엄밀하게 말해서 개성 있는 조연들의 행태와 성격은 결국 이 두 사람으로 대변되는 현대 한국 가정의 전형성을 묘사하기 위해 배치된 소도구들이다.

먼저 박상원. 그는 어느 어촌 가정의 맏아들이다. 흔히 이런 경우 집안의 모든 역량은 맏아들 하나에게 집중 투자된다. 그런 연유로 맏아들

은 모범생으로 성장할 수밖에 없고 집안에서 유일하게 대학을 나와 기업체에 취직한다. 이제 그가 빚을 갚을 차례다. 이런 '맏아들'은 멀게는 <사랑과 야망>으로부터 가까이로는 <젊은이의 양지>나 <형제의 강>에 이르기까지 드라마의 기본 구도로서 자주 등장한다. 하지만 이전의 맏이들 즉, 남성훈이나 이종원이나 김주승이 '개천에서 용 난' 사례로서 작위적이고 극적인 측면이 강조되었던 반면, 박상원은 다만 평범한 화이트칼라 월급쟁이라는 점에서 더 현실적이다. 서울의 삶에 뿌리 내린 한 명의 교두보가 확보되면 그 가족들은 시골에서의 삶을 미련 없이 청산하고 서울로 올라온다. 이미 30년 전에 해체된 시골이라는 공간은 '자식 복 없는' 사람들만 남아 있는 곳이니까. 그 월급쟁이 맏아들은 당연히 결혼을 한다. 누구하고?

이제 최진실. 그녀는 이미 한 세대 앞서 서울에 정착한 중산층 집안에서 성장한다. 비록 딸로 태어났지만 자기 능력에 따라 부모의 적절한 뒷받침을 받는다. 여자에게 가해지는 사회의 기본적인 억압이 그녀에게는 무조건 순종해야 하는 절대 조건이기보다는 가급적 피해 가고 싶은, 그러나 그럴 수 없다면 자신의 노력으로 극복하고 소화해내야 하는 하나의 조건일 뿐이다. 행동은 진취적이고 사고는 합리적이다. 그렇다고 해서 그녀가 60년대의 '말띠 여자', 70년대 '또순이', 80년대 '까치 며느리'같은 새롭게 포장된 현모양처 이데올로기의 담지자로서의 슈퍼 우먼으로 묘사되고 있지는 않다. 그녀 또한 현대 한국 중산층 출신의 전형적인 여성이다. 이러한 인물들의 현실적 전형성이 이전의 다른 드라마들과 구분되는 이 드라마의 가장 큰 성취이다.

좋은 드라마를 세 가지 유형으로 구분하는 게 허락된다면, 첫째 유형은 <모래시계>처럼 시청자로 하여금 거리를 두고 생각하게 하는 것이 있다. 둘째 유형은 <그대 그리고 나>를 비롯한 김정수의 드라마들이 그렇듯이 정서적인 밀착을 통해 동일시를 유발하는 것이고, 세 번째 유형은 김운경의 드라마처럼 해학적인 우화를 통해 삶의 본모습(꼬라지)을 자각하게 하는 것이다. <그대 그리고 나>가 몰입에 기반 한다는 점에 주목해야 한다. 즉, 문제의 분명한 자각에서 출발한 비판이나 야유 등 사회적인 발언과 같은 외면 효과보다, 차라리 회한과 반성, 현실의 인정과 포용 등과 같은 내적 성숙을 기하는 내면 효과 쪽에 무게중심이 가 있음을 말이다. 그런 점에서 이 드라마는 주술사의 심리치료와 같은 측면을 보여준다. 이 드라마에 공감하고 정서적으로 밀착하게 되는 시청자들로 하여금 자기의 고민스런 처지를 대신해서 말해 줌으로써 어떤 카타르시스를 체험하게 해준다는 말이다.

그 공통의 처지란 무엇인가? 이를테면 맏아들의 집이기 때문에 밀고 들어오는 봉건적 사고방식의 당당함에 대해 합리적이고 개인주의적인 최진실이 갖게 되는 황당함이 그것이다. 또, 가진 재산을 모두 말아먹었으면서 여전히 허풍스런 아버지, 온갖 야비한 방법으로 한탕주의 삶을 추구하는 동생, 바람만 잔뜩 든 여동생, 아버지의 환멸스런 삶의 유산으로 태어난 배다른 동생의 반항기, 그리고 그 모든 짐의 무게를 하소연할 수 없는 전혀 다른 세계에서 온 아내 앞에 선 존재로서 박상원이 갖게 되는 외로움 등이 그것이다.

하지만 이 인물들의 행태를 잘 들여다보면 그 성격의 미세한 결이 드러난다. 사돈댁에 가서 한바탕 휘젓고 전셋돈을 주고 오는 아버지의 처신, 이본과의 관계에서 보여주는 차인표의 행동, 무례한 시댁식구들을 웬만큼 수용하는 최진실의 모습들은 모두 자기에게 닥친 문제에 이들이 현명하고 건강하게 대처하고 있음을 보여준다. 과격하고 야비한 것은 그들의 겉모습일 뿐이다. 그에 따라 시청자는 고통스런 현실에 공감하는 한편으로 그것이 참으로 현명하고 건강하게 마무리되어 갈 것임을 예감하게 되고, 안도한다. 비록 이 드라마의 겉모습은 시청자들에게 공감이 가는 피곤한 삶으로 점철되어 있지만, 따뜻한 결말에 대한 신뢰감은 일종의 주술적인 치료효과를 낳게 된다.

흔히 좋은 작가는 배치된 인물들에 자율성을 부여하고 그들에게 신접(神接)해서 그 개별 논리에 맞춰 이야기를 풀어낸다고 하는데, 이러한 일종의 자동기술(自動記述)은 대단히 치열한 작가 정신에서만 가능하다. 이 드라마는 방금 파악한 것처럼 인물들에 대한 미묘한 성격 부여를 통해 현실감과 시청자의 원망을 담은 가공성을 동시에 성취해 낸다. 그 원망의 방향 곧, 드라마의 방향타는 기본적으로 보수적이다. 뿔뿔이 흩어져 반목하고 서로에게 고통을 주던 가족이 결국 마음으로 한 자리에 모이게 되리라는 점에서 그렇다.

지금이 어느 때인가. 그 혹독한 IMF시대 아닌가. 이 시대를 감당하고 있는 사람들 각자는 바로 내일 자신의 처지에 대해 확신을 갖고 있지 못하다. 그런 만큼 불안감은 더 크다. 차라리 확 잘리고 나면 이토록 불안하지는 않으련만. 이렇게 불안한 시기에 사람들의 정서는 보수화할 수밖에 없다. 그런데 지금의 보수적 정서는 분명 과거와 다르다. 여기에는 반성적인 분위기가 짙게 깔려 있다. 도대체 이 삶이 왜 이렇게 되었을까. 무엇이 잘못됐나. 앞으로 나는 어떻게 살아야 하는가. 무엇을 준비해야 하는가. 이런 점을 생각할 때 다만 현재를 향유하는데 몰입한 <질투>이후 <애인>에 이르는 일련의 드라마들을 거품 시대의 드라마들이라고 한다면 <그대 그리고 나>는 반성적인 시대의 첫 번째 드라마라 부를 수 있겠다.

지금 이 드라마는 손쉬운 타협으로 가고자 하는 유혹을 강하게 받을 만한 한계선에 직면해 있다. 가령 최진실을 다시금 슈퍼 우먼의 구태로 되돌린다거나, 저마다 갈등 요소를 갖고 있는 인물들이 돌연 개과천선

한다거나 하는 식으로 말이다. 최진실의 임신은 그래서 주목된다. 현실성을 잃지 않으면서 따뜻한 위로를 주는 길과 손쉬운 타협의 길, 언뜻 보면 비슷한 것 같지만 전혀 다른 갈림길이 이 지점이다.

(PD연합회보)

<첫사랑>의 시청률 읽기

KBS <첫사랑>

KBS의 주말 드라마 <첫사랑>이 방영 기간 내내 시청률 순위 1위를 기록하며 경쟁 대상인 MBC의 드라마를 세 편이나 갈아치워 버리는 위력을 발휘했다. 그 시청률 수치도 완만하나마 줄곧 늘어나기만 해서 종영을 앞두고는 거의 60%에 육박하기에 이르렀다.

<첫사랑>이 누리는 이런 인기의 비결이 뭔지를 어느 잡지 기자가 물어 왔다. 그래서 기자의 생각을 되물었다. 그는 이 드라마에 착한 인물들과 모범적인 가족이 등장하는 점이 인기의 비결 가운데 하나가 아닌가라고 말했다.

물론 최근의 경향으로 볼 때 비극적 정서 혹은 좌절의 드라마가 흥행되지는 못하는 것 같다. 그런 우려 때문에 몇 년 전 방송된 <아들과 딸>의 채시라는 미혼모가 되려던 극본 상의 설정이 변경되어 미국 유학을 떠나는 것으로 처리되었다. 또, <서울의 달>에서의 채시라는 극 후반부에 들어서면서 제비족이었던 한석규와의 사랑이 맺어지기 어렵게 되자 매회 울었는데, 그때마다 채널이 돌아갔다는 얘기도 있었다. 그 이후

로는 그나마 이런 비극 정서에 기반한 드라마를 찾아볼 수도 없게 되었다.

하지만 착한 인물들이 등장한다고 해서 인기를 끌 수 있다면 흥행 실적을 올리지 못할 드라마가 없을 것이다. 그런 설명은 다만 사후적인 해석일 뿐이고, 그나마 아주 빈약한 이유가 아닌가. <첫사랑>의 신비는 마땅히 꼭 집어 얘기할 만한 인기의 요인을 찾기가 어렵다는 점이다. 더욱이 이 정도로 높은 시청률이면 드라마의 내용 혹은 시청자들의 동향과 관련해서, 가령 <사랑이 뭐길래>처럼 '수돗물 사용량이 준다'거나, <모래시계>는 '퇴근 시계'라거나 하는 식으로 사회적 화제가 될 법한데도 <첫사랑>의 드라마 주변적 관심은 조용하기 그지없다.

즉, 이런 정황들은 <첫사랑>의 높은 시청률이 이 드라마 자체에 대한 지지율이나 인기와 일치하지 않음을 뜻한다. 주말 저녁 시간대의 기본 시청률이 다른 채널들과 배분되지 않고 이 드라마로 집중되기 때문에 나타나는 높은 수치일 뿐이다. 다시 말해서 <첫사랑>이 높은 시청률을 올릴 수 있는 비결은 경쟁 드라마들의 낮은 시청률에 머무는 희한한 협조에 기인하는 것이다.

물론 고만고만하게 재미없는 두 편의 주말 드라마 가운데 그나마 <첫사랑>이 비교 우위를 보이고 있는 점은 한 가지 흥미로운 상황을 추측하게 한다. 시골의 보잘 것 없는 가정 출신의 한 젊은이(배용준)의 성공담, 그리고 계급 간의 사랑 이야기가 아직도 사람들의 정서에 큰 거부감 없이 와 닿는다는 것이다. 여러 가지 정황으로 보아서 우리 사회도 점차 계급 구분이 명료해져 가는데, 아직 사람들은 그 벽을 피부로 느끼고 있지 못하다는 말이다. 즉, 정치・경제적 구분이 아직 문화적인 구분으로 이어지지 않았다는 말인데, 조만간 그 구분은 명료하게 이루어질 것이고, 그 때가 되면 이런 드라마는 더 이상 애절한 느낌으로 받아들여지지 못하게 될 것이다.

(뉴스 메이커)

<댁의 남편은 어떠십니까>

SBS <댁의 남편은 어떠십니까>

<TV저널>의 조사를 보니 요즘 최고 흥행기록을 내고 있는 드라마는 SBS <댁의 남편은 어떠십니까>인 것 같다. 드라마로서의 작품성을 일찌감치 포기한 것으로 보이는 프로그램이 그렇게 높은 인기를 끌고 있다면 자연 그 비결이 궁금해지지 않을 수 없다.

먼저 이 드라마에는 다양한 유형의 부부관계가 제시되고 있어서 주부 시청자들이 자기 처지를 돌아보고 또 드라마에 몰입할 수 있는 '자기 동일시'의 여지가 많다는 점을 지적할 수 있다. 현재의 지위를 유지하는 데 처가신세를 크게 지고 있어서 아내에게 극진한 최진국(유동근), 회사에서의 승진에 여념이 없고 아내에게는 목소리를 높이는 강세풍, 출세욕이 없는 것은 아니지만 능력도 그저 그렇고 술을 좋아해 아내에게 늘 구박받는 도주섭, 그리고 사회생활보다는 집안 살림에 더 관심이 많은 기찬이 그들이다.

여기에 미혼의 도도희(이영애)와 오진우 사이의 연애감정과 천회장의 옛사랑의 추억까지 더해져 감초 구실을 한다. 제목에서도 드러나지만 이렇게 남편들의 유형을 정리하고 보면 이 드라마는 주부 시청자들에게 '동일시' 대상을 제공하기도 하거니와 더 나아가 그들의 바람, 즉 꿈을 대신 꾸어주고 있음을 알 수 있다. 네 명의 남편들이 보여주는 성격들을 조금씩 빌려와서 자기 남편의 상을 그려보는 그런 재미 말이다.

전통적 도덕관 허무는 새로운 가치 제시할지 '궁금'

처음에는 주섭의 술버릇을 고치느라 말린 북어를 휘두르던 진애만 부부관계에서 힘의 우위를 차지했지만, 점차 상미와 정숙까지도 남편에 대해 주도권을 잡아나가는 극의 진행은 현실에서 그렇지 못한 주부시청자들로 하여금 상상으로나마 저항의 쾌감을 맛보게도 할 것이다. 게다가 정숙이 요즘 누리고 있는 오빠 친구와의 새로운 데이트는 또 한 번쯤 그려봄직한 사건 아닌가.

하지만 <댁의 남편은 어떠십니까>를 한편의 작품으로 보자면, 즉 텔레비전 드라마로서의 성취를 평가하자면 어떤 점을 사줄 수 있을까? 이야기의 진행 공간을 제한하기 위해 사방으로 얽어놓은 등장인물들의 관계는 그렇다 치더라도 대화의 양에 버금가는 방백(혹은 혼잣말)의 남발은 이 드라마의 무성의의 극치를 드러낸다. 그 방백들을 통해서 드러나는 이 드라마의 인간에 대한 이해는 의심 많고 잔꾀나 부리는 존재라는 식의 피상적 수준에 그치고 있다. 근본적으로 방백의 남발은 겉모습을 통해 속마음까지 보여주지 못하는 표현력의 한계에서 비롯된 것이다. 더욱이 부부관계에서 있을 수 있는 갈등의 요소란 그저 남편의 외도와 출세밖에 없는 듯이 그리고 있는 그 빈약한 상상력도 안타깝기만 하다.

하지만 이런 실망스런 여러 모습들 속에서도 이 드라마에는 시청자들로 하여금 문득 현재 발 딛고 있는 규범을 되돌아보게 하는, 그전과 다른 삶의 규범이 일부 거론되고 있다. 기찬과 광자 부부는 돈 벌어 오는 남편과 살림하는 아내라는 부부의 전통적인 성역할에 정면으로 의문을 제기하고 있고, 그 관계가 역전되는 과정도 드라마에서 꽤 자연스러운 근거 위에 전개되었다. 도회의 남녀교제에 대한 관념도 새로웠다. 유부남과 미혼녀의 사귐을 곧 가정의 파괴와 부정한 행위로만 연결 짓는 도덕관은 분명 사회 전체적으로 보아서 인간관계의 폭을 제한시키는 억압 기제임을 그녀는 보여주었다.

하지만 불안하다. 여기서 어디로 더 나갈 수 있을지, 그리고 얼마만큼 더 나갈 수 있을지가. 그것은 아직 아무도 모른다. 혹여 이 두 사례가 다시 전통적인 남녀관계로 회귀한다면 다만 일탈취향을 부추기려고 도입되었던 것인지 의심할 수밖에 없다. 그래서 이제부터 진우의 행동거지를 잘 살펴볼 필요가 있다. 도희의 부정을 과장되게 나무라는 그의 행태가 다만 한 여성을 길들이는 과정인지, 아니면 그 이상의 어떤 새로운 규범에 기반을 둔 것인지를 가리려면 말이다.

하지만 또 불안하다. 도희의 새로운 시도도 그녀를 에워싼 주변의 여러 인물들의 전통적인 고정관념에 결국 굴복하고 말았고, 더욱이 그녀의 연애상대인 최진국 마저 도희와는 사뭇 다른 이른바 '바람피우기' 정서-가령 이런 대사에서 그 차이를 엿볼 수 있다. "아휴, 이왕 이렇게 될 거, 가는 데까지 가보기나 할 걸"-로 임했다는 점에서 이미 그 실패가 전제된 것이었다. 필자가 이 드라마에 거는 마지막 기대도 어쩌면 도도희의 처지가 돼버리는 게 아닐까 하는 불안감이 없지 않다.

(TV 저널)

<사랑을 기억하세요> 분량은 '미니' 알맹이는 '슈퍼'

MBC <사랑을 기억하세요>

모처럼 줄거리 있는 드라마를 보았다. 5월 한 달 동안 8부작으로 방영된 MBC 월·화 미니시리즈 <사랑을 기억하세요> (정운현 연출)가 그것이다. 50회 이상씩 진행되는 수·목 드라마나 주말 드라마, 또 투입되는 물량의 규모 면에서 대형화하고 있는 기획 드라마들. 그리고 보통 16부로 제작됨으로써 '미니'라는 명칭이 무색한 미니시리즈들의 틈바구니에서 이 드라마가 8부작이라는 소규모로 제작된 점만으로도 자못 이채롭다.

이 드라마는 시청자들의 관심을 채 끌기도 전에 끝나버린 감이 들 정도로 양적인 측면에서 아쉬운 점이 없지 않았다. 더욱이 이 드라마 앞에는 <호텔>이 있었고 <TV시티>가 그 뒤를 잇고 있어서 보기에 따라서는 잠시 쉬어가는 여백을 메우기 위해 제작된 것은 아닌가 하는 생각이 들 정도였다.

하지만 분량이 적다고 해서 이 드라마의 완성도가 떨어진다거나 주제의식이 빈약한 것은 결코 아니었다. 오히려 이렇다 할 주제의식 없이 그저 볼거리에만 치중하는 최근 드라마들의 경향을 염두에 둘 때 <사랑을…>이 보여준 짜임새 있는 인간관계의 설정과 선명한 주제의식은 더욱 돋보인다.

이 드라마는 형사인 아버지와 뮤지컬 배우인 딸 사이의 애증관계를 기분 축으로 하고 있다. 15년 전 추적 중이던 범인의 함정에 빠져 비리 수사관으로 처벌을 받는 와중에 아들을 잃고 아내와 이혼까지 하게 된 우형사(신구)는 그 일로 인해 딸과의 사이도 어려워진다. 우형사는 자신을 함정에 빠뜨린 한회장을 끈질기게 추적한다. 드라마가 진행됨에 따라 우형사에 의해 검거되어 옥살이를 한 최주형과 한회장이 부자관계라는 사실이 암시되고, 와중에 우형사 부녀와 한회장 부자가 관계를 회복해간다.

조금 복잡해 보이는 줄거리지만 형사인 아버지의 세계와 뮤지컬배우인 딸의 세계를 공평하게 담고 있는 구성이 탄탄하고, 여기에 등장인물들의 심리묘사가 절묘해서 그 줄거리가 아주 명쾌하게 정리되고 있다.

이 드라마를 처음 시청할 때는 요즘 유행하는 장르인 전문직종을 소재로 삼은 트렌디드라마와 복선을 깔고 그것을 풀어나가는 수사물이라는 두 개의 장르가 무리하게 결합된 것은 아닌가 하는 의구심도 없지 않았다. 하지만 그 두 세계가 별개로 진행되는 것이 아니라 뮤지컬을 일종의 극중극으로 활용함으로써 두 양식 간의 조화를 이루어내고 있었다. 즉, 이 드라마에서 뮤지컬은 우형사와 딸 지수의 사이가 호전될 것을 암시하는 동시에 그 애잔한 분위기를 전달하는 장치로 활용되고 있다는 점에서 단순한 볼거리 이상이었다.

그래서 이 드라마의 제목 <사랑을 기억하세요>는 두 가지 뉘앙스로 읽힌다. 초기의 부녀간의 첨예한 갈등을 나타내는 "도대체 (아버지는 혹은 너는) 사랑을 기억하십니까(알기나 하느냐)?"하는 냉소적 의문이 그 하나이다. 후반으로 접어들면서 많은 문제가 사랑으로 포용될 수 있음을 보여주는데 "(삶이 그대를 속일 때면) 사랑을 기억하세요"라고 하는 위로와 권유가 그 두 번째 뉘앙스이다.

서둘지 않는 연출자의 여유가 빚어낸 명장면

이 드라마는 겉보기에 우형사와 한회장, 최주형 그리고 우지수, 오민재 등 주요 등장인물들이 서로 극도로 불신하는 모습을 보이지만 결국 미묘한 심리묘사를 통해 그들이 사랑과 신뢰를 회복해사는 과정을 표현하고 있다. 그 대표적인 에피소드는 금고털이 사건의 혐의를 받은 최주형이 우지수를 위해 자신의 알리바이를 적극적으로 주장하지 않은 것과 거기에 상응하여 우지수가 도리어 그의 결백을 증명해준 것을 들 수 있다. 또한 우형사와 최주형이 나누는 절제된 대사가 더욱 인상적이다.

뮤지컬 공연장 로비에서 또, 한회장 건물 앞에서 우연히 마주친 이들은 구차한 변명을 늘어놓지 않고 솔직한 대화를 통해 불신과 신뢰의 복합정서가 교차하는 과정을 보여준다. 8부작이라는 길지 않는 분량을 가지고 결코 서둘지 않는 연출자의 여유가 빚어낸 빛나는 장면으로 기억하고 싶다.

비록 큰 인기를 끌지는 못했고, 여러 에피소드들이 어디에서 본 듯한 상투성을 벗어나지 못한 면이 있었지만 <사랑을 기억하세요>가 보여준 따뜻하고 선명한 주제는 높이 살만하다. 특히 그것을 드러내주는 짜임새 있는 구성, 절묘한 심리 묘사 등은 감정을 과장하고 볼거리에 집착하는 최근의 경향에 비추어 TV 드라마의 본령이 어디에 있는가를 다시 한 번 생각하게 해주었다.

(TV 저널)

<옛사랑의 그림자> 서스펜스와 심리극의 잘못된 만남

SBS <옛사랑의 그림자>

SBS에서 새로 시작한 드라마 스페셜은 사전 제작된 8부작 미니시리즈들로 이어지리라고 한다. 기존의 16부작 미니시리즈들이 복잡한 인간관계와 에피소드들이 얽혀 실상 이름에 걸맞지 않은 '맥시 시리즈'인 것과 다르게, 드라마 스페셜에서는 주제와 형식의 짜임새를 중시하고자 하는 의욕을 만날 수 있을 것 같다. 여기에 미스터리 멜로의 성격도 가미된다고 한다. 복잡다단하고, 맺고 끊는 것 없는 현실을 잊고 화끈하게 허구의 세계를 즐겨보라는 뜻인 듯도 싶다.

그 첫 타자가 김한영 연출의 <옛 사랑의 그림자>이다. 마지막 두 회분을 남겨 놓은 상태에서 판단하건대 이야기 구성상의 초점이 확실하게 맞춰져 있다. 부잣집 여자와 결혼한 옛사랑의 남자 주변을 버림받은 여자가 그림자처럼 맴도는 가운데 벌어지는 긴장된 상황과 심리적 갈등이 내용의 핵심이자 전부이다.

이런 줄거리라면 식상할 만큼 많이 보아 왔다. 구파라고 불러도 무방할 만큼 고색창연한 신파 혹은 순애보의 주요 소재가 바로 버림받은 여자 아니던가. 그러므로 어디에 초점을 맞추어 어떻게 표현했는지가 드라마로서 새로운 성취의 관건이 될 것이다.

이 드라마의 새로움이라면 버림받은 여자의 대응 방식에서 찾을 수 있다. 순애보의 주인공 같으면 그 남자를 단념한 채 마음으로만 사무치게 그리워했을 텐데, 방은희가 연기한 선주(미영)는 이 상황을 숙명으로 받아들이지 않는다. 선주는 옛사랑인 현우(김주승)의 삶으로 한 걸음 한 걸음 다가간다. 그 과정에서 빚어지는 선주와 현우 그리고 그의 처 명희(옥소리) 세 사람의 심리 변화와 갈등이 이 드라마에서 공을 들이는 주요 부분이다. 말하자면 멜로드라마가 끝난 지점에서 이 드라마는 시작하고 있는 셈이다.

어떤 모습으로 시작되고 있는가? 길은 두 갈래이다. 할리우드 미스터리 멜로 영화 식으로 가는 길이 하나 있다. 이 경우는 '정보를 알고 있지 못하다'는 것이 핵심적이다. 관객은 공격하는 자의 계획을 알고 있지만, 공격받는 자는 위험이 다가오고 있음을 몰라야 한다. 그래야만 관객은 서스펜스와 스릴을 만끽할 수 있다. 할리우드는 다시 두 가지 방식으로 결말을 준비한다. 하나는 적대적 관계에 놓인 양자 사이의 '무대포 정신'에 입각한 난투극이고, 다른 하나는 우연한 계기로 위험을 감지한 공격받는 자의 역공이다. 상황은 역전되고 이제 모르는 자는 애초 공격하는 자의 몫이 된다. 관객은 공격받는 자의 아슬아슬한 역공 시나리오를 지켜보며 몸이 근질근질해지는 것을 느낀다.

또 하나는 심리극으로 가는 길이 있다. 서스펜스를 추구하기보다 미묘한 심리 변화를 추적하는 것이다. 여기에서는 설정된 상황이 곧 문제적 상황이라 할 수 있다. 즉, 어떤 상황에 던져진 등장인물들의 심리적 반응과 대응 양상은 삶에 대한 그들의 태도를 나타내며 관객들은 삶에 대한 성찰적 자세를 요구받는다.

그렇다면 <옛 사랑의 그림자>는 어떤가? 기획 의도를 "섬세하고 밀도 있는 심리묘사로서 시종일관 긴장감 있게 그려 나가면서"라고 밝힌 것을 보면 그 두 갈래 길의 행복한 만남을 추구한 듯한데, 결론적으로 말해 그 두 길의 잘못된 만남이 이루어지고 있다.

우선 이 드라마는 긴장감을 유발하는데 실패했다. 선주의 계산에 따른 접근과 명희의 무지 사이의 구도, 그리고 들킬락 말락 하는 김주승의 외줄 타기 신세 등은 서스펜스를 유발하기 위한 구도를 닮아 있기는 해도 그 전형과는 많이 다르다. 서스펜스의 전형이 되려면 기본적으로 선주에게 분명한 목표가 있어야 하고, 그것에 이르기 위한 각본이 치밀해야 하며, 그것을 추진해 낼만큼 냉혈한 성격으로 묘사되어야 한다. 즉, 모든 상황을 선주가 주도해야 하고, 그 상황은 복선을 타고 한 단계 한 단계 목표점을 향해 전개돼 나가야 한다. 하지만 이 드라마에서 선주의 목표는 다만 현우의 주변을 맴도는 것일 뿐, 그의 삶으로 점점 깊이 파고들어 이혼을 요구하는 것은 그녀 자신도 애초 의도하지 않은 상황 논리에 빠져든 탓으로 그려진다. 그래서 세 사람은 모두 그 상황 속에서 어찌할 바를 모른 채 쩔쩔 매고 있고, 선주는 펑펑 울거나 술에 취해버리는 통에 다잡아야 하는 극의 긴장감을 느슨하게 풀어놓는다.

게다가 심리묘사에서도 밀도를 잃고 있다. 현우는 죄책감과 당혹감, 적개심이 복합된 인물일 텐데 그저 선주에 대한 짜증 수준으로밖에 묘사되고 있지 않다. 명희의 경우는 서서히 사태를 파악해 가는데 따른 심리 변화가 아주 묘미 있게 다뤄질 수 있는 부분인데 너무 오랫동안 무덤덤한 자세를 유지한다. 눈치가 없어서 그런 것인지 아니면 깜짝 놀랄 만한 역공을 가하기 위해 모른 척하는 것인지 혹은 자기 치부를 드러내기도 인정하기도 거부하는 가진 자의 인내심 때문인지 도무지 가늠이 서질 않는다. 다만 선주의 (현우로 인한 반복된 중절에 따른) 불임과 현우의 딸 예지에 대한 애정의 상징성, 또 비록 한 가정을 침범하는 역할임에도 불구하고 그 심성이 악한 것은 아님을 드러내는 점 등 선주의 성격 창출에서는 일정한 성취를 이루었다고 할 수 있다. 하지만 방은희의 일종의 열연이 인상적이기는 해도 서스펜스 유발이나 미묘한 심리묘사의 관점에서 보자면 감정의 과잉 표출이 되고 만다.

드라마 스페셜처럼 하나의 핵심을 쭉 밀고 가고자 하는 시도가 성공하려면 무엇보다 먼저 치밀한 대본이 중요하다. 인기 스타와 코믹 연기로 한 몫 잡으려는 다른 미니 시리즈들과 비교할 때 이런 기획은 일단 높이 평가할 만하다. 하지만 이처럼 드라마의 핵심을 중시하고자 할 때에는 현실 적합성과 형식 적합성 사이에서 불가피하게 선택을 해야 한다. 현실에 있을 법한 이야기를 다루고자 한다면 주제 의식에 치중해야 하고, 형식에 충실하고자 한다면 거두절미하고 미스터리물로 나갔어야 한다. 하지만 <옛 사랑의 그림자>는 비록 상황에 도전하는 여성상을 제시함으로써 신파조 순애보를 넘어서고자 했음에도 불구하고 여전히 남성중심의 가정을 행복의 원형으로 제시하고 있고, 거기에 도전하는 여인이 결국 스스로 파멸한다는 결말을 벗어나지 못함으로써 현실 적합성 측면에서도 주제의 성취를 이루는데 실패했으며, 앞서 길게 논의했듯이 형식에 충실한 드라마가 되는데도 실패했다.

(PD연합회보)

코믹 연기, 가벼움 아닌 따뜻함이어야

어느 월간지 기자가 전화를 해 왔다. 최근 탤런트들의 코믹 연기 경향이 늘고 있는데, 그 원인에 대해 듣고 싶어 했다. 그 범주에 누가 들까? 대표적으로 <꿈의 궁전>에서 연기 변신을 가장 두드러지게 보여주고 있는 이응경과 서인석, 이미 그 성가를 드높인 조형기, 최근 집중 조명을 받고 있는 <첫사랑>의 동팔, 연주가 선생, 찬옥이, <짝>의 홍진희, 그리고 코미디 계에 성공적으로 진출한 김자옥, 김원희 등을 들 수 있다.

SBS <꿈의 궁전>

기실 탤런트들의 코믹 연기는 최근의 경향은 아니다. 물론 좋은 연기자라면 연기의 폭이 넓은 것은 당연할 테니 탤런트가 점잖거나 심각한 연기 뿐 아니라 코믹한 연기를 한다는 것 자체가 논란거리가 될 일은 아니다. 관심의 초점은 왕자나 공주만큼 광대의 인기와 비중이 커졌다는데 있을 것이다.

필자의 관찰로는 이미 4년쯤 전에 이른 바 '푼수 연기'가 꽤 널리 퍼졌고 또 인기를 끌었다. <아들과 딸>의 백일섭, 봉팔이와 종말이, <한강뻐꾸기>의 주현, 권은아, 견미리, <내일은 사랑>의 김정균, 오솔미 등이 그들이었다. 필자의 생각에 당시 이들의 푼수 연기가 큰 호응을 얻을 수 있었던 요인은 시대 정서와 무관하지 않다고 여겨졌었다. 정의와 불의의 이분법 위에 모든 현상이 이해되던 한 시대가 그런 확연한 구분의 좌표를 뭉개고 사라진 뒤 남은 가치의 공백 지대를 대중들의 질긴 생명력이 채워 가듯이, 드라마의 플롯의 흐트러짐과 영웅의 매력 감소를 푼수 연기자들이 채우는 것 사이의 상동성. 요즘의 현상 또한 그 연장선 위에서 해석이 가능하다.

여기에 연기자 시장의 수요와 공급 상황이 그들로 하여금 코믹한 연기에 투신하도록 고무시킨 측면이 추가된다. SBS-TV가 개국하면서 드라마 편수가 대폭 늘게 되어 당장은 탤런트들에게 일거리가 많이 생겨 좋을 것 같지만, 그만큼 시청자들의 눈길을 받기가 어려워져 연기자들 간의 경쟁 상황은 더 심해졌다. 이럴 때 예전의 멜로물의 주인공과 같은 한껏 분위기만 잡아서는 눈에 뜨일 수가 없다. 대중의 관심의 동향에 가장 민감할 수밖에 없는 광고를 통해 볼 때 연기자들의 그런 코믹한 이미지는 꽤 상품성을 갖는 것 같다.

하지만 이런 경향이 그저 잘 팔리는 유행을 좇아 연기자들이 무작정 몰려드는 것이라면 곤란하다. 바라건대 코믹한 연기가 담을 수 있는 대중적 정서의 긍정적인 차원들이 표현될 수 있도록 숙고되어야 할 것이다. 가령 드라마에서 보자면 동팔이나 찬옥 그리고 <체인징 파트너>에 이르기까지 베스트 극장을 통해 보여 온 조형기의 따뜻한 인성 그리고 코미디에서 보자면 김자옥, 김보연의 생경한 돌출이나 엄정화의 미숙함보다 강호동과의 호흡이 절묘하게 맞아 들어가는 김원희의 소박함의 가치를 깨달아야 할 것이다. 코믹한 연기의 가치는 삶을 가볍게 만드는데 있지 않고 그 따뜻함을 보여주는데 있기 때문이다.

(뉴스 메이커)

<LA 아리랑> 시트콤의 국적은 미국?

직역을 하자면 상황희극이라고 할 수 있을까, 보통 번역하지 않고 시트콤이라고 부르는 텔레비전의 한 장르를 우리 방송이 수용한 것은 <오박사네 사람들>부터이다. 등장인물들의 대사에 대해 몇 차례 규범적인 지적이 있었지만 이 드라마는 최초의 시트콤으로서 꽤 큰 흥행성적을 거두었고, 그래서 각 방송사 마다 그것을 본떠 시트콤을 줄줄이 제작하기도 했었다.

하지만 결과는 세 방송사 모두의 시행착오로 맺어졌고, 그래서 시트콤이 다시 텔레비전에서 사라지는 행동통일을 보이기도 했었다. 어느 프로듀서는 우리 시트콤이 범한 가장 큰 착오가 시간양이라고 진단했다. 정해진 배경에서 한정된 인물들이 단 한 가지 상황을 통해서 웃음도 주고 메시지도 전달해야 되는 시트콤의 성격상 50분은 너무 길다는 거였다. 그래서 한회에 등장하는 인물도 많아지고 그러자니 상황도 파생을 거듭하게 되어서는 재미의 초점이 사라져버린다는 것이다.

와신상담, 이번에 SBS에서 시트콤을 다시 시작했는데, 그 시간 분량이 딱 절반으로 줄어 25분짜리이다. 공간도 한국에서 미국으로 옮겼다. 자연 등장인물들은 재미교포 가족들이고, 상황은 그들의 집안을 중심으로 벌어지되 가끔씩 직장으로 시선을 옮기곤 한다.

그래서 <LA 아리랑>은 시트콤으로서의 완성도를 높였는가? 일단 시간양도 적당하고, 매회 다뤄지는 이슈도 하나로 정해져 있고, 주어지는 상황만 바뀔 뿐 언제나 기본 설정이 유지되는 폐쇄구조를 (아직까지는) 띠고 있는 등 기본적인 요건을 충족시키고 있다.

그런데 영 어색하다. <LA 아리랑>을 보면서 늘 느껴지는 의문은 어째서 저들은 행동을 과장할까하는 점이다. 단순히 설쳐대는 것은 아니고 어떤 미묘한 성적 과감성이라든가 세대 간의 허물없음 같은 요소가 그 과장된 행동들 속에 끼어들어와 있다. 그런 행동양식을 미국풍이라고 말할 수 있을까? 어쨌거나 한국 연기자들의 그런 몸짓과 말투는 짐짓 거슬린다.

잘 생각해 보면 그 거슬림의 근원은 미국풍 자체에 있다기보다는 이 드라마가 미국 것에 대한 한국인의 선망의 감정을 활용하려고 드는 것 같다는데 있다. 그래서 작위적인 연기를 보노라면 저게 미국풍이기나 할까 하는 의심마저 든다. 말하자면 <LA 아리랑>은 미국 방송의 장르와 함께 연기 행태까지도 함께 수입을 한 셈이고, 그 구실 삼아 재미교포 가정을 설정한 것으로 보인다.

<LA 아리랑>을 통해서 지적할 수 있는 우리의 시트콤이 안고 있는 문제는 시트콤의 형식 요건을 아직 제대로 갖추지 못한데 있다기보다는

오히려 그 형식만을 지나치게 추종한데 있다 할 것이다. 중요한 것은 장르의 지위가 아니라 그것을 통해서 무엇을 더 표현할 수 있을까 하는 판단이리라.

(서울 eye)

6) 감독과 작가

(1) 소원영, 닫힌 사회에 대한 정시

<아담의 도시>와 <마지막 연인>, 강자에 의존하는 체념 정서의 극복

올 한해 MBC TV 드라마들은 참 대단했다. <파일럿> <마지막 승무> <사랑을 그대 품안에> <M>으로 이어진 미니시리즈의 행진은 다른 방송사의 드라마들의 접근을 허락하지 않는 중심 역할을 했고, <서울의 달>과 <종합병원>은 그 눈길을 주말까지 계속 붙잡아 두었으며, 특집극으로 <맞수>가 MBC의 드라마 제작 역량을 부연 설명하는 형국이었다. 이렇게 앞만 보고 달리는 미니시리즈의 행렬 속에 끼어있으면서도 짐짓 시선을 뒤로하고 마지못해 이끌려 가는듯한 독특한 드라마 2편이 마치 앙금처럼 가슴에 남아있다. <아담의 도시>와 <마지막 연인>이 그것들인데, 모두 소원영 PD의 연출작이다.

앞만 보고 달려온 미니시리즈들은 방송 중에는 열광적인 호응을 받아도 일단 막이 내리면 그 들뜬 감정을 추스를 사이도 없이 곧장 다음 드라마로 그 영광을 물려주곤 했는데, 소원영의 드라마들은 달랐다. 그 다름은 '방송 중에 열띤 환호를 받지 못하다가 끝나고 나서 진한 감동을 주는 식'의 것이 아니었다. 차라리 그런 식이라면 구태의연한 명작쯤으로 평가하면 그만일 수도 있다. 그 다름은 앞만 보고 달음질치는 것이 드라마만의 현상이 아닌 사회 정서 전체의 상황이고 그 상황은 편한 숨쉬기를 허락하지 않는 만큼 감당하기에 너무 무겁다는 관념을 드러내고 있다는 데에 있었다. 그래서 그 두 드라마에서 모두 발견되는 '약자의 죽은'(<아담의 도시>에서의 도지원의 죽음과 <마지막 연인>에서의 최수종의 죽음)은 부담스런 공감을 불러일으킨다. '그래선 안 되는데 그럴 수밖에 없겠구나'하는 공감 말이다.

닫힌 현실 속 '약자의 죽음' 공감대

문제는 어디에서 비롯되었을까? 도지원의 죽음의 근원은 그를 둘러싸고 있는 사람들의 행태와 정서에 있었다. 사람 사이의 관계를 대결의 논리로만 이해하는 사람들, 남보다 더 많은 것을 차지하려드는 데에서 인생의 의미를 찾으려고 하는 사람들 틈에서 그저 소박한 사치를 즐기려고 했던 한 철없는 여인이 겪고 느낀 두려움과 좌절이 죽음의 원인이었다. 최수종의 죽음의 근원은 없다. 그는 어쨌든 현실을 버거워하는 존재로 설정되어 있다. 물론 가난과 어린 두 아이의 부양과 중노동이 현실의 무게로 등장하지만 그를 죽음으로 내몬 것은 처음부터 설정된 그의 약한 심성이다. 즉, 소원영의 두 드라마는 현실이 닫혀있다는 인식에서 출발한다. 그리고 그 닫혀있음은 단 하나의 궤도를 숨 가쁘게 달려가기만 해야 하는 묘한 모습을 하고 있다.

하지만 소원영의 두 드라마에서는 그 궤도를 벗어나는 길을 찾지 못한다. <마지막 연인>에서 최민식이 찾아 헤매는 처는 그래서 영영 우리 눈앞에 나타날 수 없다. 우리에게는 현재의 숨 가쁜 현실의 대안이나 도피처가 될 수 있는 과거가 없기 때문이다. 그래서 도지원과 최수종(혹은 최민식)의 시선은 관념 속의 것일 뿐이고, 그래서 그 죽음은 놀랍게도 관념 그 자체의 죽음이 되는 것이다.

말하자면 그들은 감당할 수 없는 현실로부터 눈 돌리고 싶은 욕망에서 뒤를 돌아본 것일 뿐 과거가 아름다워서가 아니다. 그래서 앞으로 나가기 싫은 두 사람의 죽음은 역설적이게도 앞으로 나가는 사람들에게 작위적인 안온함을 부여하는 밑거름이 되었을 뿐이다. <아담의 도시>와 <마지막 연인>에서의 박근형과 김자옥 사이에 매듭을 만들고 있던 증오의 해지가 바로 그 작위적인 안온함이다. 그렇다면 약자의 죽음은 너무 억울하다. 강자들을 순화시키기 위한 방법으로서 약자들의 희생을 받아들일 수는 없다. 그래서 소원영의 두 작품에서 가장 동의할 수 없는 점이 바로 강자에 대해 느끼는 그의 매혹이다. 그것은 현실을 똑바로 볼 수 없다는 처지에서 겪게 되는 압박감을 그런 정신없는 현실을 앞서 달려가는 강자에 무작정 의존함으로써 해소하고자 하는 체념의 정서로 보이기 때문이다.

현실을 똑바로 보지 못하고 숨 가쁘게 달리는 사람은 강자일 뿐, 약자들마저 그 뒤를 따라 똑같이 달릴 필요는 없다. 약자들은 그 강자가 가쁜 숨을 고르기 위해 잠시 쉬는 그 순간 문득 깨닫게 되는 흔들림 없는 시선이 될 필요가 있다. 그래서 강자로 하여금 자기를 바라보는 타자가 있음을 깨닫게 해야 한다. 그것도 아주 큰 타자 곧, 그것이 바로 세상이고 하늘임을 느끼게 말이다.

"여기가 어디인가, 이제 너무 멀리 왔나"하는 <아담의 도시>의 노랫말처럼 그곳은 우리가 갈 곳이 아니었다. 바로 그런 멈춰 서서 지켜보는 사람들의 힘이 소원영의 다음 드라마에서 가장 보고 싶은 부분이고, 그러려면 지금의 체념의 정서가 극복되어야 한다.

<女>, 삶의 피로와 원죄의 직시

소원영 프로듀서의 드라마들은 독특한 빛깔을 띠고 있다. 최근 드라마들의 전반적인 경향과 비교할 때 그 자리는 어색하기 조차 하다. 요즘 드라마들이 천편일률적인 것처럼 보이는 까닭은 흥행을 위해 공식처럼 여기는 몇 가지 요소들에 발이 묶여있기 때문이다. 그런데 그의 드라마들은 이런 공식들에서 금기시하는 사항들을 오히려 표현의 주조로 삼고 있다. 그런 탓에 흥행 순위에서도 밀리고 비평의 조명조차 받지 못하지만, 나는 <아담의 도시> 이후 <마지막 연인>과 요즘 방송되고 있는 <女>에 이르는 그의 작품들이 반드시 진지하게 검토되어야 한다고 본다. 시대정서는 대중들의 전폭적 호응을 얻는 텍스트 속에도 들어있지만, 정반대로 극도의 외면을 당하는 텍스트 속에도 역시 들어있기 때문이다.

소원영 드라마의 바탕에 깔려있는 정서는 '삶의 피로'이다. 이것은 "등이 휠 것 같은 삶의 무게"와는 다르다. 그의 드라마에서 표현되고 있는 것은 삶 일반, 흔히 인생이라고 말하는 것의 '쉽지 않음'이 아니라, 우리들의 현재의 삶이 특수하게 갖고 있는 '피로함'이다. <마지막 연인>에서 최수종과 김지수는 처음부터 끝까지 큰소리 한번 지르지 못하고 한숨만 푹푹 쉬어댔는데, 그 숨소리를 감도 높게 잡아들임으로써 보는 사람들도 함께 그 한숨 속으로 빠져드는 것 같았다. 이번 <女>에서는 클로즈업 된 표정들이 오묘하다. 하나같이 인상을 펴지 못하고 복잡하게 구겨진 얼굴을 하고 있다. 유괴범 민숙(김혜자)과 유괴된 용설/금옥(신은경), 금옥을 유괴당하고 반신불수가 된 친모, 아내와 사별한 성혁(최불암), 이혼으로 미국에 보낸 어린 아들을 한시적으로 만나야 하는 성혁의 비서(양금석) 등의 얼굴에는 모두 그런 '삶의 결손'이 녹아 있다.

우리의 삶은 어째서 피로한가. 소원영의 드라마는 그 원인을 '결손된 삶'으로 연결 짓는다. <女>에서는 가정의 결손을 그 소재로 삼고 있지만, 그런 결손의 정서가 현재 한국인의 삶의 정서로 연장되어 읽힌다. 그래서 내게는 소원영 드라마의 소재의 특수성보다 그것을 통해 드러나는 정서의 일반성에 더 관심이 간다.

어째서 현재 한국인들은 특수하게도 그런 결손 정서를 일반적으로 갖게 되는가? 그것은 우리의 삶의 체계가 닫혀있기 때문이다. 그래서 어느 한 사람의 악행은 곧 사회 전체의 병적 증상을 낳을 뿐 아니라, 사회 구성원 전체를 악행의 체계에 적응하게 만든다.

현재 한국사회의 병원체는 무엇인가? 드라마 <女>를 통해 보면 그것은 이기적인 소유욕이다. 자식을 낳지 못한다는 이유로(물론 그 이유만은 아니다. 더 근본적으로는 서로 다른 계층 간의 결혼을 용납하지 않는 배타성이 작용한 것으로 이 드라마에서는 해석되고 있는데 어쨌거나 그 이유들의 성격은 마찬가지다) 이혼 당한 민숙에게서 그 소유욕은 남의 자식을 내 것으로 훔쳐오는 일까지 저지르는 것으로 확대된다. 그리고 또 한 가정이 파괴된다. 이렇게 뺏음과 빼앗김의 연쇄작용은 결국 소유와 결핍을 같은 것의 양면으로 만든다. 빼앗은 자나 빼앗긴 자 모두 원죄와 한의 길항관계 속에서 결손의 정서를 갖게 된다.

그 매듭은 어떻게 풀어야 하나? <아담의 도시>에서는 빼앗긴 것을 되찾아오는 방법을 채택했었다. 즉, 가진 자들(곧 남의 것을 빼앗은 자들)의 방식을 그대로 답습하는 것이다. 뺏고 빼앗는 혈투의 결과는 양쪽 모두의 패배였다.

<마지막 연인>에서는 그 지긋지긋한 현실에서 눈을 돌려 현실에 없는 것을 찾아 헤매는 도피행을 시도했다. 그 결과는 가진 것 없는 자의 좌

현재 방영중인 미니시리즈 「여」

「마지막 연인」

「아담의 도시」

소원영PD의 드라마들

절이었고, 지금 가진 자들끼리의 위선적 화해, 가진 것을 반납하지 않은 채 약자의 희생을 계기로 잠시 숙연해질 뿐인 허위적 배려였다.

이제 <女>를 주목하게 되는 까닭은 그 악연의 고리를 직시하고, 그 시발점으로 한 걸음 한 걸음 되짚어 가는 정면대응을 하고 있기 때문이다. 용설/금옥은 현재의 안온한 삶을 모두 반납하게 될지도 모르는 그 길을 주저 없이 나선다. 그리고 원죄의 시발점에 이른다. 소원영의 드라마 또한 비로소 출발점에 선다.

소원영 드라마의 이러한 전개는 그가 독특하게 구사하는 '응시 화면'을 통해서 상징적으로 표현된다. <아담의 도시>에서는 시퀀스들 사이에 드라마의 전개와는 무관한 듯한 화면이 반복해서 삽입되었었다. 남산에서 서울을 내려다보는 화면인데, 그 화면이 천천히 옆으로 움직이며 느리게 흔들리는 것이 마치 누군가의 훔쳐보는 시선처럼 보였다. 그것을 나는 이렇게 받아들였다. 자기가 살고 있는 즉, 자기의 삶이 규제되고 있는 그러나 동시에 어쩔 수 없이 현재의 삶의 의미를 부여받을 수밖에 없는 그 공간을 바라보는 시선, 저주스러우나 결코 벗어나지 못하리라는 것을 예감하기 때문에 동요하는 마음을 드러내는 시선으로 말이다.

<女>에서는 그 응시의 성격이 더 구체적이다. 어린 자매가 인형을 들고 서있는 바닷가 장면인데, 역시 반복해서 등장한다. 그런데 이번에는 이 응시화면에 서사적 맥락이 부여되고 있다. 민숙이 유괴할 당시의 장면이기 때문에 민숙의 잠재의식 속에서 그것이 반복되는 것으로 말이다. 아무리 민숙이 현실에서 사업가로 성공하여 바쁜 생활을 영위해도 그녀는 그 지점/시점(地點/時點)을 벗어나지 못한다.

이 장면은 플라잉캠으로 촬영한 것인데, 그 모델이 되는 새의 시선은 자유롭게 비상하는 쪽이 아니라 언제나 한 지점 곧, 원죄의 시발점으로 회귀하는 쪽을 지향한다. 날아가는 새의 시선이 아니라 빨려들듯 제자리로 돌아오는 시선, 강박증의 시선이다. 그 원죄를 풀지 못하는 한 그 새의 시선은 넓은 쪽을 향할 수 없다.

우리 현대사도 그렇다. 아무리 세계를 향해 비상하려 해도 그 날갯짓은 빨려들듯 항상 원죄의 지점으로 돌아오고 있지 않은가. 그 원죄를 기억에서 지우려고 드는 한, 그 달아나려는 안간힘이 강할수록 우리의 집단 (무)의식은 그만큼 더 강하게 거부한다. 우리 스스로가 그 원죄를 대명천지에 드러내놓고 직시하지 않는 한, 제아무리 트렌디 드라마나 폭력물이나 삼각관계나 성공담으로 덮으려 해도, 심지어 고부관계와 부부관계의 찐한 일상 감성으로 덧칠하려 해도, 그 회귀성은 치유되지 못한다. <女>의 병이 바로 나, 그리고 우리 모두의 병을 표현한 것으로 읽히는 까닭이 여기 있다.

(TV저널 / PD연합회보)

(2) 이창순, 30대의 삶과 진실

<애인>

MBC <애인>

"저는 그 후배가 결혼하기만 기다려 왔습니다. 드디어 결혼을 했고, 애도 하나 낳았습니다. 이제 부담 없이 그녀와 사귈 수 있을 것 같습니다" / "유경험자로서 말씀드리는데, 신중하십시오"

어느 날 새벽 PC통신 대화방에서 들은 대화내용이다. 30대 중반의 유부남이 30대 말년의 유부남에게 이른바 바람피울 계획을 상의하는 장면. 30대방이라고 해서 들어가 봤더니 이런 대화를 나누고 있었다. 그는 미혼자와의 사귐에 비해 기혼자끼리의 사귐은 부담 없이 가볍게 이루어질 수 있을 것 같다고 했다. 그러면서도 뒷감당은 걱정하기도 했다. 말하자면 그는 다만 한 여자와의 관계에 고착돼 있는 결혼생활에서 하나의 기분 전환을 원하는 것이었다. 이에 대해 30대 말년의 남자는 남녀의 사귐을 가볍게 생각하지 말라고 충고했다. 결국 자기는 제자리로 돌아오지 못했다고 하면서.

두 번째 사례는 어느 사회단체의 어머니 모임에서 있었던 일이다. 어느 날 설문 조사를 했단다. 문항들 가운데 "만약 당신이 지금 다시 20

대가 된다면 무엇을 가장 해보고 싶습니까?"라는 질문이 있었는데, 놀랍게도 두 사람만 빼고 모두가 "불같은 사랑을 해보고 싶다"고 응답했다고 한다.

눈치 챘겠지만 드라마 <애인>과 관련한 활발한 사회적 논의에 한 마디 거들려다 보니 서론이 많이 길어졌다. 솔직히 황신혜와 유동근을 내세운 사랑 이야기는 방송판을 신세대가 장악한 최근의 경향에 견주어 맥 빠지는 소재가 아닐 수 없다. 마침내 MBC가 드라마의 파산선고를 하려나 보다고 말한 사람도 있었다.

그런데 사회 변화는 신세대에게만 해당하는 말이 아니었다. 이미 정서와 사고방식이 많이 바뀐 3-40대 여성들에게 <애인>은 그 내면의 변화의 실체를 잘 정돈하여 확인시켜 주는 구실을 한 것 같다. 신문과 잡지들이 <애인>을 매개로 하여 중년 남녀의 사랑 혹은 외도를 특집 기사로 다룬 것도 유행처럼 이어졌다. 유부남과 유부녀의 사랑이 그저 한 편의 드라마가 불러일으킨 화제 거리 이상의 사회 현상이라고 하는 데에 각 언론의 진단이 일치하고 있다. 그런 기사와 칼럼들을 읽고 드라마를 보면서 전부터 가져온 생각을 다시금 꺼내게 된다.

SBS 드라마 <댁의 남편은 어떠십니까>에서는 유부남 유동근과 미혼녀 이영애의 연애가 중요한 사건이었는데, 결론은 물론 '바람피우기' 이상 나가지 못했다. 그런데 이번의 <애인>은 아예 유부남과 유부녀를 내세워 기혼의 남녀관계와 그것을 억압하는 가치체계에 정면으로 문제를 제기하고 있다. 신문과 잡지 칼럼의 결론이 비난 일색이었던 데에는 필시 그 이유가 작용했을 것이다. <애인>은 사랑 이야기이기 이전에 외도이며 그래서 잘못된 것이고, 그 잘못을 미화하고 있으므로 위험한 드라마라는 식이었다. 물론 방송위원회의 경고도 빠지지 않았다.

하지만 제도가 아무리 규제한다고 해서 욕망이 모두 억제될 수 있겠는가. 기혼자들에게는 그 어떤 형태의 이성교제도 금지되어 있는 탓에 오히려 룸싸롱이나 캬바레 같은 하수구에 모여들어 다만 욕구를 해소시키고 있지 않은가.

극중 유동근과 황신혜의 사귐을 두고 그것은 '사랑 이전에 불륜'이라는 판단밖에 할 줄 모르는 사회에서 해답은 정해져 있다. 그런 경직된 사고체계로 과연 '불같은 사랑' 한 번 못해 본 삶에 회한을 느끼기 시작한 세대를 포용할 수 있을까? 새로운 남녀관계의 결말을 가정의 파탄으로 이끄는 주범은 차라리 그런 경직된 관념체계이리라.

논의의 초점은 새로운 사랑이 생겼을 때 어떻게 하면 그것을 죄악이 아닌 자연스런 현상으로 이해하고 또, 추슬러 낼 것인가 하는 정서적·관념적·현실적 대안을 찾는 쪽에 맞춰져야 할 것 같다. 가령 드라마 속에서 유동근과 황신혜로 하여금 그들 스스로 어떻게 하면 잘 헤어질 것인가를 고민하게 만들 것이 아니라, 유동근이 아내인 이응경에게 자신의 감정 변화를 설명하고 이해를 구함으로써 이응경은 그것을 배반이 아닌 떠남으로 받아들이는 상황 설정은 어땠을까. 어쨌거나 중간계층들은 자기감정을 억제해야 한다는 관념에서부터 먼저 해방될 필요가 있다.

〈애인〉에 대한 논의들, 또는 히스테리컬한 사회의 상징 폭력

드라마 <애인>이 끝나고 이미 여러 날이 지났다. 뒤늦게 붙기 시작한 <애인>에 대한 논란의 불꽃도 거의 사그라들었지만 그 불씨는 여전히 남아 있는 듯하다. 끝난 것은 텔레비전 드라마일 뿐, 사회가 그대로이고 삶이 그대로인 탓이다. <애인>을 매개로 하여 그 동안 던져진 비난들을 접하고 두 가지를 느꼈다. 하나는 이 사회의 히스테리적 성격과 이중성이다.

MBC <애인>

정신분석학의 지식을 조금 빌어 얘기하자면, 히스테리 환자의 특징 가운데 하나는 속으로 원해서 상대방을 유혹하다가도 정작 상대방이 접근해 오면 화들짝 놀라 과도한 거부 반응을 보이는 것이라고 한다. 그것이 심해지면 지킬박사와 하이드씨 같은 다중 성격(multiple personality)을 갖게 된다고 한다. 마치 우리 사회의 언론의 행태를 보는 듯하다. 기사와 논설을 통해서는 청소년들을 유혹하는 온갖 향락적 사회 환경을 비판하면서, 같은 지면의 광고란에서는 음란한 비디오 영화 광고를 버젓이 실음으로써 스스로 퇴폐적 환경이 되는 이중성은 쉽게 확인되는 신문들의 행태가 아닌가.

두 번째 느낌은 <애인>을 매개로 한 비판의 성격이 지극히 폭력적이라는 점이다. 유부남 유부녀의 사랑은 곧 불륜이고, 드라마에서 그것을 아름답게 치장함으로써 대다수 선량한 성인들의 도덕관념을 오염시키고 '그렇다면 나도 한 번'이라는 생각을 갖게 함으로써 건전하게 유지되어야 할 가정을 파괴할 우려가 있다고 하는 것이 무수한 비판들이 갖고 있는 공통된 논지이다. 결국 그런 비판을 하는 나는 그럴 가능성이 전혀 없지만, (어리석은) 남들이 걱정돼서 한 마디 해야겠다는 태도다.

이에 대해 몇몇 논자들은 <애인>이 이미 우리 사회에 만연한 정서와 행태를 드러냄으로써 사회적 논의의 계기를 마련한 점은 긍정적으로 보아야 한다고 반론을 펴기도 했다. 다시 여기에 재반론이 제기되기도 했다. 텔레비전이 현실을 반영하고 드러낼 경우에도 그것을 어떻게 다룰 것인가에 대한 숙고가 전제되어야지 단순히 드러냄 자체에 의미를 둔다면 금기의 영역에 정당성을 부여하는 쪽으로 작용할 수도 있다는 것이다. 결국 같은 이야기의 반복일 뿐이라는 생각이 든다.

필자는 <애인>이 30대 중 후반 기혼자들에게 있을 수 있는 또 한 번의 사귐을 현실성 있게 드러냈다고 보는 쪽이다. 필자도 함께 한 어느 자리에서 <애인>의 현실성과 관련한 간단한 논쟁이 있었다. 한 사람은 <애인>에 성인의 '육욕'이 표현되지 않았기 때문에 현실성이 떨어진다고 주장했다. 이에 대해 다른 한 사람은, 자신이 <애인>의 주인공과 같은 세대로서 오히려 육욕에 이르지 못한 점이 현실적이라고 반박했다. 비록 속으로는 바란다 해도 실행에 옮기기에는 내면의 검열과 저항이 강하기 때문이라고. 다시 먼저 사람이 반박을 했다. 드라마는 바로 현실에서 실행하지 못하는, 그렇지만 사람들이 가지고 있는 상상을 대신해서 표현해 주는 것이므로 육욕을 포함시켰어야 했다고. 이를테면 네덜란드의 텔레비전 연구자인 앵(Ian Ang)이 얘기하는 '정서적 리얼리티'와 '체험적 리얼리티' 사이의 논쟁인 셈이다.

필자는 조금 다른 각도에서 <애인>을 더 해석해 보고 싶다. 유동근의 욕망과 황신혜의 욕망이 단순히 기혼남녀의 바람기로 규정하기에는 미묘한 그러면서도 확연한 차이가 있다고 보기 때문이다. 유동근에게 황신혜는 고착된 욕망의 대상으로서 설정되었다면, 황신혜에게는 유동근이라는 사내 자체가 중요한 의미를 갖는 대상은 아니었다. 황신혜에게는 더 복합적인 요인들이 작용했다. 그녀는 남편과의 관계 뿐 아니라, 커리어 우먼이 겪게 되는 기성관념과 제도적 억압에서 비롯된 한 인간으로서의 상실감, 그리고 그로부터 비롯된 어떤 충만 된 것에 대한 욕망의 대리 표현으로서 새로운 사귐에 응했던 것으로 보인다. 두 사람에게 서로는 결핍을 채워 줄 대상으로 여겨졌다는 점에서는 같으나, 상대를 추구하는 동기와 태도에서는 차이를 보였다는 말이다. 이를테면 연물(fetisch)과 남근(Phallus)의 차이에 비견된다고나 할까.

어쨌거나 모든 논의들이 <애인>의 시청률이 낮았다면 없었을 것들이다. 앞으로 이와 관련한 논의가 더 발전적으로 이어져야 하겠지만, 바라건대 이제부터는 '바람피우지 말라. 담론의 위력이 여전히 살아 있나니 상징 처벌이 내려지리라'와 같은 협박은 이만 자리를 비켜 주었으면 한다.

(TV 저널)

<추억> 가정회귀는 TV의 한계인가 미덕인가

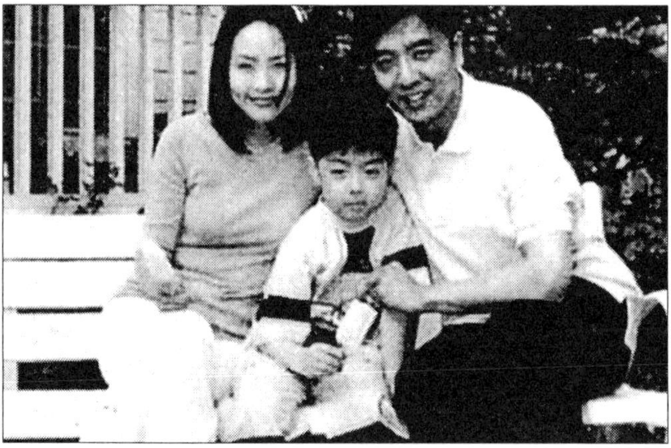

MBC <추억>

<추억>이라는 제목은 짐짓 회귀적이다. 그렇지만 이 드라마의 흐름에서는 추억이 퇴행적으로 작용하지 않고 성숙의 계기로 이어진다. '다시 합치고 보자'는 식의 퇴행적 회귀를 한다면 그것은 어떤 삶을 선택할 것인가 하는 수준에서의 타협적 발언이 될 것이다. 그렇다면 시청자들도 별로 부담스럽지 않다. 드라마가 다만 있을 수 있는 하나의 사례를

보여주는 것일 따름이니까. 하지만 일상의 단편들에 덕지덕지 붙어있는 추억을 되뇌고, 그 과정에서 이루어진 내적 성숙(타인에 대한 배려와 삶에 대한 진지한 반성쯤이 될 텐데)의 결과가 회귀라고 할 때, 그 주장은 더 본질적이고 강경한 것이 된다. "이혼이라니 참으로 철부지로다. 가정의 소중함을 깨닫지 못하고서 어찌 삶의 본모습에 이르렀다 할 수 있으랴!"라고 하는 외침과 다르지 않으니까.

결혼과 관련한 국면에 국한시키더라도, 삶의 본모습이 이처럼 가정의 소중함을 '깨닫고서야' 다가갈 수 있는 것이라고 한다면, 가정을 꾸미지 못한 오세경(박은영)이나 재결합하지 못한 민형준(손창민)은 가정의 소중함을 깨닫지 못한 것일까? 그래서 삶을 맞이하는 자세가 진지하지 못한 인물들인가? 서인영(최진실)과 한정호(김승우)처럼 추억의 주파수를 잘 맞춰 재결합에 이르는 행복한 커플들은 현실에서 희귀하다. 오히려 추억의 아귀가 늘 빗나가는 커플들 혹은 아물지 않은 상처를 덮어둔 채 새 삶에 부딪쳐야 하는 불행한 커플들이 더 많다. 그런 측면에서 보자면 드라마 <추억>은 가정법을 통한 현실 묘사에 가깝고, 그 한계 안에서 큰 공감을 일으킨다. 무슨 말이냐 하면, 인영과 정호 같은 이혼 커플이 비록 현실에 흔치 않다 하더라도, 이혼 이후 그들의 성숙 과정은 시청자들에게 큰 공감을 불러일으킬 수 있는데, 다만 아직 이혼할 의향이 없는 부부들에게 그럴 것이라는 말이다.

하지만 그런 30대의 가상 이혼상황이 동년배 기혼자들에게 큰 공감을 얻고 있다는 점은 시대의 변화와 관련하여 주목해 보아야 한다. 한번 결혼했으면 백년해로하는 것만이 최상의 가치라고 하는 도덕률 안에 부부의(더 정확히는 여성의) 행·불행 여부는 들어있지 않다. 그런데 세상이 변했다. 이제 여성들은 불행한 결혼, 행복 없는 결혼 생활이 그럼에도 불구하고 지속되어야 하는 절대적인 것이라고 여기지 않는다. 또, 여성의 일방적인 봉사가 결혼 생활의 미덕이라고는 더더욱 생각지 않는다. 남성 또한 백년해로 이데올로기만으로 아내를 집안에 주저앉힐 수 있다고 생각하지 않는다. 그러기에는 이미 여성들의 자립심이 너무 길러졌고, 그 만큼 남성들의 성품은 너무 섬세해졌다. 강한 여성, 유약한 남성 차원에서 그렇다는 말이 아니고 합리적 인간관계 쪽으로 세상이 나가고 있다는 뜻에서 그렇다. 남편의 외도를 계기로 단호하게 결혼생활을 끝내는 서인영의 결단력, 그에 비해 각종 논리를 동원해 설득해보지만 무력하기만 한 한정호의 행동 양식 사이의 대비가 그런 측면을 잘 나타내준다.

이렇게 이 드라마는 이혼을 모티브로 하여 기혼자들의 외도 장면도 보여주고 있지만, 그렇다고 해서 건전치 못한 드라마라고 한다면 그것은 <애인> 때와 마찬가지로 음란한 자들의 히스테리 반응일 뿐이다. 문제는 남녀관계를 양극단으로 몰아버리는 편협한 사회에 있지, 그 사귐 자체에 있지 않다. 한국사회에서 남녀의 사귐은 무덤덤한 사무적 관계, 데이트, 여관 이렇게 셋뿐이다. 결혼을 하고 나면 그나마 데이트 단계는 사라지고 양 극단 만이 남는다. 그러니 남녀의 만남과 헤어짐은 무성한 뒷소문에 휩싸이게 되고, 그것이 세경과 민부장과 인영 사이의 관계를 얼마나 더 피곤하게 만드는가. 우리에게 필요한 것은 도덕 재무장이라는 수사로 위장한 상호 억압의 공고화가 아니라, 더 다양한 성인들의 관계가 가능하다는 것을 인정할 줄 아는 자세이다.

그런 의미에서 이창순 PD의 <애인>과 <추억>은 인간관계의 새로운 기획인 동시에 그것이 현실에서 어떤 장애를 겪고 어떻게 왜곡될 처지에 놓여있는지를 함께 보여주는 드라마라고 할 수 있다. 이 두 작품을 연작으로 보면 이해가 더 잘 되는 부분들이 있다. 가령 <추억>에서 아주 미흡하게 생략되어 있는 가정 내 여성의 억압과 차별에 대해서는 다만 서인영의 대사로만 스쳐 지나가는데, 이에 대해서는 <애인>에서의 황신혜를 참조할 수 있을 것 같다. 또, <애인>에서 유동근 이응경 부부가 이혼을 했다면 아마도 <추억>에서와 같은 정황들로 이어졌을 것이다. 이렇게 결혼 이후의 새로운 남녀관계를 다룬 <애인>과 이혼 이후의 삶을 보여준 <추억>을 보고 나니, 이창순 연출의 '30대의 삶과 진실' 3부작을 예견하게 된다. 다음 작품의 모티브가 재결합이 아닌 다른 삶의 행로를 보여주는 것이라면 말이다.

<추억>을 보면서 여전히 갑갑한 까닭이 바로 거기에 있다. <애인>에서의 가정 회귀가 <추억>에서도 되풀이된 탓에 차라리 혼자 사느니만 못한 재결합이나 새로운 남녀관계의 설정으로의 나아감 등에 대해서 아무런 언급이 없다는 것, 다만 상대를 배려하지 못한 미숙함에서 저질러진 이혼이라 해도 삶의 새로운 기획의 계기가 될 수 있다는 것 등등에 대해서도 30대는 대화하고 싶기 때문이다. 몇몇 기사에서 <애인>과 <추억>을 '가정주의'라 표현했던데, 하여간 그 가정주의는 대중 텔레비전의 한계일지 아니면 미덕일지, 생각중이다.

(PD 연합회보)

(3) 황인뢰, 절제와 스타일의 미학

<연애의 기초> 삶의 향기 우려내는 절제

텔레비전 드라마의 느낌을 맛과 냄새로 표현해 보면 어떨까? 가령 <질투>에서는 단 맛이 나고, <女>에서는 쓴 맛이, 그리고 <모래시계>에서는 피비린내가 맡아진다고 하는 식으로 말이다. 그 맛이나 냄새의 빛깔이 무엇이든 예로 든 이 드라마들은 제 맛을 내고 있다는 점을 높이 평가해야 할 것 같다. <질투> 이후 많은 드라마들이 그 단 맛을 흉내 냈지만 가령 <파일럿>에서는 그 맛이 진부해져 조금 들척지근해진 감이 있고, <느낌>과 <호텔> 등으로 오면서 열을 너무 세게 가했는지 탄내를 내기까지 했다. 올해 특히 많이 맡을 수 있는 냄새는 피비린내였는데, <아스팔트 사나이>, <젊은이의 양지>, <바람의 아들> 등이 그런 냄새를 일부 풍겼다. 비자금 정국을 덧칠하고 있는 이른바 정치 드라마 두 편에서는 알듯 말듯 한 구린내가 맡아지기도 한다. 재미있는 점은 <女>의 쓴 맛을 흉내 내는 드라마가 없다는 거다. 쓴 맛은 내기도 어렵지만 잘 팔리지도 않으니까.

MBC <연애의 기초>

화학조미료의 맛과 휘발성 향수의 냄새가 진동하는 속에서 언젠가 아련한 향기를 느끼게 해준 드라마가 있었는데, 그게 바로 황인뢰 프로듀서의 <천사의 선택>이었고 <여자는 무엇으로 사는가>였다. 이 두 드라마의 향기를 맡고 나서야 비로소 필자는 다른 드라마들이 얼마나 진하게 인공감미된 것들인지를 깨달을 수 있었다. 그래서 생긴 습관이 텔레비전 프로그램들을 보면서 냄새를 맡고 맛을 보는 것이다.

황인뢰 프로듀서의 드라마는 거의 언제나 향기롭다. 불륜을 소재로 삼았다 해서 당시 다른 채널에서 방송되던 드라마들과 함께 도매금으로 비난받은 적이 있는 <창밖에 태양이 빛났다>도 역시 그랬다. 그 이웃한 드라마들이 불륜의 비릿한 냄새를 그대로 상품화 한데 반해, <창밖에>는 내레이션이라는 획기적인 형식을 통해 그 소재(혹은 질료)의 냄새를 모두 휘산(揮散)시켜 버렸다. 잡내음이 모두 사라진 무취의 자리에 그는 약간의 향료를 뿌리는데, 그것들은 제조되었다기보다는 일상의 삶에서 채취된 것에 가깝다. <천사의 선택>에서의 동정심과 허영심, 회한, <여자는>에서의 사랑, 원망, 포용, <창밖에>에서의 어리석음과 사악함 등은 살과 땀이 제거되고 남은 것들이었다.

새로 시작한 미니시리즈 <연애의 기초>도 물론 향기롭다. 이 드라마는 방송작가, 프로듀서, 연기자, 시청자의 네 명의 관점에서 네 편의 이야기를 전개시킨다고 하는데, 먼저 방송작가 이야기 4부를 진행시켰다. 그런데 드라마를 보고 나니 '방송'은 다만 질료로 사용된 것일 뿐, 이야기의 핵심은 '삶' 일반임을 알겠다. 즉, 삶 속에서 사람 사이에 거리를 만드는 것들에 대한 성찰, 혹은 그 거리를 가깝게 만들 수 있는 방법의 모색 같은 거였다. 방송작가인 정희의 삶을 통해 볼 때 사람 사이의 거리는 눈에 보이는 것에 집착한 탓에 눈에 보이지 않는 것의 소중함을 깨닫지 못하는데 기인한다. 눈에 보이지 않는 노인들의 젊은 삶, 눈앞에 놓인 찬사를 쫓아 남의 아이디어를 훔치는 후배 작가, 그리고 그렇게 보도록 길들여진 여러 종류의 남녀차별(정희의 쌍동이 남동생이 패션 디자이너가 되기 위해 어머니의 반대를 무릅써야 한 것도 포함해서)까지. 나머지 세 사람의 이야기가 앞으로 펼쳐지게 되면 삶이라는 게 겉보기에 제각각 존재하는 것 같아도 결국 서로 이렇게 저렇게 얽혀있고, 그것을 깨달음으로써 사람 사이의 거리를 만들지 말자고 미상불 속삭일 것 같다.

이처럼 황인뢰 프로듀서의 드라마에는 살과 땀 냄새가 탈취되었다고 해서 현실성마저 없지는 않다. 오히려 그 반대다. 다른 드라마들이 삶의 부차적인 냄새에 빠져 그 본질에 다가가지 못하는 반면, 그의 드라마들은 그 부차적인 것들을 모두 탈색시킴으로써 오히려 삶의 정수를 이야기한다. 또한 그렇다고 해서 생경한 것은 더더욱 아니다. 구구절절 늘어놓을 이야기를 주인공의 표정 변화(할아버지의 죽음과 윗집 할머니의 죽음을 접한 정희의 표정)로, 혹은 한 마디 에피소드(노인 분장한 정희를 차별대우하는 슈퍼마켓 주인)로 모두 담아낸다. 즉, 그것은 빈약함과는 다른 절제의 미학이라고 해야 옳다. 현실을 그리되 절제함으로써 삶의 향기가 발하게 하는 그의 향료는 그래서 삶 그 자체로부터 채취되었다고 보는 것이다.

(TV저널)

II-3-6-4 김수현 <사랑이 뭐길래>의 정서의 구조

드라마 전개상의 특성

MBC <사랑이 뭐길래>

첫째, 이 드라마는 대립된 가치를 표상하는 두 가정을 병렬적으로 제시하고 있다. 즉, 두 가정의 대칭된 배치를 통해 드라마는 어느 한편에도 기울어짐이 없다. 그에 따라 시청자들은 자기가 동일시하는 유형을 드라마의 진행 속에서 늘 확인할 수 있다. 이와 같은 대칭적 구조는 이 드라마의 기본 성격을 이루어서, 인물 설정과 언어 구사 등에 이르기까지 적용되고 있다.

둘째, 이 드라마는 시청자들의 실생활 리듬과의 유사성을 확립시키고 있다. 이런 실생활의 생활감각과의 유사성은 동일시 유발 기제로 활용된다. 여기에 활용되는 요소들은 대개 네 가지로 나타난다. (1) 시청자와의 공통된 시간 감각의 유지 (2) 실생활과의 유사성을 도입한 표현의 리얼리티 (3) 민간의 인생철학이나 상투적인 관용어구화한 평가문들을 수용하여 간접화법으로 제시 (4) 일상생활의 불만거리에서부터 사회적인 문제에 이르기까지 요즘 세태에 대해 일반적으로 느껴온, 그러면서 드러내놓고 비판되지는 않는 문제들에 대한 대리 표출.

셋째, 이 드라마의 중심된 특성인 상황극의 구조에 인과적인 전개 방식의 보완이 이루어지고 있다. 어떤 일관된 사태의 발전 및 진화와는 달리, 부여된 상황 속에서 서로 상반된 가치관과 관습을 가진 인물들이 어떻게 서로 다른 판단과 행태를 보이는가 하는 것이 이 드라마의 주요 내용이다. 그에 따라 시청자들은 그런 각종 상황들과의 동일시를 통해서 인물에 대한 동일시를 수행하게 된다. 여기에 서스펜스 기법과 같은 인과적인 진행을 보완시킴으로써 흔히 상황극이 빠지기 쉬운 산만성을 극복하고 수용자들을 상황 속에 더 잘 연루시키는 보조적인 역할을 수행한다.

넷째, 이 드라마는 희극성의 구축을 통해 시청자로 하여금 드라마 속 상황으로부터 일정한 거리를 유지시키고 있다. 또, 희극성은, 실제 상황이라면 그 심각성이 지나치게 클 수 있는 경우에 주로 부여되고 있다. 이런 '거리두기'와 '부담덜기' 메커니즘을 통해 시청자들은 자기 입장이 대변되는 통쾌함을 느끼면서 동시에 자신이 반대하는 상대방의 입장이 옹호되는데 따른 거부감을 줄일 수도 있다. 여기에 사용된 방식들은 다음의 네 가지로 정리된다. (1) 등장인물의 성격을 희화화 (2) 몇몇 상황 설정에서의 황당무계한 발상 (3) 코미디의 요소 도입 (4) 매회 마지막

장면을 정지화면으로 처리

언어구사의 특징

시청자들은 자기가 동일시한 등장인물의 진술을 통해 자기가 미처 정리하지 못했고, 적절한 표현을 찾지 못하던 감정이 명쾌하게 대변되는 체험을 하게 되고, 또 현실에서 배출시키지 못하고 묻어둔 여러 불만이나 억울함, 섭섭함, 후회스러움 등을 등장인물의 공격적인 표현을 통해 대신 표출하게 된다. 또, 등장인물들이 주고받는 대화 속에서 시청자들은 그 등장인물들이 서로 맺고 있는 관계를 더 명료하게 인식하게 되고, 그런 상황 속으로 더 잘 매몰된다.

이 드라마의 대사에서 언어 요소의 활용은 네 가지 방식으로 이루어진다. (1) 기존개념에 대한 재규정 (2) 관점의 다양화를 통한 묘사 혹은 표현의 정교함 (3) 말의 홍수 혹은 핑퐁식 대화 (4) 재담

인물설정과 갈등구조의 내용

인물설정은 (1) 양가적인 인물묘사가 이루어지고 있는 특징을 보였다. 그 덕택에 시청자들은 상황에 따라 등장인물들에 대해 모두 어느 정도씩은 공감할 수 있다. 그래서 드라마에 대한 동일시가 지속성을 가진다.

인물의 성격과 그들 사이의 관계는 여러 유형의 인물 및 그들 간의 상호관계가 교차하는 특성을 보인다. 이대발과 박지은의 관계, 한심애와 여순자의 관계, 박이사와 이사장의 대비를 중심으로 하여 그밖에 이성실, 박정은, 박철진 등과 여운계, 강부자, 사미자 등의 인물들이 그 관계의 망을 더 복합적으로 만들고 있다.

그런 인간관계들을 통해 일정한 가치의 갈등 관계를 표현한다.

그 갈등은 (1) 여성의 삶에 대한 여성들 간의 관점의 대립 (2) 여성의 삶에 대한 남녀 간 관점의 대립 (3) 남성의 삶에 대한 남성들 간의 관점의 대립 등을 통해 제시된다.

갈등 관계에 있는 가치는 '유교적-가부장적 가치에 대한 입장 차이'이다. 하지만 그 차이는 외형적인 스타일의 차이에 그칠 뿐이다. 때때로 부분적으로는 가부장제와 반가부장제의 선명한 대립을 보이기도 하지만, 드라마의 전체 구도와 내용은 가부장제적 질서의 두 가지 양상 사이의 비교이다.

〈사랑이 뭐길래〉의 정서의 구조

<사랑이 뭐길래>는 여러 수준에서 균형된 구조를 이루고 있다. 첫째, 극의 전체 구도가 먼저 대발이네 집과 지은네 집 간의 대립으로 이루어져 있다. 둘째, 드라마의 진행은 대립된 이 두 가정을 균형되게 교차시켜 제시하는 방식을 사용하고 있다. 셋째, 대립된 입장은 논리적이고 완결된 문장으로 공평하게 번갈아 제시된다. 넷째, 인물의 설정도 모두 일장일단을 지닌 양가(兩價)적인 존재로 되어 있다. 다섯째, 사소한 사물이나 사건에 대한 묘사도 늘 장점과 단점이 동시에 조명된다. 여섯째, 사소한 개인의 취향까지도 늘 놓치지 않고 배려된다.

이렇게 극의 전체 틀결이로부터 아주 사소한 에피소드에 이르기까지 일정하게 마련된 대칭적인 구조가 <사랑이 뭐길래>의 중심된 특성이다. 그러므로 <사랑이 뭐길래>에서 보여주는 세계는 아주 균형된 세계이다. 유일 선도 절대 악도 없는 세계, 영원한 적도 영원한 친구도 없는 세계, 장점과 단점, 강점과 약점이 공존하는 세계, 즉 흑백논리로는 포괄될 수 없는 세계이다.

<사랑이 뭐길래>에서 제시된 여러 에피소드들은 대체로 사람들 사이의 갈등과 마찰로 이루어져있다. 하지만 그런 대립의 겉껍질을 한 겹 벗겨보면 대립의 양자가 모두 자기 내부에 모순을 함께 지니고 있음이 드러난다. 한동안 원망의 대상이던 인물도 어느 날 그런 선입견과는 정반대되는 소망스런 모습을 보여주기도 한다. 반대로 바람직한 상으로 그려지던 인물이 어느 날 바로 그런 바람직스러운 것으로 여겨지던 행태 때문에 전혀 바라지 않던 부작용을 일으키고 있는 모습으로 나타나기도 한다. 늘 행복하기만 한 것 같은 여인이나 늘 불행한 것만 같던 여인이 발 딛고 선 곳이 결국 한 곳이었다는 깨달음, 혹은 그 행과 불행의 감각은 다른 방향에서 볼 때 정반대의 평가가 가능한 것이라는 발견도 역시 <사랑이 뭐길래>가 그리는 세계 속의 이야기이다.

<사랑이 뭐길래>에는 이처럼 단선적인 흑백논리를 부정하고 넘어서려는 정서가 아로새겨져있다. 격렬한 논리의 부딪침을 통해서, 혹은 산뜻한 언어구사를 통해서, 짐짓 억지스러운 상황 설정을 통해서 혹은 모른척 슬쩍 내보이는 행동을 통해서 흑과 백의 경계선 넘나들기가 시도되고 있다. 그것은 텍스트의 정서적 구조이면서 동시에 그 텍스트를 싸안고 있고 또, 그 텍스트가 스며들어가는 세상의 정서의 구조이다. 거기에 이름을 붙인다면 '탈이분법적 정서의 구조'쯤 될 것이다.

하지만 <사랑이 뭐길래>의 '탈흑백논리의 정서'는 그리 따뜻한 것이 못된다. 흑이 백을 또, 백이 흑을 따뜻하게 감싸 안음으로써 둘 사이의 벽을 허무는 방식을 취하고 있지 않다. 대립의 양편은 우선 자기의 입장을 명료하게 정리한다. 그리고 상대방의 진술의 허점, 가령 이기주의 혹은 허위의식의 부분을 사무치게 공격한다. 그리고 자기도 상대방으로부터 마찬가지 공격을 당한다. 그 결과로써 마지못한 화해, 후퇴, 용인 등이 이루어진다. 그러므로 <사랑이 뭐길래>에서는 흑백논리의 극복이

이제 시작되고 있을 뿐, 그것의 완성된 모습을 보여주고 있지는 않다. 흑백논리 자체에 대한 냉소와 조롱과 비판들이 <사랑이 뭐길래>가 보여주는 '탈이분법의 정서의 구조'에 덧칠된 빛깔들이다. 그런 덧칠된 빛깔들을 세상의 정서의 구조 또한 어느 정도 가지고 있을 테지만.

(박명진, 손병우, 양은경,

"TV드라마가 생산하는 즐거움의 다원적 기능에 관한 연구")

III

TV와 여러 장르의 비평

1. 리얼리티 프로그램

1) 범죄·사고 재연 프로그램

<경찰청 사람들>

MBC <경찰청 사람들>

현실에서 주먹다짐이 벌어지기라도 하면 우리는 '저러다 사람 잡겠군' 하고 무척 걱정스런 마음으로 그 광경을 지켜보지만, 텔레비전 드라마에서라면 그 폭력의 정도가 웬만큼 자극적이지 않아선 별 흥미를 느끼지 않는다. 그것이 허상임을, 다시 말해서 꾸며낸 상황임을 알고 보는 탓이다. <경찰청 사람들>이 시청자들의 흥미를 끄는 근거를 필자는 이와 같은 요인에서 찾는다.

<수사반장>이 19년 동안 장수하며 인기를 끌었지만 드라마 즉, 허구를 기본 성격으로 하는 까닭에 사람들은 더 강한 묘사를 요구했고, 하지만 일정한 품격을 유지해야 하는 공중파 TV로서는 범죄 드라마를 유지하는데 그만 한계를 느꼈으리라. 그렇게 <수사반장>이 종결된 지 2년 반 만에 형태를 바꾸어 수사물이 부활하였다. 시청자들은 그 새로 태어난 리얼리티 포맷의 <경찰청 사람들>에 적지 않은 호응을 보내고 있다.

필자가 보기에 둘 사이의 차이는 바로 박진감(verisimilitude) 정도에 있는 것 같다. 사건의 실제 담당 형사가 출연하고 얼굴이 전혀 알려지지 않은 연기자들의 미숙한 연기, 사건 현장을 취재 중인 듯한 느낌을 주는 화면 등이 그런 시청 감각을 만들어내는 요소들이다. 그런 세부 요소들의 도움을 얻고 있는 <경찰청 사람들>의 형태상의 특징은 하나의 보고서 형태를 띠는 점이다. 사건의 발단 · 전개 · 결말이 충분한 설명 없이 간단명료하게 전달됨으로써 시청자들은 사건의 배경이 된 낭패한 한 삶의 칙칙한 모습, 특히 범인의 불안한 심리상태와 피해자의 상실감 등을 접함으로써 생길 수밖에 없는 그 무거운 부담감으로부터 놓여날 수 있다. 그리고 다만 생생한 활극 현장에만 눈을 모으면 된다. 결국 그 모든 사건들이 바야흐로 눈앞에서 통쾌하게 해결될 터이니, 아니 해결된 것이니까.

<경찰청 사람들>은 이런 다양한 요소들과 형식상의 특징을 통해 이룩해 낸 박진감 덕택에 시청자들로 하여금 현장에 아주 가까이 가 있는 듯한 기분을 맛보게 한다. 현실에서 실제로는 거의 접하기 어려운 범행 현장을 (범인들에게 눈치 채이지 않고) 안전한 안방에서 목격할 수 있

고, 또 사건 수사는 형사들이 직접 나와서 내 대신 뛰어주고 있으니 그만 아닌가. 나는 다만 '수사가 저렇게 이루어졌구나'하고 속으로 느끼기만 하면 된다. 마치 몰래 카메라를 볼 때처럼 말이다.

이런 프로그램은 그 기능상 '목적 프로그램'으로 규정지을 수 있다. 그저 보고 즐기는데 머무는 것이 아니라, 그렇게 시청한 결과로서 시청자들(시민)에게 출연자들(경찰)의 인상을 좋게 하는 목적 아래 제작된 프로그램이라는 뜻에서이다. 방송이 그런 계층 간의 상호 이해에 도움을 줄 수 있다며 그것은 아주 잘하는 일임에 틀림이 없다. 그리고 <경찰청 사람들>이라는 프로그램의 의의도 역시 그 점에서 찾을 수 있다.

하지만 경찰에 대한 좋은 인상을 심는 것만으로는 진정한 상호 이해에 이르렀다고 보기 어렵다. 당장 그 프로그램이 끝나고 이어지는 뉴스에서는 '경우회 비리'니 '이근안'이니 하는, 같은 계열의 부정적 기호들이 줄을 잇고 있지 않은가.

<경찰청 사람들>과 관련해서 필자에게 떠오르는 기호들은 거기에 머물지 않는다. 가까이로는 '용산 마피아'로부터 멀게는 '반민특위 해체의 주역'에 이르는 악몽과 같은 기호들이 화면 위로 고개를 내미는 탓이다. 숙직실에는 11월이나 되어야 난방이 되고, 18만 킬로미터 이상을 운행한 순찰차도 예산 부족으로 타이어를 교체하지 못하는 등 '경찰의 날' 보도된 내용과 달리 정작 시민들과 함께 숨 쉬는 일선 경찰들이 <경찰청 사람들>이라는 프로그램에서조차 경찰 내부의 다른 현실 혹은 다른 역사를 눈가림하기 위한 노출용으로 동원되고 있다는 느낌을 지우기 어렵다. 이런 생각이 한낱 강박적 오해일 뿐이라고 말하고 싶다면 예의 그 부정적 기호들까지 이 프로그램은 수용해야 할 것이다.

텔레비전은 분명 '보는' 물건이다. 하지만 그렇게 텔레비전을 보면서, 아니 텔레비전을 통해 세상을 보면서 우리는 이 한 가지만은 잊지 말자.

텔레비전은 '보여주는 물건'이기도 하다는 사실을. 자기변명과 홍보와 과시, 나아가 노출증까지도 충족시키기에 가장 적합한 매체라는 사실을. 몰래 카메라 만큼이나 매력적인 것이 바로 노출 카메라임을 기억하자. <경찰청 사람들>을 볼 때에도 물론 그렇다.

<긴급구조 119>와 리얼리티 프로그램의 양식

PD연합회보 1997년 7월 1일자와 15일자에 흥미로운 내용이 실려 있다. <긴급구조 119>에 대한 논란인데, 그 계기는 6월 6일 방송된 '방앗간에서 생긴 일'편이다. 기사 내용과 담당 기자와의 대화를 통해 판단하건대, 이 사안은 리얼리티 프로그램 양식과 관련하여 이제 세심한 숙고가 필요한 시점이 되었음을 생각게 한다.

프로그램에서 논란이 된 부분은 사고의 배경을 변경했다는 점이다. 그 내용은 이렇다. 김치공장에서 종업원이 기계에 손이 끼는 사고를 당했는데, 프로그램에서는 장소 섭외의 어려움으로 인해 김치공장 대신 그와 작업 여건이 비슷한 떡방아간에서 재연을 했다고 한다. 논란거리를 정리하자면 이렇다.

첫째, 배경 변경에 대해 당사자의 동의를 얻었는가 하는 점이 논란이 되었다. PD는 동의를 얻었다고 하고 당사자는 그런 일 없다고 하는 식으로 두 사람의 진술이 서로 엇갈린 모양이다. 기본적으로 사실을 중심에 두는 리얼리티 프로그램에서 부분적인 사실 변경에 당사자의 동의를 구하는 절차는 필수적이라고 본다. 다만 그 방법에서 구두 동의 이상의 문서적인 확인을 반드시 구했어야 하는가 하는 문제는 일단 이 사례에 국한할 때 사적인 아쉬움의 다른 표현이라고 할 수 있다.

둘째, 사실 변경에 대해서는 시청자들의 양해 또한 구해야 한다. 시청자들의 인식 속에서도 리얼리티 프로그램은 실제 있었던 일을 재연한다는 기본 전제를 깔고 있다. 따라서 제작 여건에 따른 사실 변경이 있었다면 시청자들에게도 정확하게 고지해야 한다. 이 점은 다른 PD들도 지적을 하고 있다.

이 두 가지 논란거리는 당사자들이 느낄 절실함과는 달리 제작상의 절차적인 요소로서 프로그램 양식과 관련된 문제의 핵심에 놓인다고 할 수 없다. 일반적인 원칙으로 숙고해야 할 부분은 리얼리티 프로그램이 표방하는 사실성의 성격이라 할 수 있다. 이 지점에서 우리에게는 상호 비교가 가능한 두 가지 유형의 리얼리티 프로그램을 가지고 있다. 하나는 <경찰청 사람들>이고 다른 하나는 <긴급구조 119>이다. 이 두 프로그램은 공히 리얼리티 프로그램이지만 미세하면서도 분명한 차이점을 갖고 있다.

엄밀하게 구분하자면 <경찰청>이 '사건' 재연 프로그램이라면 <긴급구조>는 '사고' 재연 프로그램이다. '사건'의 재연과 '사고'의 재연은 어떤 차이를 가질까? <경찰청>에서 다루는 현실은 어떤 행위 주체의 악의(또는 부분적으로 상황 논리)를 통해 수행된 악행에 관한 것이다. 그에 비해 <긴급구조>에서 다루는 현실은 사소한 부주의 또는 환경이 안고 있는 위험 요소에 의해 빚어진 그래서 당사자에게는 어느 정도 불가항력적인 사고에 관한 것이다. 따라서 <경찰청>에서의 현실감은 꽤 감성적인 관여에 기반해 조성된다면, <긴급구조>에서의 현실감은 그에 비해 객관적이고 이성적인 관여에 기반 한다고 할 수 있다. 멀티 미디어 평론가 이유남은 어느 글에서 <긴급구조>에 대해 "사고 (과정)의 복기와 구조 (작업)의 시뮬레이션"이라는 명쾌한 규정을 한 적이 있다. 즉, <긴급구조>의 의의는 사고가 어떻게 일어났는지를 정확하게 재현하고 가장 효과적인 구조 작업에 대해 시청자들로 하여금 미리 경험하게 함으로써 일종의 교육 효과를 거둘 수 있다는 점이다. 따라서 <긴급구조>는 <경찰청>에 비해 사실 구속성이 클 수밖에 없다. <경찰청>의 경우 감정적 리얼리티를 얻을 수 있는 한 사건의 내용을 윤색하는데 너그러울 수 있는 조건에 처해있는 반면, <긴급구조>의 경우에는 경험적 리얼리티를 중시해야하기 때문에 냉정하고 철저한 사실 재현에 치중해야 한다는 말이다.

이론적인 논의가 반드시 뒤따라야 하겠지만, 우선 사고 리얼리티 프로그램과 관련하여 이러한 기본 인식을 다지라고 제작진에게 권하고 싶다.

<범죄 재연 프로그램의 발전적 논의를 위하여>

MBC <경찰청 사람들>

상황 재연 방식을 도입한 프로그램들이 요즘 아주 많아졌다. 그동안에는 주로 역사 교양물에서 재연을 사용했었고, 때때로 독서 좌담에서 작품의 줄거리를 약식으로 전달하거나 <그것이 알고 싶다>에서처럼 사건 발생과 수사의 진행 개요를 설명하기 위해 극히 부분적으로 재연을 사용했었다. 그러던 것이 리얼리티 프로그램이라는 새로운 양식을 도입하며 등장한 <경찰청 사람들>과 <119 구조대>가 인기를 끌면서 재연 방식이 급격히 확산되었다. 재연의 대상이 되는 범위는 이제 역사(<TV 조선왕조실록>)나 사건·사고(<다큐 사건 파일>, <공개수배 사건 25시>) 뿐만 아니라, 추억(<TV는 사랑을 싣고>), 생활(<구두쇠왕>, <다큐멘터리 이야기 속으로>), 인생(<성공시대>, <사장님 힘내세

요>) 심지어 귀신(<이야기 속으로>, <토요 미스터리>)에 이르기까지 아주 넓다.

이처럼 재연 방식이 범람하게 된 데에는 까닭이 있다. 상황을 눈앞에 보여줌으로써 설명과 이해에 도움이 된다는 점과 아울러 본격적인 드라마가 갖추어야 하는 구성상의 짜임새와 연기의 세련됨을 충족시키지 않더라도 실제 있었던 일이라는 프리미엄 덕택에 큰 공감과 관여를 손쉽게 유발시킬 수 있기 때문이다. 제작의 편의성과 전달의 효율성 그리고 시청의 즐거움을 모두 성취시킬 수 있기만 하다면야 프로그램의 격이 조금 떨어진다 한들 재연 방식의 사용을 문제시 할 일은 아니다. 하지만 제작의 편의성과 시청의 즐거움의 동기가 전달의 효율성을 뛰어 넘음으로써 주객이 전도되는 단계에 이르면 사정은 달라진다.

가령 귀신 이야기들의 경우에는, 물론 본격적인 분석이 따로 이루어져야 하겠지만, 그 분장도 치졸할 뿐더러 "비과학적인 생활 태도를 조장해서는 안된다"는 심의 규정을 염두에 두고 "제보자의 말을 토대로 재구성하였다고" 밝히면서까지 제작하는 것을 보면 리얼리티 양식이란 결국 재미를 유발시키기 위한 구실일 뿐임을 알 수 있다. 그렇다면 아예 오락 프로그램을 표방하고 처음부터 진정성을 포기해야 함에도 불구하고 교양 프로그램을 표방하는 것이 가당한 일인가. 문제는 범죄 재연 프로그램의 경우 더 크다. 각종 범죄 수법을 상세하게 소개하는 명분은 늘 피해를 방지하기 위한 경고와 주의환기이다. 하지만 흉기의 노출이나 잔혹 행위의 상세한 묘사, 액션 활극 장면들까지도 그런 명분에 걸맞는 것은 아니다. 계도의 명분보다 볼거리 오락성에 더 치중한다는 혐의를 버리기 어렵다. 이렇게 더 실감나는 볼거리에 대한 추구가 심해지다 보면 몇 년 전 일본에서 있었던 아사히 TV의 연출된 집단 성폭행 장면이나, 티베트 취재진의 산소 부족으로 인한 졸도와 낙석 연출 등과 같은 기만으로까지 비화되지 않으리라고 누가 보장할 수 있겠는가. 이를테면 <공개 수배> 프로그램이 그 사회적 효력을 과시하기 위해 덮치기만 하면 범인을 검거할 수 있는 단계에 와 있는 사건을 소재로 삼아 다음 주에 그 검거 장면을 보여주고 싶다는 유혹을 제작진들이 절대 받을 리 없다고 누가 단언할 수 있겠는가. 강한 경종을 울리겠다는 사명감은 이해하지만 그럼에도 불구하고 넘을 수 없는 재연의 혹은 연출의 사실성과 허구성의 경계선이 있음을 알아야 한다.

가령 <경찰청 사람들>이나 <다큐 사건 파일> 등을 보면 사건의 내용이 길게 재연되는데, 가끔 범죄자들의 인간적인 고뇌와 상황 요인들이 강조되면서 오히려 그들이 검거되는 순간 어떤 안타까움과 연민을 느끼게 되는 경우도 있다. 그때 범죄에 대한 비판의 여지는 좁아지게 마련이다. 사건 개요가 드라마화 하다보면 제작자의 감정이 개입할 소지가 많아지고 결국 허구의 부분이 사실의 부분을 능가하게 되어 시청자에 대한 계도와 주의 환기라는 당초 프로그램의 취지를 벗어날 수도 있다. 물론 범죄자에게도 인격이 있지만 그런 복합적인 면을 프로그램에 모두 담으려면 장르 선택이 달라져야 한다. 리얼리티 프로그램이 드라마가 되려 한다거나, 악당을 영웅시하는 액션 영화가 될 수는 없는 노릇이다.

범죄 재연 프로그램이나 공개 수배 프로그램의 공익성은 인정할 수 있지만 재연의 한계가 어디까지인가에 대해서는 제작진이 항상 고심해야 한다. 그 한계를 넘어서게 되면 공익을 구실로 폭력물을 제작한다는 혐의에 대해 항변하기 어렵다. 백 번의 예방 효과에도 불구하고 단 한 번의 모방이 더 심각한 사회 문제가 될 수 있다는 점에서 최근 불거지고 있는 모방 범죄의 가능성이나 공포감 유발 혹은 폭력에 대한 둔감화 등의 문제제기에 대해 고마운 조언으로 받아들여야 한다.

또 공개수배는 비록 그 공익의 효과가 크다 해도 그 범죄자에 대한 사회적 낙인으로 작용해 참회의 기회를 막을 수 있다는 점도 생각해야 한다. 더 나가 상세한 재연 속에 등장한 그의 가족과 주위 사람들의 사생활 보호도 염두에 두어야 한다. 흉악범과 파렴치범을 체포함으로써 재범을 방지하고 보호해야 할 선량한 다수를 보호하는 것은 물론 중요하지만, 그것이 한 인간에 대한 사회적 매장과 주위 사람들에 대한 피해로까지 확대돼도 괜찮은 이유는 되지 못한다.

범죄 재연 프로그램을 제작할 때 깊이 고민해 달라는 요구로 이런 지적들을 받아들여주기를 바란다. 고발의 기능은 살리되 모방과 인권 침해의 부작용을 없애고자 하는 노력 속에서 수준 높은 범죄 고발 프로그램이 탄생할 수 있을 것이기 때문이다.

제작진들의 이런 노력을 추동하려면 프로그램에 대한 책임을 개별 PD가 아니라 방송사 에게 물어야 한다. 시청률만 높으면 방송위원회로부터 어떤 처벌을 받아도 프로그램과 PD가 살아남지만, 시청률이 낮으면 아무리 좋은 프로그램이라도 죽어버리는 풍토에서 PD 개인의 노력은 한계를 가질 수밖에 없다. 노력하는 PD에게 자유를 부여할 수 있는 환경이 되려면, 공은 PD에게 돌리고 잘못은 방송사가 책임지는 체제가 확립되어야 한다. 또, 심의의 기준도 더 정교하고 구체화되어야 한다. 그래야만 심의의 한계선 안에서는 제작의 자유를 보장 받을 수 있고, 그 한계를 넘어설 때 강력한 제재를 가할 수 있게 된다. 모호하고 포괄적인 강령으로는 무한한 제작의 자유와 무한한 비판의 자유가 있을 뿐, 프로그램의 개선은 없다. 이제 필요한 것은 평행선을 달리고 있는 모방과 예방 간의 논쟁이기 보다는 표현의 가능한 한계를 구체화하는 논의이다.

(TV 저널 / PD연합회보)

2) 탐사·고발 프로그램

<PD 수첩> 200회, 부조리 숲 헤치기 5년의 감동

MBC <PD 수첩>

청탁받은 글을 쓰다보면 처음에는 이런 생각 저런 생각들이 두서없이 나열되지만 완성된 원고에서는 결국 그런 곁가지들이 다 잘려나가고 없다. 그 결과 원고는 짜임새를 갖추게 되지만 그렇다고 해서 잘려나간 여러 생각들이 쓸데없는 것이었거나 덜 중요한 것이었다고는 말하고 싶지 않다. 한편의 글의 짜임새 안으로 그 여러 생각들을 다 집어넣지 못한 필자의 능력 부족을 우선 탓해야겠지만, 한편의 글에서 논리적 유기성을 중시하는 고정관념이 더 근본적인 장애물이 되는 것 같다. 어찌 됐거나 유기적인 짜임새를 만들어내지 못함에 따라 사장되는 참신한 아이디어와 자신을 표현할 언어를 만나지 못한 감수성들이 두고두고 아쉬울 따름이다.

프로듀서들도 이런 아쉬움을 자주 느끼지 않을까 싶다. 취재나 촬영을 나가서 담아오는 영상과 정보는 많지만 한 편의 프로그램을 유기적으로 구성하거나 어떤 일관된 관점 아래 논리적으로 전개시키자니 아깝지만 포기해야 하는 부분이 많이 생길 경우가 있을 터이기 때문이다. 하지만 그렇게 프로그램에 담기지 않는 내용이라고 해서 다 사라져 버리지는 않으리라. 그런 저런 내용들이 비록 무질서하게나마 PD들의 수첩 안에 고스란히 남아있을 것이다. 5년 전 <PD 수첩>이 시작되었을 때 바로 그런 느낌이 들었다. 마치 PD들의 채 정리되지 않은 취재수첩 안을 들여다 보는듯한 느낌말이다.

어떤 사람의 수첩을 들여다보고 있자면 그의 행적을 되짚어 볼 수 있듯이 <PD 수첩> 역시 시청자들이 PD와 함께 취재에 동행 하는듯한 느낌이 들게 했다. 이런 특성은 프로그램 형식과 관련해 새로운 장점을 보여주었다. 즉, '가공 정도'가 높아야만 꼭 프로그램이 질이 높아지는 것은 아니며, 탐사 취재 프로그램의 경우 가공되기 전의 현실에 더 밀착된 느낌을 줄 수 있다면 그것이 더 큰 장점이 될 수 있다.

하지만 이때 반드시 전제되어야 할 것이 사물을 대하는 PD의 진지한 자세이다. 프로그램이 꽉 짜여진 구성을 갖고 있지 않아도 된다는 것은 더 많은 정보를 담기 위해 채택할 수 있는 형식상의 문제일 뿐, 그 안에 담긴 단편들을 꿰뚫는 일관된 입장이 없어도 된다는 말은 아니다. 오히려 <PD 수첩>처럼 단편적인 현장화면을 많이 보여주는 경우 불가피하게 중략되거나 여백으로 남겨진 부분들이 생기게 될 텐데, 이때 그 행간을 메워줄 수 있는 것은 취재 당사자인 PD의 진술이다. 비록 그 진술이 추측이나 개인적인 감상과 같은 객관적인 자료의 지위를 얻기 힘든 것이라 할지라도 제시된 화면과 논리적으로 일관성을 갖기만 한다면 보는 사람들에게 더 큰 공감을 줄 수도 있다.

<PD 수첩>을 감히 평가한다면 여기에 참여한 30여명의 PD들이 보여준 바로 그런 자세, 곧 "더 정의로운 사회 그래서 살 맛 나는 세상"을 지향해온 올곧은 자세를 제일 앞에 내세우고 싶다. 환경을 감시하는 프로그램들 가운데 <PD 수첩>에서 가장 돋보이는 점은 바로 문제와 그 해결의 출발점으로 다가가고자 하는 제작진의 강한 의욕에서 찾을 수

있다. 사회문제를 다룰 경우, 필자에게는 그 해결책을 '우리 모두의 의식 개혁'에서 찾을 때 가장 갑갑한 마음이 든다. 그런 대안을 내놓기 위해서 뒷북치듯 문제를 제기하는 것은 마치 진정한 해결에는 관심이 없는 그저 생색내기 쯤으로 밖에 여겨지지 않기 때문이다. 그런 대안은 문제를 일으킨 당사자, 그리고 그런 문제를 미리 방지하고 또 해결할 의무를 부여받고 있는 담당 기관의 책임을 추궁한 이후에 제시해도 늦지 않다. 그것이 아주 당연하고 자연스러운 취재 순서인 것 같은데 프로그램 속에서 실제 행해진 경우는 드물다.

그런데 <PD 수첩>은 거의 언제나 '바로 그 사람들'을 만나러 간다. 아주 용감하게. 왜냐. 많은 경우 문제를 일으킨 당사자는 자리를 피했거나 자신의 법적 정당성을 후안무치하게 강변하기 마련이고, 주무부서의 공무원은 질문에 대해 침묵으로 답변하기 일쑤이기 때문이다. 그 결과 <PD 수첩>을 지켜보면 우리 사회가 안고 있는 진짜 깊은 문제가 무엇인가를 진한 여운 속에 알게 된다. 그 소재가 골프장의 난립이든, 기도원이든, 교통사고든 결국 사람들의 삶의 조건을 침해하는 모든 문제의 출발점이 바로 '가진 자들의 이기심과 관청의 침묵'임을 말이다.

그래서 우리에게 <PD 수첩>은 아주 자랑스러운 프로그램이다. 더욱이 그 프로그램이 200회를 맞이했다는 것은 정말 기쁜 일이다. 그 자긍심과 기쁨은 제작진이나 시청자 뿐 아니라 MBC의 것이기도 하다. 그러니 앞으로 이 자랑스러운 프로그램의 역사에 예고되지 않은 불방이 기록되어선 안 될 것이다.

(TV 저널)

<그것이 알고 싶다>

1

SBS <그것이 알고싶다>

이번 봄철 개편 이후 특히 화요일을 기다리게 되는데, 그 까닭은 SBS <그것이 알고 싶다>와 MBC <PD수첩>을 잇달아 볼 수 있기 때문이다. 형태를 놓고 볼 때 <PD수첩>은 올바른 사회규범을 바탕으로 해서 그런 사회적 약속을 어긴 사건의 현장으로 다가가 문제의 원인을 규명하고 대안을 모색하는 고발자 역할을 맡는 데 비해, <그것이 알고 싶다>는 이미 보도된 내용의 틀에서 전문가의 도움을 받아 그 사건의 실체를 분석적으로 파악하는데 치중한다.

사회의 병적인 부분을 드러내게 되면 그 자체로서 고발이 되고, 사회 구성원에게는 자기반성의 계기가 된다. 그런 뜻에서 유괴, 성폭력, 집단 히스테리 등의 병리현상을 다룬 데 이어 역사의 그늘 속으로 묻힐 뻔한 일제의 '결7호 작전'을 공개한 제4회는 탐사 프로그램으로서 <그것이 알고 싶다>가 보여준 가장 빼어난 수작이었다.

하지만 제5회 '화성 연쇄살인사건'편에 이르면 이 프로그램이 넘어야 할 한계가 무엇인지 드러난다. 사건의 실상을 추적하여 일목요연하게 재현하는 데는 '화성 연쇄살인사건'편에서도 그 특기가 잘 살고 있지만, 더 이상의 발전적인 취재가 이루어지지 않았다. 그래서 범인이 누구인가에 초점이 맞춰질 뿐 그런 연쇄살인사건이 풀리지 않는 이유로서 주먹구구식 수사관행은 없었는지, 화성군민들의 자구노력은 어떤 식으로 진행되었는지 등 발전적인 대안을 찾아야 할 뒷부분이 흐려지고 말았다.

<그것이 알고 싶다>는 사건 추적에 치중함으로써 호기심 유발과 주의 환기에는 성공하고 있지만, 문제발생의 근원을 밝히고 해결방안을 찾으려는 노력은 부족하다. 사회병리 현상은 어떻게 다루느냐에 따라 더 나은 사회를 만드는 데 기여할 수도 있겠지만, 이색소재로서 흥미추구의 대상이 되기도 한다는 사실을 제작진은 알아야 한다.

2

1992년 한해의 텔레비전 프로그램들을 돌아보면 좋은 작품들이 많이 떠오르지만 그 가운데 가장 높이 평가할 만한 프로그램으로 <그것이 알고 싶다>를 꼽는데 주저하지 않겠다. 다른 프로그램들이 시청자들이 세상에 대해 가질 관심을 그저 TV화면 안에 붙잡아 놓는데 주력한 반면, <그것이 알고 싶다>는 그 틈새에서 세상을 향해 열린 창문 구실을 했기 때문이다. 그리고 그 작업이 외로운 것이었기에 더욱 돋보였다.

SBS-TV의 가장 독특한 프로그램인 뉴스 쇼>에 기대했던 바가 바로 이런 모습이었다. 겉으로는 한껏 엄숙한 척 하면서 취재력은 전혀 보여주지 못한 이전의 TV뉴스에서는 접근하지 못했던 현장의 모습을 담아오는 것이 바로 '쇼'의 차원으로 승화된 뉴스가 아닐까 하고 생각했던 것인데, 그들은 어느 날 철수해 버렸다. 그리고 그런 기대를 <그것이 알고 싶다>의 PD들이 충족시켜 주고 있다. 그 가장 대표적인 예가 새우잡이 멍텅구리 배로 접근 취재에 성공한 것이고, 또 '유부도'를 찾아간 것이었다.

닫힌 사회에서는 소문이 무성하다. 겉으로는 공포를 덮어두지만 그것을 은밀하게 더욱 키워가는 그런 소문이다. 그 소문의 뚜껑을 열어젖히면 그 순간 공포는 사라지고 사회는 오히려 더 안정감을 갖게 된다. 이제는 소문이 아니라 문제의 합리적인 해결 작업만 남은 셈이니까. '쥐도 새로 모르게'라는 말이 가지는 함축, 불합리와 비인간을 감시하고 교정하는 그런 세상이 밝은 세상이고, 열린 세상 아닌가.

<그것이 알고 싶다>를 보노라면 완결한 형태를 띠는 한편 한편이 하나의 작품 같다는 느낌을 받는다. '도박', '성전환증 환자', '준 라보의 사술', '스트레스', '집단 광기' 등 열거하자면 결국 그동안 방송된 모든 편들이 다 나오게 된다. 그러한 성취가 가능했던 데에는 분석하고자 하는 소재와 정면대결을 벌이는 제작진의 태도가 있었다. 쉬운 일이 아니고, 이전까지는 보기 어려웠던 제작 태도이다.

하지만 때로는 그런 완결성이 오히려 갑갑함을 주기도 한다. 한편 한편을 너무 완벽한 형태로 닫아놓는다는 느낌이 들기 때문이다. 순발력의 부족과 일방통행식 전달방식도 그렇지만, 새로운 문제제기보다는 비교적 자료가 많이 축적된 쪽을 선호하지 않을까 하는 등의 우려를 갖게 된다. 가장 큰 걱정은 완결된 형식을 통해 전달됨으로써 문제가 마치 마무리 지어진 듯 오인하게 될지도 모른다는 점이다. 제작자와 시청자 모두 "이제 고발이 이루어졌으니 내 손을 떠났다"하고 병에 대한 사회적 책임 회피와 자기 합리화, 다시 고개 돌리고 싶지 않은 죄의식에 대한 위안의 구실이 될 수도 있다는 생각이다.

다행히 '정신질환자 수용실태 보고'가 제2편을 연이어 제작함으로써 그런 걱정을 조금 덜어주었다. 하지만 두 번에 걸쳐 심화 방송을 했다 해서 마무리가 된 것도 물론 아니다. 여기서 정말 어려운 문제가 제기된다. 도대체 텔레비전을 통한 사회 고발의 한계는 어디까지인가? 텔레비전은 기껏해야 몰래 훔쳐보고, 그렇게 본 것을 만천하에 공개하는 능력을 가졌을 뿐이다. 행정력도 사법적 권한도 갖고 있지 못하다. 그저 사람들에게 '그것을 알려줄' 수 있을 뿐이다.

최근 일간지 마다 부산지역 전현직 고위 공무원들이 아침 식사 때 모여 나눈 모의를 비밀리에 녹취한 이른바 '몰래 카세트' 사건이 화젯거리였다. 수사도 진행 중인가 보다. 마찬가지로 <그것이 알고 싶다>는 그런 폭로로 소임을 다할 뿐이고 나머지는 해결 권한과 책임을 부여받은 기관에서 나서주어야 한다. 그런데 '초원 복국집 사건'을 다루는 우리 언론의 행태를 보고 있노라면, '몰래 카세트'와 같은 고발 방법이 더 큰 문제인지, 아니면 세간의 폭소와 분노를 함께 자아냈던 그런 밀실 정치 모략이 더 큰 문제인지를 잘 분간 못하는 것 같다. 그것이 만약 사회 전반적 수준이라면 더 이상 알려줄 수 있는 사건도 없을 것이다.

<그것이 알고 싶다>를 보면서 늘 느끼는 것은, 정작 문제가 되고 있는 사건 자체의 분석과 해결을 모색하기에 앞서 그 해결을 어렵게 만드는 사회적 편견 혹은 방송으로 인해 빚어질 오해와 부작용 등과의 싸움에 더 힘겨워 하는 것 같다는 거다. 어쩌면 고발 그 자체보다 고발 프로그램으로서의 이와 같은 자의식이 <그것이 알고 싶다>를 단순 폭로 저널리즘으로부터 한걸음 더 나간 프로그램으로 만들어주는 부분인지 모르겠다.

(한겨레신문 / TV 저널)

<기동취재 현장>

공영방송인 KBS에서 유일하게 고발 프로그램의 명맥을 잇고 있는 <기동취재 현장>은 그동안 사회감시자로서의 제 역할을 제대로 하지 못한 것이 사실이다. 지난해 봄철개편 때 <뉴스비전 동서남북>이 폐지되는 대가로 신설된 편성배경이 <기동취재 현장>의 사회감시 기능을 크게 무디게 하는 데 영향을 끼쳤다고 판단된다.

그런데 지난 1월 13일 <현장>이 핵폐기물처분장 후보지를 방문해 처분장 건설에 반대하는 지역주민들의 목소리를 전달한 것은 예전 <뉴스비전 동서남북>이 부활한 듯 생생했다. 정규뉴스가 외면했지만 사회적으로 매우 중요한 사안에 접근해 현장 분위기를 전달하는 태도가 돋보였다. 이 순간 <현장>은 비로소 프로그램 이름에 걸맞은 현장성과 기동력을 보여주었고, 방송민주화의 텃밭을 일군 방송인들의 정신이 아직 죽지 않았음을 확인해 준 것이다.

하지만 <현장>은 프로그램 자체의 기본 틀 때문에 더 나은 사회 감시자 역할을 할 수 없는 치명적 약점을 가지고 있다. 먼저 아이템이 지나치게 세분화된 것을 지적할 수 있다. 30분쯤 되는 시간에 보통 세 꼭지를 소화하기 때문에 심층취재가 애초부터 어렵다. 이를테면 지난 24일 <현장>은 첫 아이템으로 임금지급을 미루는 어느 봉제공장을 취재해 보여 주었다. 대전에도 그와 비슷한 사례가 있다는 제보편지를 진행자가 소개했고 그것으로 끝이었다. 그리고는 곧장 두 번째 아이템인 대학 졸업식장으로 달려간 것이다.

이렇게 문제 확인은 현장에서 이뤄지지만 문제 해결 부분은 스튜디오에서 진행자가 마무리하고 있다. 이런 결론 처리방식으로는 영상매체의 증거력을 전혀 살리지 못한다. 다루는 사안의 최종대책은 관련자의 육성을 통해 생생히 들려주어야 하는 것이다. <현장>의 심층성이 미약한 요인은 이 프로그램이 하나의 띠처럼 같은 시간대에 일주일 동안 방영되도록 편성된 데서도 비롯된다. 취재시간 부족으로 고생은 고생대로 하면서 결과물은 늘 '수박 겉핥기'식이라면 결국 이 프로그램은 탐사자가 아니라 관광객 입장에서 현장을 스케치하는데 그칠 것이다.

(한겨레신문)

다큐멘터리 <쌀>

KBS-1TV에서는 공사 창립을 기념하여 다큐멘터리 <쌀>을 24일부터 28일까지 닷새 연속 방송했다. 주제의 시의성으로 보나 5개국을 돌며 제작한 규모로 보나, 특히 방송사 자체적으로 부여한 의미로 보아서(시리즈를 마친 다음날의 <심야토론>은 이 프로그램의 종합토론으로 마련될 정도였다), <쌀>은 주목할 만한 프로그램이었다. 농산물 시장의 개방 압력을 받고 있는 시점에서 그 대책을 모색하는 것은 방송도 함께 나누어야 하는 몫임을 보여 주었기 때문이다. 그렇다면 다큐멘터리 <쌀>은 이 시점에서 우리가 알아야 할 문제들이 무엇인가를 중심으로 전개되었어야 마땅하다. 하지만 그런 기대를 채워주지 못했다.

<쌀>은 미국, 태국, 호주, 일본, 대만의 사례를 들고, 마지막 날 한국 쌀농사의 현 단계를 점검했다. 앞의 세 나라는 대표적인 쌀 수출국으로서 쌀의 상품화에 초점이 맞춰졌다. 뒤의 두 나라는 우리와 비슷한 처지에 있는 쌀을 주식으로 하는 나라로서 쌀 시장 개방에 대비하는 그들의 모습에서 배울 점이 있는지를 조명했다. 결론은 '값 싸고 질 좋은 쌀'이었다. 수출국에서는 극동의 쌀 시장을 공략하기 위해 그 입맛에 맞는 쌀을 개발하고 있고, 일본이나 대만이 그들로부터 국내의 쌀시장을 지키려면 더 나은 품질의 쌀을 개발해 맞서야 한다는 것이다. 맞는 말이다. 하지만 이 정도 결론을 위해서였다면 닷새에 걸친 연속방송은 장황하다는 느낌을 준다.

미국편을 보자. 내용의 흐름은 개략적으로 경작~추수~영농과학화 현황~건조~정미~포장~검사~수출~유통(상점)~연구~홍보의 순서였다. 태국과 호주 그리고 일본편도 조금의 차이가 있을 뿐 대체로 이런 흐름에 따라 내용이 구성되었다. 이것은 무엇을 말하는가. 오랜 기간에 걸쳐 여

러 나라를 취재했음에도 불구하고 이 다큐멘터리의 탐구 수준이 피상적임을 뜻한다. 겉으로 드러나는 모습들, 즉 고도로 과학화된 영농, 검사소의 엄밀한 검사작업, 개량을 위한 수준 높은 연구 활동, 잘 정비된 농로·수로 따위를 보고 감탄하는 데 머물고 있다. 그 외국의 사례들이 다시 반복된 마지막 편을 보면서 '50분짜리 한편의 내용으로 다섯 편을 만들었구나'하는 생각이 들었다.

다큐멘터리 <쌀> 때문에 생긴 필자의 갑갑증의 근원이 29일 토요일에 방송된 <심야토론>에서 어느 정도 해명되었다. <쌀>이 제작된 출발점은 분명 한국이었는데 정작 프로그램의 내용은 한국편이 가장 빈약했다는 데 문제가 있다. 즉, <쌀>에서 제시한 '싼 값의 질 좋은 쌀' 전략을 농민과 농학자들이 몰라서 쓰지 못하는 게 아니었다. 심야토론을 보니 걸림돌이 한두 가지가 아니었다. 근본적으로 제도개선이 문제였다. 농업에 대한 투자가 소홀했던 살농(殺農)정책, 유기농법이나 청결미 같은 고품질의 쌀 생산에 장애가 되는 당국의 물가정책, 유통구조, 외국농산물 수입에 앞장서는 재벌 등. 제도개선에 인색하면서 투자비용만 과장해서 선전하는 정부는 농민들로부터 불신을 받고 있었다. 하지만 KBS 공사창립기념 특집 다큐멘터리 <쌀>에는 이런 문제들에 대한 고민이 전혀 보이지 않았다.

이렇게 우리 농업현실의 당면문제들을 푸는 실마리를 마련하기 위해서라면 시리즈의 처음은 '한국편'이어야 했다. 그리고 중언부언한 나라별 순례행태가 아니라 외국으로부터 배울 부분, 또 경계해야 할 문제들을 끌어내 그것들을 주제별로 분류하여 그에 따라 여러 나라의 사례들을 입체적으로 배치해야 했다. 그리고 마지막 회는 다시 한국 문제로 돌아와 앞으로 나아갈 방향을 결론으로 제시해야 했다.

또 하나, 수입쌀에 대한 주의 환기도 <쌀>이 뜻한바 구실 가운데 하나일 텐데, 그 안전성을 의심하지 않은 것은 큰 의문으로 남는다. 얼마 전 다른 프로에서는 호주에서 수출용 쌀에 대량의 방부제를 섞는 장면을 내보낸 적이 있고, 또 일본에서 제작된 반(反)공해 비디오에는 미국의 수출용 쌀에 살충제를 분무하는 장면이 들어있다. 그런데 <쌀>에서는 그것과 사뭇 다르게 미국과 태국에서 수출용 쌀에 대해 실시하는 엄격한 검사장면이 나오고 있었으니 누구 말이 맞는 것일까? 시청자들에게 외국쌀은 참 안전한 것으로 여겨졌으리라.

다큐멘터리의 생명은 어디에 있는가? 그것은 현실의 요구(정보제공, 주의환기, 대책마련 등)에 걸맞게 사실을 어떻게 '제대로' 구성하느냐에 있다. 다큐멘터리 <쌀>은 그것을 제작한 방송사의 떠들썩한 홍보만큼 '제대로' 된 시각으로 '쌀' 문제를 제시했다고 말할 수 있을까? <심야토론> 방청석에 앉아있던 여주에서 왔다는 한 농민이 이렇게 말했다. "PD 선생님께 말씀드립니다. …농민이 앞으로 나아갈 방향을 뚜렷하게 제시하는 프로를 만들어달라는 부탁입니다" 바꿔 말하면 <쌀>은 그런 프로가 못된다는 평가인 셈이다.

(TV 저널)

3) 체험 프로그램

<체험 삶의 현장>

KBS <체험 삶의 현장>

<체험 삶의 현장>같은 성격의 프로그램을 비판하려면 만드는 사람들이나 보는 사람들이 프로그램에 대해 적당히 거리를 둘 만한 여유를 가져야 한다. 이런 성격이란 다름 아닌 '동정' 프로그램을 말한다. 불우한 이웃을 물질적으로 돕기 위해 고안된 프로그램을 그렇게 부르고 싶다.

동정심은 어쩌면 전쟁을 겪고 산업화를 겪으면서 자수성가한 중간 계층의 보편적 정서인지도 모른다. 자신과 가족에게는 한없이 자린고비 생활을 강요하면서 그렇게 모은 작은 재산을 불쌍한 이웃을 동정해 (물론 신문에 이름을 내지 않고) 쓰는 모습을 우리는 부모 세대에게서 적

잖이 보아왔다. 그런데 세월이 흐르면서 불우 이웃을 돕는 심성과 행동이 많이 오염된 것 같다. 그 가장 큰 요인은 언론사마다 불우이웃돕기를 정례화 했기 때문이 아닌가 싶다. KBS2<체험, 삶의 현장>을 평하기가 조심스러운 까닭도 이벤트 성격을 강하게 띠는 언론사의 불우이웃돕기로 인해 오히려 자발적 동정 행위가 압살되어버린 역설적 현실 때문이다.

이 프로그램에서 드러나는 그 역설적인 상황 몇 가지를 들어보자. 첫째, 그렇게 불우이웃을 돕고 싶다면 매주 세 명의 유명인사들이 벌어오는 8~9만원의 돈보다 아예 그 프로그램 제작비를 주는 것이 어떨까? 둘째, 거기 출연하는 연예인들의 출연료도 성금으로 내놓으면 의미가 배가되지 않을까?

이런 생각들은 이 프로그램이 방송되고 얼마 되지 않은 때 만난 어떤 사람이 상당히 흥분한 어조로 말한 것이다. 적당한 거리를 둘 여유가 필요하다고 앞에서 말한 것도 바로 이런 흥분을 조금 누그러트릴 시간을 갖자는 뜻이었다. 흥분을 가라앉히고 다시 생각해보면 어차피 제작비는 그 프로그램이 아니더라도 그 방송시간을 채우기 위해 쓰게 될 돈이다. 그렇다면 같은 돈을 쓰면서 불우이웃돕기 프로그램을 제작하자는 뜻만은 높이 사줄 수 있지 않을까. 더욱이 그 성금을 거저 얻으려 하지 않고 연예인의 노동을 통해 벌게 하는 기획 아이디어가 가상하지 않은가.

그렇다면 그런 흥분된 반감은 지나친 억지일까? 이처럼 좋은 기획과 골격을 하고 있지만 실제 방송된 내용에서는 자주 반어적으로 표현된다는 점에서 그런 반감의 원인을 찾을 수 있다. 프로그램은 좋은 뜻을 앞세우고 있지만 출연자들은 어떤 우월감을 만끽하고 있는 것처럼 보이고, 남의 삶터와 일터를 이색지대인 듯 묘사하는 연출 등에서 일종의 불쾌감을 느끼게 된다. 몇몇 시청자 비평문에서 이런 요지의 공감 가는 지적이 있었는데, 그렇다면 이 프로그램의 함의는 이렇게 바뀌게 될지도 모르겠다. <이색체험, 그들의 삶의 현상>이라고 말이다.

그런데 언제부턴가 그런 생각이 다시 바뀌기 시작했다. 이 프로그램을 보면 어떤 훈훈함이 전해져오기 때문이다. 그 훈기를 발하는 사람들은 소위 스튜디오에 나온 '동정심의 기사들'이 아니고, 하루치 급료를 지급하는 사장님도 아니고, 바로 그 삶의 현장을 지키는 사람들이다. 이들은 카메라를 동반하고 찾아온 그 미숙한 유명인사 노동자를 맞이해서 그의 어리광까지 감싸 안는 모습을 보여준다. 때로는 팀별로 작업량에 따라 급료를 지급받는 사람들 틈에 낀 연예인 때문에 작업 속도가 처지자 그를 바라보는 한 사람이 어이없어 하는 표정이 화면 한 구석에 얼핏 나타나기도 하는데, 그럴 때는 텔레비전을 보는 나 자신도 아주 미안한 마음이 들면서 동시에 그 유명인사가 아주 미워진다. 말이야 바른 말이지 그 유명인사의 미숙련 노동 때문에 정작 밥벌이를 하는 사람들의 고충과 부담이 그만큼 늘어나는 것 아닌가. 나중에 생색은 그 유명인사가 다 내고 일터의 주인들은 박수갈채를 보내는 들러리 위치로 밀려나버린다. 그래서 이미지 관리 차원에서 출연한 높은 사람에게 노동자들이 '하게'체를 쓰며 마구 대할 때는 속이 다 시원해진다.

이 프로그램의 역설을 순화시키려면 불우이웃을 돕는 주체를 분명히 해야 한다. 즉, 프로그램 출연자인 유명인사나 연예인이 아니라 바로 이들임을, 출연자의 생색뿐인 미숙련 노동을 보듬어가면서까지 자기 일을 끄떡없이 해내는 이 일터의 주인들임을 말이다.

(TV 저널)

<TV 데이트> 스타 보여주기

KBS <TV 데이트>

흔히 사람들은 텔레비전을 통해서 세상을 볼 수 있다고 생각한다. 텔레비전 화면 속에는 온갖 구경거리들이 널려있기 때문이다. 더욱이 텔레비전은 현실 그 자체를 보는 것과 비교해서 유리한 점이 많다. 안방에 편히 앉아 볼 수 있어서 그렇기도 하지만 더 나가 현실의 살벌한 상황으로부터 어떤 위협도 걱정할 필요가 없기 때문이다. 이라크에 대한 미국의 공습도 파편 하나 튈 위험 없이 볼 수 있지 않은가. 또, 파업 현장을 보면서 누구는 정부 여당을 또 누구는 노동자들을 비난할 수도 있다. 이 모든 것이 누구의 눈치나 하등의 반론에 대면할 여지없이 이루어진다. 텔레비전이 중간에서 방패막이 구실을 하기 때문이다.

하지만 사실상 텔레비전은 세상 사람들의 눈앞에 무엇을 보여주는데 더 효과적인 매체이다. 그런 효과는 앞서 말한 통념, 즉 사람들이 텔레비전을 통해서 세상을 '본다'고 생각하는데서 비롯된다.

사람들은 상품 광고나 선거 유세 프로그램을 보면서 세상을 본다고 생각하지 않는다. 자기에게 상품이나 인물을 보여주고자 한다는 것을 안다. 그래서 그런 프로그램들의 설득 효과는 그리 크지 않다. 시청자들이 일정한 거리를 두고 접하는 탓이다. 그러므로 그런 광고나 선전의 형식 보다는 무색무취한 프로그램이나 객관적인 것으로 여겨지는 보도를 통해서 상품이나 인물을 전달할 수 있다면 그 효과는 훨씬 더 커질 것이다. 드라마나 코미디 중간에 살짝 삽입되는 상호나 상표가 간접광고로 규제되는 까닭도 거기에 있다.

시청자들은 일반 프로그램을 볼 때에는 등장인물이 자기를 홍보하기 위해 출연했다고 생각하지 않고, 시청자들이 그들을 관찰하고 있다고 생각한다. 정치인들이나 연예인들이 텔레비전에 얼굴 한 번 더 내비치고자 하는 데에도 그런 동기가 크게 작용한다고 볼 수 있다.

<TV 데이트>는 텔레비전의 그런 '보여주기' 기능을 전형적으로 실행하고 있다. 이 프로그램은 매주 두 편의 데이트로 구성되는데, 대개 정치인과 연예인이 그 각각의 데이트 대상자로 등장한다. 형식은 그들을 흠모하는 일반인이 그들의 일상생활에 동반하면서 관찰하는 형식을 띤다. 하지만 실상은 그 일반인들의 중개를 통해서 정치인과 연예인이 자신의 모습을 많은 시청자들 눈에 노출시키는 기능을 한다.

<TV 데이트>의 주조는 감동과 고마움이라는 지극히 편협한 이미지를 심화시켜 되풀이하는데 머문다. 무대 뒤 일상사에 대한 '보기'가 중심이 된다면 겉으로 드러나지 않은 그들의 인간적인 고통과 어려움, 그리고 더 나아가 실망스러운 모습까지도 전달되어야 하지 않을까. 하지만 그런 식의 진정한 노출이 이루어진다면 <TV 데이트>의 출연 섭외에 응할 정치가가 몇이나 될까. 그들이 원하는 것은 자기 식의 '보여주기'일 뿐인데.

(뉴스 메이커)

4) 인생 재연 프로그램

<다큐멘터리, 이야기 속으로>

<다큐멘터리, 이야기 속으로>

언제부터인가 리얼리티 프로그램이라는 말이 심심찮게 들려오기 시작했다. 현실에서 있었던 일을 재연한다는 뜻에서 붙여진 이름이다. 그 계기가 된 프로그램이 <경찰청 사람들>이다. 한때는 드라마나 코미디 프로그램들을 제치고 시청률 수위를 차지한 적도 있을 만큼 그 새로운 양식은 시청자들에게 참신하게 받아들여졌다. 한참 뒤 <119구조대>가 여기에 가세하고 이 프로그램 또한 인기를 끌고 있다.

그런데 이 두 프로그램은 각각 범죄와 수사, 사고와 구조 등 삶에 있어서 가장 급박한 리듬을 띠는 국면들을 소재로 삼고 있다. 이는 시청자들로 하여금 박진감을 느끼게 하기에 유리한 점이 있지만, 그래서 어찌 보면 이 두 프로그램에서 표방되는 '리얼리티'는 그런 박진감의 차원에 국한된다고 할 수 있다. 즉, 현실 혹은 삶이 담고 있는 병적인 증상을 드러내는 부분에서는 참 그럴듯하다. 하지만 그렇기 때문에 이 프로그램들이 자아내는 현실성을 곧장 우리들이 꾸려 가는 삶의 전형성으로 받아들이기는 꺼려진다. '리얼리티'라는 말이 제 구실을 하려면 삶의 또 한쪽 편의 건강한 측면도 포괄되어야 할 것이다.

이렇게 긴박한 상황이 리얼리티 프로그램에 적합한 소재라는 인식이

고정관념처럼 굳어갈 즈음, 새로 시작한 <다큐멘터리, 이야기 속으로>는 그 영역을 다시금 넓혀놓았다. 우리 삶의 속내를 뒤져보면 범죄나 재난의 삭막함만이 아닌 훈훈한 인정도 적잖이 들어있음을 찾아주면서 말이다.

<다큐, 이야기 속으로>는 그 시작이 예사롭지 않다. 채널을 이리 저리 돌리다 마주친 순간 눈이 번쩍 뜨였다. 앞으로 새로운 프로그램 유형의 전범(典範)이 돼줄 것 같다. 제2화라는 자막이 뜨면서 소개된 이야기가 '지갑과 거스름 돈'이었다. 우연히 주운 지갑 속 돈이 탐나 신분증을 폐기한 중학생 아들을 가르치기 위해 어렵사리 주인을 찾아 그 아들 앞에서 지갑 주인에게 무릎을 꿇고 사죄한 어머니, 그리고 아들 앞에서 책값을 떼먹은 또 다른 어머니의 선명한 대비가 그 이야기였다. 제3화는 깜박 잊고 받지 않은, 그리고 포기해 버린 거스름돈을 단정하게 챙겨놓은 지하철 직원 이야기였다. 아, 우리 이웃은 이토록 선량하다.

저 높은 곳에서 벽력처럼 내려꽂힌 '기초질서 확립(?)'은 이토록 잔잔하게 이미 기층에서 확립되어 있던 것임을 그리고 바로 우리가 그 주체임을 이 프로그램은 일깨워준다. 서민들의 긍정적 자기 확인인 것이다. 숨 가쁜 개혁의 줄달음질이 흘리고 간 자기 모습의 응시의 필요성, 염치의 회복, 뭐 이런 초등학교 1학년 바른생활 수준의 이야기였다. 바로 이것이 이 프로그램이 찾아낸 삶의 리얼리티이다. 전혀 새로울 것도 어려울 것도 없는 이런 가치관을 경쟁력, 세계화 구호 속에서 우리가 잊고 있었음을 돌이켜 보게 만든 점이 새롭고 또 어려운 부분이다.

그래서 이 프로그램과 관련하여 그 기획자를 눈 여겨 보게 된다. CP로서 은희현이 책임지고 있는 프로그램의 목록은 <PD 수첩>, <경찰청 사람들>, 그리고 <다큐, 이야기 속으로>이다. 사회에 대한 방송의 의리가 풍겨나고 있지 않은가. 이 프로그램들은 MBC 고유의 빛깔을 조성하는데 큰 몫을 하고 있다. 호사가들이 '몰락'이라고까지 표현하는 최근

1-2년 사이의 MBC의 슬럼프에서도 그나마 그 빛이 영 바래지 않을 수 있었던 비결도 이 프로그램들에 있다고 본다.

삶의 희망을 상징하는 '마지막 잎새'같은 이 이야기들이 언제까지나 이어진다면 얼마나 좋을까.

(TV 저널)

<TV 인생게임> 이분법의 양면성도 고려해야

SBS <TV 인생게임>

대중매체는 사회 구성원의 의견들이 유통되는 단순한 망이 아니고, 그것을 재가공해서 전달하는 중개업자의 성격을 띤다. 그래서 매체가 여론의 동향을 파악하여 전달하는 형태를 띨 경우에도 그 효과는 여론을 조성하는 것으로 나타난다. 사람들이 별다른 생각을 하고 있지 않았는데, 여론의 동향으로 소개되는 순간 그 사안은 사회적 이슈의 자격을 부여받기 때문이다.

텔레비전에서는 여론 파악/조성의 방식을 다양하게 개발시켜 왔다. 전문가들 사이의 토론을 기본으로 하면서 <여의도 법정>처럼 법정에서의 공방이라는 외형을 차용한다던가, <70분의 선택>처럼 전화를 통한 찬반투표 같은 장식이 거기에 붙곤 했다.

SBS에서 새로 시작하여 몇 번 방송된 <TV 인생게임>은 또다시 형식상의 미세한 변주를 보여준다. 과거의 프로그램들이 한 번에 하나 혹은 많아야 두 개의 논제를 다루었던 것과 달리, 여기에서는 네댓 개쯤 되는 이슈들이 순서대로 등장한다. 그것들을 놓고 다섯 명의 지정 토론자들이 거론되는 논제에 대한 자기 의견에 따라 매번 자리바꿈을 새롭게 해서 토론한다. 내용을 들은 9인의 방청 배심원들이 표를 던져 각 논제에 대한 토론을 일단락 짓는다.

그런데 이런 외형적인 변주보다 토론과 판단의 대중 지향성에서 이 프로그램이 갖는 성격의 핵심을 찾을 수 있다. 다섯 명의 지정 토론자들은 그날 선택된 논제들에 대한 전문가라기보다는 넓은 범주의 연예인들이다. 방청 배심원들 역시 전문가가 아님은 물론이다. 그들이 나누는 의견은 전문 지식과 정보를 동원한 토론이라기보다는 일상생활 속에서 형성된 상식적 차원의 합리성과 개인적 성향에 의존해 이루어지는 조금 격렬한 대화에 가깝다.

여기에서 제기되는 논제들 역시 서민들이 일상생활에서 흔히 맞닥뜨리게 되는 상황들이다. 가령 "학교 폭력에 대해 당신은 자식에게 어떤 태도를 권유하겠는가?"라는 질문을 던지고 (1)맞서 싸우라고 한다 (2)그런 상황을 넘길 수 있도록 비상금을 준다와 같은 선택지를 준다. 혹은 "부모가 본 성인 비디오테이프를 자녀의 방에서 발견했을 때 어떻게 하겠는가? (1)모른 척 한다 (2)야단 친다" 이런 문제들은 전문가의 입장에서 풀 수 있는 것이 아닌, 생활의 지혜를 나누는 토론을 필요로 한다. 그래서 다섯 명의 비전문가들이 나누는 대화는 차라리 진솔하다.

하지만 '인생'이 그저 재미로 해보는, 그리고 한 번 잘못 되면 다시 한 번 더 해 볼 수 있는 '게임'과 다르듯이, 생활에 대한 허심탄회한 대화는 아집에 근거한 말다툼이나 경솔한 수다하고 같을 수 없다. 그런 점에서 <TV 인생게임>은 너무 많은 주제들을 다루느라 때로는 좀 더 심도 있고 긴 대화를 나누어야 할 경우에도 바삐 결론을 맺는다.

또, 토론 형식이 이처럼 대중 지향성을 띠기 때문에 주어진 논제를 그대로 인정한 채 토론에만 매몰되는 맹목성을 보이기도 한다. 가령 "자녀의 과외비를 벌기 위해 주부가 아르바이트로 술집 마담을 했을 경우, (1)남편은 아내와 이혼을 해야 하는가 아니면 (2)용서해야 하는가"와 같은 선택지가 제시되었는데, 여기에는 남편(남성) 중심의 관점이 깊이 개입돼 있다. 삶의 복합성을 고려할 때 이런 이분법이 과연 그 문제에 대한 적합한 방안을 찾는 최선의 방법이 되겠는가에 의문이 생긴다. 하지만 그 양극의 대안들 사이에 더 다양한 방안들이 잠재해 있음을 제작자나 토론자나 시청자들이 모두 인식하고 있다고 보면, 프로그램 제작의 편의상 이분법적인 의견 대립이라는 기본 틀을 받아들이지 못할 것도 없다. 다만 그 경우 대립하는 것으로 제시된 두 의견은 되도록 극단적인 입장으로 표명되어야 한다. 그래야 전형성에 더 가까이 다가갈 수 있을 것이기 때문이다. 위의 논제의 경우 가장 부정적인 반응으로 '이혼'을 설정한 것은 그렇다 치더라도, 남편이 취할 가장 긍정적인 반응은 '용서'가 아니라 '이해'로 표현되었어야 옳다.

이처럼 어떤 때는 토론에 앞서 논제 자체에 대한 검토가 먼저 이루어져야 하고, 그것이 토론보다 더 중요할 때도 있다. 왜냐하면 문제를 제기하는 방식에는 언제나/이미 특정 입장과 관점이 깔려 있기 때문이다.

(TV 저널)

<이것이 인생이다> 인생이 빠진 인생 이야기

이 제목은 두 가지 어감으로 읽힌다. 미스터리 다큐 프로그램이 '그것이 알고싶다'라는 제목을 들고 나오자, 어느 코미디 프로그램에서 자신만만한 어조로 '그것을 알려주마'하고 화답한 적이 있는데, 이 프로그램은 더 나가 '인생 그 자체를 알려주마'고 말하는 것 같은 느낌을 준다. 이것이 그 첫 번째 어감이다. 두 번째 어감은 그와 정반대의 뜻을 담고 있다. 즉, 인생이 별거 있냐 '이런 게 다 인생이지'하는 체념의 정서로 이 제목이 읽히기도 한다.

물론 이 프로그램은 체념 정서에 휩싸여 있지는 않다. 하지만 인생이 무엇인지 알려주지는 (더욱) 않는다. 이 프로그램 스스로 제보 고지 화면을 통해 표명하고 있듯이 "특별한 인생, 진기한 체험"을 찾는 쪽에 관심이 더 몰려있다. 물론 그런 '특별함'과 '진기함'이 어디 그리 흔하겠는가. 그러니 이것조차 회가 지나면서 그 약기운이 약해지고 있다.

제목과는 다르게 이 프로그램에 인생이 없는 이유로 두 가지를 꼽고 싶다. 첫째는 바로 그런 진기한 체험이 인생의 보편성과 거리가 멀다는 점이다. 살면서 번개를 두 번 맞은 사람, 다섯 번이나 죽을 뻔한 고비를 우연한 도움으로 살아난 사람, 귀신 씌운 식탁 탓에 살림밖에 모르던 주부가 도박판에 휩쓸려 1억을 날린 사연 등은 듣기에 참 희한한 일들이기는 해도 많은 사람들이 공감할 만한 인생은 아니다.

둘째는 그런 희한한 사연이 아니더라도 이 프로그램의 표현 양식이 천편일률적이고 전달하는 인생의 모습이 피상적인데 그 까닭이 있다. 어느 주부의 살빼기 노력이나, 낚시광 이야기, 보험 영업으로 사회적 성취를 이룬 주부의 사례 등이 피상적인 전달의 대표적인 경우라고 여겨지는데, 이 경우 그 사람들의 사연이 다만 연대기적으로 서술된 탓에 마치 식당 문 옆에 진열된 모조품 설렁탕을 대할 때 마냥 그 인생의 맛을 전혀 느낄 수 없었다.

주 진행자는 출연자와의 대화를 원만하게만 가져가려고 하고, 패널 질문자로 나온 연예인들도 너무 소극적이어서, 자기 삶의 체험을 맛갈스레 전달하는데 능숙치 못한 출연자들의 보완역할을 제대로 하지 못한다. 유일하게 연극배우 윤문식이 "마나님이 고생 많이 하셨겄어"라든가, "그럼 뭘 먹고 사나요"하는 식으로 실생활과 관련된 질문을 해줘서 그나마 조금 더 부연된 이야기를 들을 수 있을 따름이다.

또, 그 인생담의 특성에 맞춰 대화 방식을 '수다떨기'가 아니라 좀 차분한 분위기로 이야기의 색조에 변화를 주는 게 더 나았을 경우도 있다. 가령 색종이 오리는 할머니의 경우, 그 삶의 내력과 현재 생활에 대한 이야기를 더 듣게 되면 초등학생용 스케치 북에 붙여놓은 그 앙증맞은 색종이 그림들에서 소박한 삶이 발할 수 있는 향기를 느낄 수 있지 않았을까 하는 아쉬움이 남는다. 낚시광 아저씨 편도 그렇다. 낚시에 대한 그의 광적인 인생살이만 말고 그 아내의 생활고도 함께 이야기를 나누었으면 좋았을 텐데 그 기회를 묵살하고 말았다.

하지만 보통사람의 사연은 비록 그 설명이 불충분해도 보는 사람들에게 '사는 게 무엇인지'를 되돌아보는 계기가 되고, 그것만으로도 이 프로그램을 매주 볼만한 것으로 만든다. 이를테면 의탁할 데 없이 힘겹게 삶을 꾸려나가는 청소년들을 대상으로 하여 [주변인의 길]이라는 무가지를 내느라 운영하던 학원도 팔고 집까지 판 사람의 이야기를 보면서, '아무리 좋은 일을 한다지만 저렇게 계산 없이 살아서야...'하는 측은지심이 들다가도 곧이어 '여전히 계산이 앞서는 나는 뭐냐'하는 자괴감이 들기도 하고, 건망증이 심하다는 이야기를 남 앞에서 하는 주부를 보면서 '넋 놓고 사는 사람도 다 있구만'하는 생각이 들기는 해도 그 은근한 익살이 오히려 밉게 안 보이는 즐거운 체험을 하기도 한다.

보통사람의 사연을 단순히 흥미거리로 삼는데 머물지 않고 좀 더 많은 사람들이 대화를 나누는 인생 프로그램으로 익혀갔으면 하는 바람에서 한 가지 제안을 할까 한다. 매회 사연을 소개하는데 그치지 말고 그에 대한 시청자들의 소감을 받아, 다음 회 앞머리에 해당 사연의 자료화면(미리 방송했던 재현장면을 다시 축약한 것이면 되리라)과 함께 읽어주면 어떨까 하는 것이다. 그렇게 공감의 폭을 넓히고 보편성을 확인하면 이 프로그램에서 소개된 인생 이야기들이 단순히 희한한 잡담거리로 치부되지 만은 않으리라고 본다.

(TV 저널)

2. TV 토론 프로그램

1) 토론 프로그램과 담론적 정체성

토론은 말로 이루어진다. 토론 참여자들은 그저 말을 하는 것이 아니라 특정 입장을 표현하는 말을 한다. 따라서 이때 말을 담론이라고 달리 부를 수 있다. 토론은 담론들이 경합하고 부딪치는 장이다. 이런 점에서 토론은 일방통행적인 강의나 특정인의 견해만이 전달되는 인터뷰와 다르다.

"자기 방어를 할 수 있는 자만이 살 권리가 있다"

제라르 드 파르듀가 출연하는 영화 <당통>에 이런 대사가 있다. "우린 남자야. 남자는 자기 방어를 할 수 있어…자기 방어를 할 수 있는 자만이 살 권리가 있다" 토론 프로그램을 볼 때면 항시 떠오르는 말이다. 프로그램에 출연한 토론자들은 과연 그가 살 권리가 있다고 자신할 만큼 자신과 자기가 대신하는 자들의 입장을 제대로 대변하고 있는가. 그 성취 여하에 따라서 토론 프로그램의 시청이 후련함을 주기도 하고 오히려 갑갑증을 더하게 만들기도 한다. 그럴 때면 나는 그 대사를 되뇐다. '너는 살 권리가 있느냐!'

토론에서 이루어지는 담론 대결의 목표는 '이야기하는 자'의 지위의 전유에 있다. 전유라니? 물론 쟁점의 양쪽 편에 모두 이야기하는 자가 있다. 그들은 상대방의 논리를 부숴 토론에서 벌어진 모든 논의들을 송두리째 자신의 논리 체계 안으로 끌어들여야 한다. 문제의 설정과 그 의미에 대한 해석과 평가 그리고 해결 방안이 하나의 체계 아래 정렬되어야 하는데 이것이 바로 이야기하는 자의 역할이고, 이는 쟁점의 양쪽 편이 모두 추구하는 바이다.

그러기 위해서는 문제 설정이 선명해야 하는데, 그 선명성은 객관성과 꼭 같은 것이 아니다. 특정 입장으로 하여금 전체의 입장의 지위를 차지하도록 하는 선명성을 뜻한다. 다양한 정보 활용과 핵심의 파악 같은 토론의 정도(正道) 뿐만 아니라, 상대의 이야기를 자르고 끼어들기, 지엽말단에서도 포기하지 않는 공격성, 한 수 가르쳐 주마는 듯한 거만한 자세, 답답해 못살겠다는 듯한 표정과 억양, 별 이상하고 우스운 얘기도 다 듣겠다는 듯한 비아냥거림, 방청객의 박장대소 유도하기 등과 같은 사술(詐術)들도 모두 이야기하는 자의 지위를 독점하기 위한 전술로 구사되는 것들이다.

가령 <길종섭의 쟁점 토론>에서 나온 두 장면을 보자.

제 1 주제 : 특검법 확대

· 확대 찬성 측 변호사 : 특검법의 본고장이라고 할 수 있는 미국에서도…
· 확대 반대 측 변호사 : 특검제는 이미 미국도 다 실패했다고 자인을 하고 폐지한 것…

제 2 주제 : 등급 외 상영관 허가

· 허가 찬성 측 방청객 : 오시마 나기사 감독의 '감각의 제국' 같은 영화도 볼 수가 없고…
· 허가 반대 측 토론자 : 그 영화가 일본에서도 상영 금지된 사실을 아십니까…

이 두 장면은 모두 논의의 핵심부에 있었던 것은 아니고 곁가지로 지나가듯 언급된 장면이다. 미국과 일본의 선례가 한국에서 반복될 필요가 없을뿐더러 논의 내용으로 볼 때 오히려 두 장면 모두 찬성 측에서 참고할 만한 것이었음에도 불구하고, 어쨌든 앞에 말한 사람이 뒤에 말한 반대 측 토론자의 그런 곁가지 사실에 대한 반박으로 인해 찬성 측 주장 전체가 힘을 잃는 처지가 되어 버렸다.

<쟁점토론>의 또 한 장면을 보자. 7월 첫 주의 쟁점은 대우 사태였다. 토론이 진행되는 동안 ARS 전화 투표를 병행하는 것은 이 프로그램이 자랑하는 장치이다. 이 날은 '대우 사태의 가장 큰 책임이 누구에게 있는가'였다. 1번 정부, 2번 김우중 회장. 뻔하게 2번을 누르라는 유도 설문이었지만, 결과는 77% 대 23%로 방송사의 (추정되는) 의도와 정반대로 나왔다. 이 사례가 담론 대결의 양상에 대해 말해주는 부분은 이런

결과에 대한 해석에 있다.

· 전경련 상무: 국가 경제를 위해 애쓴 김회장에 대한 국민들의 동정이 반영된 것.
· 금감위 대변인: 대우 사태에 책임이 있는 정부와 현 정부는 다르다.
· 진행자: 대우와 그 계열사 직원들의 적극적인 투표 같다.

이 세 사람이 내린 제각각의 해석은 바로 그들이 사태의 책임자, 즉 문제를 발생시킨 주범이 아니라 문제를 해결하는 주체가 되고자 하는 안간힘, 이야기 '되는' 자의 정체성을 탈피하여 이야기 '하는' 자의 지위를 회복하고자 하는 안간힘으로 볼 수 있다.

이런 예들에서 보듯이 담론 대결로서의 토론의 목표와 관련하여 담론적 정체성을 생각하게 된다.

토론에서의 담론적 정체성

토론에는 세 가지 담론적 정체성이 등장한다. 첫째는 이야기 '하는' 자이고, 둘째는 이야기 '듣는' 자이다. 토론 프로그램을 놓고 보자면, '이야기하는 자'는 스튜디오에 출연한 토론자를 지칭한다. 그런데 그의 정체는 여기에 그치지 않는다. '이야기하는 자'는 곧, 사고의 주체이고, 언술의 주체이며, 결정의 주체이다. 그는 문제 제기자이며 그 해설자이고 또, 해결 방안 제시자이다.

그러면 '이야기 듣는 자'는 누구인가. 다시 둘로 구분된다. 첫째, 대화 상황에서 '이야기하는 자'는 번갈아서 '이야기 듣는 자'가 되어야 한다. 즉, '이야기하는 자'의 담론적 정체성은 수시로 교체된다. 둘째, 늘 이야기를 듣기만 하는 자로서 시청자가 있다. '이야기하는 자로서의 이야기 듣는 자'가 반박의 대상이라면, 시청자는 설득의 대상이다. 그렇다면 <생방송 심야토론>이나 <100분토론>에 전화를 걸어오는 시청자들은? 문득 그들은 '이야기하는 자'가 된 듯 하지만 그들도 진정 '이야기하는 자'는 아니다. 그 전화시청자들은 '이야기하는 자'들의 담론이 어떻게 '이야기 듣는 자'들에게 접수되었는지를 확인시키는 모델이고 피드백을 담당하는 '이야기 듣는 자'이다.

세 번째로 이야기 '되는' 자가 있다. 토론에는 반드시 토론 주제 혹은 이슈가 있다. '이야기되는 자'는 그 자신 토론에 참여하여 '이야기하는 자'가 될 수 없다. 그는 토론 주제로 추상화되어서만 토론에 불려올 따름이다. 그래서 그는 부재하는 자이다. 토론의 주제로서 그는 문제 제기자가 아니고 문제거리이다. 낙태에 대한 토론의 현장에 낙태한 자와 낙태 당한 자는 부재한다. TV의 폭력성에 대한 토론에서 TV로 인해 폭력적인 인간이 된 자는 없다. '이야기되는 자'는 3인칭으로만 존재한다.

따라서 토론 현장에 임재하고 있는 '이야기하는 자'들은 자기 입장을 이야기하는 것이기는 해도 자기에 대한 이야기를 하는 것은 아니다. 그들은 '이야기 듣는 자'와 '이야기되는 자'의 입장의 대변자를 자임한 자들이다.

그런데 토론에는 또 하나의 존재가 있다. 이야기 매개자로서의 진행자가 그이다. 그런데 진행자는 담론적 정체성을 갖지 않는다. 그의 정체는 '이야기하는 자'도 아니고 '이야기 듣는 자'도 아니며 '이야기되는 자'는 더 더욱 아니다. 이렇게 어떤 담론적 정체성으로도 규정되지 않기에 진행자는 담론 격돌의 장에서 일종의 투명 인간이 되어 버린다. 그는 마치 텔레비전이나 영화의 카메라와 같고, 다큐멘터리의 보이스 오버와 같다. 진행자는 토론의 항배의 조타수 역할을 하나 아무도 그의 존재를 토론 주제와 연관지어 인식하지 않는다. 그가 토론의 단계를 설정하여 어떤 의견을 요구하고 또 어떤 주장과 진술은 뒤로 미루거나 기각하더라도 그것은 그 주제를 토론하는 정식으로 여겨질 뿐이다. 심지어 그가 토론에 개입하여 특정 토론자에게 의문을 제기하거나, 특정 방청객에게 반론과 추궁을 가하더라도 그것은 당연히 그렇게 짚고 넘어가야 하는 천상의 소리로 여겨질 뿐 결코 그가 '이야기하는 자'라고 생각되지는 않는다. 그래서 진행자를 담론 초월적 정체성을 갖는 존재라고 할 수 있다. 그런데 이런 담론 초월적 존재인 진행자가 마치 몰래 카메라의 흔들리는 카메라처럼 '이야기되는 자'로 탈바꿈하는 끔찍한 일이 벌어지기도 한다.

이야기되는 자들의 반란

담론 초월적 존재인 진행자가 '이야기되는 자'로 속(俗)화한 사건은 바로 그 진행자(또는 토론 프로그램)에 의해 '이야기되는 자'로 설정된 자들에 의해서 이루어졌다. 앞서 예로 든 대우 사태 쟁점 토론에서 나타난 대우가족들의 전화 투표 참여도 '이야기되는 자'들의 반란으로 볼 수 있지만, 그것은 쟁점으로 대립된 양측의 겨루기 와중에 벌어진 사태일 뿐 진행자 혹은 진행 방식에 대한 반란은 아니다. 진행자에 대한 반란은 두 번의 '교실 붕괴' 토론에서 있었다. 먼저는 EBS <난상 토론>이었고 다음은 MBC <정운영의 100분토론>이었다. 그런데 그 두 번의 반란에 아로새겨져 있는 진행자의 모습은 아주 다른 것이었다.

텔레비전 토론 프로그램으로서 <난상 토론>에 대해 여러 가지 점에서 박수를 아끼고 싶지 않다. KBS <추적 60분>에서 센세이셔널리즘의 혐의를 안고 쏘아 올린 교실 붕괴의 신호탄을 토론 형태로 이어받아 진지한 공론의 대상으로 정착시켰다는 점에서도 그렇고, 그 상황의 제 1 당사자라 할 수 있는 학생과 교사 섭외는 또 어찌 그리 잘 되었는지 방청석의 발언 한 마디 한 마디가 모두 진언(眞言)들이었다. 진행도 차근차근 잘 되었고, 학생, 교사, 학부모, 전문가들의 발언기회도 충분히 주어졌다. 시청자로서 교실 붕괴의 총론을 이해하는데 더할 나위 없이 좋은 교과서가 되었다. 송지헌 아나운서는 발언자에게 부연 설명을 요구하기도 했고, 때로는 반박을 하기도 했으며, 대개의 경우 토론 내용을 요약해 주었지만, 반면 논점을 빗나간 발언은 사뿐히 무시하고 넘어가는 능숙한 리듬감을 보여주었다.

그런데 교사 쪽을 공격한 어느 학부모에 대한 진행자의 배려가 어느 교사에 의해 토론 진행과 논제 구성에 대한 문제 제기를 불러왔고, 다른 맥락에서 어느 학생이 중앙의 토론자석에 앉아야 하는 당자사는 바로 교육의 주체인 학생들이라는 발언에 대한 진행자의 반대 입장 표명이 연이어 다른 학생들로부터 권위주의의 다른 한 표현으로 비판받는 지경에 빠지게 되었다.

다음 <100분 토론>. 이 프로그램은 한 마디로 말해서 최악이었다. 이른바 교육 청문회라는 부제를 달고 1탄은 교실 붕괴, 2탄은 대학 입시제도 변경 문제를 다뤘다. 그나마 2탄은 일종의 각론이라는 점에서 그 의의를 찾을 수 있지만, 1탄은 <난상 토론>에서 이미 논의된 것조차 제대로 소화하지 못한 총론의 재탕이었을 뿐이다. 더욱이 진행 미숙으로 발언 기회를 제대로 얻지 못했다고 여긴 학생 방청객들로부터 "우리도 발언하게 해주세요"라는 데모까지 겪었다. 시청자로서 필자의 기억에 남는 진행자의 멘트는 여러 번 반복된 "될 수 있으면 발언을 한 번도 안하신 분이 해주십시오"뿐이었다. <100분 토론>이 장기자랑 프로그램이었단 말인가.

<난상 토론>에서의 '이야기되는 자'들의 반란이 진행자의 적극적인 토론 개입에 의한 것이었다면 <100분 토론>에서의 반란은 진행자의 토론 방해가 초래한 것이었다는 점에서 본질적으로 차이가 있다. 이 두 경우의 차이로부터 우리는 토론 진행자의 역할에 대한 하나의 교훈을 얻을 수 있다.

논제의 핵심을 미리 파악하여 토론의 맥을 정확히 짚어 주는 조타수 역할을 제대로 하면 이야기 듣는 자인 시청자 뿐 아니라 이야기되는 자까지도 언제나 진행자를 자기편으로 생각할 것이다. 그리기 위해서 투명인간 같은 매개자 역할에 머물지 말고 진행자 스스로가 이야기하는 자, 이야기 듣는 자, 이야기되는 자의 세 가지 담론적 정체성을 입고 토론 속으로 들어오라고 말하고 싶다. 스튜디오에 초청받지 못하는 수많은 시청자들은 수상기 앞에서나마 반란을 도모한다. 이야기하는 자(者) 연(然)하는 자들과 이야기를 매개하는 자연하는 숭고한 자들에 대해서.

(방송시대)

2) 시사토론

얼마 전부터 정규 편성된 텔레비전 토론 프로그램들이 꽤 늘어났다. KBS의 <생방송 심야토론>과 <길종섭의 쟁점토론>, EBS의 <난상토론>, MBC의 <정운영의 100분 토론>이 그것들이다. 이 프로그램들은 모두 생방송으로 진행된다. <쟁점토론>에서는 토론에 대한 시청자들의 부분적인 판단 결과를 함께 조사해 보여주기도 한다. <심야토론>과 <100분 토론>에서는 시청자 전화를 받는다. 13년 전 <심야토론>이 처음 등장하던 때를 돌아보면 정말 격세지감을 느끼게 한다.

프로그램들의 부침이 잦은 한국 방송계에서 KBS의 <생방송 심야토

론>이 13년 동안 작은 언로 구실을 해 온 점은 정말 다행스러운 일이 아닐 수 없다. <심야토론>이 방송되던 초창기인 87-88년에 시청자들의 호응과 기대는 정말 대단했다. 우선 생방송으로 진행된다는 점은 방송사에 의한 검열과 삭제의 우려를 씻어주었고, 전화를 통해 서너 명일망정 시청자들의 의견까지 육성으로 전달한 것도 토론의 분위기를 활성화시켰다. 그런데 무엇보다 더 <심야토론>이 시청자들의 뜨거운 시선을 끌게 된 요인은 토론 시간의 무제한성이었다. 다음날 출근 걱정 없는 토요일 밤 열한시에 시작해서, 토론 정황에 따라서는 새벽 두 시까지 가는 일이 허다했기에, 열기 오른 토론의 맥을 편성표에 의해 잘릴 걱정을 하지 않아도 되기 때문이었다.

그러던 <심야토론>도 장기화되면서 처음의 활력이 차츰 사그라들고 있지만, <난상토론>과 <쟁점토론>이 등장하면서 그 빈자리가 조금이나마 다시 채워지는 느낌이다. 진행자의 성격과 어느 정도 특화된 주제 선정 경향 사이의 조화가 잘 이루어진 점이 그 밑바탕이 되었다고 평가할 수 있다. 좀 더 전문적인 주제를 다루는 <쟁점 토론>의 진행자인 길종섭은 대립되는 양측의 주장을 쟁점과 관련하여 기민하게 맥을 잡아낸다. 그래서 <쟁점 토론>을 보면서는 어떤 퍼즐을 풀어가는 듯한 희열이 느껴지는 경우가 가끔 있다. 그에 비해 <난상 토론>은 좀 더 대중적인 폭넓은 관심과 의견이 개진될 수 있는 주제들을 주로 선정한다. 여기에 전문 아나운서로서 최고의 순발력과 깔끔한 진행, 스튜디오 장악력이 돋보이는 송지헌은 정말 제격이다. 그 자신 반쯤은 토론 참여자가 되어 정말 난상으로 이루어지는 토론을 노련하게 이끌고 간다. <심야토론>의 나형수 해설위원도 진행 능력에 있어서는 역시 누구에게도 뒤지지 않는다고 생각하지만 담당 프로그램의 장수 상황에서 오는 불리함을 떨쳐버리진 못한 듯하다.

그리고 <정운영의 100분토론>. 나는 이 프로그램의 이름에 진행자의 이름이 들어간 이유를 도저히 알지 못하겠다. 가령 <이홍렬의 ...>나 <서세원의 ...>의 경우, 이홍렬이나 서세원이 아니면 프로그램이 성립할 수 없다 해도 지나치지 않을 만큼 그들의 역할은 절대적이다. <김혜수의 ...>이나 <임백천의 ...> 조차 부족하나마 그들의 개성이 프로그램의 기반을 이루고 있다. 그런데 <100분 토론>의 경우 정운영씨의 지적 수준에 걸맞는 역할이 주어지지 않고 있다. 그 자리에 차라리 아나운서를 앉혀 놓으면 더 잘 어울릴 것 같다.

정운영씨의 역할은 대개 두 가지이다. 그 하나는 "먼저 저희가 준비한 화면을...", "다음으로 방청객의 의견을...", "이어서 저희가 조사한..."과 같은 프로그램 구성 단계를 연결시켜 주는 다리 구실. 두번째는 "되도록이면 발언을 한 번도 안하신 분이 해주십시오", "지금 주제와 관련된 내용이면 말씀해 주십시오", "어느 분에게 질문하시는 겁니까. 그걸 분명하게 해주십시오. 아니 한 분만 선택해 주십시오"와 같이 막 발언을 하려는 방청객에게 각종 부담을 지우는 일. 100분 동안 정운영씨로부터 발언자의 진술에 대한 요약이나 반론을 들을 기회는 거의 없다. 논설 집필과 TV 토론 진행 사이의 거리는 얼마나 되는 것일까.

하지만 오해하지 않기를 바란다. 이는 정운영씨가 진행자로서 절대 결격이라는 뜻이 전혀 아니다. 현재 이루어지고 있는 방송 토론 프로그램들은 비록 진행 형식상의 다양성을 기했다고는 해도 모두 저널리즘적인 성격을 갖는다는 점에서 다양성이 부족하다. 쟁점이 되는 사안의 양쪽 입장을 파악하게 해준다는 점에서 그 의의를 갖지만, 더 심층적이고 전문적인 토론에 이르지 않기 때문에 지식인 시청자들의 욕구를 충족시켜 주지 못하는 한계를 갖는다. 저널리즘적 성격의 토론이라면 역시 그 방면에 훈련이 되어 있는 전문 사회자가 제격이겠지만, 필자 생각에 정운영씨는 더 전문적인 수준의 토론 프로그램 진행자의 지위를 부여해 주어야 한다고 본다. 말하자면 <100분 토론>의 프로그램 성격과 진행자의 격이 맞지 않는다는 판단이고, 더 전문적이고 심화된 토론 프로그램이 편성되어야 한다는 의견이다.

(뉴 미디어 저널)

3) 독서토론

<독서토론 프로그램들>

최근 방송가에 독서와 관련된 프로그램이 세 편 있다. 교육방송의 구조 변화로 <고전백선>이나 <저자와의 대화>가 폐지된 이후시기를 감당해 온 SBS TV의 <작가와 화제작>, EBS TV의 <문학의 세계>와 지난 가을 개편으로 KBS 1TV에 새로 편성된 <이 한권의 책>이 그것이다.

KBS <저자와의 대화>

<문학의 세계>는 문학 교육의 성격이 두드러져서 작품에 대한 단평, 문단 뒷이야기, 작가 초대 등의 부분들이 간결하게 구성되어 있다. <이 한권의 책>은 비교적 전통적인 독서토론의 형식을 띠고 있어서, 작가와 평론가 독자들의 토론으로 진행된다. 특징이라면 문학 분야에 국한되지 않는 책 선

택의 자유로움을 들 수 있다. <작가와 화제작>은 이제까지의 독서토론 프로그램들의 형식들과 견주어 아주 새로운 모습을 보여준다. 먼저 작품의 줄거리를 영상으로 재현하는 것이 새롭다. 이 부분은 얼마 전 방송된 미니시리즈<창밖에는 태양이 빛났다>의 형식의 선구로 평가될 만하다. 물론 그 미니시리즈가 드라마로부터 한걸음 바깥으로 나오는 방향이었던 반면, <작가와 화제작>의 영상구성은 바깥에서 작품 안으로 한걸음 더 들어가려는 시도라는 점에서 그 출발점이 다르긴 하지만 말이다. 또 작품과 작가에 대한 이해를 돕는 평론가나 동료 문인, 가족들의 발언과 작가와의 대담이 모두 제각기 다른 공간에서 녹화되어 시청자들 앞에서 모이는 것도 새롭다.

영상매체가 활자매체의 쇠퇴를 낳고 광고 문구가 시를 대체하고 있다고 얘기되는 시대에 텔레비전 독서 토론 프로그램은 어떤 의미를 가질 수 있을까? 어쨌거나 독서는 유익한 것이므로 텔레비전 방송의 영양가를 높여주는 소재라는 이유에서 권장할 만한 것인가? 아니면 기왕에 상황이 그렇게 된 마당이므로 우세한 영상매체가 활자매체에게 보이는 아량으로 받아들이면 되는 것일까. 어쩌면 텔레비전 독서 토론이야말로 영상매체에 의한 활자매체의 식민화를 다른 방향에서 드러내는 징후인지도 모른다. 일요일 하루 동안 수상기 앞에 앉아 있으면 손쉽게 세 편 이상의 문학 작품을 접할 수 있는 판에 힘과 돈을 드려 책을 읽지 않고도 읽은 척할 수 있기 때문이다. 그렇다면 이 프로그램들 때문에 시청자들이 책으로부터 더 멀어지는 공연한 결과를 빚게 되는 것은 아닌가.

필자의 생각은 이렇다. 독서 토론프로그램들은 여러 유형이 있지만 그 가운데 특히 독서 토론은 삶에 대한, 사람들 사이의 관계에 대한, 또 사물에 대한 사색들을 주고받는 자리로서 특징적이다. 무엇이 옳고 혹은 그른지, 누가 우리 편이고 혹은 적인지를 확연히 가르는 작업으로서의 토론이 아니라, 나의 삶과 남들의 삶, 그리고 나를 둘러싼 모든 사물의 의미를 더 깊고 풍요롭게 체험하는 자료와 계기를 제공하는 작업으로서의 토론이라는 뜻에서 그렇다.

가령 EBS TV <문학의 세계>를 통해 오세영 시인의 시를 감상하고 시인 자신의 진술을 들으면서 우리는 한편의 시를 분석하고, 한명의 시인의 경력을 목격하는데 그치는 것이 아니라 그 시인이 말하는 '그릇'의 의미를 빌려 자기의 삶을 돌아볼 수 있다. <즐거운 사라>같은 작품을 사법적 기준으로 밖에 판별하지 못하는 저간의 사정도 다 우리 사회가 가진 의미 이해의 장이 얼마나 편협한 것인가를 드러내준 사건이 아니겠는가. 독서 토론 프로그램들은 비단 새로 나온 작품을 소개하는 보조적인 역할에 머무는 것이 아니라 우리 사회의 의미의 장을 풍요롭게 하는 적극적인 역할을 할 수 있다는 점에서 그 의의를 찾고 싶다.

하지만 그러자면 우리의 텔레비전 독서 토론은 좀 더 신랄해질 필요가 있다. 지금처럼 출연자들 사이에 되도록이면 좋은 얘기를 나누고, 또 교육적 견지에서의 작품 해설 프로그램도 필요하지만, 작가의 한계까지 지적하고 그에 대한 작가의 반론이 전개되는 그런 토론 프로그램도 있어야겠다는 말이다. 얼굴을 마주 대하고 그런 험악한 이야기를 나누기는 사실 쉬운 일이 아니다. 또 언어를 가지고 먹고 사는 문필가들일지라도 토론 현장에서 요구되는 순발력까지 갖추기도 역시 어려운 일임에 틀림없다. 그래서 고안된 것이<작가와 화제작>의 형식이 아닌가 싶다. 하지만 좀 더 전문적인 작품 토론을 위해서라면 한계를 가질 수밖에 없는 형식이다. 그저 토론의 가장 일반적인 형태를 유지할 때 오히려 심각한 의견 교환이 더 잘 될 수 있다. 지금 방송사마다 하나씩 마련하고 있는 텔레비전 독서 프로그램들에 더하여 그런 프로그램을 유일하게 편성하고 있지 않는 나머지 한 채널에 그 기대를 걸어보면 어떨까 한다.

(TV 저널)

<TV 책을 말하다> 완성도 높은 형식, 정체성 찾기 1년

영상매체가 활자매체의 쇠퇴를 낳고, 텔레비전의 광고 문구가 시를 대체하고 있는 시대에 텔레비전에서 책읽기 프로그램을 편성하는 것은 어떤 의미를 가질 수 있을까? 책 읽기는 삶에 유익한 일이니까 어쨌든 권장할 만한가. 아니면 부자가 별미로 가끔씩 먹는 꽁보리밥과 같은 구색 맞추기 편성일 뿐인가?

<TV 책을 말하다>가 방송을 시작한 것이 작년 5월 3일이니까 어느새 1년 3개월이 지났다. 그 사이 EBS의 <책으로 읽는 세상>은 종영을 했지만, MBC에는 <행복한 책 읽기>와 <책, 책, 책을 읽읍시다> 두 편이 생겨났다. 텔레비전이 책을 외면하는 게 더 자연스럽게 여겨져 온 걸 떠올리면 지금과 같은 책 읽기 프로그램의 성황은 오히려 낯설 정도다.

이런 확산에 <TV 책을 말하다>가 몇 가지 점에서 기여를 한 것으로 평가할 수 있다. 첫째, 책 읽기 프로그램을 그저 구색 맞추기로써가 아니라 역점을 두어 제작한 점이다. 커다란 사진들로 세트를 삼고 지미집을 이용하여 토론 장면을 역동적인 화면으로 잡는 등의 세부적인 제작 요인들뿐만 아니라, 저녁 10시라는 프라임 타임에 편성한 것은 기존 관행에 비추어볼 때 거의 파격에 가까운 것이었다.

둘째, 독서 프로그램의 상투적인 형식을 깨고 새로운 모델을 제시한 점이다. 기존의 독서 프로그램들은 '작가와의 대화' 나 '고전 산책'이라는 개념으로 떠올릴 수 있는, 형식은 대담이고 내용은 작품과 작가에 대한 칭송이 주류를 이루는 것들이었다. 그에 반해 <TV 책을 말하다>에서는 제법 신랄한 비판까지 이루어지고, 심지어 저자를 아예 빼놓고 전문가들끼리 토론을 하기도 해서, 선정된 책에 대해 더 다각적인 정보와 의견을 제시하며 아울러 '책을 말하는' TV 보는 재미까지 주었다.

여기에 책 선정 자문위원 체계를 갖추고, 또 외모와 식견, 진행 능력의 3박자를 갖춘 새로운 진행자를 발굴하고, 최근 들어서는 고정 패널 체제를 시도하는 등 많은 장점을 가지고 있는 프로그램이다.

하지만 <TV 책을 말하다>는 이런 여러 가지 장점과 노력에도 불구하고 아직 책 읽기 토론 프로그램으로서의 자기 정체성을 완전히 정립하고 있지는 못하다. 무엇보다 책 선정에 일정한 흐름을 찾기가 어렵다. 아주 전문적인 수준에 가 있는 책에서부터 사진과 감상적인 글 몇 줄로 이어져 있는 책에 이르기까지 그 스펙트럼이 넓다 못해 이 프로그램의 지향점을 잡기 어려울 정도이다. 초기의 신랄함이 회를 거듭하면서 점차 덕담 쪽의 비중이 높아지고 있고, 베스트셀러와의 친화성에서 떠나기 힘들어하는 것 등도 근본적으로 보면 프로그램의 정체성 문제에 가닿아 있는 것들이다. 과거의 상투적인 대담 형식을 뛰어넘었으나, <책, 책, 책을 읽읍시다>처럼 아예 대중을 상대로 한 캠페인으로 확 가버리지도 못하고, 그렇다고 격조만 찾는 것은 텔레비전이 해본 적 없는 불안한 방안이다.

역시 새로운 형식 시도는 어려운 일임에 틀림없지만, 시청자들로부터 전폭적인 지지를 얻고 있는 프로그램인 만큼 텔레비전 독서 토론의 전범을 정립해 가는 KBS 제작진의 역량을 지켜보기로 하자.

(월간에세이)

4) 인터뷰

<파워 인터뷰>, 인터뷰하기가 그렇게 송구스러운가

텔레비전에서는 많은 인터뷰 혹은 대담이 이루어진다. 인터뷰의 핵심은 당사자가 등장하고 그의 육성이 전달된다는 점이다. 이슈가 되고 있는 사안에 관하여 당사자에게 직접 질문을 하고 그의 증언 또는 해명을 시청자들이 직접 접할 수 있다. 따라서 인터뷰의 효용성은 답변자의 발언의 액면 그 자체에 머물지 않는다. 답변의 내용에 따라 보충 질문도 할 수 있고, 답변의 태도를 통해 부가적인 정보를 알아챌 수도 있다. 따라서 인터뷰 혹은 대담은 풍성한 말의 향연이라 할 수 있고, 그렇기 때문에 시청자를 대신한 질문자의 역할이 아주 중요하다.

그런데 바로 여기에서 한국 텔레비전의 빈약함이 다시 한 번 드러난다. 시청자들이 미처 생각하지 못한 정말 내밀한 진술까지 이끌어내기는커녕 시청자들이 궁금해 하는 그 가려운 곳조차 정확하게 긁어주지 못한 채 다만 덕담 나누기에 그치거나 심한 경우 발언자의 자기 변명이나 홍보 기회만 제공한 꼴이 되는 경우도 드물지 않다.

각종 연예 매거진 프로그램들을 보자. 외국 연예인들 인터뷰가 거의 필수적으로 들어있다. 이때 묻는 질문 목록들; 이번 작품에 대한 소개 말씀, 앞으로의 계획, 한국 여성들의 첫인상, 뭐 이런 것들이다. 마치면서 한국말로 내뱉는 프로그램명과 인사 한마디에 감지덕지해 하기도 하고. 그러니 외국 연예인들이 한국 리포터와의 인터뷰에는 아무런 준비를 하지 않는다는 얘기까지 들리는 것일 게다.

첫 회부터 화제의 오양 인터뷰를 내보내면서 목에 힘깨나 주었던 <섹

션 TV, 파워 통신>에서 화제의 인터뷰 2탄으로 자랑한 '조PD'의 경우를 보자. 통신공간에서 먼저 유명해진 뒤 음반을 발매한 이른바 얼굴 없는 가수 조PD 인터뷰에서 이 프로그램이 내세운 부분은 고작 그의 얼굴을 보여주었다는 것뿐이다. 조PD 음악팬들의 바램이 그의 얼굴을 보는 것뿐이라고 생각했던 것일까? "집요한 추적 끝에" 접근했다는 조PD의 작업실을 보여준 정도면 취재의 개가라고 자찬할 수 있는 건가? 사회적으로는 센세이션을 그리고 음악팬들에게는 매혹을 던져준 그의 음악 세계에 대해서는 정작 아무런 심층적인 대화도 나누지 않았다. 인터뷰의 궁핍함이여!

다음 <파워 인터뷰>. 이 글에서 지적하고 있는 텔레비전 인터뷰의 빈약함을 넘어서 보겠다는 의욕이 풍기는 제목이다. 그런데 내용은 영 그렇지 못하다. 오히려 이 프로그램을 보고 나면 그 제목에 있는 '파워'가 인터뷰를 수식하는 '강력한'이란 뜻으로 읽히지 않고, '권력자'로 읽힌다. '막강 인터뷰'가 아니라 '잘 나가는 사람들 인터뷰'로 달리 읽힌다는 말이다.

필자가 직접 참여했던 '김형곤'씨 편을 보자. 애초 출연 섭외를 받으면서 필자가 들었던 기획 의도는 김형곤씨의 코미디와 정계 진출 등에 대해 다각도로 비판을 가하겠다는 것이었다. 꽤 충분한 시간을 갖고 진행된 녹화에서는 부족하나마 의미 있다고 여겨지는 질문과 대답이 일부 있었다. 그런데 편집을 거치고 방송된 부분에서는 아뿔싸, 점프 컷을 감수하면서까지 김형곤씨의 자기 발언들은 꾸역꾸역 들어가 있었지만 질문 부분들은 거의 모두 잘려 나가고 없었다. 인터뷰는 사라지고 정계 진출의 변은 남은 것이다.

우리 텔레비전은 각종 인터뷰를 하면서 무척 송구스런 표정을 짓는다. 혹시 답변자의 기분을 상하게 하지는 않을까, 자기 홍보 기회를 충분히 제공하지 않았다고 불평을 듣지는 않을까, 답하기 곤란한 질문을 던진 것은 아닐까하는 그런 표정 말이다. 그것은 해도 그만 안 해도 그만인 질문은 아닐까, 다른 프로그램들에서 이미 다루어진 진부한 내용은 아닐까, 발전적인 대화를 이끌고 있는가, 시청자들의 알 권리를 제대로 대행하고 있는가를 고민하는 표정과는 거리가 멀어도 너무 멀다.

(뉴미디어 저널)

3. 교양

1) 국악

우리 방송의 국악 대접

이 글의 제목에서 '대접'이라는 말을 한 것이 차라리 '푸대접'으로 읽혀야 옳을 만큼 현재 우리방송에서 국악은 편성표의 주변지역으로 밀려나 있다. MBC TV <우리가락 한마당> (일요일 아침 6:30~7:00), AM 라디오 <좋은 아침 우리 가락> (일요일 아침 5:05~6:00) 등을 방송하고 있다. KBS의 사정은 조금 나아서, TV <국악춘추>는 목요일 밤 10시 45분부터 45분간 방송하고 있고, 제 1FM에서는 오후 5시 <흥겨운 한마당>과 새벽 0시 <국악의 향연>을 매일 방송하고 있다. AM의 경우 제2라디오에서 <우리가락 좋을시고> (일요일 아침 6시)를 방송하고 있다.

이렇게 두 방송국의 편성표를 볼 때 MBC에서 국악 프로그램은 민망하리만큼 변방지대로 밀려나 있을 뿐만 아니라, 그 시간 배정도 일요일 아침(차라리 새벽) 30분으로 제한돼 있다. KBS는 그런대로 들을 만한 시간대에 국악 프로그램이 배려되고 있지만, 그것도 FM채널을 2개 가지고 있다는 유리한 조건에 크게 힘입고 있는 것이고, AM의 사정은 문화방송에서의 푸대접과 크게 다를 바가 없다.

광고료 수입에 재정을 의존하고 있는 방송국은 시청률을 의식하지 않을 수 없고, 많은 시청자를 끌 수 없는 국악프로그램이 방송기회를 제한받는 것은 그런 측면에서 당연하다는 생각도 든다. 하지만 보고기능뿐만 아니라, 문화매체의 기능까지 갖고 있는 방송에서 국악을 외면한다면, 시청자들이 국악에 관심을 갖게 되는 동기는 그만큼 적어질 수밖에 없고, 그런 까닭에 어쩌면 현재 국악프로그램이 기본 시청률조차 올리지 못하는 데에는 방송도 그 책임의 한 가닥을 나누어 갖고 있다고 볼 수 있다.

이 글의 제목에서 '대접'이라는 말을 쓴 것은 이처럼 국악이 방송에서 푸대접을 받고 있는 사정을 드러내고자 한 역설적인 의도뿐만 아니라, 또 한편으로 우리에게 국악은 '대접'하고 '보호'해 주어야 비로소 살아남을 수 있는, 자생력을 상실한 문화형태인가라는 문제를 제기하고자 하는 의도 때문이기도 하다. 물론 국악이 현재까지 계승되고 있는 우리의 전통문화로서 소중하게 보호하고, 전수되어야 하는 것임에는 재론의 여지가 없다. 하지만 전통문화로서 국악이 가지는 잠재력은 결코 보존과 전수 대상에 머무는 것은 아닐 터이다. 차라리 필요한 것은 국악을 그와 같은 골동품 감상자의 태도에서 애지중지하는 것이기보다는, 국민정서의 원체험으로서 국악의 현대적 재생이고 새로운 생명력의 발굴이 아닐까 생각한다.

이런 각도에서 볼 때 MBC TV <우리가락 좋을시고>와 KBS TV <국악춘추>는 좋은 비교대상이 된다. 두 프로그램은 모두 국악 프로그램이 시청자들의 호응을 받지 못하고 있는 현재의 조건을 극복하려고 다양한 방식으로 노력을 하고 있는 점에서는 공통된다. 가령 <우리가락 좋을시고>에는 개그맨을 진행자로 내세움으로써 정적인 국악 프로그램이 빠른 템포에 익숙한 시청자들에게 따분함을 줄 수 있다는 단점을 보완하려 하고 있고, <국악춘추>도 역시 국악에 대한 전문지식이 부족하다는 한계에도 불구하고 전문 국악인이 아닌 일반 사회자에게 진행을 맡김으로써 국악 프로그램도 하나의 볼거리가 되게 하려는 배려를 하고 있다.

또 두 프로그램은 내용에 있어서도 전통 국악분야만을 고집하지 않고 양악이나 현대음악 혹은 대중음악과의 벽 허물기 노력도 보여준다. 서양식 창법의 가곡가수에게 '한 오백년' 같은 민요를 부르게 한다거나, 대중가요 가수에게 '개구리 타령' 같은 창작 국악동요를 부르게 하고, 국악기 반주에 맞춰 '꾸리기 행진곡' 같은, 서양음계에 따라 작곡된 동요를 들려준다거나 심지어 서양의 대중음악을 편곡하여 비틀즈의 '예스터데이'를 가야금으로, 루이암스트롱의 '원더풀 월드'를 해금으로 연주하는 등 그런 노력은 다양한 모습으로 나타나고 있다.

이렇게 낯익은 진행자를 내세우고, 더 대중적인 다른 음악분야와의 길트기를 시도하는 것이 국악 프로그램을 '구색 맞추기 프로그램'으로서가 아니라, '실제로 보는 프로그램'으로 만들려는 노력으로서 분명 의의 있는 시도임에도 불구하고, 그런 노력이 여기에 그친다면 국악 프로그램의 자생력을 중심으로 한 개선의 시도이기보다는 오히려 다른 음악분야의 인기에 편승한 국악의 기생을 결과하는 데 지나지 않을 것이다.

이런 의미에서 <우리가락 좋을시고>가 여전히 그런 한계에 머물고 있다면 <국악춘추>는 그에 비해 발전된 다양한 시도들을 보여 준다. 먼저 <국악춘추>는 방송 시간대나 양에 있어서 모두 '구색 맞추기'가 아닌 실제로 볼만한 프로그램이 되도록 그 배경을 마련해 주고 있다. 또, KBS 국악 관현악단과 국립 국악 관현악단에서부터 젊은 연주단체인 '어울림', '다스름' 등 실내악단에 이르기까지 풍부한 연주단체들을 섭외하는 능력을 보이고 있다. 그 덕에 이 프로그램에서는 꽤 긴 연주시간을 요구하는 산조나 국악 관현악, 창작 국악곡들을 제대로 소개할 수 있고, 서양음악이나 대중가요에 국악 반주를 제공함으로써 국악과 다른 음악분야 사이에 주객관계를 분명히 할 수 있다.

더욱이 <국악춘추>는 연주를 평면적으로 나열하지 않고, '졸업', '모내기', '가을' 등 매회 독특한 주제에 따라 연주곡을 선정하여 선율에 맞춰

구성된 영상을 함께 제시함으로써 참신한 서정을 전달해준다.

이와 같이 <국악춘추>는 여러 가지 새로운 시도들을 통해서 '국악'을 보존해야 하는 문화재라거나, 몇몇 사람들의 회고풍을 위안해 주기 위한 지나간 시절의 취향으로서가 아니라 새롭게 일고 있는 젊은 움직임으로 조명하고 있고, 국악의 현대화의 관건이 이처럼 그것이 가지고 있는 생명력을 재발견하는 것임을 확인시켜 준다.

이제는 생활방식이 바뀌었기 때문에 국악 혹은 전통음악을 수용하는 사회전반의 잠재적 기반이 이미 사라졌다는 비관론은 국악 프로그램을 제작할 때 가장 경계해야 하는 오류이다. <국악춘추>에서 보여주듯이 국악도 표현하기에 따라서는 충분히 현재적 정서를 대변하는 통로가 될 수 있다.

이렇게 볼 때, 국악 프로그램의 현대화는 국악을 '대접'해야 한다는 의무감이나 대중음악과 서양음악에 편승해서라도 대중화를 이루어야 한다는 강박관념에서 비롯된다기보다, 이 시대에 '국악'이 가지는 생명력의 발굴 그리고 국악에 대한 작으나마 강렬한 애정들을 한데 모아가서 시도에서 비롯된다고 할 수 있을 것이다. 국악 대접 하나만 보고도, 우리 방송이 공익의 이념과 문화매체로서의 자기구실을 얼마나 진지하게 고민하고 있는가를 평가할 수 있을 것이다.

(한국논단)

명인주의 대 대중주의, <국악 한마당>과 <식미 기픈 믈>

KBS <국악 한마당>

대중매체와 국악, 이것은 국악과 관련하여 요즘 필자의 생각을 붙들고 있는 주제이다. 벌써 6년 전 일이다. 장수봉 감독의 미니시리즈 <춤추는 가얏고>를 통해 국악의 존재 양식을 네 가지로 봤었는데, 지금 다시 생각하니 한 가지를 빠트렸다. 그 네 가지는 전통적인 도제 교육 방식, 제도권 교육을 통한 전수 및 소리의 악보화, 기생파티로의 전락, 대학 동아리 활동과 국악 강습소를 통한 국악인구의 저변확대와 현대적 계승의 노력 등이었다. 빠트린 한 가지는 국악과 대중매체의 관계다. 어째서 그것을 빠트렸을까. 그 드라마를 내보낸 텔레비전이 바로 대중매체인데. 국악의 현대적 계승과 저변 확대는 대중매체를 적극 활용함으로써 그 효과를 배가시킬 수 있을 것이다.

현재 텔레비전에는 국악 관련 프로그램이 두 개가 있다. KBS-1TV의 <국악 한마당> (목, 11:45)과 MBC의 <식미 기픈 믈> (화, 11:50)이다. 이 둘은 국악의 '존재 양식'과 'TV 속 존재 양식'의 두 가지 유형을 각각 보여준다. 하나는 원형의 보존이고, 다른 하나는 시대 변화에의 적응이다.

원형의 보존이라고 했는데 사실 <국악 한마당>의 단아한 풍모는 쉽게 얻어진 형식이 아니다. 지난 20여년 동안 텔레비전 국악 프로그램의 전개 양상을 보면 대중성 확보의 강박관념 때문에 프로그램 형식상의 혼란의 연속이었다고 해도 지나치지 않다. 그 결과 대중성을 얻지 못함은 물론이고 소리마저 잃었다.

그러다가 90년에 <국악춘추>가 시작되면서 국악 프로그램이 연주회 분위기의 품격과 서정적인 영상 연출이 결합된 모습을 보였고, <국악 한마당>은 그 연장선 위에 있으면서 명인의 연주 쪽에 강조점을 조금 더 둔다. 그래서 <국악 한마당>의 성격을 한 마디로 정의하는 것을 허락한다면, '명인주의'라 부르고 싶다. 그것은 연주자들이 명인들이라서 그렇기도 하고, 또 이 프로그램의 진정한 주인공이랄 수 있는 그 소리들이 '명음'이기 때문이기도 하다. 해금이나 가야금의 정제된 소리는 공간을 도저하게 가른다. 텔레비전과 나의 시청 공간은 그 소리의 울림에 따라 크게 혹은 가늘게 떨리다 여운을 맞이한다. 그리고 이금희 아나운서의 목소리가 그 여운을 받는다. 참으로 즐거운 소리의 체험이다. 자, 원음의 보존, 이 얼마나 소중한 일인가.

<식미 기픈 믈>은 그에 견주어 대중주의의 모색이라 부를 수 있다. 그를 위해 채택하고 있는 방법들로는 대중가요 가수의 적극적인 활용과 관객과 연주자 사이의 교감의 극대화이다. 주병선이나 육각수처럼 국악풍 가요를 히트시킨 가수들은 물론이고, 원미연이니 민해경 같은 가수들도 굳이 자기 노래를 피하지 않는다. 하지만 그 가요를 국악기 중심으로 편성된 반주로 감싸 안음으로써 이 또한 우리 소리의 현주소를 찾는 작업으로 보게 한다. 또 판소리 한 대목을 방청객에게 강습하는 시도도 조금 더 적극적으로 할 필요는 있지만 일단 재미있는 시도로 여겨진다. 이렇게 현장에서의 어울림을 중시해서 이 프로그램의 소리들은 공간을 꽉 채우는 느낌을 준다.

이 두 프로그램은 국악이 대중매체와의 만남을 분명하게 인식하고 있음을 보여주는 것 같아서 일단 반갑지만, 조금 더 적극적인 매체 활용

방안을 모색했으면 하는 아쉬움도 남긴다. 가령 대중가요와 국악기의 결합에 대해 한 가지 제언을 하고 싶다. 가수들은 역시 무대 분위기를 활성화시키는 능력이 출중하다. 하지만 그렇게 잘 놀아준다고 해도 때로는 국악기와 가요 사이의 호흡 차이로 인해, 반주 소리는 너무 숨가쁘게 들리는 반면 가수의 노래는 조금 허전하게 들리는 수가 있다. 그래서 악기마다 소리의 특성에 맞춰 가요 선정에 더 좀 노력해달라는 거다. 이를테면 소금이 그 뒷소리를 울려줌으로 해서 박학기의 아름다운 고음이 더 빛난 경우를 강조하고 싶다. 그 연주는 대중들 속에 묻혀있던 정서를 한 올 한 올 풀어내는 형태로 국악기와 대중가요가 만날 수 있음을 잘 보여주었다.

또, 텔레비전의 특성을 살려 연주와 함께 거기에 어울리는 영상, 꼭 풍경화에 국한시킬 것이 아니라 드라마나 영화의 장면들을 보여준다면 국악 뮤직 비디오가 되지 않겠는가. 대중매체의 특성과 국악이 어우러지는 지점들을 찾는 노력 속에 국악의 생명력이 더 길러지리라고 본다.

(TV 저널)

2) 문화

사라진 것들과의 또 한 번의 스침, <시간 속 향기>

KBS <시간 속 향기>

이 프로그램과의 만남은 필연적으로 우연하다. 화요일 새벽 1시에 편성되어 있으니 월요일 밤 늦게까지 깨어 있어야 하고, 그때 마침 텔레비전을 켜놓아야 비로소 만날 수 있기 때문이다. 그런데 이게 사실은 재방송이다. 그렇다면 본 방송은 사정이 좀 낫지 않을까? 본 방송은 KBS 위성 방송인 KBS KOREA에서 목요일 새벽 1시에 한다. (하하!) 공중파 채널의 재방송이 아니라면 그나마 이 프로그램과 마주칠 가능성이 더 적을 것 같다. 그래서 이 프로그램의 인터넷 게시판을 보면 모두들 그 만남 자체의 놀라움에 대해 적고 있다. "이런 프로그램이 있었다니",

"늦은 밤 우연히 켠 TV에서 " 등등….

<정미정의 시간 속 향기>는 70~80년대의 유행가들을 TV화면으로 다시 보여주는 프로그램이다. 쉽게 말해서 '추억 장사'를 하는 셈이다. 이 프로그램의 고유성과 가치는 그 '추억 장사'의 철저함에서 비롯된다. 무슨 말이냐 하면 <정미정의 시간 속 향기>의 내용물들이 어떤 역사적 의미나 음악적 가치 같은 거창한 명분을 갖고 재발굴되는 것들이 아니라, 오로지 대중들 개개인의 추억이 거기에 투사되어 있기 때문에 비로소 상품성을 갖는 것들이라는 말이다.

가령 70년대 가요계의 새로운 흐름을 만든 통기타 가수들은 당대의 문화적 흐름을 대표하였고, 거기에는 사회와 정치 상황이 맞물려 있어서 사회는 아직도 그 가수들과 노래를 한 무더기로 기억해준다. 80년대 조용필 등 몇몇 가수들은 밀리언셀러로서 아직 그 위광이 살아있다. 그런데 당시 인기 가수들이 지금도 기억되고 있는 그 몇몇뿐이었겠나? 한 해에 수십, 수백 명의 가수들이 방송 테이프에 자기 모습을 담아왔을 터인데, 세월이 30년 쯤 흐르면서 그들 대부분은 가수로서는 이 세상에서 사라져버렸다.

한때 중심이었으나 점차 주변으로 밀려나고 그 뒤 영영 자취를 감춰버리는 그것이 바로 대중문화(물들)의 운명이다. 대부분의 대중가요들은 그때마다의 상품 생산 메커니즘에 가장 깊숙하게 종속되어 있어서 대량생산과 소비의 대상이었고, 역사성은 커녕 음악성도 특별히 높게 평가받지 못했고, 마니아 수용자를 두고 있지도 못해서 소수 집단 안에서라도 기념되지 못하는, 그리하여 그런 가수와 노래가 있었다는 것을 공공연하게 언급할 가치조차 부여받지 못한 싸구려 소모품으로 치부될 뿐이었다. 그런데 그런 노래들을 주로 다시 보여주는 <정미정의 시간 속 향기>는 우연하게 그 프로그램과 만난 시청자로 하여금 일종의 마니아가

되게 하는 매력을 발휘하고 있다.

그 힘은 어디서 연유하는 것일까? 바로 대중문화의 추억이 가지는 힘이다. 한창 감수성을 키워가던 시절 대중들은 텔레비전 속에서 매혹의 대상을 만났고, 그 시절 개인사의 몇 장면을 그 대상들에 투사시켜 놓았다. 오랜 시간이 흐르고, 각자의 몸속 어딘가에 아로새겨져 있던 추억들이 그 단서가 될 텔레비전 속 대중가요와 함께 다시 따라 나오는 경험을 지금 <정미정의 시간 속 향기>시청자들이 하고 있는 것이다. 여기서 우리는 대중문화가 고급문화에게 가져온 콤플렉스를 넘어서는 역사적 순간을 보게 된다.

(월간에세이)

<TV 문화기행> 상식의 빈자리를 채워주는 영상 여행

<TV 문화기행>은 즐겁게 시청할 수 있는 좋은 프로그램이다. 그렇게 된 데에는 몇 가지 역설적인 요인들이 작용하고 있다. 첫 번째 역설적 요인은 방송 시간대이다. 이해를 위해 KBS 가을 개편 관련 토론회의 한 장면을 참고해 보자.

외부참석자 : <TV 문화기행>처럼 좋은 교양프로들을 프라임 타임에 방송하면 어떤가?

내부연구원 : 늦게 귀가해도 볼 수 있다는 점에서 개인적으로는 지금 시간대도 좋다.

이 장면에 등장한 외부참석자는 프라임 타임 대에 연예오락물 일색으로 편성된 상황을 비판하는 것이어서 큰 뜻에서는 옳은 문제의식이라

할 수 있다. 하지만 차라리 늦은 밤 시간으로 밀려나 있음으로 해서 더 빛을 발하는 프로그램도 있다. 가령 11시대에 방송되는 <이소라의 프로포즈>가 인기를 끈다고 해서 10시로 옮겨가게 되면, 차분한 감상과 잔잔한 토크에서 얻을 수 있는 즐거움을 많이 포기해야 한다. <TV 문화기행>의 경우도 같은 이치로 생각할 수 있다. 날을 넘겨 새벽 12시 10분에 편성되어 있다면 실로 변방 중의 변방으로 밀려난 시간대이지만, 그렇기 때문에 오히려 다른 방해 없이 차분하게 프로그램에만 몰입할 수 있다는 역설이 성립한다.

두 번째 역설적 요인은 적은 제작비이다. 해외 제작물로서 <TV 문화기행>은 아주 적은 제작비를 사용하는 것으로 알려져 있는데, 그것은 1인 제작 체제를 취한 덕이다. 일반적으로 PD는 지휘자에 비유되지만, 이 프로그램의 경우 기획, 구성, 촬영, 편집 등 작곡가와 연주자의 역할까지 상당 부분 맡게 되어 있다. 이처럼 일련의 작업을 한 명의 PD가 통일된 관점에서 직접 수행함으로써 그는 작가적 위상을 갖게 된다. 하지만 이는 적은 제작비에서 프로그램의 최적화를 이루어냈다는 뜻이지 돈을 적게 들였기 때문에 더 좋아졌다는 말은 아니다.

<TV 문화기행>이 시청의 즐거움을 주는 프로그램이라고 한 뜻은 그동안 누구나 알고 있다고 여겨왔으되 기실 따지고 들어가 보면 알맹이를 갖고 있지 못하던 상식의 빈자리를 이 프로그램이 채워준다는데 있다. 그래서 이 프로그램은 시청자에게 익숙함과 새로움을 동시에 만족시켜 준다. 하지만 거기까지이다. 제작비가 적기 때문에 문화 '기행'이라고 해도 사실상 제작의 중심은 국내이고 외국출장은 그림과 현장성의 보완 정도에 머물 수밖에 없다. 따라서 그 소재는 국내에 널리 알려져 있는 대상에 치중하게 되고, 재활용할 수 있는 기성의 영상물이 많아야 한다. <TV 문화기행>을 보면서 소재와 관련된 극영화의 장면들이 어떤

경우 꽤 비중 높게 사용되는데 그런 저간의 사정을 떠올리면서 미소 짓게 된다.

그래서 <TV 문화기행>은 익숙한 대상에 대해 아는 줄 알았는데 막상 구체적으로는 떠올리지 못하던 내용을 아주 잘 정돈된 형태로 새로 알게 된다는, 이를테면 절판되었다가 새로운 장정을 하고 등장한 교양서적을 접할 때의 산뜻한 즐거움은 주지만, 새로운 대상과 관점, 더 해박하고 심층적인 지식과는 격을 같이 하지 않는다.

KBS 인터넷 홈페이지에 올라있는 최근 스무 편의 목록을 보니 시청하고 나서 '교양'이 되어 몸 여기 저기 스며들어 있던 열편의 내용과 시청 당시의 감흥이 다시 살아나는 걸 느낄 수 있었다. 날아가는 듯한 스트라디바리와 긁어대는 과리넬리의 소리를 비교해 듣던 그 새벽, 디에고 리베라의 열정, '네루다여 영원하라'는 장의행렬의 외침이 주던 뜨거운 그 무엇, 도시 전체를 명작의 고향으로 살려낸 조이스의 더블린, 그리고 '이걸 왜 못 봤을까'하는 자책에 머릴 쥐어뜯게 만든 나딘 고디머와 호세 마르티 등 그 제작 목록을 보게 되면 <TV 문화 기행>의 교양의 지향이 그저 '쇼팽의 연인들' 수준에 머물고 있지 않음을 금세 알 수 있다. 즉 분단시대에 나타날 수밖에 없는 한 징후인 사상과 교양의 편향성을 극복하고자 하는 제작진의 숙고와 노력이 느껴진다. 특히 그동안 보여 왔던 단편적인 아이템의 완결을 넘어 하나의 소재를 다각도로 조명하는 '선' 3부작과 같은 시도는 앞서 나열한 소재의 다양화 경향과 더불어 <TV 문화기행>의 지향점을 짐작하게 하면서 기대를 갖게 만든다.

그래서 제안하는데 <TV 문화기행>이 보여준 이런 노력이 질적인 성취로 이어질 수 있도록 다만 '안전판'으로 가는데 머물지 말고 더욱 과감한 기회를 수용하면 좋겠다. 가령 태국하면 떠오르는 민속 무용은 텔레비전 화면에 상투적으로 등장하는 그림이지만, 그 무용수들의 '삶'을 조명한다면 그것은 새로운 시도일 수 있다. 또, 장기간 바다를 항해하는 항공모함 같은 폐쇄된 공간에서 이루어지는 병영 문화라든가, 난민촌 같은 자연 발생적 공간 구성의 특징, '칼'이나 '길' 과 같은 단일한 대상을 풍부한 상상력을 동원하여 다면적으로 조망하는 시도 등 유형의 문화재와 예술작품에 국한하지 말고 현재도 살아있는 무형의 것으로 문화 개념을 확장시키면 어떨까. 그러기 위해서는 제작 과정의 최종 단계로서의 해외 출장이 아니라 기획과 자료 조사 단계에서부터 작업 방식의 융통성이 기해져야 할 것 같다. 저예산으로 이만큼 만들면 되지 않느냐는 인식보다는, 그런 상황에서 어떤 가능성을 보여준 제작진에게 더 많은 자원을 배분해야 한다는 판단도 자연스러운 상식 아닐까.

(PD 연합회보)

<세계 음식문화 기행> 사회문화의 맛도 함께 내길

명승고적이나 자연 경관을 구경하는 것 이상으로 지역 특유의 먹을거리 맛을 보는 것은 여행이나 관광의 즐거움 가운데 빼놓을 수 없는 부분이다. 오죽하면 '먹자여행'이라는 말까지 나왔으랴. 해외 패키지 관광을 다녀보면 우리의 여행문화에 대해 생각되는 바가 많다. 특히 먹을 것과 관련해서 더 그렇다. 여행사에서는 한식을 하루 한 끼 이상 배려하고 있음을 특히 생색내고, 현지 안내인들은 현지식을 먹고 난 다음이면 의례히 "식사가 입맛에 좀 안 맞으셨죠"하고 안부를 묻는다. 배려의 심정이야 이해되지 않는바 아니지만 먹을 것과 관련한 일종의 편견이 꽤 뿌리 깊다는 느낌이 들었다. 관광을 통해 한 지역의 문화적 특성을 체험하는데 주로 눈이 동원되지만 어쩌면 먹을 것들이 나의 몸속으로 들어옴으로써 비로소 그 이국 문화 체험이 구체화되는 게 아닐까. 입맛에 맞으면 맞는 대로, 맞지 않으면 또 그것대로 말이다.

제일기획에서 제작해서 MBC에서 특별기획으로 편성한 <세계음식문화기행>은 그런 측면에서 다른 기행 프로그램에 비해 좀 더 복합적인 문화 소개 형식을 띤다고 말할 수 있다. 세계 각국의 독특한 음식에 초점을 맞추고 있지만 먹을거리란 외따로 떨어져 존재하는 것이 아니라 그 고장의 풍토와 섭생이 한데 어울려 이룩된 것이라는 점에서, 음식은 문화 기행을 풀어내는 좋은 매개체가 되기 때문이다. 이 프로그램에서 먹을거리를 조명하는 관점 또한 그렇다. 이 고장에는 이런 저런 먹을거리들이 '있다'에 머물지 않고, 그 먹을거리들이 제조되고 또 섭취되는 양식으로 관심의 폭을 더 넓혀 나간다. 그래서 이 프로그램을 보고 있자면 소개되는 음식들이 먹고 싶어지는 것은 더 말할 나위 없고, 더 나가 그런 음식들을 먹고사는 그 삶도 살아보고 싶어진다. 내 경우에는 스페인 편에서 특히 그런 기분이 많이 들었다. 소 뒷다리를 소금에 절인 하몽을 안주 삼아 술 한 잔 하고 싶은 마음이 들기도 했고, 오징어 먹물로 끓인 해물탕, 각종 재료에 쌀을 넣어 끓인 이를테면 잡탕밥 같은 것도 먹고 싶었고, 무엇보다도 늦은 저녁 식사를 마친 뒤 헤어지기를 주저하며 문 밖에서 몇 시간이고 정담을 나누는 그 삶을 누려보고 싶어졌다.

하지만 이 프로그램의 소재가 그렇게 매력적인 만큼 시청하면서 느껴지는 아쉬움 또한 유별나다면 유별나다. 지역별 먹을거리의 특수성을 강조해야 한다는 강박적 경향이 느껴질 때 특히 그렇다. 가령 호주와 뉴질랜드 편에서 그랬는데, 이 두 나라의 백인 문화는 지리적 거리에도 불구하고 아직은 영국과 다른 점을 찾기 어려운 듯했다. 주로 먹는 음식이 육류 바베큐 아니면 소시지였다. 필시 그런 까닭에서였을 텐데 제작진의 당혹스런 심정이 내레이션 대본에서 진하게 전해져왔다. "음식

자체의 특성보다는 그것을 즐기는 환경에서 호주의 특성을 찾을 수 있다"는 해석이 반복된 데에서 그런 느낌을 받았다. 차라리 호주 사람들의 간편한 점심 식사 방식이 그들의 개척의 역사와 관련이 있지 않은가 하고 추정한 부분을 거기에 머물지 말고 좀 더 구체적으로 취재해 하나의 사실로 설명해주었으면 어땠을까 싶다. 즉, 음식문화가 그 지역의 자연환경의 특성에 기인한 측면 뿐 아니라 사회적(역사적) 배경도 함께 알려주었으면 하는 바람이다. 가령 프랑스 고급 레스토랑의 자랑거리라는 요리는 송로버섯과 거위의 간 같은 고급 재료를 사용하던데, 그것이 프랑스 먹을거리 문화를 대표하는 음식은 아닐 것이다. 프랑스 사람이라고 해서 누구나 그런 음식을 접할 수 있는 것도 아니지 않겠는가. 물론 그런 고급한 조리 수준을 알면 그 지역의 문화를 이해하는데 도움이 되는 것은 사실이다. 단, 거기에 먹을 것과 사회적 구분(경제적 문화적 계층 구분) 사이의 관계를 좀 더 분명하게 덧붙여 설명할 때 그런 고급 음식도 문화적 특성을 보여주는 주요한 상징이 될 수 있을 것이다. 음식문화기행이 물론 문화인류학적 보고서가 되어야 한다는 주문은 아니지만 적어도 식도락 여행을 부추기는 무분별한 프로라는 식의 단편적 오해를 받는 것 또한 바람직한 일은 아니기 때문이다.

(TV 저널)

<러시아 리포트>

바이칼호를 배경으로 필자

텔레비전에서 옛 소련의 모습을 보는 것은 이제 낯설지 않다. MBC에서 방영된 <러시아 동구의 문학과 예술>이 환영을 받았고, 영국의 시각에서 옛 소련의 역사를 다룬 <붉은 제국>이 시청자에게 무리 없이 수용되기도 했다. 분명 이제까지는 소련의 겉모습을 보면서 낯을 익히는 일이 시급했는지도 모른다. 그렇다면 이제 그 겉모습을 볼 만큼 본 옛 소련지역을 다시 찾아가는 뜻은 어디에 있을까? MBC TV에서 지난주 수요일에 방영한 기획 다큐멘터리 <희망과 좌절의 땅, 러시아 리포트>(연출 김상균)는 바로 이런 궁금증에 하나의 대답이 될 만한 프로그램이었다.

이 프로그램은 해외취재물로서는 비교적 간결한 구성을 띠고 있었다. 교사와 학생 등 문화·학술 탐방자들과 동행한 제작진은 그들의 여정을 따라가며 러시아를 화면에 담고 있는데, 그 여정이 하나의 줄거리를 갖게 만들었다. 하바로프스크에서의 첫인상과 시베리아 횡단열차 안에서의 승객인터뷰는 외신보도와 사뭇 다른 평온함과 개혁정책의 앞날이 썩 확신적이지 않은 불안함을 동시에 전달했다. 이르쿠츠크와 알마아타, 페체르부르크에서는 데카브리스트의 개혁의지와 10월 혁명 그리고 그 정신의 변질과 왜곡을 정리했고, 한인들을 통해 서민들이 몸소 겪고 있는 민족분규 문제를 다루었다. 그리고 91년의 군부 쿠데타를 막아낸 모스크바 시민들을 통해 러시아의 미래가 그들 스스로 선택한 역사이기 때문에 희망을 갖고 있음을 결론으로 제시했다.

이렇게 혁명의 희망과 좌절, 그리고 다시 일어서는 시민들의 새로운 희망이라는 주제를 세움으로써 이 프로그램은 그저 관광객의 눈으로 그린 기행문 수준을 뛰어넘고 있다. 또, 생필품 부족 현상이나 관료제의 병폐 등 구악에 대한 은연중의 비난이 옛 소련을 조명하는 프로그램들의 보편적 정서였던 데 반해, 이 프로그램은 그들의 새 출발에 초점을 맞춤으로써 기존의 고정관념에 빠지지 않았다.

하지만 50분에 다 담기에 그 주제는 너무나 무거워 보였고, 또 한인들 취재에 큰 무게가 실린 것이 이 프로그램의 의미를 한 곳으로 모으는 데 방해가 됐다. 그래서 결국 이 프로그램은 어떤 연속물의 서론에 머문 것 같은 아쉬움을 남겼다. 그런 아쉬움은 있었지만 <러시아 리포트>는 해외취재 다큐멘터리가 피상적인 관찰에 머물지 않고 일정한 메시지를 전달할 수 있음을 보여주었다는 점에서 하나의 모범적 사례가 되리라고 생각한다.

특히 해설자의 음성이 시작되는 화면 속 오토바이의 엔진소리, 바이칼호의 빙원과 검게 출렁이는 물의 대비, 막 결혼식을 마친 신혼부부의 모습을 주제와 연결시키는 등 성의 있는 제작 솜씨가 덧붙여져 다큐멘터리도 보는 재미를 줄 수 있음을 깨우쳐준 것도 이 프로그램이 거둔 수확이다.

(한겨레신문)

3) 역사

<역사의 라이벌> 대중의 법정에 선 영웅이야기

KBS<역사의 라이벌>

<역사의 라이벌>이 새로 시작했을 무렵의 시청소감은 썩 유쾌하지 못했다. 지금 시대가 어느 시대인데 아직도 영웅 숭배 프로그램을 기획하는가 하는 생각 때문이었다. 이런 혐의는 92년에서 93년에 이르는 약 1년 동안 막대한 제작비를 들여 같은 방송사에서 내보냈던 드라마 <삼국기>의 실패를 이미 겪은 뒤라서 갖게 되었던 것인데, 한편 한편을 시청해가면서 생각을 바꿔 먹게 되었다. <삼국기>가 촛점을 한참 잘못 잡은 영웅주의 드라마였던 반면, <역사의 라이벌>은 오히려 그 영웅들을 대중의 법정에 세움으로써 영웅시대를 복원하는 중심에 현대의 대중들을 상정하고 있다.

이 법정에서 이성계와 최영, 대원군과 민비 등 동시대를 살면서 서로 상반된 정책을 편 각 영웅들은 자신의 판단과 행동의 정당성 혹은 불가피성과 그 의중을 시청자들에게 설득하고자 애쓴다. 영웅의 판단이니 믿고(혹은 믿기지 않더라도) 무조건 따라야 한다는 영웅중심주의의 관점이 아니라, 이들도 결국 자신이 기반하고 있는 집단의 세계관과 이해관계 속에서 움직인 인물들로 보고 있는 것이다.

더 나가 이 프로그램은 그동안 고정관념의 틀 속에 갇혀있던 인물들을 마찬가지 구도 속에서 재해석한다. 이순신과 원균, 장희빈과 윤비 등이 그 대표적인 경우이다. 흔히 이 인물들은 선악의 이분법 속에서 해석되어 온 것이 사실이다. 이순신을 주인공으로 하는 위인전 속에서 원균은 모략을 일삼는 악역으로 묘사되고, 장희빈은 '악녀'가 풍기는 매혹성에 촛점이 맞춰진 반면 윤비는 그 악녀에 의해 고초를 겪는 피해자로 설정되어 왔었다. 하지만 이 프로그램은 그런 고정관념을 뛰어넘어 성숙한 해석의 자세를 유지한다. 물론 이순신이나 윤비의 명예를 훼손하지는 않으면서, 원균의 명예를 회복시키고 있고, 장희빈 역시 당시의 권력 구도 속에서 다만 패배 세력의 대변자 역할을 맡았던 연유로 인해 악녀로 묘사된 것으로 본다.

이처럼 역사를 라이벌 관계에 있던 두 인물을 통해 재조명함으로써 이 프로그램은 두 인물에 머물지 않고 당시의 국제적 국내적 사회관계로 관심의 폭을 넓히고 있고, 그래서 지금까지 단편적으로 알아온 역사가 현실정치의 승자의 관점에서 정립된 것일 수 있음을 깨닫게 해준다. 최근 어떤 광고는 역사가 일등만을 기억한다고 외치고 있지만, 일등만 기억하는 역사는 현실의 중요한 일면을 훼손시키는 왜곡이나 다름없다. <역사의 라이벌>을 보면서 역사를 조금이나마 낙관할 수 있는 것은 비록 지금까지 공식적으로 기록된 역사가 승자의 관점을 취하고 있다 해도, 역사를 살고 있는 대중의 기억 속에서 패자의 관점 또한 잊혀지지 않았음을 확인하게 되기 때문이다. 그리고 더 나가 우리가 지금 살고 있는 이 현실을 대중들이 자기 나름의 시선으로 주시하고 있음 또한 알려주기 때문이다.

비록 이 프로그램은 몇 백 년 전 이야기를 다루고 있지만, 시청자들은 그 과거의 라이벌 이야기 위에 현재의 라이벌들로 대변되고 있는 자기 이야기를 덧씌워서 보고 있는지도 모른다. 그런 의미에서 보자면 역사는 어쩌면 영웅과 대중 간의 라이벌 관계 속에 진행되어 온 것인지도 모른다. 그런 측면에서 이 프로그램은 대중이 결국 승자임을, 현실을 주시하고 있고 또 기억하는 그 수많은 보통사람들이 주인공임을 드러내준다.

(뉴스메이커)

드라마다큐 <임진왜란>

KBS <임진왜란>

KBS 1TV의 몇몇 프로그램들은 보는 사람에게 따뜻한 느낌을 준다. 하지만 채널 전체에 대한 인상은 대체로 따분하다는 것이다. 프로그램 하나하나는 그 품질의 우수성을 인정할 만하지만 KBS 1TV를 통해 방송되면 썩 친근하게 다가가기 어려운 면이 있기 때문이다. 그런 민심은 KBS 1TV에서 다음회가 기다려지는 프로그램이 없다는 말로 달리 표현할 수도 있다.

그런데 신기한 것은 아주 우연히 만난 KBS의 프로그램들이 때때로 시선을 꽉 잡아두는 바람에 일주일을 기다렸던 MBC의 드라마를 보지 못하고 깜빡 지나치는 사고가 발생하기도 한다는 점이다. 임란 400주년을 맞아 제작했다는 KBS 1TV의 <임진왜란> (연출 임기준)의 시청도 마찬가지로 그런 과정을 밟았다. 그 프로와의 우연한 만남과 내용 속으로 몰입, 하지만 스테이션 이미지 때문에 개별 프로그램을 흔쾌히 받아들이지 못하는 서먹서먹함 말이다.

<임진왜란>은 약 3백 60분 분량의 다큐멘터리였는데 그 긴 시간이 하나도 지루하지 않을 만큼 재미있으면서도 감정에 휩쓸리지 않는 안정감을 주었다. 물론 그동안 몰랐던 여러 가지 사실들을 새로 정리해 준 점과 더 설득력 있는 역사해석까지 포함해서 말이다.

이 프로의 가장 큰 특징은 다큐멘터리와 역사 드라마를 혼합시킨 이른바 드라마 다큐멘터리라는 형식이다. 이런 방식은 유물에 의존할 수 있을 뿐, 현실에 접근할 수 없는 역사 다큐멘터리의 약점을 극복하기 위해 고안된 것이다. 그 효과는 독특한 분위기를 자아낸다. 짐짓 지루해지기 쉬운 다큐멘터리의 평면적인 진행에 흥밋거리로서 드라마의 요소를 삽입한 데 머물지 않고, 그 드라마 속에 리포터를 등장시켰기 때문이다.

그래서 시청자들은 <임진왜란>을 세 개의 층위로 경험하게 된다. 첫째, 드라마 형식을 통해서는 현장 상황에 몰입해서 시청하게 된다. 이 층위에서 시청자들은 그들이 동일시하는 화면 속 상황이 다만 기호일 뿐임을 잊는다. 둘째, 전통적인 다큐멘터리 형식을 통해서는 그 현장으로부터 완전히 빠져나와 객관적인 입장에서 그것을 대상화하게 된다. 이때 시청자들은 임란을 하나의 명료한 기호로서 인식한다. 셋째, 시청자들은 임란이라는 기호 속으로 들어가기도 하고 밖으로 나오기도 하는 움직임을 경험한다. 기호 속으로의 들어감은 화면을 감싸 안은 성우의 내레이션과 그 내레이션이 끝나면서 화면 속으로 다가가는 카메라의 움직임을 통해서 인도된다. 기호로부터의 나옴은 리포터(신승수 감독)에 의해 대행된다. 물위에 떠있는 판옥선과 거북선을 리포터가 양손으로 몰고 오는 장면이 그 대표적인 예이다.

바로 이런 리포터의 역할 설정이 독특한 분위기를 조성한다. 백의종군 당시 삿갓을 쓰고 농사를 짓는 이순신 근처에서 함께 밭을 매던 농부가 돌연 카메라 쪽으로 돌아서면서 그 상황을 설명하는데 그가 바로 리포터다. 화면 바깥에서 공식적인 말투로 하는 내레이션이 차갑게 상황을 정리한다면, 리포터는 그 분위기를 사뭇 따뜻하게 만든다. 그는 기호의 안과 밖을 순발력 있게 넘나들면서 시청자들로 하여금 기호 속으로 자연스럽게 동화되도록 하기 때문이다. 기호 속으로의 동화, 그것은 해석의 의존이고, 그렇게 누구에게 기댄다는 것은 그의 따뜻한 체온을 나누어 갖는 것 아닌가.

그런데 그런 따뜻함 사이로 문득문득 냉기가 솟아오르기도 했다. 임란의 의미를 되새기는 것이야 바람직한 일이지만 그것이 강군 양성 쪽으로 치우치고 있지는 않은지, 이순신 장군은 민족의 영웅이지만 그를 지나치게 신격화한 70년대의 정치적 의도의 불순함 등이 떠올랐기 때문이다. <임진왜란>에서 받은 좋은 인상에 손상을 입히지 않기 위해 필자는 그런 의심도 다 채널 9의 원죄 탓이라고 생각하기로 했다.

(TV 저널)

광복절 특집

올해의 광복절 프로그램들은 예년에 비해 그 양이 엄청나게 많았다. 다른 해 같으면 비평 대상으로 네댓 편 가량이 꼽혔을 텐데, 올해는 그 정도로는 어림도 없다. 13일에서 15일까지 사흘 동안만 쳐도 '광복절 특집'이라는 이름을 달고 나온 프로그램들 그리고 광복과 직간접적으로 연관하여 기획된 프로그램들이 줄잡아 50편이 넘는다. 게다가 그 한편 한편이 2부작 이상의 연속물인 경우가 태반이고, 시간도 웬만하면 2-3시간씩 넉넉하게 차지하고 있어서 실제 그 분량은 편수로 측량되는 것 이상이었다.

다행인지 불행인지 필자는 아버지의 입원실에서 그 사흘을 텔레비전과 함께 지내게 되었고, 이리 저리 채널을 옮겨 가면서 그 특집 프로그램들을 부분적으로 나마 대충 섭렵할 수 있었다.

그 감상을 통해 볼 때 올해의 광복절 프로그램들에는 몇 가지 특징적인 변화가 느껴졌다. 즉, 광복을 일면적이기 보다는 다면적으로 접근하고 있었다. 그것이 50주년을 기해 의도적으로 대량 편성한 결과라고 해도 어쨌든 이 점은 분명 텔레비전에서 우리 현대사를 수용하는 태도에 변화가 있음을 나타낸다. 예년과 다른 그 차이의 양상을 유형화 해보면 이렇다.

첫째, 광복을 기점으로 한 50년 세월을 회고조로 정리하고 있다. 물론 이 부류 속에는 <광복 50주년 영상실록> 같은 야심 찬 기획물도 들어있고, 객관적 상황과 주관적 체험을 접맥시킨 <1945년생> 같은 의미 깊은 시도도 있었지만, 대체로 역사의 기록 보다는 지나간 세월에 대한 기억 쪽에 비중을 많이 두고 있다.

이런 특징은 특히 '풍속사' 혹은 '생활사'에 초점을 맞춘 프로그램들에서 더 두드러지게 나타났다. 그 대표 격인 <광복 50주년, 우리살림 50년>과 <해방 50년 풍속 50년>은 사실 기존의 광복절 프로그램을 염두에 둘 때 아주 새로운 착상이지만 프로그램의 성격 자체로서는 꼭 그렇지도 않다. 최근 들어 부쩍 늘어난 이런 부류의 '향수' 정서를 자극하는 프로그램들이 이미 길을 닦아 놓은 뒤가 아닌가. 광복 이후의 역사를 정치사의 측면에서 뿐만 아니라 사회사의 측면으로 관심의 폭을 확대시킨 공은 인정되지만, 그 주조가 회고조인 것은 현재와의 단절을 전제로 한다는 점에서 동의하기 어렵다.

그렇다면 어떤 단절을 원하고 있는가? 그것은 '인물지' 프로그램들에서 발견할 수 있다. 그리고 이 점이 올해 광복절 프로그램의 두 번째 특징이다. <세계를 빛낸 한국인들>, <시대의 영웅들>, <한국 최고>, <세계를 빛낸 한국 음악인 대향연>, <백남준의 8월> 등인데, 이 프로그램들은 아픔의 기억보다는 번영의 확인을 더 욕망하고 있다. 자기 분야에서 세계적인 인물로 성장한 이 사람들이 지난 50년의 현대사의 맥락 속에서 해석되지 않은 채 다만 그 결과적인 성공이 예찬될 뿐이었다. 말하자면 이들은 지난 50년을 회고할 때 기억에서 지울 수 없는 정치사의 왜곡된 진행과 대비되어 그 그늘을 보상해줄 상징으로서만 채택된 셈이다.

셋째, 올해도 변하지 않은 부분인데, 아픔은 언제나 일본 탓이고, 특히 올해는 그 희생자로서 재일교포에 주목하고 있다. <재일동포>, <아직도 끝나지 않은 김의 전쟁>, <잊혀진 사람들- 사할린의 한인들>, <잃어버린 50년, 캄차카의 한인들>, 그리고 드라마로서 <국화와 칼>, <거미> 등이 여기에 해당한다. 물론 이 프로그램들이 민족적 공분과 자결의지를 다시금 다지게 해주기는 했지만 이것만으로는 무언가 부족한 것 같다.

넷째, 이렇게 광복 관련 프로들이 사흘간의 편성표를 도배질 하듯 채우고 있지만, 잘 살펴보면 예년에 비록 가끔씩이나마 섞여있던 한 가지 문제가 유독 올해 빠져있는 것을 알 수 있다. 그것이 어쩌면 양적 과잉 속에서도 채워지지 않은 공허감의 원인일지 모르겠다. 무엇일까? 바로 친일파 문제이다. 결국 이 문제가 국치와 분단과 쿠데타로 이어지는 현대사를 '반성과 청산' 차원에서 접근하게 하는 가장 기본적인 문제이고, 과거를 현재와 단절된 다만 회고의 대상으로서가 아니라 현재의 연장선위에 엄존하는 역사임을 깨닫게 하는 문제이다. 비록 유일하게 SBS의 특집드라마 <꿈꾸는 초인>에서 그 문제를 다루기는 했지만, 정공법이 아니라 허구를 사용하여 에움길로 간 것일 뿐만 아니라, 그나마 이번 광복절을 위해 제작된 것이 아닌 재방송물이었다.

어쨌거나 홍수환의 4전5기나 부모 세대의 생활상을 다시 보는 재미로 광복절 연휴를 지루하지 않게 보내기는 했지만 그것이 광복절에 되새겨야 할 핵심적인 의미는 아니었을 것이다.

(TV 저널)

4) 환경

<갯벌은 살아있다>

MBC <갯벌은 살아있다>

떠들썩한 분위기와 화려한 화면을 보여줘야 텔레비전 시청의 재미를 불러일으킬 수 있다고 생각하는 듯 대개의 프로그램들은 차분하기 보다는 산만하다. 그런 까닭에 눈길이 가는 프로그램들이 많다고 해서 마음까지 그만큼 쓰이는 것은 아니다. 그래서 많은 시청자들이 텔레비전에 대한 진지한 기대를 버리고 살기도 하지만, 가끔씩 눈과 마음을 함께 끌어당기는 프로그램과 만나게 되면 텔레비전이라고 하는 문명의 이기가 가져다주는 기쁨을 다시금 되새기게도 된다.

잘된 자연 다큐멘터리 프로그램 한편을 보고 나면 바로 그런 기분이 든다. 눈앞에 늘상 펼쳐져 있지만 눈여겨 본 적은 없는 자연 속에서 오묘한 생명 현상들이 벌어지고 있음을 텔레비전을 통해 보게 되는데, 그 때 느끼는 경이로움은 텔레비전 화면에 머물지 않고 일상생활의 각박함 속에서 잊고 지낸 삶의 의미까지도 되새기게 만든다.

올해 2월 17-18일 MBC에서 방송된 <갯벌은 살아있다> (장덕수 연출)

가 바로 그런 프로그램이었다. <갯벌은...>을 보고 있자니 갯지렁이처럼 한낱 미물에 지나지 않는 것으로 여겨왔거나, 꽃게처럼 밥상 위에 오르는 반찬으로서나 의미를 가지고 있었던 갯벌 생물들이 새로운 경이로움으로 다가왔다. 그 원천은 이 프로그램이 갯벌 생물들의 삶에 가까이 다가가 그 모습을 세심하게 화면에 담아 전달해준데 있다. 텔레비전이 아니고서는 볼 수 없는 여러 장면들에서 우리는 매체를 선용하는 한 표본을 찾게 된다.

흔히 텔레비전 프로그램의 교육 효과를 많이 언급하지만, 그 뜻은 상당히 편협하게 이해되는 감이 있다. 교육 효과는 사회의 윤리를 직접 주입하거나 교훈적인 내용을 전달할 때 보다, 스스로 생각하고 깨닫는 계기를 제공할 때 더 잘 이루어진다. <갯벌은...>의 경우처럼 갯벌 생물의 일상적인 삶의 모습을 보게 되면, 지식의 습득과 이해에 머물지 않고 애정까지 느끼게 된다. 그 모습을 보지 않았다면 생겼을 리 없는 그런 감정이 생기는 것이다.

따개비는 바닷물 속 유기물들을 촉수로 걸러먹고 살지만, 자신은 또 민꽃게의 진수성찬으로 제공되고, 그 게와 망둥어와 갯지렁이들은 다시 철따라 이동하다 갯벌에서 날개를 쉬는 철새의 먹이가 된다. 이런 삶의 연결을 화면을 통해 봄으로써 우리는 갯벌이 수많은 생명체들의 삶의 터전이 되고 있음을 알게 된다. 그 먹이사슬의 고리 하나 씩을 맡고 있는 생물들은 모두 다른 생명체로부터 부양받는 존재이면서 동시에 다른 생명체를 부양하는 존재이기도 하다. 그러므로 그 먹이사슬은 서로를 죽이는 사슬이 아니라 서로를 살리는 사슬임을 알게 된다. 이렇게 눈앞에서 생명체가 서로 어울려 살아가는 모습을 봄으로써 아이들은(어른도 마찬가지일 텐데) 그 삶에 애정을 갖게 된다. 조개치레(지게게)가 등위에 붙은 네 다리로 조개껍질을 뒤집어쓰는 정교한 동작, 갯우렁이 치설을 이용해 바지락의 겉껍질을 문질러 구멍을 뚫는 쉼 없는 작업, 갯벌 속에 지은 집이 완성되면 그 안에 들어가면서 문을 걸어 잠그는 붉은발 농게 등의 정교한 움직임을 보노라면 그들에 대한 애정이 샘솟는 것을 느끼게 된다. 심지어 끝없는 식탐으로 어린 망둥어를 잡아먹는 커다란 망둥어에게조차 미움 이라는 또다른 빛깔의 마음씀이 생겨난다. 이런 장면들을 어린이들에게 보여주게 되면 '생명 존중'이란 추상적 가르침보다 몇 배 더 큰 교육 효과를 낳을 수 있을 것이다.

<갯벌은...>처럼 미세한 대상에 가까이 다가가는 프로그램의 경우 자칫 더 큰 관계를 놓칠 위험이 있다. 가령 갯벌의 생물들이 살아가는 모습을 자세히 담는데 몰두하다가 그들의 터전인 갯벌 자체의 운명을 돌아보지 않게 될 수도 있기 때문이다. 그런데 <갯벌은 살아있다>는 제목을 가만히 들여다보면 천천히 솟아오르는 의미가 있는데, 그것은 바로 이 프로그램이 갯벌을 관찰 대상으로만 설정하지 않고, 그것이 살아있음을 외치고 있다. 그리고 갯벌이 살아있음을 모르는 사람들에 의해 죽임을 당할 위기에 처해있음을 경고하고 있다. 간척사업과 신국제공항 건설 같은 명목상의 이익을 위해 드넓은 갯벌에 바닷물 공급을 차단하는 어떤 자들의 소행을 이 프로그램은 또한 고발한다. 그것은 곧 갯벌을 생명체를 품지 못하는 죽은 흙으로 만드는 행위라고 말이다.

자연 다큐멘터리는 특히 제작에 어려움이 많이 따른다. 자연의 한해살이는 계절에 따라 독특한 변화를 보이기 때문에 자칫 제 철을 놓치게 되면 제대로 된 영상을 담아낼 수 없다. 생태계의 생생한 모습을 담으려면 미리 문헌 연구를 철저하게 해야 하고, 그 바탕 위에 촬영 스케줄을 잡아야 한다. 그런 사전 작업이 부실한 상태에서 현장에 다가가게 되면 하염없는 촬영 속에 다큐멘터리로서의 중심을 잃고 방황하기 십상이다. 다시 말해 연역적인 방법으로 접근해야지 귀납적인 방법으로 접

근할 경우 자연 현상을 필름에 담기는 했어도, 그것을 요령있게 엮어내지 못한 채 산만한 영상 자료의 나열에 그칠 가능성이 크다. 그렇기 때문에 자연 다큐멘터리 한편은 그 분야의 학문적 연구 성과와 다큐멘터리 제작 경험 등이 집약된 산물이라고 말할 수 있다.

우리의 경우, 텔레비전 자연 다큐멘터리의 경험이 그리 풍부하다고 볼 수 없다. 분야에 따라서는 학문적인 기초가 미흡한 경우도 있다. 그런 점들은 일선 PD들에게 일종의 선구자의 역할을 강요하는 조건으로 작용한다. <갯벌은...>의 경우에도 마찬가지여서, 장덕수PD는 갯벌 관련 자료나 사전정보의 부족을 갯벌 어민들과의 취재를 통해 어느 정도 메웠다고 한다.

하지만 그것만으로 좋은 자연 다큐멘터리 프로그램의 조건이 다 갖추어졌다고는 볼 수 없다. 어쩌면 그 두 요건 보다 더 절실하게 작용하는 것이 인연인지 모른다. 좋은 그림, 생생한 그림을 얻고자 하는 제작진과 그 그림의 주요 내용이 되어줄 생명체와의 만남은 문헌 연구나 사전 스케줄로 만들어내기 어려운 부분이기 때문이다. 생물체의 그런 소중한 모습을 만나는 행운을 잡고자 다큐멘터리 제작진에게 하염없는 기다림은 기본적 조건 혹은 자세가 된다. 그런 측면에서 다시 생각하자면 다큐멘터리 PD로서 개척자적인 자세로 임할 수밖에 없는 여건은 역설적이게도 앞으로 다큐멘터리 장르의 발전 가능성 또한 높게 만들어주는 것이 될 수도 있다. <갯벌은...>의 높은 완성도가 그런 예측을 뒷받침해주고 있지 않은가 말이다.

가령 바닷물이 들고 나는 밀물과 썰물의 순간을 이 프로그램이 어떻게 표현했는가 보자. 미속 촬영을 통해 바닷물이 서서히 들어오면서 갯벌이 잠기는 모습, 또 바닷물이 서서히 밀려나가면서 그 자리가 갯벌로 드러나는 모습을 연속장면으로 보여주고 있는데, 그것은 갯벌이 하나의 세상으로 열리고 또 닫히는 일종의 장관을 연출해 낸다. 갯벌을 있는 그대로 만나겠다고 하는 소박하나 절절한 태도가 아니고서는 만들어내기 어려운 장면이다.

텔레비전 PD들, 특히 다큐 감독들은 자기 프로그램에 대한 애착이 다른 장르의 PD들에 비해 더 크다고 할 수 있다. 자기 프로그램에 정성을 쏟고 애정을 갖는 것이야 누구나 마찬가지겠지만, 특히 다큐의 경우 제작 기회를 그렇게 자주 갖기 어렵기 때문에 PD들은 좋은 소재가 주어졌을 때 거기에 더 깊이 몰두하게 되는 것 같다. 또 방송에 내보내는 길이는 전체 제작 기간이나 촬영 분량에 비해 훨씬 짧아지기 때문에 현장에서 어렵사리 필름에 담아온 장면들을 어떻게 하면 하나라도 더 내용 속에 소화해낼까 하는 절실한 심정으로 갈고 닦는 작업을 반복한다. 그러니 방송용 완성품에 대한 애착도 더 크고, 잘려나간 부분에 대한 아쉬움도 더 클 것이다.

어떤 오락 프로그램 PD가 필자에게 한번은 이런 말을 한 적이 있다. <갯벌은 살아있다>가 좋은 프로그램이라고 칭찬들을 하지만, 그렇게 될 수 있었던 것은 1년이라는 긴 제작기간이 주어졌기 때문이다. 오락 프로그램도 1년에 한 프로만 만들라고 하면 그만큼 좋은 프로그램을 만들지 못할 이유가 없다고 말이다. 이런 진술은 우리의 텔레비전 제작 여건이 기초적인 자원에 있어서 조차 얼마나 열악한가를 드러내준다. 시간과 인력의 지원은 제작비만큼이나 중요한 것인데 말이다. 하지만 그렇다고 해서 이 프로듀서가 말하듯 <갯벌은...>의 제작 여건도 그렇게 좋지만은 않았던 것 같다. 시청률을 신경 써야 하니 프로그램의 길이를 100분으로 제한해야 했고, 편성 시간 역시 다큐멘터리에 좋은 시간이 배정된 적이 거의 없기 때문이다.

하지만 시청자들은 프로듀서가 우려했듯이 "칙칙한 갯벌"의 빛깔 때문에 그것을 외면하기는커녕 여러 방식으로 그런 훌륭한 시도와 작업 결과에 대해 보상을 해주었다. 백상예술대상의 TV부문 우수상, 아시아 방송연맹 TV 부문 우수상, <방송과 시청자> 선정 이달의 좋은 프로그램(4월호) 등이 그 수상 내역인데, 무엇보다 <아침 햇살> 편집위원들도 이 프로그램을 소개하고 싶어 해서 이렇게 이런 글을 쓰게 된 것이 필자에게는 더 큰 의미로 다가온다.

마지막으로 한 가지 아쉬움이 있다면 더 유장하고 호흡이 긴 화면들이 적절히 배합되었더라면 갯벌의 살아있음이 애정을 넘어 감동으로 이어질 수 있었을 것 같은데, 호흡이 짧은 화면들이 연속되다 보니까 시청자로서는 장면 하나하나를 음미할 여지가 많이 줄어든 것 같다. 어쨌거나 비디오테이프에 담겨 시판되고 있다 하니, 본방송을 놓친 사람도 구해볼 수 있게 되었다. 무엇보다도 개발정책으로 인해 언제 사라질지 모르는 한국 갯벌의 모습이 영상으로나마 남게 되어 다행이라면 다행이다. 갯벌이 (사람을 포함하여) 수많은 생명체들의 삶의 터전임을 외치는 그 낮은 목소리의 큰 울림을 많은 사람들이 함께 들었으면 좋겠다.

(아침햇살)

<세계 기상이변, 왜 오는가>, <94 겨울 금강>
후속 프로그램들로 뒷받침 되어야 할 강한 경고의 의미

텔레비전에서 환경오염 문제를 다루는 방식을 몇 가지로 나누어 볼 수 있을 것 같다. 첫째, 환경이 얼마나 오염되어 있는가 하는 현재 상태를 중점적으로 다루는 방식이다. 둘째, 그 오염의 원인을 추적하는 방식이다. 셋째, 환경오염 상태를 개선시키는 실천 방안에 초점을 맞출 수도 있다. 그런데 이 세 가지를 각 프로그램 마다 매번 포함시켜 다룰 수도 있겠지만 그럴 경우 몇 가지 어려움이 예상된다. 먼저 각 프로그램을 맡은 제작진이 일시에 투여해야 하는 제작 역량 상의 부담도 문제려니와 자칫하면 그 한편의 프로그램이 일과성 방송 행사처럼 치부될 수도 있다. 또, 시청자에게는 환경 관련 프로그램들이 매번 동어반복을 한다는 인상을 줌으로써 설득력이 반감될지도 모른다. 말하자면 제작 역량이 어느 한 부분에 집중된다면 시청자들에게 전달되는 의미도 더 선명해질 수 있지 않겠느냐는 것이 필자의 생각이다.

단, 이렇게 초점을 현황, 원인, 대안 가운데 특정 부분에 맞추게 되면 더 포괄적인 안목으로 환경 문제를 인식하는데 부족함이 따르지 않겠느냐는 우려가 생길 법하다. 그런 단점은 환경 관련 프로그램의 수를 늘임으로써 오히려 해소되리라고 본다. 특정 부분에 촛점을 맞춘 프로그램들이 꼬리를 이어 네 개 채널에 편성된다면 그것들이 마치 연속물처럼 서로의 의미를 더 잘 이해하게 하는 큰 틀을 구성할 것이기 때문이다. 어차피 이제 환경문제는 그리고 그것을 TV에서 다루는 것은 전혀 새로운 일이 아니다. 우리의 일상생활 곳곳에서 오염원이 발견되고, 또 일상생활의 매 순간 마다 환경오염으로 인한 피해를 겪고 있다. 이제는 TV에서 환경 문제를 좀 더 구체적이고 선명한 의미로 전달해야 한다. 그런데 아직 환경 관련 프로그램들 사이의 연계성이 이루어지고 있지 못하다.

설이 지나자 KBS에서는 환경오염을 강하게 경고하는 두 편의 프로그램을 방송했다. '일요스페셜' <세계 기상이변, 왜 오는가?> (PD 길환영)와 '그린 패트롤' <'94 겨울 금강> (PD 조규진)이다. <기상이변>은 세계 주요 지역의 자연 파괴 실상을 전달하면서 그것이 현재 지구촌 사람들이 겪고 있는 기상 이변과 어떤 연관을 맺고 있는가를 따져보았고, <금강>은 금강의 오염 실태를 점검했다.

개별 프로그램 차원에서 이 두 편은 일단 긍정적인 평가를 받을 수 있다. <세계 기상이변, 왜 오는가?>는 우리도 당장 지난여름에 겪은 폭염과 지금 겪고 있는 가뭄을 다른 나라의 비슷한 사례와 연결시키고 있다. 환경오염과 자연 파괴가 얼마나 큰 재앙이 되어 돌아올지를 시청자들의 피부에 와 닿는 체험과 접맥시켜 경고한 것이 이 프로그램의 가장 큰 특징이다.

어떤 이는 이 프로그램이 각국의 사례를 유기적 연관성 없이 평면적으로 나열하고 있음을 단점으로 지적하기도 한다. 정말 그렇기는 하다. 브라질의 아마존 열대우림의 파괴, 시베리아 원시림의 파괴와 바이칼호의 원유 유출, 히말라야 삼림의 파괴, 케냐의 목축으로 인한 사반나 지역의 사막화 등이 병렬 제시된 끝에 지구의 온난화에 대한 우려를 보탬으로써 환경 파괴의 결과를 온난화로만 수렴시키는 듯 보였다. 게다가 우리가 겪은 지난여름의 더위와 다른 나라의 삼림 파괴 사이에 설명되어야 할 고리가 비워진 채 엉성하게 연결되기도 했다.

하지만 이 프로그램은 자연 파괴가 지구의 전 지역에서 광범위하게, 그리고 무자비하게 자행되고 있음을 보여준 것만으로도 그 소임을 훌륭히 다했다고 말하고 싶다. 아름드리 나무가 단 몇 초의 전기톱질 끝에 밑둥이 잘려나가는 장면, 위성 사진에 나타난 히말라야 삼림의 황폐화, 특히 토사 유출로 붉게 물든 갠지스강 하류의 사진은 마치 지구가 피를 토하고 있는 듯한 모습으로 다가왔다.

그런 놀라움과 공포감은 자연 분노와 의문으로 이어진다. 대체 저 나라에는 자연보호법도 없는가, 정치가들은 무얼 하는가? 수목 벌채의 이권은 얼마나 크며 그 작업을 주도 하는 자들은 누구인가? 어째서 그들을 고발하지 않는가? 말하자면 이 프로그램은 엄중한 경고를 하고 있지만 거기에 머물 따름이기에, 그 경고를 들은 시청자들은 또 다른 프로그램이 그 뒤를 이어주기를 기대하게 된다. 그래야 연결고리에 대한 설명 없이 이 프로그램 말미에 붙은 우리의 폭염과 가뭄도 명료하게 정리될 수 있기 때문이다. 일차적으로 책임져야 할 자, 그 개선에 앞장서야 할 자, 그리고 거기에 우리 각자가 해야 할 몫, 이런 것들을 분명하게 함으로써 말이다.

시간상으로 그 뒤를 이른 프로그램이 <'94 겨울 금강>이다. 이 프로그램은 매주 방송되어온 '그린 패트롤'의 역작이라 할 만하다. 금강의 발원지인 신무산 뜸봉샘에서 시작하여 금강 하류까지 내려오며 오염 상태를 점검하고 있는데, 그 패트롤의 규모가 매주 방송되는 프로로서는 의욕적인 시도라고 하지 않을 수 없다.

그런데 <금강> 역시 오염의 결과를 통한 경고에 중점을 두고 있다. 금강을 따라 하류로 내려오면서 오염 상황을 담담하게 전달하면서 이제 금강의 여러 지천들이 더 이상 스스로의 힘으로 회생할 가망이 없는 지경에 이르렀음을 심각하게 지적하였다. 따라서 시청자들은 그 회생 대책이 어떻게 준비되고 있는지, 정화 노력은 이루어지고 있는지를 어서 확인하고 싶어진다.

KBS의 두 프로그램을 통해 환경오염 실태와 그것이 경고하는 의미를 찾을 수는 있었지만, 그 의미를 계속 살리려면 (책임 소지를 분명히 하는) 원인의 규명, (실행 가능하고 실효 있는)대책을 찾고, (인근 주민들이 당장이라도 참여할 수 있는) 그 실천 사례에 초점을 맞춘 프로그램들이 시리즈처럼 나와야 할 것이다.

(그린 스카우트)

자연과 인간이 하나라는 깨우침, <논픽션 30> 오천년 한국의 명산'

MBC와 KBS의 다큐멘터리 사이에는 미묘한 차이가 있다. KBS의 것이 이야기형이라면, MBC의 것은 대화형이다. 즉, KBS 다큐멘터리들은 많이 아는 할머니가 손주들에게 들려주는 구수한 옛이야기 같아서 보는 이로 하여금 그 속으로 슬며시 빠져들게 만든다. 할머니는 워낙 구변이 좋아서 손주들에게 질문의 여지를 주지 않는다. 그저 듣고 있는 것만으로 모든 궁금증을 풀어주고, 기분 좋은 충만감에 흠뻑 젖게 해준다. 그래서 거기에는 이야기를 하는 사람과 듣는 사람이 모두 '이야기' 속에 녹아들어 만난다. 사실 이것이야 말로 최고의 이야기술로, 이야기를 듣는 그 순간에는 이야기를 하는 사람은 사라지고 이야기만 공간을 꽉 채운다. <한국의 미>가 그랬고 <한국 발견 시리즈>가 그랬으며 그 이전의 다큐멘터리 제작 전통이 늘 그랬다. 빛깔에 비유하자면 따뜻한, 아니 그보다 포근한 노란 빛깔을 하고 있다고나 할까.

그에 비해 MBC 다큐멘터리들은 조금 수다스럽다. 보고자 하는 대상을 소화하여 집중적으로 전달하는 형태를 띠기보다는, 그 과정 자체를 시청자와 공유한다. 어떤 현장을 보여주고자 할 때 카메라는 그곳으로 다가가는 길부터 보여준다. 그리고 그 도상에서 우연히 마주친 곁가지에 자주 한눈을 판다. 그 우연한 만남에서 조차 다큐의 중심 주제와의 연관성을 찾으려 든다. 보는 사람은 또 다른 방식으로 그 다큐멘터리 속으로 빨려 들어간다. 다큐멘터리를 만들어 가는 과정 자체에 시청자들의 순간순간의 판단과 느낌까지 동참시키기 때문이다.

이번 봄 개편으로 새로 시작한 <논픽션 30>의 첫 시도는 '오천년 한국의 명산'이다. 모두 다섯 편으로 이루어진다고 하는데, 태백산을 다룬

앞의 두 편을 본 소감 역시 그랬다. 그 프로그램 광고를 며칠 앞서 보면서 몇 년 전 KBS에서 했던 <한국의 미>와 같은 정적이고 관조적인 화면을 예상했는데, MBC 다큐멘터리는 역시 그와 달리 대화적 방식으로 태백산에 다가가고 있었다.

먼저 달리는 기차에서 바라본 레일이 보이고, 태백역에 내린 제작진이 거기에서 가장 먼저 만난 포장마차 주인이 해주는 태백산에 대한 단편적인 감상이 전달된다. 또, 거기에서 소도동 당골로 가는 길에 우연히 마주친 신혼여행객의 희한한 의례에 잠시 한눈을 팔기도 한다. 말하자면 이 프로그램은 대소백(大小白)에 대한 본격적인 다큐멘터리라기보다는 그런 장르의 관습에서 좀 더 자유로운 표현 방식을 취하고 있다. 그래서 아마도 프로그램 이름이 '논픽션'으로 붙은 지도 모르겠다.

그런 형식의 자유로움으로 인해서 이 프로그램은 태백산의 모습을 따로 떼어서 전체적으로 조망하거나 그 구석구석을 바라보기보다는 항상 태백산과 어울려 있는 '사람'을 통해 비춰보여 준다. 태백산 사진작가 이석필, 태백산 어름에서 사주를 봐주는 도경도사, 태백산 망경사 주지인 혜운스님, 태백산 관리인, 기도드리러 온 무속인, 운동 삼아 태백산을 하루걸러 한 번씩 올라오는 동네사람, 그 지역 경찰관 등 많은 사람들이 등장한다. 태백산은 그들의 뒷 그림으로 등장하거나 그들이 전하는 감상과 연관하여 눈길을 받는다.

그렇게 태백산을 가까이 하는 사람들, 태백산을 사랑하는 사람들의 평소 감상을 들음으로써 시청자들도 태백산의 더 풍요로운 의미를 접하게 된다. 가령 사진작가는 태백산을 이렇게 묘사한다. "화려하지는 않지만 어머니 엉덩이처럼 후덕한 산, 인간을 물리치기보다는 감싸 안는 산"이라고. 그의 말은 둥그스름한 봉우리를 보여주는 영상을 통해 확인되고, 구체적 사항에 대한 정보를 통해 설명된다. 한강, 낙동강, 오십천 등 세

개의 강이 발원하고 있고, 담(潭)·소(沼)·늪이 30여개에 이를 만큼 많은 물을 품고 있으며, 자기 안에 석탄이란 불씨를 품고 있어서, 태백산은 인간에게 생명의 원천인 물과 불을 모두 제공해준다. 이렇게 인간에게 자기가 가진 것을 모두 내주는 모습에서 태백산은 어머니와 닮아 있다.

또, 태백산은 뿌리산으로서의 지위를 차지하고 있다. 백두산에서 해남에 이르는 백두대간의 중심에 태백산이 위치하기 때문에, 한강이남 지역의 모든 산맥은 다 태백산으로 모여든다. 또, 앞서 말했듯이 한반도 남쪽의 가장 큰 두 물줄기인 한강과 낙동강의 발원지이기도 해서, 태백산은 산과 물의 뿌리가 된다. 그래서 전국의 무속인들은 매년 한 차례 뿌리산인 태백산에 모인다. 이를 두고 태백산 관리인은 태백산이 무속인들의 기의 충전소, 배터리에 해당한다고 말한다. 영산(靈山)의 의미를 참으로 인간적으로 나타낸 말이다.

이렇게 이 프로그램은 산을 주제로 삼되 산과 사람의 교감을 통해서 산을 조명하고 있는 점이 특징이다. 그렇다면 이런 접근 방식이 갖는 의미는 무엇인가. 여기에서 환경 보존과 관련해서도 중요한 함의를 얻게 된다. 즉, 자연은 인간이 보호해야 하는 약자가 아니고, 자연을 보호하는 것은 곧 나 자신을 보호하는 행위와 떨어질 수 없음을 인식하게 한다. 산이 인간과 분리된 대상이 아니라, 물질적으로 그리고 더 중요하게는 정신적으로 연결돼 있는 존재라고 할 때, 그 산을 사람이 함부로 하지 못할 것이다. 산이 있어서 덕을 보고, 산이 있어서 살아갈 수 있다고 생각하게 된다면, 가슴에 '산불조심' 리본을 달고 다니는 도경도사처럼 소박하고 절실하게 태백산을 사랑하는 마음을 갖게 되지 않겠는가. <오천년 한국의 명산>은 환경 보호 캠페인을 직설적으로 하고 있지는 않지만, 자연과 인간이 하나라는 더 큰 깨우침을 준다.

(그린 스카우트)

5) 휴먼

휴먼다큐멘터리의 성과와 한계

평범한 삶이 주는 감동

85년 5월 첫 회가 방송되고 이제 2백회를 넘어선 MBC TV 휴먼 다큐멘터리 <인간시대> (월 8시 5분)가 그동안 시청자들에게 준 감동은 적지 않았다. 보통 시청자들은 텔레비전이란 외모가 반듯하거나, 재주가 비상하다거나, 남보다 크게 출세한 사람들만이 나오는 곳이 줄로 알고 있던 터이다. 늘 지나다니는 골목길과 들판, 들어도 그만 안 들어도 그만인 등장인물들의 너스레, 누구나 하나씩 갖고 있을 법한 사연들, 이런 것들이 <인간시대>를 통해 매주 텔레비전 화면에 등장하고 있다. 더욱 놀라운 것은 그처럼 남다르지 않은 평범한 삶을 연출 없이 다만 온전하게 보여 주는 것이 진한 감동을 불러일으킨다는 사실이다. 카메라 앞에서 자기의 일상생활을 재현하느라 영 자연스럽지 못한 등장인물들의 모습은 시청자들에게 완벽하게 연출된 여느 드라마에서 보다 더한 재미를 느끼게 했다. 더욱이 연기수업을 받았을 리 만무한 이들이 직업 연기자에 견주어도 손색이 없을 만큼 능청을 떠는 모습은 또 그것대로 흥미로웠다.

<인간시대>의 이러한 측면은 한국 텔레비전 문화의 한 성과로 평가될 수 있다. 다큐멘터리 장르가 사실과 상황을 객관적이고 분석적으로 기록하는 것이라면, 휴먼 다큐멘터리는 한 인간의 삶에 담긴 시대성을 잡아내 보여주는 것이라고 할 수 있다. 그렇기 때문에 <인간시대>가 등대

수선하는 사람이나 병원 중환자실에 근무하는 간호원 혹은 소방공무원 등을 보여줄 때, 그들이 한 사람의 직업인에 그치지 않고 이 사회에서 얼마나 중요한 몫을 담당하는 존재인가를 일깨워주게 된다. 더욱이 '달동네의 파수꾼' 편에서 보여주듯 한 의사의 삶을 조명하면서도 도시빈민들과 산업재해 노동자들의 현실도 함께 비추어지게 되는 것이다.

이것은 <인간시대>가 단순히 누구나 공감할 수 있는 인간적인 감동을 주는데 머물지 않고, 등장인물 개개인의 삶을 둘러싸고 있는 현실문제까지 다가가려 하고 있음을 말해준다. 이런 과정에서 시청자들은 다른 사람의 삶을 들여다보면서 얻게 되는 현실인식의 시선으로 자신의 삶의 태도와 처지를 돌아보게 된다. 이러는 가운데 시청자는 출연자를 어느덧 절친한 이웃으로 여기게 되고, 자연히 그들의 이후의 소식을 궁금해하기 마련이다.

<인간시대>는 1백회와 2백회를 계기로 출연자 가운데 그동안 삶에 변화가 있었던 사람들을 다시 찾아감으로써 그러한 바램에 제대로 부응했다. 이처럼 한번 방송하고 나면 그만인 일회성 에피소드로 여기지 않는 제작진의 태도에서 프로그램에 임하는 진지함을 확인할 수 있다. 바로 이러한 현실인식과 제작의 진지함이야말로 <인간시대>가 2백 명이 넘는 보통 사람들의 삶을 조명하면서도 만화경으로 빠지지 않았던 근본 요인일 것이다.

보통 사람들의 건강한 진보성

하지만 이러한 여러 장점과 성과에도 불구하고 근래 <인간시대>가 자기도취에 빠진 듯한 양상이 나타나고 있다. 2백회 동안의 내용을 간략하게 정리해 모은 편람을 펴낸 것은 전파매체의 한계를 인쇄 매체로 보완하고자 한 것으로서 이해 못할 바도 아니지만, MBC방송창립기념 특집 프로그램으로 그동안의 출연자들을 불러 모아 지난 내용들을 다시 반복하게 한 것은 아무래도 개운치 않은 회고풍이었다. <인간시대>의 주인공은 그동안 출연한 2백 명만이 아니라 그들을 감싸 안고 있는 보통 사람들 전체로 봐야한다. 이 2백 명을 반복해서 부각시키는 것은 그들을 보통사람 아닌 새로운 유명인사로 만들겠다는 것인가 하는 우려를 자아낸다.

또한 형식상의 특성에 대해서도 같은 염려를 하게 된다. 즉 <인간시대>는 카메라의 시선이 한 개인의 생활을 밀착되게 그려내고 있음으로 해서 '감상주의'에 빠질 위험을 안고 있는 것이다. 여기에 덧붙여 등장 인물들은 처음부터 끝까지 관찰 대상으로만 머물기 때문에 이 프로그램은 일종의 '다큐드라마'가 될 소지를 안고 있다는 점이 지적돼야 할 것이다.

KBS 1TV <현장기록, 요즘 사람들> (금 7시 40분)은 그런 뜻에서 <인간시대>의 장점을 적극적으로 개발하고 단점을 지양하려고 노력하는 젊은 프로그램이라 할 수 있다. <현장기록>은 50분의 방송시간을 세 개의 서로 다른 항목으로 구성하고 있다. 이에 따라 카메라가 출연자의 일상생활을 비춰 보여줄 뿐만 아니라 인터뷰를 통해 자신의 이야기를 하게 함으로써 감상주의를 넘어서고자 한다.

하지만 <현장기록>은 각 항목을 다루는 시간을 줄였기 때문에 간결하게 보여주는 장점은 있지만, 역시 깊이 있게 한 인간의 삶과 그 배경을 설명하기는 한계가 있다. 아울러 <인간시대>처럼 처음에는 예상하지 못했던 생활의 묘미랄까 하는 것을 제작과정 중에 발견하기를 기대하기 어렵다는 것도 한 단점이라 하겠다. 그래서 <현장기록>은 그 이름에 걸맞게 사람들이 사는 여러 현장을 시청자들에게 보고하고 중계하는 점에

서 그 특성을 살리고 있다

이처럼 <인간시대>와 <현장기록>은 형식상의 차이에 따른 일장일단이 있지만, 텔레비전 방송에서 휴먼 다큐멘터리라는 새로운 장르를 개척하고 발전시켰다는 공통점을 갖는다. 즉, 개개인의 삶이 결코 혼자만의 고립된 것이 아니고, 같은 시대상황 아래 다른 사람과 함께 살아가고 있음을 보여주는 동시에 개개인의 일상생활에 투영되어 나타나는 이 시대의 모습은 어떤 것인가를 진단하고 있다. 앞으로 <인간시대>는 한 개별 인간의 삶을 깊이 있게 조명하는 면에서 또 <현장기록>은 다양한 현장의 기록들을 중계하는 측면에서 각각의 형식적인 특성들을 살려 나가야 할 것이다. 아울러 이를 통해 '인간의 시대'를 가로막는 장애물을 시청자들에게 그 뿌리에서부터 보여주고, 그 장애물을 넘어설 수 있는 '요즘 사람들'의 건강한 진보성을 발굴해 내기를 기대한다.

(월간 말)

방송의 날 다시 본 <성덕 바우만>

지난 9월 3일은 방송의 날이었다. 그 기념으로 각 채널마다 방송대상 수상 프로그램들을 다시 보여주었다. 그 덕에 <성덕 바우만> 이야기를 한꺼번에 종합 편으로 볼 수 있었다. 그리고 방송이 사람과 사람의 만남의 장이어야 하는 까닭을 되새길 수 있었다.

다시 꼼꼼히 보니 이 프로그램에는 두 가지 중요한 메시지가 들어있다. 그 하나는 해외입양아에 대한 사회적 관심을 다시 환기시키는 것이고, 그 둘은 백혈병에 대한 올바른 인식이다.

해외입양아들의 사연은 그동안 여러 차례 방송되어 사회적인 반향도 일으켰지만, 그 정서는 대체로 '여전히 안타까운 현실'을 곱씹는 것을 넘어서지 못한 것이 사실이다. 어쩌면 <성덕 바우만>의 입양 사례는, 어쩔 수 없이 보냈지만 가서 양부모의 따뜻한 사랑 속에 당당하게 성장한 청년의 이야기를 보면서 그런 죄책감을 스스로 위안받고자 선택되었는지도 모른다.

기숙사에서의 성덕 바우만의 모습

하지만 제작진이 정말 그런 얄팍한 동기만을 갖고 있었다면 성덕 바우만군의 백혈병은 해외입양아가 겪고 있는 개인적인 시련 정도로 밖에 여겨지지 않았을 것이다. 그런데 이 프로그램이 한국과 미국에서 불러일으킨 그 뜨거운 인간애는 무엇을 말하는가. 나는 무엇보다 먼저 이 프로그램 제작진이 보여준, 냉정하게 말해서, 자기 프로그램의 소재를 대하는 진지한 자세에 박수를 보내자고 말하고 싶다.

한 입양아 이야기가 백혈병과 관련되면서 그 사회적 비중이 급격히 커졌지만 이 프로그램은 그 부담을 그대로 짊어진 채 사회 속으로 한 발 한 발 밀고 들어왔다. 의학수준이 발달했어도 결국 유전자가 일치하는 골수를 찾아 이식하려면 수많은 골수 기증자들 곧, 대중들의 인간애가 그 뒤를 받쳐줘야 비로소 그 의술이 실효를 거둘 수 있는 병이 백혈병이라고 외치면서 말이다. 여기에 참여해야 하는 그 대중은 성덕 바우만의 이웃인 미국사람들이 아니라 그를 미국땅으로 보낸 고향의 한국사람들이어야 한다. 이 점에서 그의 이야기는 한 개인의 사정을 뛰어넘는 상징성을 갖는다. 입양아인 그가 비록 직접 만나지는 못했지만 친엄마를 찾게 되고, 이복누나이긴 하지만 골수를 기증하고자 한 혈육을 만나는 감동적인 삶의 한 순간을 우리 모두에게 보여주었기 때문에 그렇기도 하고, 더 중요하게는 그의 사연이 불러일으킨 골수 기증 행렬이 같은 병을 앓고 있는 다른 많은 사람들에게도 마찬가지로 절실한 도움이 될 수 있기 때문에 그렇기도 하다.

한 가지 더 밝히자면, <일요 스페셜>을 통해 나간 이 프로그램이 애초에 기획된 것은 바로 <사람과 사람들>에서였다는 점도 기억해 둘 만하다. 성덕 바우만이 방송되면서 한국과 미국 사람들, 그리고 골수 기증자들과 백혈병 환자들이 모두 만나지 않았는가. 다시 한 번 말하건대 다른 날도 아닌 방송의 날, <성덕 바우만>을 통해서 방송이 사람과 사람의 만남의 장이어야 하는 까닭을 되새기도록 하자.

(뉴스 메이커)

<아름다운 TV, 얼굴>

<아름다운 TV, 얼굴> (수, 11:00; 송창의, 유근형, 조희진)에 대한 첫 감상은 모두들 '새롭다,' '흥미롭다'는 것이었다. 이 프로그램 첫 회의 앞부분은 평소 익히 들어왔지만 정작 그가 누구인지는 관심을 갖지 않았던 목소리의 주인공들과 짧은 만남을 갖는 것으로 시작했다. "삐삐 호출은 1번, 음성 녹음은 2번"의 주인공, "지금 다른 전화를 안내 중이오니 잠시만..."하는 114의 목소리, "...승객 여러분께서는 안전선 뒤로 한 걸음..."하는 지하철 안내방송 목소리, 훈련 공습경보를 알리는 민방위 본부 확성기 음성의 주인공, 국민체조 구령의 주인공, 대한 뉴스 아나운서 등이었다. 생각하기에 따라서는 누구나 해볼 수 있는 발상이다. 그런데 '목소리의 주인공'을 찾아보자는 취지에서 작성된 목록이 6개나 된다는 점이 놀랍다. PD와 작가들의 회의에서 얼마나 많은 아이템들이 제안되어 어떤 것은 기각되고 또 어떤 것은 채택되었을까. 모두의 동의를

얻은 아이템이 나왔을 때 즐거워했을 모습들이 잠시 떠오른다.

<아름다운 TV, 얼굴>은 제목에서 '얼굴'을 내세운다. "얼굴을 보여주되 얼굴 자체만 예쁜 연예인이 아니고, 얼굴을 봄으로써 사람을 보는 것이 되는 그런 얼굴 보기"를 추구한다는 담당PD의 말이다. 즉, 사람이 핵심임을 짐작할 수 있다. 이 프로그램의 형식상의 특징은 인터뷰이다. 담당PD에 따르면 파일럿 프로그램에서 재연 형식을 시도했다가 식상한 감이 있어 인터뷰 형식으로 전환했다고 한다. 특히 "본인이 말하는 자기 이야기"의 특성을 살려나가겠다는 것이다. 그래서 그런지 <얼굴>의 인터뷰는 다르다. 우선 그 길이가 참 짧은 점이 인상적이다. 목소리의 주인공을 찾아내, 그의 얼굴을 보고, 정말 그 음성이 맞는지 확인하고, 그가 그 목소리의 주인공이 된 사연을 듣고 다음 사람을 찾아 떠나는 식이었다. 제2회에서는 상품 광고에 등장하는 일반인이나 조연들을 찾아 나섰는데, 이때도 인터뷰 방식은 간결했다. 담당 PD의 표현에 의하면 이 코너는 이른바 '인해전술'의 특성을 띠는데, 그렇게 많은 사람들을 그 짧은 시간 동안 모두 소화해 내니 일단 프로그램 진행에 탄력이 생긴다.

또한 지금까지와 다른 인터뷰 방식을 모색하는 한 양상으로서 화면 구성을 중시한다. 이런 취지가 가장 잘 산 부분이 '줄리어드의 이단아, 유진 박' 편이었다. 인터뷰 맥락에 따라 촬영 장소를 이동하고, 카메라 각도를 바꿔 주고, 그리고 가장 중요하게는 자기 삶과 음악에 대해 깊은 생각을 갖고 있고 표현할 줄 아는 유진 박이라는 인물 선정 등에서 성공적이었다. 그와 정반대 경우가 '송승헌, 스타 모노로그'였다. 삶과 자기 연기 세계에 대한 성찰적 자세를 찾기 어려운 대화였을 뿐 아니라 오락 프로그램의 고질적인 스타 의존성의 기미가 나타나는 것은 아닌가 하는 우려도 없지 않았다. 물론 스타라서 배제될 필요는 없다. 다만 다

른 사람이 아닌 바로 그이기 때문에 할 수 있는 말을 끌어내는 인터뷰가 되어야 하고, 그런 이야깃거리가 있는 스타면 더 좋겠지만, 없으면 없는 대로 연출된 작품 속 이미지와 다른 그 스타의 내면을 드러내 줄 수 있는 인터뷰여야 할 것이다.

어쨌거나 <아름다운 TV, 얼굴>은 텔레비전 오락 프로그램들이 강도 높은 감각을 추구하고, 소재의 현란성과 자극성 경쟁에 나서고 있는 마당에 잔잔한 감동을 주고 자신과 이웃의 삶을 편안한 마음으로 돌아보게 하는 포맷을 시도하는 점에서 높은 점수를 주게 된다.

그런데 우리 토론에서는 이 프로그램의 형식상의 의도에 대한 중요한 지적도 있었다. 즉, 이야기하고자 하는 부분 이외의 일정 부분, 가령 어떤 교훈이나 주제 혹은 시시콜콜한 사생활이나 시청자들이 궁금해 할 법한 사소한 문제 등을 과감히 버리는 이 프로그램의 인터뷰 형식은 경쾌함과 탄력성을 부여받는 반면, 약점이 될 수도 있다.

축구 원정 응원을 다니는 일본인 토리우미의 경우, '그 돈이 다 어디서 나지?'하는 궁금증이 문득 떠오르기도 하고, '왕백수, 그 당당한 얼굴'에서는 '저렇게 영어도 잘하는 사람이 왜 취직을 안하지?'하는 의문이 들기도 했다. 이런 사소한 궁금증들은 시청자의 입장에 대해 조금 더 세심한 배려를 하면 한 마디의 내레이션을 통해 해소해 줄 수 있는 부분이다. 문제는 밤길을 걷다 구덩이에 빠진 여대생, 또 왕백수의 경우, 그 에피소드의 의미가 명확하게 전달되지 않으면 자칫 이 프로그램이 표방한 아름다운 얼굴 보기가 시청자들로 하여금 '도대체 어떻게 생겨 먹었길래...'하는 비아냥거림으로 바뀔 수도 있다. 공사장 뒷마무리 철저라든가, 이미 우리 사회에서도 시작된 반실업, 불안정 고용 상황에 대한 정서적 준비 등의 의미가 그 코너들에서 언뜻 언급되긴 했지만 분명한 제시가 없어서 시청자의 공감 정도에 따라 그냥 지나치거나 달리 받아들여졌을 것이다. 프로그램 전체를 통해 지나치게 시청자에게 위임하는 자세로 일관하기보다는, 한 코너쯤은 좀 더 진한 빛깔을 띠면 좋을 것이다. 아직은 프로그램 흐름상의 리듬감이 살지 못해 밋밋한 느낌을 주기 때문이다. 각 소재들이 담고 있는 감동의 여지를 스스로 억제시킬 필요는 없지 않을까. 코너들의 개성을 살려 가볍게 나갈 부분과 강조점을 찍을 부분들을 적절하게 배치할 필요가 있다. 오락 장르라고 해서 일부러 의미를 피해 갈 까닭은 없다.

이런 저런 프로그램들의 임시 편성으로 잘 죽는 시간대에 그저 잘 나가는 연예인이나 불러 놓고 하는 토크쇼로 쉽게 가지 않고, 뭔가 새로운 형식을 실험하고 훈훈한 감동을 추구하는 정성을 들인 프로그램을 편성했다는 점만으로도 <아름다운 TV, 얼굴>의 모습은 아름답다. 담당 PD는 방송사에서도 시청률보다 완성도를 높이는 쪽으로 권고하고 있다고 하는데, 아직 안심이 안된다. 오락 장르의 새로운 기조, 인터뷰 형식의 새로운 추구, 그리고 삶의 아름다움을 전달한다는 이 프로그램의 의도가 계속 더 나은 모습으로 살아나기를 바란다.

(PD 연합회보)

4. 계층

1) 어린이

<무적파워 레인저>의 두 가지 역설

어떤 텍스트를 두고 그 성격이 이렇다 저렇다 하고 평하기는 쉽지만 증명을 하기로 들면 어렵다 못해 거의 불가능해 보이기까지 한다. 가령 누가 <무적파워 레인저>라는 텔레비전 프로그램을 두고 폭력성이 지나치다고 규정할 때 많은 사람들이 그런 것 같다고 공감한다 해도, 다른 사람이 그런 것 같지 않다고 반박하게 되면, 아무리 당연해 보이는 진단도 그것을 요령있게 다시 정리하기가 쉽지 않다. 그러려면 이러저러한 전문적 논제들을 새삼 검토하고 검증해야 하는데 그게 어디 보통 일인가. 더욱이 한낱 텔레비전 프로그램 한 편을 두고 그런 작업을 하기에는 거기에 들여야 할 노력에 비해 그것을 통해 얻을 수 있는 사회적 보상이 너무나 보잘 것 없다. 게다가 이런 논란은 업자들로부터 업무방해 행위로 고소나 당하기 십상이다. 그래서 흔히 논란이 벌어지게 되면 그 두 의견은 모두 사상의 자유시장에 진열될 뿐, 사회적으로 전혀 소화되지 못한 상태에서 다원화된 사회의 불가피한 현상으로 치부되고 만다. 하지만 업자는 자기의 의견을 사상의 시장에 등재하는데 목적이 있는 것이 아니라 돈벌이의 장애물을 제거(무력화)한 것으로 만족할 따름이니, 결국 그런 소화불량성(논쟁 회피성) 다원주의는 양심 보다 행위 쪽의, 당위 보다 현실 쪽의, 이타주의 보다는 이기주의 쪽의 손을 들어준 꼴 이외에 아무 것도 아닌 성 싶다.

그런데 정말 바로 우리 주변에서 그런 일이 벌어지고 있는가 보다. 일간 신문들이 전한 바에 따르면 서울YMCA 시청자시민운동본부와 계몽아트콤 사이에 어떤 논란이 일고 있다고 한다. 거기에 필자가 좋게 이름을 붙여 보자면 시민의 양심 대 시민의 경제활동의 자유 사이의 논란이라고나 할까. 그런데 그 신문 기사들을 잘 살펴보면 시민단체의 양심이 제기하는 문제는 특정 업자의 활동을 제어코자 하는데 있다기보다는 미디어를 관리하는 체계에 대한 더 근본적인 차원의 것임이 드러난다. 업자의 업무는 그 근본의 잘못이 표현된 한 지엽으로서 이 문제제기에 포함되고 있을 따름이다.

시민단체와 업자 사이의 갈등

갈등의 양자 가운데 먼저 그 한쪽을 맡은 시민단체는 처음부터 서울YMCA 시청자시민운동본부였고 나중까지도 그렇다. 그런데 갈등의 다른 한쪽을 차지하는 업자는 변화가 있어서 처음에는 KBS였고, 뒤에는 계몽아트콤으로 바뀌었다. 단 이것은 표면상의 대립 쌍일뿐이지만, 대립의 이면 혹은 속내에 대해서는 잠깐 뒤로 미루자.

그들은 왜 갈등하고 있을까? 그들 사이의 논란의 핵심은 폭력성이다. YMCA 쪽은 <무적파워 레인저>가 '대단히 폭력적'이라고 주장한다. 그에 반해 KBS 쪽은 '꽤 교훈적'이라고 주장하고, 계몽 아트컴 쪽은 '덜 폭력적'이라고 하고, 어느 방송위원회 심의위원은 '그토록 폭력적이지는 않다'고 한다. 그리고 이 뒤쪽 주장자들은 도리어 이 수입영화의 장점을 내세운다. '용기와 정의감을 심어줄 수 있는 유익한 내용', '건전한 오락적 요소를 포함', '과학적 상상력과 즐거움을 동시에 추구할 수 있는 우수한 작품', '권선징악', '협동을 통해 전세계인의 하나됨을 가르침', '하나 뿐인 지구의 소중함을 일깨워줌', '협동과 우정, 유머를 지향해 교육적인 효과가 높다', '매회 교훈적인 주제를 담고 있다'(KBS), '협동심', '코스모폴리타니즘', '태권도의 긍지'(어느 심의위원) 등이 그 주장의 내용들이다.

정리하자면 그 수입영화의 성격을 놓고 한쪽에서는 부정적이라고 단정적으로 주장하고 있고, 다른 쪽에서는 부정적이지만은 않다, 혹은 긍정적인 측면도 있다는 식으로 유보적인 태도를 취하고 있는 점이 특징이다. 즉, 한쪽에서는 이 수입영화를 두고 긍정적인 측면이 있다고 해도 부정적인 측면 때문에 수입해서는 안된다고 주장하는 것이고, 다른 쪽에서는 부정적인 측면이 있다고 해도 긍정적인 측면도 있으니 좋은 프로그램이라고 주장하는 것이다. 또 다시 말하면, 한쪽에서는 단 한명의 어린이에게라도 악영향을 끼칠 수 있다면 나쁜 프로그램이라는 입장이라면(물론 <무적..>의 경우에 한해서), 다른 쪽에서는 단 한명의 어린이에게라도 좋은 효과를 낳는다면 좋은 프로그램이라는 입장인 것이다. 성서의 '잃어버린 한 마리 양'의 비유를 떠오르게 하는 대목이다. 즉, 누구를 더 소중한 한 마리 양으로 볼 것인가의 관점 상의 차이인 것 같은데, 성서에 따를 때 예수님은 앞의 주장과 의견을 같이하는 것 같다.

오슬로발 AFP 통신

그런데 그런 의견을 예수님만 갖고 계신 것은 아닌 것 같다. 10월 하순쯤 오슬로에서 날아온 한 통신문은 노르웨이와 스웨덴, 덴마크에서도 <무적...>이 어린이들의 폭력성향에 미치는 영향을 크게 **문제삼기로** 했다는 소식을 전해주었다. 그 통신문에 따르면 이들 북구 3국에서는 <무적...>을 폭력물로 규정하고 있고, 이런 폭력물이 어린이들의 폭력적 행위에 영향을 미칠 수 있는 것으로 보고 방송을 중단하기로 했다고 한다. 그 통신문이 전하는 내용은 두 가지이다. 첫째, 그 북구인들이 <무적...>을 폭력물로 판단하고 있다는 사실이고, 둘째, 폭력물의 시청으로 인해 모든 어린이가 폭력 성향을 갖게 되는 것이 아니라 해도, 또 그 둘 사이에 명확하게 밝혀진 관계가 없다 해도, 있을 수 있는 하나의 폭력적 악영향을 방지하기 위해서는 폭력물의 방송을 중단해야 한다고 판단했다는 것이다. 그리고 그런 판단은 북구인들과 지구의 정반대편에서 살고 있는 뉴질랜드인들이 이미 내렸던 것이라는 정보도 함께 전달하고 있다. 이들 북구인들의 태도는 '분명한 문제가 있다는 증거가 없다 할지라도 있을 수 있는 악영향을 문제 삼아야 한다'는 데에 큰 무게를 두는 것으로 보인다.

첫째 역설, 폭력에 대한 무감각과 호들갑의 공존

그리고 업자에게 불리하게 작용한 또 하나의 반군은 한 패륜아(와 몇 명의 반오렌지족적 살인집단)였다. "비만에 가까운 몸집과 텅 빈 눈동자를 한"(한국일보) 그의 패륜 범죄의 몇 가지 원인 가운데 하나로 범죄행위를 소상하게 묘사한 어느 비디오 영화가 지목되었는데, 그것은 폭력에 대한 언론의 일종의 호들갑에 가까왔다. 하지만 어쨌거나 그런 호들갑에 힘입어 미디어의 폭력성에 대해 거부감을 표현하는 쪽에 강력한 명분이 마련될 수 있었고, 그 명분은 업자들에게 크게 불리하게 작용했다. 당장 공보처와 문화체육부 등 행정부의 판단 기준이 폭력성에 관한한 상향조정되는 결과를 낳았기 때문이다. 하지만 문제는 그 기준의 뼈대가 약해서 업자에게도 시민단체에게도 당혹스런 처분이 내려졌다는 데에서 비롯되고 있다.

문체부에서 <무적...>의 복제 불허 판정을 내리자 당장 업자 쪽에서는 비슷한 시기에 복제 허가 판정이 내려져 이미 비디오 시장에 진출한 일본의 만화영화 <슬램 덩크>를 거론하며 형평에 어긋난 판정에 이의를 제기했다고 한다. 그리고 그 소용돌이 속에서 업자에게도 직간접적인 원군이 버티고 있었으니 그들이 공연윤리위원회의 영화심의부와 방송위원회의 영화심의부였다(물론 그들 사이에 어떤 공조체제가 마련되어 있었다는 말이 결코 아니고, 후자의 판단이 업자에게 유리한 방향으로 작용했다는 상황 설명에 국한되는 것임을 분명하게 밝힌다). 방송위원회는 이미 KBS에서 그 프로그램을 방송할 수 있도록 (비록 이미 수입한 40편에 국한된 것이긴 해도) 방송가(可) 결정을 내린 바 있고, 공윤에서는 수입 허가를 내려놓은 상태였던 것이다.

<무적...>은 분명 폭력성이 강하다. 대물 폭력(대도시의 건물 파괴)과 대인 폭력(손과 발로 때리고 차기, 목조르기, 납치와 감금, 총 칼 각목 등의 도구와 흉기를 사용한 폭력 등)이 매회 등장하는데, 그것은 드라마의 기본 구도가 마녀 집단과 다섯 명 파워 레인저 사이의 무력 대결이기 때문이다. 패륜아와 살인마가 등장하자 폭력적 매체 환경에 대한 호들갑을 떠는 한편으로, 무력 대결의 정서에 바탕하고 있는 외국 영화가 공연윤리위원회의 심의를 두 차례나 거뜬히 통과하는 모습은 우리 사회의 역설을 단적으로 보여준다고 하지 않을 수 없다.

필자가 보기에 <무적...>의 근본적인 문제는 겉보기의 폭력성에만 있지 않다. 그런데 허가를 신청한 쪽이나 내준 쪽, 그리고 그것을 문제 삼는 쪽 모두 폭력성에만 초점을 맞춤에 따라 애매한 <슬램 덩크>까지 끌어넣게 되어 문제를 더 복잡하게 만들 빌미를 준 것 같다. 물론 <무적...>의 경우 표현되고 있는 구체적인 폭력성만 문제 삼더라도 그것이 어떻게 아동물로 방송할 마음을 먹고 또 허가를 내주었는가에 큰 의문

이 드는 것이 사실이지만, 더 큰 문제는 방송사나 허가 주체나 비디오 수입업자나 모두 우리 어린이들을 잘 길러보겠다는 마음가짐과는 애당초 인연이 없는 것 같은 행태를 보인다는데 있다.

되새겨 본 미국풍의 것들

폭력성을 포함하여 <무적...>이 안고 있는 문제들의 근원은 그것이 미국풍의 것이라는 데에서 찾아야 한다.

첫째, 이 영화의 폭력성은 국제 분쟁을 거의 언제나 힘의 우위를 통해 해결하고자 하는 미국식 문제 접근 방식에서 비롯된 것으로 보이기 때문이다. 여기에 등장하는 마녀 집단은 외부의 위험 세력을 대신한다. 위기는 언제나 그 외부의 위험 세력의 도발에서 비롯되고 있고, 문제의 해결은 파워 레인저가 확보하고 있는 물리력의 우월함에 기대고 있다. 미국의 입장에서는 물리력의 우위야말로 각종 위기에 대처하는 가장 효과적인 수단이 되기 때문이다. <무적...>에서 문제의 근원을 파악하는 방식이나, 그것을 해결하는 방식이 모두 미국식이다.

둘째, 이 영화가 미국풍임을 드러내주는 또 하나의 부분은 파워 레인저의 협력의 구심이 미국 백인 남성인 점이다. KBS에서는 파워 레인저를 구성하는 다섯 명이 오대양을 상징하고 있다고 하고, 마찬가지 맥락에서 방송위원회의 어느 심의위원은 그것이 코스모폴리타니즘을 드러내준다고 주장하지만, 오히려 그런 점이 한국 어린이들에게는 더 이롭지 못한 표상방식이라고 말하고 싶다. 오대양과 코스모폴리타니즘의 중심에 언제나 미국이 있어야 한다는 발상은 국제관계에서의 미국의 태도를 그대로 대변하는 것이고, 그렇기 때문에 파워 레인저의 협력 방식을 미국풍이라고 말할 수 있다. 이 영화를 보고 미국의 어린이들은 기존 미국 정치의 기본 입장을 내면화함으로써 말 그대로의 미국 어린이가 되어 가겠지만, 한국의 어린이들이 한국 어린이가 되는데에는 그 시청이 아무런 의미를 갖지 못한다. 오히려 한국 어린이로서의 정체성을 만들어가야 할 중요한 시기에 끼어든 부정적인 요소가 될 따름이다.

세째, 외계의 악의 무리가 '동양 여성'으로 설정되어 있는 점은 필자를 무척 당혹스럽게 한다. 마녀의 부하들은 모두 동물 이미지를 변형시킨 인형으로 표현하면서 유독 마녀와 그의 행동대장 격인 칼잡이는 동양의, 그것도 극동 지역 여성의 외모를 하고 있다. 어디까지나 추측이지만 그것은 일본에 대한 미국의 경계심에서 비롯되지 않았나 싶다. 가령 위성방송을 통해본 WWF 프로 레슬링에서 일장기를 휘날리며 등장하는 챔피언 요코즈나가 미국 관중들의 가장 큰 적개심과 경계심의 대상으로 설정되고 있듯이 말이다. 미국 레슬러를 떡치듯 메어쳐 버리고 승리감에 도취되어 있는 그의 야수적인 모습은 언제나 근접촬영으로 화면을 꽉 채우는데, 미국의 가장 큰 잠재적 도전 세력으로서의 일본에 대한 경계와 적대감이 그 험상궂은 얼굴을 통해 구체적인 이미지를 얻게 된다. 파워 레인저를 못살게 구는 마녀가 동양 여성의 모습을 하고 있음으로써 마찬가지 의미를 발생시키고, 또 (경계의 대상을 이미지로 구체화시키는) 마찬가지 기능을 하는 것 같다.

두 번째 역설, 자아와 타자의 전치

여기에서 <무적...>의 두 번째 역설이 드러난다. 이 영화의 이런 미국풍의 것들은 미국의 어린이 시청자들에게 동일시 대상으로서의 자아(파워 레인저)와 그 대립항으로서의 타자(동양 여성의 모습을 한 마녀 집단)의 설정을 자연스럽게 만들어주지만, 동양인의 외모를 하고 있는 한국 어린이들에게는 그 자아와 타자가 전치되게 된다. 한국인은 미국에 외재하고 있어서 미국인에게 한국인은 타자이다. 모든 풍속과 말과 몸짓이 어색하고 이질적으로 여겨지게 마련이다. 하지만 한국 어린이들이 그렇다고 해서 <무적...>에 등장하는 마녀와 그의 행동대원인 여자 무사에게 동일시 할 수 있겠는가. 그러므로 미국인에게 타자인 한국 어린이들은 <무적...> 속의 타자인 동양계 마녀가 아니라 <무적...> 속의 자아인 서양인 파워 레인저에게 동일시 할 수밖에 없다. 이때 파워 레인저의 다섯 명 가운데 동양계가 한명 섞여 있다는 것이 좋은 다리 구실을 해준다. 하지만 그 노란 빛깔 옷을 입고 있는 동양계 파워 레인저는 어디까지나 미국의 자아의 테두리 안에 있는 존재이고, 그러므로 그 테두리 밖에 존재하는 한국 어린이 시청자들은 그 테두리 안으로 자연스럽게, 어쩔 수 없이, 그리고 마치 자청한 듯이 들어가게 된다. 미국적 관점의 내면화를 어찌 막으랴. 그 결과가 한국 어린이로서의 정체성의 확보가 아님은 자명하다.

필자가 보기에 <무적 파워 레인저>라는 미국 영화는 겉으로 드러난 폭력성도 문제이지만, 그 밑에 깔린 미국적 관점과 자세가 어린이 시청용 프로그램이 되어선 안되는 더 큰 이유가 되는 것 같다. 이 프로그램의 경우 폭력성도 결국은 미국식 문제 해결 방식에서 빚어진 성격이 강하다는 것은 이미 말한바 그대로이다. 이런 미국풍 영화를 어린이들에게 덜 폭력적이라는 이유로 보여주자고 하는 (업자 쪽의) 주장이나, 미국풍의 것들이 우리와의 관련 속에서 어떤 의미를 갖는가에 대한 진지한 성찰 없이 그저 막연하게 지구를 보호하고 코스모폴리타니즘을 외친다고 해서 긍정적이라고 하는 (방송사나 심의위원 쪽의) 주장들이 시민의 경제활동의 자유를 가장한 상업적 이기주의이거나 어린이 영상물에 대한 주관 없는 오독으로 여겨지는 까닭이 바로 거기에 있다.

(한국사회와 언론)

신토불이 만화영화

아기공룡 둘리

달려라 하니

초저녁 시간대에 채널마다 두 편씩 연이어 만화영화가 편성된 걸 보면 역시 만화영화는 어린이 시청자들에게 잘 팔리는 상품인가 보다. 대부분을 차지하는 수입물들과 그 틈새에 끼어있는 국내 제작 만화영화들을 비교해 보면 좋은 만화와 나쁜 만화의 선명한 차이를 느끼게 된다.

동네 비디오 대여점에 들르면 아이 몫의 테이프도 하나 빌려야 한다. 대여중인 프로들을 통해서 그 인기판도를 짚어볼 수 있는데, 요즘은 <사랑의 천사 웨딩 피치>나 <천사소녀 네티>같은 여자아이들 취향의 수입 만화영화의 인기가 최고인 것 같다. 그런데 알고 보니 이 만화영화들은 먼저 텔레비전에서 방송됐던 것들이다. 같은 프로라 해도 보고 또 보는 아이들의 강박적인 반복 시청 행태 덕택에 텔레비전에서 종영된 직후에 비디오로 출시가 되어도 그렇게 높은 인기를 끄는 것이리라.

그런데 딸아이가 몰입해서 보는 그 만화영화를 어느 날 곁눈질해 보았더니, 주인공이 소녀들일 뿐 지금까지 소녀에게 부여되어온 고정관념과 사뭇 다른 행태를 보여주고 있다. 이들은 이를테면 초능력을 부여받아 모인 특공대 전사들로서 세상을 "미움, 증오, 질투"로 가득 차게 하려고 파견된 어둠의 여왕의 부하들을 물리친다거나, 의도(義盜)로 변신해 악인들의 정체를 폭로하고 단죄한다. 그런 의롭고 적극적인 행태들이야 신세대 소녀들에게 권장되어야 할 덕목이지만, 그들이 악인들의 폭력에 맞서 행사하는 대응 폭력들과 힘의 우위에서 상대를 격멸시키는 정서에 대해서는 거부감이 든다.

요즘 텔레비전에서는 국내 제작 만화영화들이 줄줄이 이어서 다시 방송되고 있다. <두치와 뿌꾸>, <달려라 하니>는 현재 방송되고 있고, <꼬마공룡 둘리>, <영심이>, <은비 까비의 옛날 옛적에>, <날아라 수퍼 보드> 등이 그에 앞서 방송되었다. 이미 한 번 이상씩 다 본 것들이지만 다시 보는 재미가 쏠쏠할 뿐 아니라, 우리 아이도 아주 좋아한다.

우선 이 만화영화들의 배경이 한국이어서 기분이 좋다. 일본에서 수입된 만화영화를 보다가 돌연 게다짝을 신고 뻐드렁니를 드러낸 캐릭터가 등장할 때 느꼈던 불쾌감이 없다. 더욱이 둘리, 영심이, 하니, 두치 등은 모두 서민 가정의 보통 수준의 아이들이어서 우월감이나 이기주의보다 연민과 동정, 익살과 관용 등 더 성숙한 가치관과 성실한 삶의 자세를 접할 기회를 준다.

그래서 이런 신토불이 만화영화들을 보면서 아직 우리 방송에 일정한 양식이 살아있다는 생각을 하게 된다. 수입 만화영화들에서 드러나는 황폐한 정서와 대결의식, 폭력성 등과 비교하면 얼마나 훌륭한 작품들인가. 그래서 지금까지 제작된 이 만화영화들을 번갈아가며 무한정 재방송하는 것도 괜찮을 듯싶다. 우리의 일상생활과 인간관계가 표현된 이 만화영화들은 한 때의 홍행거리로 치부하기에는 그 가치가 훨씬 더 크다.

(뉴스 메이커)

2) 대학생

대학생의 상품화, 대학생 장르의 계층화

TV속 대학생의 상품화

돌이켜 보면 70년대에는 대학생들이 텔레비전을 매개로 한 사회적 관심의 중심에 있지 못했던 것 같다. 대학야구보다 고교야구가 더 인기 있었고, 텔레비전 인기 프로그램들도 <장학퀴즈>, <우리들 세계>, <제3교실> 등 고등학생들이 출연하거나 그들을 소재로 한 프로그램이었다. 다만 <오라 오라 오라>같은, 지금의 기준으로 보자면 노래와 토크와 게임이 혼합된 프로그램이 두 편쯤 있어서 이른바 '통기타와 청바지'라는 상징을 흥행 자원으로 삼는 수준에 머물렀을 뿐이다.

그 원인으로 우선 떠오르는 것은 당시 대학생 인구가 그만큼 적었다는 점이다. 흥행 시장이 되기에 규모가 작았고, 대학생 정서가 불러일으킬 수 있는 공감의 폭이 그만큼 제한적일 수밖에 없었다. 대중매체가 지향하는 대중성의 울타리 안으로 대학의 어떤 저항적 분위기를 끌어들이기에는 아직 대중문화 산업의 조리 기술도 미숙하고 순박했을 것이다. 따라서 대학생은 텔레비전에서 거의 배제된 영역이었다. 80년대 중반에 이르러 한때 '좌익 운동권'이라는 새로운 상징을 강요받느라 텔레비전에 언급되던 경우를 제외하고는 그런 경향은 그대로 이어졌다. 80년대 말에 이르러 이른바 '운동권 대학생'들이 드라마에 소품처럼 등장하기 시작했고, 한때 유행처럼 팔려 나가기도 했다.

그러던 어느 날 문득 세상이 변했고, 대학생들이 대거 텔레비전의 울타리 안으로 들어왔다. 그러나 그 모습은 지난 십 수 년 간 기다려온,

세상이 아주 조금만 더 좋아진다면 다른 문화 영역은 물론이고 마지막으로 텔레비전에서도 조금쯤은 진지하게 대학생의 현실을 소재로 삼아 프로그램을 제작하게 되려니 하던 기대와 아주 다른 것이었다. 더 기막힌 것은 텔레비전이 이제 대학생에 대해 그런 진지한 표현을 할 시대는 (다가오기도 전에) 물 건너가 버렸다는 표정을 짓고 있는 점이다.

<사랑이 꽃피는 나무>, <우리들의 천국>, <내일은 사랑> 등 '대학생 드라마'를 보노라면 그게 도대체 <호랑이 선생님>이나 <맥랑시대>와 다른 점이 무엇인가 하는 의문이 든다. 그 등장인물이 초등학생과 고등학생이냐 아니면 대학생이냐는 차이와 공간적인 배경이 교실이냐 교정이냐의 차이를 제외하고는 이야기 전개상 아무런 다른 점이 없다. 사소한 오해에서 빚어진 갈등은 반성과 양보를 통해 화해로 이어지고, 이기적인 욕망에서 비롯된 연애감정은 우정으로 승화되는 일련의 수순을 보더라도 그렇고, 그런 사건들에 중재자로 개입하여 질서회복에 기여하는 영웅들의 존재는 어디에도 빠지지 않는 등 일종의 판박이를 연상케 한다. 거기에 현실은 없고 다만 소아병적 감정들만 꼴사납게 불거져 나와 있을 뿐이다.

대학생들이 주로 등장하는 다른 프로그램들을 보자. <사랑 만들기>, <청춘 스케치>, <열전 달리는 일요일> 등 우선 그 수가 크게 늘어났음에 놀라게 된다. 90년대는 대학생의 시대인가. <열전 달리는 일요일>에서 대학생들은 그 육체의 활력이 강조된다. 젊음이 가진 상품성들 가운데 하나를 볼 수 있다. <청춘 스케치>에서 대학생들은 노래 경연을 펼치고 개그맨 흉내를 낸다. 대학생의 상품성 또한 연예 문화에 준거함을 알 수 있다. <사랑 만들기>에 이르러 그렇게 뛰어 놀던 대학생들이 마침내 짝짓기를 시도한다. 이것이 대학생들이 가진 상품성의 세 번째 요소이다. 그렇게 매주 몇 십 명씩, 일 년이면 몇 천 명의 대학생들이 공

개리에 뛰어 놀고, 노래 부르고, 짝을 지으면서 상품으로 팔리고 있다.

이런 요소들이 특히 대학생이기 때문에 상품화 되는 근원은 무엇일까. 아마도 그들이 사회적인 이런 저런 의무로부터 면제된 존재, 쉽게 말해서 놀고먹는 존재라는 인식에서 비롯된 것이리라. 거기에 더하여 텔레비전에서는 그 동안 별로 써먹지 않은 새 상품이기도 하니 더욱 그만 아닌가.

세상 고민을 자기 한 몸으로 모두 감당하려는 가장 이타적이고 금욕적인 모습이었던 대학생의 상이 어느덧 세상 고민으로부터 유일하게 등 돌린 가장 이기적이고 탐욕스런 모습으로 바뀌어 있다. 물론 현실이 바로 그런 것은 아니다. 다만 방송인들의 머릿속 풍경일 뿐이다. 방송 제작자들의 그런 희한한 발상이 간판 옆에 '아르바이트 대학생 고용'이라고 특별히 써 붙여 놓은 술집 주인의 그것과 얼마나 다른 것인지 궁금하다.

대학의 서열과 장르의 계층분화

KBS <코미디 일번지>
'열려라 강의실'

텔레비전 프로그램에서 대학생이 상품화된 것은 어제 오늘의 일이 아니다. 때에 따라서 그 정도가 더하거나 덜하거나 해왔을 따름이다. 그래서 이제 다시 <코미디 일번지>나 <TV퀴즈 미팅>을 두고 대학생을 상품화한다는 혐의로 비난하기도 멋쩍다. 또, 대학생 스스로 흔쾌히 TV 상품이 되고자 하는 추세라면 오히려 그런 비난 자체가 시대착오적인 것일지도 모르겠다. 하지만 다시 한 번 대학생의 상품화를 거론해야겠다. 여기에는 텔레비전 장르에 대한 그리고 사회의 계층분화와 관련한 우리 사회의 고정관념, 더 노골적으로 말하면 차별의식이 깊이 개입되어 있다고 보기 때문이다.

우리 사회에서 대학생은 단일한 계층 단위가 될 수 있을까, 없을까? 텔레비전을 보면 대학생은 분명 단일한 계층이 아니다. 그 범주 안에서도 다시 성격 구분이 확연하게 이루어진다.

예를 몇 개 들어보자. MBC에서 새로 시작한 <청소년 음악회>에서 처음 찾아간 학교가 어디였나를 상기해 보자. 어째서 그 대학이었을까? 그야 묻는 사람이 바보다. 적어도 처음 나가는 간판이 그쯤은 돼야 사람들이 수긍할 것 아닌가. 앞으로 이 프로그램은 어떤 대학들을 주유할까. 그 명단은 필시 <열린 음악회>가 가지고 있으리라. 그리고 그 명단은 <퀴즈 미팅>에 출연한 그리고 앞으로 출연할 학생들의 대학교 목록과도 크게 다르지 않을 것이다. 그리고 <행운의 스튜디오>에 최근 맛배기처럼 끼어들고 있는 대학원생들의 학교 명단마저도.

이 모든 프로그램들에 전혀 그 이름을 내비쳐본 적 없는 대학교의 명단은 무엇을 말해주고 있는가? 다른 예로 넘어가 보자. <코미디 일번지>의 '열려라 강의실'은 전문대학들을 찾아다니며 학교생활을 코미디로 각색하고 있는 점이 아주 재미있다. 비록 그 포맷 자체는 자주 반복되어온 교실 상황이지만, 그보다 앞선 사례들과 비교할 때 '열려라 강의실'은 찾아간 학교의 특성이 웃음의 자원이자 풍자의 대상이 되고 있는 점에서 더 구체적인 재미를 준다. 특히 연기자들의 입을 빌어 재단 쪽에 외치는 그 함성은 위태롭다 싶을 정도로 거침이 없다. 하지만 그럼에도 불구하고 여전히 속 시원한 웃음은 아니다. 코미디 장르에 대한 통념(저질)과 음악회(품위)나 퀴즈(지식) 장르에 대한 그것 사이의 차이 때문이다. 그리고 장르에 대한 그런 고정관념에 대응하여 학벌이 발휘하는 상징적 위력이 마음에서 영 떠나지 않기 때문이다.

그런 꺼림칙한 기분의 정체는 '캠퍼스 미팅'순서가 되면서 분명해진다. 지나치게 선정적이어서? 물론 아니다. 여기에 가끔 초대되는 4년제 대학에 재학 중인 학생들은 언제나 남성이기 때문이다. '캠퍼스 미팅'은 방문한 대학의 학생들과 그 이성 파트너로서 인근의 다른 대학의 학생들 사이에 이루어진다. 그날 찾아간 그 전문대학에서 남학생들이 미팅에 나설 경우에는 근처 다른 전문대학의 여대생들이 상대로 초청된다. 그런데 반대의 경우에는 4년제 대학 남학생들이 초대된다. 행여 진행자가 여학생에게 이런 질문이라도 하게 되면 그 답변을 기다리는 (필자의) 심정은 소위 스릴과 서스펜스에 비견된다. "같은 학교 남학생들과 여기 초대된 남학생들을 비교해서 누가 더 나은 것 같습니까?" 그때 나는 그 학교 남학생이 된 것처럼 위축되는 느낌을 떨치기 어렵다.

대학생의 상품화를 얘기하자면 이제 상품이 될 수 있는 대학생과 상품성 없는 대학생이 구분되고 있는 사정까지 얘기해야 한다. 또, 상품의 성격에 따라서 문화와 연결되는 대학 또는 지식 대결과 연결되는 대학이 있는가 하면, 웃음이나 풍자와 맺어지는 대학이 그 반대편에 있다. 그렇게 그들 사이에 구분이 이루어진다.

학력파괴의 무성한 구호에도 불구하고 많은 경우 기업체 지원 자격이 4년제 대학 졸업자로 못 박혀 있다. 물론 4년제 대학이라고 해서 모두 같은 상품성을 띠는 것은 아니다. 유독 몇몇 대학은 이 프로 저 프로에 단골로 등장하지만, 이른바 기타 대학들이 화면에 잘 비쳐지지 않는 이유가 뭐겠는가.

결국 이런 구분이 어디에서 비롯되는가하는 것은 그리 어려운 문제가 못된다. <시사매거진 2580>에 모범적인 전문대 교육의 사례로 제시된

학교의 경우에도, 방송국 프로듀서가 될 수는 없다고 한다. 물론 학력제한 규정 때문이다. 그러니 누가 이런 현실적인 조건들과 문화적·정서적 구별의 배경이 다르다고 말할 수 있으랴.

(TV 저널)

<94 대학가요제> '상투성' 깨우쳐주는 신선한 변신 돋보여

올해 대학가요제를 보고 '전형성'과 '상투성'이 얼마나 다른 개념인가를 생각했다. 거칠게 구분하자면 전형성이 한 사물의 본질에 접근하는 개념, 그래서 겉보기의 허위를 극복하게 하는 것이라면, 그에 반해 상투성은 오히려 겉모습에 익숙하다는 이유로 본질을 잊게 만드는 것이 아닌가 싶다. 단적으로 말해서 올해의 MBC 대학가요제는 대학가요제의 전형을 보여주었다. 아울러 최근 대학가요제의 상투성까지 반성하게 해주었다.

굳이 '대학'가요제라는 것이 성립하는 요건은 무엇일까? 이 질문은 대학가요제의 의미를 묻는 것일 텐데, 여기 대답을 하려면 대학가요제의 대립항을 생각해 보아야 할 것이다. 대학가요제가 시작될 무렵 그것의 의미를 만들어준 상대방은 기성 대중가요였다. 돌아보면 기억에도 새로운 '가시리' '백팔번뇌' 등이 이어받고 있는 전통 정서, '탈춤'과 '해야'같은 곡들이 들려준 박력있는 음향, '연극이 끝나고 난 뒤'에서 경이롭게 느껴졌던 세련미, '다정한 연인'이나 '밀려오는 파도 소리에'의 서정 등은 이미 그 시절을 거쳐 온 지금의 기성세대에게는 즐겨 합창하는 고전이 되었다. 당시 대학가요제의 노래에는 기성가요에서 찾을 수 없었던 대학생들의 생명력과 실험정신 같은 것들이 느껴졌고, 그렇기 때문에 기성의 대중가요에 대한 신선한 대안이 될 수 있었다.

그런데 매년 주요 출전 대학생들은 거의 예외 없이 기성 대중가요계에 편입되었고, 해가 갈수록 그런 가요계의 자원 공급 기능이 굳어져갔다. 결국 근래 들어서는 대학가요제의 상업화에 대한 비판이 가끔씩 제기되는 지경에까지 이르렀는데, 필자의 눈에는 거기에서 한 걸음 더 나가 대학가요제 참가곡들이 기성 가요계의 동향에 의존하는 모습까지 보였다. 다시 말해서 대학가요제에서 기성가요제와 다른 모습을 찾기가 어렵게 되었다는 뜻인데, 그렇다면 이제 기성대중가요는 대학가요의 대립항이 아니라 그것마저 슬하에 거느린 어미 문화가 되어버린 것이 아니겠는가.

하지만 그것은 대학문화의 탓이 아니다. 지금도 신입생들은 대학에 진학하여 그 공간을 독특하게 채우고 있는 문화를 체험하면서 자신의 정체를 새로 만들어 가고 있다. 다만 그 문화의 주조가 정치적 저항에서 좀 더 다양한 관심들을 포괄하는 것으로 확대된 것이 변화라면 변화라고 할 수 있을 것이다. 그런 변화는 차라리 대학가요제의 문화적 토양을 더 기름지게 하는 것으로 보아야 한다. 다만 대학 문화의 다양성 속에서 어떤 전형을 찾아낼 것인가 하는 점이 좀더 생각할 과제가 되었을 뿐이다.

올해의 대학가요제는 어찌 보면 가장 기본적이라고도 할 수 있는 이런 문제에 대한 하나의 모범답안이었다. 앞서 말한 기존의 상투성을 깨우쳐주는 전형성에 다가섰기 때문이다. 먼저 프로그램을 대학생 노래동아리 '메아리'가 '선언'을 부르면서 시작하고 있고, 2부의 '한국 대학가요사' 특별 공연과 선배들의 당시 회고담이 그랬다. 이상은 대학가요의 전형을 진보적인 전통에서 찾고 있음을 나타낸다. 단, 그 진보성은 시대상황에 의해 다른 모습을 띠는 것일 뿐, 대학생들에게는 진실된 그들의 삶의 표현이었다는 점에서 배타성이나 독단과는 거리가 먼 것이다.

이번에 출전한 곡들은 다양한 관심과 취향을 드러내면서 동시에 대학생이기 때문에 갖는 바로 이런 진실함에서 우러나는 기운과 자기주장을 공통되게 보여주었다. 그것은 대학문화가 올해 들어 돌연 바뀌었기 때문이 아니라 그것을 추려내는 대학가요제의 틀이 제자리를 잡았기 때문이다. 이 대학 저 대학을 옮겨 다니는 시간 강사라서 비교적 여러 지역의 대학생들에게 물어 볼 수 있었는데, 학생들이 이번 대학가요제에서 가장 인상 깊게 느끼고 있는 점이 바로 심사위원들이었다. 그러고 보면 이제까지 대학가요제 심사를 맡아온 사람들이 누구였는지 기억되는 얼굴이 한명도 없다. 그 말은 지금까지 대학가요제를 봐오면서 누가 어떤 기준으로 대학가요의 수준과 경향을 평가하고 재단해왔는지에 대해서 한번도 관심을 가져본 적 없이, 그저 좋은 곡이라서 상을 타려니 하고 '상투적'으로 받아들여 왔다는 말이다.

물론 올해의 대학가요제를 생소하게 혹은 부담스럽게 여기는 학생들도 있었지만 그것 역시 올해의 대학가요제 탓이 아니고 그 학생들이 현대사를 일궈온 대학생들의 전통으로부터 단절되어있기 때문이라고 보인다. 물론 사회는 변해갈 것이고 대학가요제 또한 계속 변해갈 것이다. 하지만 그런 변화 속에서도 대학문화는 항상 그 사회의 진보성의 원천이라는 본질은 달라지지 않을 것이다. 대학가요제가 그런 제자리를 다시 확인하는 이번과 같은 노력은 발전의 기운으로 응집될 수 있을 것이다.

(TV 저널)

3) 청년과 직장인

<TV 청년내각>

MBC <TV 청년내각>

어째서 그는 내각을 꾸몄을까? 주철환 프로듀서의 새 작품 <TV 청년내각>을 보고 떠오른 첫 번째 궁금증이다. 그는 텔레비전 내각을 통해서 현실의 내각을 풍자하고 싶었을까, 아니면 기존의 토크쇼나 게임쇼들과 다른 '수다떨기'의 새 방식을 고안해 보고 싶었던 것일까?

세 차례 방송된 모습을 보니 그에게 현실의 내각을 풍자할 의도는 없었던 것 같다. 그 프로그램 속의 국무위원들은 각자 해당하는 현실의 국무위원들을 원전으로 참조하고 있지 않았다. 즉, 인물을 흉내 냄으로써 풍자하는 방법을 구사하고 있지 않았고, 또 국무회의가 정말 저런 식으로 진행되려니 하는 현실감을 보여주지도 않았다. 대학생들은 물론이고 직업 연예인들도 연출되지 않은 자연인에 가까운 모습이었다. 그들은 모두 어느 날 문득 자신에게 도착한 발령장을 받고 그 직함에 걸맞은 준비를 전혀 하지 않은 상태에서 낙하산을 타고 그 자리로 내려온 것인 냥 무념무상의 표정을 짓고 있었다.

그렇다고 해서 그 프로그램을 통해 수다를 떨 의향이 있는 것 같지도 않았다. 수다 떨기의 핵심은 준비된 대화거리를 토대로 하여 준비되지 않은 즉석 발언의 돌출에 있다고 생각하는데, 그 자리에서는 준비된 대사 이외에는 잘 들리지 않았기 때문이다. 수다는 윤석화 총리 혼자만 떨고 있다. 하지만 그것은 총리의 잘못이 아니다. 다른 장관들의 발언 능력이 무대를 장악할 만한 것이 되지 못한 데에서 비롯된 불균형이라고 해야 할 것이다. 더 큰 문제는 그들 사이에 대화가 없다는 것이다. 서로 주고받고, 또 주고받는 가운데 대화가 무르익어가야 할 텐데, 장관과 총리는 모두 논제의 배경을 늘어놓는데 급급했다. 그 배경설명을 한 순간 휘어 감으며 보는 사람으로 하여금 탄성을 내뱉게 할 촌철살인의 펀치라인을 구사할 역할은 폭탄 넘기기 하듯 아슬아슬하게 서로 떠넘기며 고개를 숙인 채 복지부동 하고 있었다. "청년장관, 너희들마저!"

두 번째 궁금증은 어째서 대학생들을 내각과 의회와 기자석에 앉혀놓았을까 하는 점이다. 주철환 프로듀서의 이름을 시청자들의 기억에 아로새겨준 프로그램인 <퀴즈 아카데미>에서 급전을 당겨쓸 처지여서 그랬을까. <퀴즈 아카데미>는 당시 사회에 널리 퍼져있던 대학생에 대한 경직된 통념을 깨고 그 속을 흐르는 발랄한 기운을 포착하여 그 기운을 담아내는 장으로서의 구실을 했다는 점에서 텔레비전의 빛나는 성취로 기억된다. 그런데 그 대학생들이 내각과 의회와 기자의 자리에 앉아있는 모습은 발랄하지 않다. 성숙되거나 치열한 모습은 더더욱 아니다. 그런 정체성 상실이 요즘 대학생의 본모습이라서 일까? 고려대 무슨 과, 서강대 모모과라고 나오는 자막을 보고 있자니 그 향수가 느껴진다. 몇 년 전만해도 이런 자막은 참 신선했었는데.

셋째, 이 프로그램은 누구를 지향하는 것일까 하는 궁금증도 들었다. '3D 업종'을 굳이 자막으로 설명해준 것은 누구를 배려해서였을까? 문화부 장관이 그 가운데 하나를 '댄싱'으로 착오하게 하는 (진부하고 서툰) 수법은 누구에게 웃음을 줄 수 있을까?

이 프로그램은 처음부터 다시 시작해야 한다. 첫째, 왜 내각일까, 둘째, 왜 청년일까에 대한 주장이 있어야 한다. 그리고 셋째, 출연자들의 충분한 연습이 필요하다 (물론 출연하지 않는 사람들의 자료 조사까지 포함해서).

프로그램을 한번, 두 번 해가면서 출연자들의 연습효과도 기대했다면 이번 내각은 단명해선 안 된다. 무능한 내각이라면 퇴진시키는 것이 마땅하지만 다음 내각을 유능한 인사들로 채울 자신이 있을 때에 한한다는 조건을 달고 싶다. 그 유능함이란 결국 충분한 연습을 하고 촬영에 임하는 것에 다름 아니리라.

시청률의 높고 낮음은 시청자들에게 하등 중요한 것이 못된다. 어떤 프로그램이 그 나름의 작품성을 성취하고 있다면 오히려 시청자의 수가 적은 만큼 같은 시간의 다른 프로그램이 아닌 바로 그 프로그램을 선택한 이유가 그들에게 더 강하게 작용했을 테니까 그만큼 그 프로그램에 대한 그 소수의 지지 열기는 더 강렬한 것이 아니겠는가. 그 한 지지자로서 마지막으로 몇 마디 더 한다면, 국무회의 장소이자 의회이자 기자회견 장소인 무대가 지금은 너무 위압적으로 다가온다. 오순도순 모여 앉은 작은 정부는 꽤 아름다울 것 같다. 그리고 각부의 구성과 명칭도 꼭 현실에 얽매일 필요 없이 통폐합과 신설을 하면 더 많은 얘깃거리가 생길 것도 같다. 그리고 총리를 배제한 무슨무슨 대책회의가 옆방에서 벌어지고 있다면 그 내각은 아연 긴장하지 않을까. 여러 상념이 오간다.

(TV 저널)

<성공시대> 맹목적 상승지향 욕구만 부각

KBS 1TV <성공시대> (수 오후 7시 40분)가 두드러지는 까닭은 방송에서 사무직 노동자 계층을 본격적으로 다루는 최초의 프로그램이기 때문이다. 그 내용은 사무직 노동자 계층의 현실과 이상을 중심 소재로 한 방담으로 이루어지는데, 여기에 어느 평사원의 직장생활과 사장의 인터뷰 등이 곁들여진다.

프로그램의 진행방식도 독특해서 특별한 연출 없이 현장 진행자의 속도감 있는 진행에 크게 의존하고 있다. 진행 도중 연신 시계를 들여다보는 진행자의 모습은 마치 출근시간에 쫓기고 거래처와의 다음 약속시간에 쫓기며 사는 월급쟁이들의 삶을 보는 것 같다. 송지헌 아나운서의 사회 솜씨도 돋보인다.

대화의 내용들은 그저 흔하디흔한 질문과 대답일 뿐이다. 이를테면 "샐러리맨의 성공비결은 뭐라고 생각하나?"라는 질문에 "전날 술자리에 빠짐없이 참석하고도 다음날 맑은 정신으로 출근할 수 있는 체력을 기르는 것이다"와 같은 대답이 오간다. 그런 피상적인 대화가 긴박한 공간이동 즉, 시청자의 시선이동을 유도하며 이루어지기 때문에 프로그램의 전체 분위기는 시작부터 끝날 때까지 아주 고무돼 있다.

그러나 결국 잘 뜯어보면 <성공시대>가 보여주는 화이트칼라의 이상이란 장선우 감독의 영화 '성공시대'에 나오는 김판촉(안성기)의 맹목적인 상승지향욕구와 크게 다를 바가 없다. 더욱이 이제 더 이상 팽창형 경제구조가 아닌 현실에서 사무직 노동자에게 성공을 강조한다는 것은 경제를 살리기 위해 음식찌꺼기를 남기지 말자는 경제캠페인과 마찬가지로 문제의 본질을 가리는 것일 뿐이다. 그래서 <성공시대>가 화이트칼라의 진지한 자의식을 배제시킨 채 분위기만 띄우는 것을 보면 마치 "중산층의 허위의식이여 다시 한번"하고 외치는 것 같다. 또, 말끝마다 내지르는 "와, 와"하는 함성은 과시적인 집단의 단합으로서 곧 배타성과 집단이기주의를 느끼게 하여 보는 사람을 긴장하게 만든다.

한 계층을 정면으로 탐구하는 프로그램으로서 <성공시대>의 기획은 높이 평가할 만하지만, 어째서 그들의 건강성과 진보성이 아니라 하필이면 허위의식에 초점을 맞추었는지 이해하기 어렵다. 그것이 방송사의 의도가 아니라 한계이길 바랄 뿐이다.

(한겨레신문)

4) 아줌마와 고향

<가족 오락관> 아줌마들과 함께 하는 유쾌한 자리

<가족 오락관>은 보는 사람의 마음을 푸근하게 해준다. 경쟁성과에 따라 프로그램 교체가 수시로 이루어지는 살벌한 요즘 방송가에서 보기 드문 장수 프로그램이라는 점 때문에 더욱 그렇다. 한때 제작에 참여했던 프로듀서의 말에 따르면 <가족 오락관>이 장수하는데에는 돈과 노력을 크게 들이지 않고도 기본 시청률을 꾸준히 올릴 수 있는 포맷 덕을 많이 보고 있다고 한다. 결국 이 프로그램이 그동안 장수하면서 포맷이 정립될 수 있었고, 그 덕에 계속 장수할 수 있다는 말이다. 장수 그 자체가 장수의 가장 큰 밑천이 되고 있는 이 자생력의 놀라움.

추측하건대 방송사 입장에서도 이런 프로그램의 장수가 발휘하는 부대 효과는 여러 가지가 있다. 연예 · 오락 분야의 신참 프로듀서들의 훈련의 장이 될 수도 있고, 그런 게임 프로그램의 새로운 포맷 개발의 시험장이 될 수도 있다. 가끔은 그 제목만 들어도 식상한 느낌을 주기도 하지만, 시끄러운 세상사 쪽으로 눈 돌리고 싶지 않을 때면 찾아가서 한 오십분 동안 유쾌하게 몰입하게 해주는 점만으로도 <가족 오락관>의 존재 이유는 충분하다.

KBS <가족 오락관>

그 유쾌함에는 '아줌마'들 공이 크다. 방청객이면서 정답을 찾지 못해 전전긍긍해하는 출연자들에게 조그만 소리로 답을 가르쳐주는 소박한 참여도 부정행위로 보이기보다는 오히려 유쾌한 익살로 여겨진다. 또, 출연자들이 노래 제목을 맞추면 그 노래를 가사, 음정, 박자 틀리지 않게 부르는 정식 참여자가 되기도 하는데, 이것은 바로 '아줌마'만이 해낼 수 있는 몫이다. <가족 오락관>이 마련한 이 자리에서만은 그들은 더이상 어느 남자의 아내 혹은 누구의 엄마로서가 아니라 자기 자신의 여흥을 즐기는 존재가 될 수 있다. 그래서 한때 그 아줌마들에게 웨딩드레스를 입혀 한 코너를 만들었을 때는 재미가 적었다.

아줌마들을 참여시킴으로써 이 프로그램이 얻는 효과는 방청객을 참여시킨다는 외형 이상이다. 그 여흥을 북돋아줄 수 있는 출연자가 꼭 섭외된다는 것도 결국은 그 아줌마들의 존재가 발휘하는 압력이다. 물론 진행자로서 최장수를 누리고 있는 허참의 매력도 아줌마들과 어울어짐으로써 부각된다. 이 아줌마들은 결코 스타가 된다거나 국회의원이 되려고 카메라 앞에서 안쓰러운 오버 액션이나 가식적인 언행을 보이지 않는다. 출연자들도 굳이 이기려고 악을 써대지 않는다. 진행자도 어느 편이 몇 점 이기느냐를 다만 진행의 단락을 맺기 위해 확인할 뿐 승패를 중시하지 않는다. 참여자 모두가 한데 어울려 화기애애한 놀이를 할 따름이다.

저마다 잘났다고 공주병이란 말까지 나도는 싸늘한 시대에 이웃 아줌마들의 거리낌 없는 낙관적 웃음을 볼 수 있는 것도 텔레비전 시청의 행복 가운데 하나다.

(뉴스 메이커)

<6시 내 고향>

KBS <6시 내 고향>

제대로 운영되기만 한다면 공영방송은 장점이 많은 제도이다. 특히 광고주들이 외면하는 구매력 없는 시청자나 소수의 관심사까지 감싸 안는다는 점에서 더욱 그렇다. 국악이나 과학, 농어촌 프로그램들은 늘 새벽 아니면 한밤중과 같이 편성표상의 변방지대로 밀려나기 일쑤였고, 그 주된 목표 시청자들조차 외면할 만큼 무성의하게 꾸며졌던 것이 그간의 사정이다. 이런 사정은 최근 KBS의 경우 많이 나아져서 <인체의 신비>, <우주의 신비>로 이어지는 수입·가공과학다큐멘터리와 <국악춘추>같은 프로그램들이 비록 그 수는 적어도 관심의 열기는 뜨거운 소수 시청자들의 욕구에 잘 부응하고 있다.

<6시 내 고향>은 이런 뜻에서 공영방송이 아니고는 제작할 수 없는 또 한편의 프로그램이다. 더욱이 시간대가 막 텔레비전을 켜기 시작하는 저녁 6시인 것도, 영화관에 비유하자면 본 프로그램에 들어가기에 앞서 보여주는 문화영화와 비슷한 자리라고나 할까. 어쨌든 고마운 일이다. 내용도 소박한 가운데 다채롭게 꾸며진다. <현장기록, 요즘사람들>같은 인간다큐멘터리 유형도 있고, 대전에서 열린 '미아 찾아주기 캠페인'같은 사회활동을 전국에 알려주기도 한다. 고향의 자랑거리를 그 지역사람이 직접 출연하여 소개하는 것도 그럴듯하다.

'영상과 내고향' 순서는 영상음악 형태를 띠는데, 장흥에서 키조개를 따는 물밑 장면을 카메라에 담기도 했고, 만리포 근처 국도변에서 하교길의 남녀 초등학생이 말다툼하는 장면을 작품성 높게 재구성한 '열기'편은 특히 재미있었다. '내 고향 장터'편을 통해서는 우리 농산물을 소개하는데, 단순한 서술식이 아니라 조리법과 구입처 등을 함께 알려줌으로써 보는 사람들에게 좀더 구체적인 관심을 갖게 한다.

흔히 지방을 소재로 하는 프로그램들이 새마을운동식의 계도용이거나, 지역은 뒷그림으로나 등장할 뿐 출연진은 늘 연예인들로만 채워지던 때와 비교하면 <6시 내 고향>은 지역 현실에 더 가까이 가 있고, 사람 사는 모습에서 우러나는 재미를 준다는 점에서 큰 발전을 이루었다고 평가할 만하다.

하지만 늘 웃기만 하는 진행자들의 모습은 불안하다. 또 공해산천을 피해 청정수역만 찾아다니자면 금세 다닐 곳이 바닥날 것이다. 고향은 분명 좋은 감정을 불러일으키는 상징이지만 그것은 억지웃음보다 진지한 고민 쪽에 더 가까운 것일 수 있다는 점도 프로그램에 반영되었으면 좋겠다.

(한겨레신문)

5. TV의 안과 밖

1) 편성과 캐스팅

캐스팅 변경 감상법

MBC <미망>에서
채시라와 홍리나

어느 신문사 방송 담당 기자가 전화를 해 왔다. <연어를 찾아서>에서 옥소리가 잘리고, 그 반면 <미망>의 홍리나는 예정과 달리 살아남는 현상의 문제점을 지적해 달라는 거였다. 일간신문의 연예란을 보면 이런 수준의 이슈를 얘기 거리로 떠올려 놓고 서로 주거니 받거니 반복하는 일이 흔하다. 어쨌거나 나는 그런 현상에 긍정적인 측면도 있다고 보았기 때문에 기자가 생각하는 문제점을 먼저 들어보았다.

그는 그런 캐스팅 변경은 기획 의도를 바꾼 것이니 시청자와의 약속을 저버리는 일이 아니냐고 했다. 하지만 말 그대로의 의미에서 시청자가 그런 식의 약속의 당사자로 대접받은 적이 있는지 의문이다. 프로그램 소개와 기획 의도의 발표 자체가 시청자와의 약속이라는 말에 귀를 기울인다 해도, 그것은 사실상 방송사의 자의적인 선언일 뿐 시청자가 그런 기획 의도에 동의한 적은 없다. 시청자와 방송사 사이에 대화를 나눌 수 있는 통로 자체가 없으니까. 그러니 기획 변경을 굳이 약속과 연관시키자면 그것은 방송사가 자기와의 약속을 어긴 것일 뿐이다.

캐스팅 변경과 관련해서 내가 생각하는 긍정적인 측면은 이렇다. 특히 살아남는 경우가 더 기분 좋은데, 기본적으로 한 연기자의 생명이 연장되거나 그 비중이 커지게 되는 힘은 시청자들의 호응에 있다. 대본상으로는 초기에 잠깐 나오고 말 인물이었지만, 그 몇 차례 등장을 통해 시청자들의 어떤 마음씀을 이끌어 냈기 때문에 그 연기자는 살아남게 되는 것 아니겠는가. 이런 면에서 보면 시청률 조사도 전혀 나쁜 일 만은 아니다. 어쨌거나 시청자의 마음을 방송사가 계속 읽도록 하는 통로가 돼 준다는 점에서는 말이다.

그에 반해 돌연한 출연 중단은 시청자의 의지와 거의 무관한 요인들로 인해 빚어진 경우가 대부분이다. 연기자의 개인적인 사정, 범법 행위나 비윤리적 행위, 제작진과의 알력, 심지어 대통령과 닮았다는 이유 등이 그 동안 들려 온 사정들이다.

캐스팅 변경과 관련해서 짚어야 할 텔레비전 방송의 문제는 옥소리나 홍리나의 사례와 같은 피상적인 차원에 머물지 않는다. 시청자와의 약속 운운도 그저 하기 편한 말에 가깝다. 이런 사례들을 통해 우리는 방송국을 운영하는 사람들이 방송을 사랑하지 않는 게 분명하다는 점을 짐작할 수 있다. 만약 그들이 방송을 사랑한다면, 돌연한 캐스팅 변화와 같은 임시변통을 허락하지 않는 장기적인 안목에서의 기획과 사전 제작이 일찌감치 이루어졌을 테니까. 또, 자기 방송사의 프로그램 하나하나를 소중하게 여길 것이고, 그러면 좋은 프로그램 생산 여건을 조성하려고 노력했을 것이고, 수사 기관이 대드는 스캔들도 없었을 것이며, 바깥 눈치 보느라 다 만들어진 프로그램을 갑작스럽게 송출 연기나 중도 하차시키지도 않았을 테니까.

(뉴스 메이커)

KBS 가을개편 폐지 프로그램 감상

우리나라처럼 방송 프로그램이 자주 바뀌는 나라도 드물다. 이번 가을 개편만 해도 KBS의 경우 두 개 채널에서 18개 프로그램이 없어지고 그만큼이 새로 생겼다. 한 해에 두 번씩 정규 개편이 있고 수시 개편까지 생각하면 한 해에 40여개 프로그램이 교체되는 셈이다. 이렇게 헤아리고 보니 가히 방송사의 그 출중한 기획 능력이 놀라울 따름이다. 하지만 신설과 폐지는 동전의 양면과 같아서 그만큼 많은 프로그램들이 수시로 사라진다는 점을 생각하면 프로그램들의 단명함에 다시 한 번 더 놀라게 된다.

일반적으로 시청자들의 눈에 띄는 것은 신설 프로그램이지만 방송사의 편성 정책은 폐지 프로그램들을 살펴봄으로써 더 잘 알 수 있다. 도대체 그 프로그램들은 어째서 폐지되었을까? 처음 신설될 때 의도했던 기대와 가능성을 모두 실현시키고 폐지된 것일까? 폐지 프로그램들을 한 번 감상해보자.

<X파일>이야 일곱 번째 시리즈를 마쳤으니 다음 번 시리즈가 수입될 때까지 기다려야 하는 것이고, 몇 몇 프로그램들은 정말 텔레비전 시청 매니아를 자처하는 필자조차 이런 프로그램이 있었나 싶게 시청자들로부터 외면당해온 터여서 폐지가 이해된다. 하지만 폐지와 관련하여 숙고해봐야 할 프로그램들이 몇 편 눈에 띈다.

먼저 <힘내세요 사장님>. 이 프로그램은 본 지면에서 필자가 신설 때 이미 그 폐지 시점까지 염두에 둬야 하는 프로그램의 유형으로 지목한 바 있다. IMF를 계기로 하여 유망하나 운영 자금의 어려움을 겪고 있는 중소기업체 사장들에게 십시일반으로 모금을 하여 도움을 주는 프로그램이다. 방송사에서 모아주는 격려자금이나마 지원을 기다렸으나 아직

그 차례에 이르지 못한 많은 사장님들이 느낄 순간적인 실망은 어떤 방식으로 어루만져 줄 작정인지 무척 궁금하다.

<긴급구조 119>의 경우는 119 구조대에 대한 사회적 인식을 높이는데 기여했고, 그 사명이 모두 이룩되었다는 판단에서 폐지했다고 하고, 또 <TV 책방>은 실질적으로 도서 판매 신장에 별 기여를 못했다고 보아서 없앴다는 방송사측의 설명이다. 수긍이 간다. 하지만 이 프로그램들의 폐지에 대해 관계기관이나 단체들에서 항의가 있었다고 하는데, 가령 서점업계와 출판업계, 그리고 <일요특강 나의 영농체험>의 경우는 정부 관계부처장까지 재고를 요청했었다고 한다. 편성권이야 방송사의 전문적 판단에 의하여 행사되는 고유 권한이니 그런 요청이나 항의를 고려해볼 수는 있지만 거기에 영향을 받지 않는 점은 원칙적으로 잘한 일이라고 본다. 그런데 다른 측면에서 생각할 때 그런 단체를 구성하고 있지 않은 일반 시청자들의 의견은 어떤 경로로 듣고 있을까? 개개의 프로그램에 대한 모니터 보고서는 시청자 단체들의 노력으로 방송사에 전달되지만 개편에 앞서 폐지 예정 프로그램에 대한 방송사의 의향을 전달받은 적이 없으니, 그에 대한 시청자 의견이 표명될 여지는 애초에 없다.

이번 폐지 프로그램들 가운데 방송사의 기획의 문제점을 드러내는 것들은 <어사출두>, <발굴 이 사람> 등과 같은 단명 프로그램들이다. <어사출두>의 경우는 시청률이 낮아서, <발굴 이 사람>의 경우는 발굴할 만한 사람이 많은지도 불명확할뿐더러 매주 한 명씩 문화계의 능력 있는 신인을 발굴해내는 작업은 준비되지 않은 제작진에게 커다란 압박으로 다가왔을 터이다. 이런 단명 프로그램들이 기획될 당시에 과연 얼마나 오랫동안 유지될 것으로 예상하고 시작했는지가 궁금하다. 해보고 시청률이 오르지 않으면 언제라도 폐지시켜 버릴 요량으로 일단 던져놓

고 보자고 하는 무책임은 혹시 없었는지 방송사측의 진지한 반성이 있길 바란다.

(뉴미디어 저널)

상투성 못 벗은 추석 편성

추석 텔레비전을 화두로 삼아 연상놀이를 한번 해보자. 특선 영화, 연예인 청백전, 전래문화, 씨름 그리고 고향 풍경을 전해주는 전국 연결프로그램…. 이런 목록쯤은 누구나 떠올릴 법도 한데, 방송사마다 너무도 오랫동안 그 뻔한 레퍼토리를 우려먹었기 때문일 것이다. 상투적인 편성은 이번 추석에도 되풀이됐지만, 그 가운데 몇몇 새로운 시도들이 눈에 띄었다.

먼저 수해지역과 수재민의 어려운 처지를 돌아보는 기획이 몇 편 있어서(<우리 시대>, <사랑의 리퀘스트>, <내 고향 청풍명월>) 추석 특집으로서의 상투성을 벗어날 수 있었고, 방송사들의 마음가짐도 완전히 홍청망청 흐트러지진 않았음을 느끼게 해주었다. 또, 월드컵 4강으로 자신감이 생긴 덕택일까. <두뇌쇼 진실감정단>에서는 내국인과 외국인을 동등한 처지에 놓고 경쟁을 시켰는데, 일단은 참신한 설정이었다.

특집 드라마에서는 70년대 계도영화풍의 제목을 단 <눈물날 때 뛰어라>가 역설적이게도 바로 그 이유 때문에 눈에 띄었다. 채널을 맞추니 장애인이 주인공이다. 흥행의 금기사항에 도전한 것은 아닐 테고, 평소 시간을 얻기 힘들었던 장애인 소재 드라마가 한껏 넓어진 명절 연휴의 편성표 덕을 본 듯하다. 그런데 어라, 조명을 너무 밝게 썼는지 흑백 대비가 심하고, 화면 색상이 날아가고 있다. 새로운 얼굴의 출연자들은 이미지도 적절하고 연기도 좋았는데, 재촬영이 필요한 장면이 몇 군데 있었다. 줄거리도 다음 진행을 짐작할 수 있을 만큼 너무 평이했다. 전문가적 기준에서 혹평을 한다면 기술적 측면 등에 대해 형편없다 할 수 있겠지만, 이 드라마에 대해서는 그보다 '소박함'이라고 평가하는 것이 더 맞다. 분위기를 전반적으로 밝게 가져가면서 장애인의 현실을 나타내는 건 분명 새로운 표현 정서다.

하지만 이런 새로운 측면들은 정말 부분적으로만 찾아볼 수 있었을 뿐이다. 추석 프로그램 전체적으로는 예년과 다를 바 없이 상투적이었고, 급조된 오락프로그램들을 내보내는 구실로 특집이란 이름을 써먹은 게 아닌가 하는 생각마저 든다. 명절 특집은 꼭 거창하고 떠들썩해야만 할까. <철인왕 선발대회>에서의 수선스럽기만 한 진행이나 <토요대작전>의 노골적인 천박함 등을 보면 이런 생각이 더더욱 든다.

(한겨레신문)

낯 두꺼운 편성, 가벼운 책임감

KBS <TV 퀴즈 대학>

나는 텔레비전을 아주 좋아한다. 그런데 텔레비전은 가끔씩 나를 아주 슬프게 한다. 가을 개편을 하루 앞 둔 10월 13일의 KBS-TV는 나를 두 번 슬프게 했다.

첫 번째는 <TV 퀴즈 대학>의 폐지이다. 일요일, 늦잠꾸러기들을 반갑게 맞아 주는 프로들이 있다. 채널도 사이좋게 시간대 별로 이어지는 <짝>과 <퀴즈 미팅>, <퀴즈 대학>이 그들이다. 그 가운데 특히 <퀴즈 대학>은 남다른 미덕을 하나 가지고 있다. 정답이 어렵지 않다는 것이다. 물론 문제는 그렇게 만만치가 않아서 성급하게 답을 댔다가는 틀리기 십상이다. 계속된 시청 경험으로 미루어 보건대 여기서 좋은 점수를 따려면 문제를 끝까지 들어야 한다. 깊이 있는 설명이 쭉 나온 뒤 정작 요구하는 정답은 그 분야의 대표적인 개념이기 때문이다.

그래서 그런지 이 프로그램에는 이른바 '퀴즈꾼'들이 출연하지 않는다. 독주하는 사람이 없으니 서로 간에 점수 차이가 그리 크지 않고 때로는 시청자가 먼저 맞출 수 있어서 좋다. 또 이름은 비록 <퀴즈 대학>이지만 출연진의 대다수가 사회인들이고 그 가운데에는 대학을 나오지 않은 사람도 있다. 말하자면 퀴즈 개방대학이라고나 할까. 이 프로가 취하는 경쟁의 형식은 과격한 것 같아도 그 내용은 이전에 비해 사뭇 온화하다. 그런데 <퀴즈 대학>이 이번으로 끝난다고 한다. 수많은 참가 신청자들의 바램과 다가올 기말 결선에 대한 시청자들의 기대를 저버리고 말이다. 웬만큼 낯이 두껍지 않고는 내릴 수 없는 결단이다. 그런 편성 담당자들에게 시청 습관을 맡겨야 하는 나의 처지가 서글프다.

두 번째 예는 <추적 60분>이다. 이 프로그램의 명성은 이미 13년 전부터 이어져 온 것이다. 그 명성이 도대체 어떤 명성인가. PD들이 카메라 한 대 들고 온갖 권력의 장막 속에서 벌어지고 있는 불의의 현장을 마침내 대명천지에 고발하는 그 '추적 정신' 때문이 아니던가. 우리에게 양심이 아직 살아있음을 힘 있게 확인시켜 주었기 때문이 아닌가 말이다. 그래서 시청자들은 탐사보도 프로그램의 이름이 무엇으로 바뀌든 믿음을 버리지 않았다. 중요한 것은 양심의 샘물을 퍼 올리는 PD들이기에.

그런데 13일에 방송된 <추적 60분>의 두 번째 아이템 '북에 간 대학생들' 편에서는 평소 선명한 내용 전달을 방해해 온 사회자의 껵껵한 목소리가 참기 어렵게 답답한 느낌을 더 주었다. 왜 그럴까를 곰곰 생각해 보니, 그 내용이 PD들의 추적 결과가 아니었기 때문이다. <추적 60분>에 기대하는 것은 PD들의 양심의 소리이지 관계기관에서 제공한 화면이 아니기 때문이다. 그것을 흑심이라고 단정지을만한 구체적인 근거도 용기도 필자에게는 없다. 다만 PD가 빠진 <추적 60분>이 TV 시청의 즐거움과 함께 탐사보도 프로그램들이 간직해 온 소중한 무엇을 빼앗아 갔다는 느낌만은 분명하게 갖고 있다.

(뉴스 메이커)

고르바초프를 기다리며

"왕초, 신문 보셨어요? 고르바초프 대통령이 보라매공원에서 연설하는데 군중이 50만 명이나 모였대요"

<유머1번지> 풍자코미디 '꽃 피는 봄이 오면'의 한 구절을 인용해 본

것이다. 별개의 신문 쪽지를 맞춰 마치 하나의 기사인 양 읽는 데서 빚어진 엉터리 기사이다. 하지만 아이러니컬하게도 4월 19일의 한국 텔레비전 방송들은 50만이 아니라 전 국민의 눈과 귀를 동원함으로서 이 엉터리 기사를 현실로 실현시켰다.

시청자는 인질

우리 주변에서 흔한 말 가운데 하나가 방송의 주인이 국민이라는 것이다. 하지만 국민이 언제 한 번이라도 제대로 된 주인 노릇을 해 본 기억이 없다. 국민에 대한 전파관리 대리인으로서, 쉽게 말해 '종'의 구실을 부여받은 방송 실무자들이 그저 떠 주면 주는 대로 받아먹기만 하는 식충 노릇이 저간의 방송체험에서 끌어낼 수 있는 '주인' 개념인 것 같다.

그 주인이 지난 4월 19일에는 심지어 감금된 존재임이 확인되었다. 이날은 한소 정상회담차 고르바초프 소련 대통령이 제주도를 방문하는 날이었다. 처음 예정되어 있던 방문시각은 저녁 8시였기 때문에 그날 저녁방송은 처음부터 소련 대통령 영접체계로 임시 편성되어 있었다. 그런데 고르바초프의 방문은 예정된 시각으로부터 계속 지연되었고, 그에 따라 텔레비전 편성계획도 하염없이 뒤로 밀려 두 정상의 만찬까지를 모두 화면에 담다 보니 어느덧 날을 넘기고 말았다. 소련 대통령의 한국 방문이 국제정치의 맥락에서 어떤 의미를 가지는 것인가에 대한 진단에 힘을 기울였어야 할 방송에서 앞장 서 수선을 떤 것은 그것을 하나의 미디어 이벤트로 다루었다고밖에 볼 수 없는 모습이었다.

공영을 내세우는 방송이 이래도 되는 것인가라고 비판을 하면 "안 보면 될 것 아닌가"라고 도리어 목청을 돋우는 것이 지금의 사정이다. 이런 태도는 "종이 마음에 들지 않으면 주인이 집을 떠나라"라는 억지에 다름 아니며, 결국 전파관리권의 부여자가 국민이 아니라 정부라고 생각하는 그들의 속마음을 나타내는 것이다. 이 때 시청자는 방송의 주인이라는 허울을 쓴 인질일 따름이다.

'방송의 주인' 타령을 새삼 들먹이는 까닭은 그것이 소련 대통령의 방한 중계방송에 대해서만 지적할 수 있는 방송의 예외적인 행태가 아니기 때문이다. 그것은 지방자치제 선거를 앞두고 3월 14일 오전 청와대에서 가진 '제조업 경쟁력 강화 대책회의'와 3월 19일 오전의 '노사 관계 사회적 합의형성을 위한 협의회'에 대한 전례 없는 TV 생중계와 최근 부활된 '땡전뉴스' 그리고 그나마 볼만했던 프로그램들의 폐지 등 방송의 5공회귀라는 전반적인 맥락 속에 위치한 하나의 징후로 보아야 할 것이다.

4월 28일 제 15화를 끝으로 MBC 대하드라마 <땅>은 실질적인 종영을 했다. 그와는 대조적으로 KBS 주말 드라마 <야망의 세월>은 여전히 번창일로에 있다. 구태여 이 두 드라마를 대비시키는 데에는 한국방송의 현 단계를 상징하는 역설이 거기에 있기 때문이다.

매장되는 역사, 번창하는 야사

<땅>의 종영을 결정한 이유로서 MBC측은 이 드라마가 당초 기획의도와 달리 정치드라마로 나갔기 때문인 점을 들고 있다. 납득하기 어려운 구실이다. 문화방송에서 말하는 정치드라마란 무엇일까? 그것을 정치권을 소재로 하는 드라마라고 정의한다면 <제1공화국>이나 <제2공화국>을 예로 들 수 있을 것이고, 이때 <땅>은 그것들과 다르다. 이런 정의를 확대해석해 정치권에서 발생한 역사적 사실을 드라마 속에 도입하

는 것을 정치드라마로 본다면 이 범주에는 비단 <땅>뿐만 아니라, KBS 2TV <야망의 세월>도 포함되어야 할 것이다. 중앙정보부라든가, 대통령 선거, 신민당 총재 운운하는 등 <야망의 세월>은 정치권에서 발생한 역사적 사실들을 드라마 속으로 도입하려고 부단히 시도했기 때문이다.

하지만 둘 사이에는 큰 차이가 있다. <땅>이 허구의 상황과 가상의 인물들을 통해 역사의 본질 속으로 들어가려 한다면, 그에 반해 <야망의 세월>은 역으로 운동권 출신으로 건설 업체에서 대성하는 모기업 회장, 큰 손으로 불린 어느 여인, 특정 정치인 등을 모델로 떠올리게 하는 몇몇 장치들을 통해 실제상황과 실존인물이라는 겉껍데기에 편승하여 오히려 역사의 본질을 가리는 허위적인 야사를 퍼뜨리고 있는 점에서 그렇다. 그런데 역사 드라마는 생매장되었지만 야사 드라마는 번창하고 있는 점도 둘 사이의 차이다.

어째서 진실에 다가가는 드라마를 두려워하는가? 외압에 의한 <땅>의 종영, 이것이야말로 현실에서 벌어진 웃지 못 할 한 편의 '정치드라마'가 아닐까 생각한다.

시청자의 제자리 찾기

그나마 볼 만한 드라마는 매장되고, 우리 사회의 구석구석에서 벌어지고 있는 다양한 쟁점들을 심층적으로 취재하여 보여 주던 프로그램인 <MBC 리포트>가 폐지되는 등 프로그램에 대한 억압뿐만 아니라 정부의 필요에 따라 오전이 되었든 한밤중이 되었든 모든 정규 편성 프로그램들을 취소시키는 무소불위는 시청자가 잡아야 할 제자리가 어디인가에 대한 필요성을 강하게 느끼게 한다. 시청자는 다만 방송사에서 내보내는 내용을 군소리 없이 받아들이기만 해야 하는 수동적인 존재인가?

시청자가 방송내용에 대해 의견을 제시하고, 제작방향에 압력을 행사하는 길은 없는가? 물론 방송국 안에도 '시청자센터'가 있어서 걸려오는 시청자들의 전화를 녹음, 그중 제작에 도움이 되리라고 판단되는 시청 의견을 문서로 작성하여 제작부서에 배포하고 있다. 하지만 문서화되는 의견과 그렇지 못한 의견을 구분하는 것은 역시 방송사 자체의 가치기준에 따르기 때문에 그것이 얼마나 시청자의 의견을 제대로 반영할 것인가에 대해서는 의문이 따르지 않을 수 없다

또 개정된 방송법에 의거하여 기존의 방송자문위원회가 해체되고 '시청자위원회'가 새로 구성되어 시청자의 의견이나 요망을 방송국에 전달할 수 있는 상설채널로서 기능하고 있지만, 그들이 얼마나 각계의 시청자를 대표할 수 있는가의 문제로부터 그들의 전문성에 대한 보증문제, 그리고 시청자위원들의 내실 있는 모니터 활동에 대한 의문 등 기구의 운용에 대해 여러 가지 방향에서 문제가 제기되고 있다(자세한 내용은 4월 30일 언론단체 공동 심포지엄 자료집 <좋은 방송을 위한 시청자 운동, 우리가 나아갈 길>에서 MBC 심의실 김영호의 글을 참조하기 바람).

결국 시청자의 제자리 찾기는 시청자 스스로의 깨우침에서부터 출발해야 할 것이다. 방송에 대한 끊임없는 감시와 그에 대한 분석과 비판 그리고 격려, 비록 그것이 당분간 대답 없는 메아리라 할지라도 그 첫걸음이 더 이상 미뤄질 수는 없다.

(한국논단)

얼굴 없는 방송

MBC 장수드라마 <전원일기>

한해에 두 번씩 오는 편성철이 되면 각 방송사마다 내놓는 새로운 아이디어를 접하는 기대감으로 시청자들은 즐겁다. 하지만 그게 다는 아니다. 텔레비전 시청의 일상성에는 그런 새로움이 주는 즐거움보다 더 큰 것이 있다. 요일마다, 시간대마다 특별한 참신성은 없지만 늘 시청자들을 부르는 프로그램들이 있다. 시청자들은 이런 프로그램들을 통해서 채널을 구분한다. 그런 기둥 프로그램들이 있고서야 비로소 개편 때마다 '옷을 갈아입는' 아이디어 프로그램들도 흥미 거리가 될 수 있다. 그래서 그런 기둥 프로그램들을 채널마다 가지는 제 얼굴이라 부를 수 있다.

MBC-TV는 뚜렷한 자기 얼굴을 가지고 있다. 20년째 계속되고 있는 <장학퀴즈>, 3백회를 넘어선 <인간시대>, 시청자와 연기자가 함께 나이를 먹고 있는 <전원일기> 등은 분명 MBC를 다른 채널과 구분 짓고, 또 기억하게 하는 프로그램들이다. 여기에 <PD 수첩>과 <세상사는 이야기>, <우정의 무대> 등이 MBC의 표정을 더 풍부하게 해주는 프로그램들로 자리를 잡아가고 있다. 이 프로그램들은 자기가 속한 장르의 발전을 이끌면서 하나의 전형적인 틀을 만들었을 뿐만 아니라 한때는 시청자들의 높은 관심까지 끈 것들이다. 그리고 이제는 시청률이 높으나 낮으나 그 자리에 여전하게 있어서 어느 날 문득 찾아가도 늘 보던 것처럼 친근감을 갖게 된다. 언제나 그 자리에 흐트러짐 없이 있다는 것은 사실 어려운 일이다. 그런 프로를 맡아줄 진지한 제작진의 재생산도 쉽지 않지만 방송사의 편성 정책이라는 것이 시청률과 정치적 외풍의 영향으로부터 한시도 자유로울 수 없기 때문이다.

KBS는 두개의 TV 채널을 운영하고 있는데, 시청률에 구애받지 않고 장기간 방송되고 있는 프로그램으로는 1TV의 <전국노래자랑>과 <쇼 주택복권>등이 있다. 사실 이들은 (개별 프로그램에 대한 평가를 떠나서) 공영 채널의 얼굴로 내세우기에는 낯이 서지 않는 프로그램들이다. 차라리 2TV의 <드라마게임>, <가요톱텐>, <연예가 중계>등은 채널 간 경쟁에서 살아남기도 했지만 자기 나름의 형태를 개척한 프로그램으로서 의미가 깊고, 지금은 1TV로 옮긴 <사랑방 중계>는 10년째 방송하고 있는 우리식 이야기 쇼로서 채널을 대표하는 얼굴이 될 만하다.

1980년부터 시작된 유일 공영체제의 실험은 결국 그 대표 채널인 KBS-1TV를 얼굴 없는 채널로 만든 것으로 결말이 난 것 같다. 그동안 이 채널에 볼 만한 프로그램이 전혀 없었는가 하면 결코 그렇지 않다. 이를테면 전혀 새로운 드라마 형식을 개발한 <논픽션 드라마>가 있었고, 분석이 돋보인 <뉴스비전 동서남북>이 있었다. 하지만 자생력을 가질 만큼 그 프로그램들은 오래 살아남지 못하고 그저 다음 편성 때가 되면 밀려나거나, 조마조마하게 살아남다가 그 다음 편성철에 다시 생명을 맡겨야 되는 형국이었다. 지금도 좋은 프로그램들은 많다. 특히 토요일 밤을 차지하고 생방송으로 진행되는 <심야토론>과 공영채널이라는 이름에 값하는 <한국의 미>, <국악춘추>, <문화가 산책> 그리고 독창적인 <신전국일주> 등은 이 채널의 얼굴로 살려가야 할 프로그램들이다.

텔레비전 방송이 일시적인 시청률을 쫓는데 급급하거나, 정치적 시류에 영합하다보면 장기적인 편성 안목을 갖기 어렵고, 그 결과는 프로그램은 있으되 얼굴이 없는 방송이 되고 마는 것이다. 이제 어떤 기준에서든 방송문화를 한 단계 올려놓은 것으로 평가되는 프로그램들은 자기 스스로의 생명력으로 살아가도록 흥행 실적이나 특정 집단의 압력에 흔들리지 않는 편성 정책을 생각할 때가 됐다. 결국 공영방송의 장점인 프로그램의 질과 다양성이라는 문제도 채널마다 자기 나름의 얼굴을 인식할 때 그 실효성을 갖게 될 것이기 때문이다.

채널이 하나 더 남았다. 지역방송인 SBS-TV이다. 흔히 사영방송이란 이름으로 경계되고 있는 이 채널도 외화나 게임쇼만 말고, <그것이 알고 싶다>와 같은 한 단계 진전된 프로그램을 통해 자기 얼굴을 만들어 가기 바란다.

(TV 저널)

2) 평가와 변명

옴부즈맨 프로그램을 아십니까

통칭 옴부즈맨 프로그램이라 불리는 것들이 3개 방송사에 모두 편성되어 있다. KBS '시청자 의견을 듣습니다', MBC 'TV속의 TV', SBS 'TV를 말한다'가 그 제목들인데 모두 93년 가을 개편 때 등장했다. 이 시기 92년 SBS가 텔레비전 방송을 시작하면서 3개 방송사간의 시청률 경쟁이 극심해짐에 따라 'TV 끄기 운동' 등 방송 3사의 저질오락 경쟁을 비난하는 각종 시민단체들의 캠페인이 벌어졌고, (물론 다른 의도가 있었겠지만) 어쨌든 청와대에서도 방송인들을 두 차례 초대하고 난 뒤였다. "시청자들이 보지 않는 프로그램은 무의미하다"고 외치며 TV의 오락화를 독려하던 방송사 사장들이 돌연 '건전하고 품위 있는 방송'으로 모토

MBC 옴부즈맨 프로그램 <TV 속의 TV>

를 전환하고, 대표적인 증표로 옴부즈맨 프로그램을 신설한 것이다.

이 프로그램들이 신설되리라는 소식을 접한 방송 모니터 단체들이나 비평가들은, 일면 환영하면서도 내심 자기반성의 허울을 쓴 변명과 홍보 프로그램이 생기는 건 아닐까 우려하기도 했다. 뚜껑을 열어보니 일단 제작진의 의욕도 좋았고 전문가 출연진도 괜찮았다. 하지만 역시 한계는 금방 찾아왔다.

우선 토론의 대상이 된 프로그램의 담당 PD를 출연시키기가 쉽지 않았다. TV평을 하는 사람들이 공통되게 느끼는 점이지만, 방송사 PD는 영화감독과 다르다. 영상물을 연출하는 점은 같지만, PD는 방송사 조직 내의 일원으로서 프로그램의 기획에서 연출까지를 모두 감당하지 못한다. 특정 프로그램을 맡게 될 때 본인의 취향과 의지보다 위로부터의 판단이 더 크게 작용한다. 대개는 앞서 선배가 맡았던 프로그램을 물려받아 그 기본 틀 위에 부분적인 요소를 변호시키는 정도에 머문다. 그러니 비평의 대화상대로서 누구를 설정해야 하는지가 모호해지기 일쑤다. 또 당시 담당 PD를 향해 비판을 한다고 해봐야 PD의 마음에 상처만 줄 뿐, 정작 그 프로그램의 기본 입장을 그가 책임지고 있지도 못한 상태에서 그로부터 답변다운 답변을 기대하기가 어렵다.

그러다보니 결국 자사 프로그램을 대상으로 토론하려고 했던 옴부즈맨 프로그램들의 성격도 애초 많은 사람들이 우려했던 대로 제작상의 특장점을 알리고, 고충을 토로하는 홍보와 변명의 장으로 변질되었다. SBS에서는 아예 방송시간도 30분에서 15분으로 줄였다.

지난 여름 방송개발원에서는 방송 담당 교수들을 대상으로 제작 워크숍이 있었다. 두 조로 나뉘어 프로그램을 제작했는데, 두 편 모두 옴부즈맨 프로그램을 비판하고 풍자하는 내용이었다. 이 프로그램을 제작하면서 PC통신에 올라 있는 의견을 조사해봤다. 거의 전부가 "<TV를 말한다>는 TV에 대해 말하지 않"고, "<시청자 의견을 듣습니다>는 시청자 의견을 듣지 않는다"는 식의 비난들이었다. 또, 거리 인터뷰를 해보니 그런 프로그램이 있다는 사실을 알고 있는 사람조차 드물었다. 하기야 방송 시간대 역시 꼭두새벽 아니면 자정을 넘긴 한밤중에 편성되어 있으니 그 모든 일들이 무슨 상관이랴.

어차피 다수의 시청자들과 접촉하기 어려운 사정이라면 그런 조건에 프로그램의 성격을 맞출 수도 있다. 즉 다수의 시청자를 겨냥하게 되면 조금만 어려운 이야기가 나와도 거부 반응을 보이는데, 그런 대중성을 고려할 필요가 없다는 것은 옴부즈맨 프로그램의 전문화를 위해 좋은 여건이 될 수도 있다. 옴부즈맨 프로그램들은 그 기본 성격이 비평이나 논쟁과 아주 가깝다. 이런 편성 상의 홀대를 오히려 옴부즈맨 프로그램의 본질을 실현할 수 있는 토양으로 전환시키려는 의욕이 아쉽다.

어차피 전달되어야 할 사람에게는 토론 내용이 전달되게 마련이고, 논쟁은 언제나 화제성과 친화적이며, 화제성은 또한 대중성과 연결되게 되어 있다. 그런데 이 옴부즈맨 프로그램 담당자들과 방송사의 인식은 전혀 다르다. 그런 변방에 배치해놓고서도 그 시청률이나마 조금 더 올려보겠다고 논쟁을 회피하고 전문적인 비평을 거부한 채 매주 그 타령이 그 타령이다. 제작진은 다른 프로그램 제작을 통해 얻은 습성을 극복하지 못하기 때문이고, 경영층에서는 이 프로그램을 애물단지로만 여기기 때문이다. 이처럼 토론을 기피하고 시청자들과의 접촉을 꺼리는 프로그램에서 자기반성과 모색을 기대하기는 어렵다.

"방송을 전공하시니까 묻겠는데요, 우리나라 방송이 왜 이렇죠? 볼 만한 좋은 프로그램이 없어요"라는 질문을 심심찮게 받는데, 그 대답이 옴부즈맨 프로그램 속에 응축되어 들어 있다. "방송사에서는 좋은 프로그램을 만들 의향이 없습니다."

(창비문화)

SBS TV 개국, 채널 수 만큼 방송은 발전하고 있는가

1991년 12월 9일 서울방송 텔레비전이 개국함에 따라 채널이 하나 더 늘었다. SBS-TV 개국은 일단 수도권 지역에 제한된 시청자들에게나마 프로그램 선택의 폭이 넓어졌다는 의의를 찾을 수 있다. 필자 역시 한동안은 거의 TV 채널을 SBS에 고정시켜 놓았을 만큼 새로 생긴 방송국과 한번 잘 사귀어 보고 싶은 마음이 없지 않았다. 이제 갓 태어난 어린 방송국이기도 하거니와 그 소유형태도 기존의 두 방송사와 다른 사영(私營)이기 때문에 프로그램들 속속들이 배어있을 참신함을 기대한 것이었다. 거기에 서울방송국에 붙어 다니는 정치적인 의혹과 문화적인 우려 등도 초반의 시청률을 올리는데 한몫 했을 것이다.

정치적인 의혹이란 서울방송국의 설립과정의 우여곡절 때문에 빚어졌다. 1990년 6월 14일 정부의 '방송구조 개편안'이 확정 발표된 이후 민방 설립 허가를 골자로 한 방송법 개정안이 임시국회에서 통과되어 8월 1일 개정·발표되었고, 민방설립 신청을 접수하여 태영을 지배주주로 하는 민방주주선정 등의 과정을 거쳐 서울방송국은 설립되었다. 임시국회에서 개정 방송법이 통과되는 과정에서 '날치기'라는 무리함이 있었고, 지배주주로는 주로 관급 건설공사를 통해 급성장한 주식회사 태영이 선정되어 이른바 'TK 방송국'을 세우려는 것이 아니냐는 의혹이 뒤

따랐다.

서울방송국의 설립에 모아지는 이와 같은 정치적인 의혹의 눈초리는 '서울방송 설립이 방송을 정치적 수단으로 활용하는 방식에 있어서의 변화가 아니겠느냐'는 혐의 때문에 생긴 것이다. 이미 MBC와 KBS 양 방송사에는 각각 1987년 12월과 1988년 5월 노동조합이 결성되어 '권력의 시녀'라는 그간의 오명을 씻고 사회 민주화에 기여하려는 노력이 힘을 더하고 있었다. 그 결과 프로그램 내용도 이전에는 금기시되던 광주 관련 프로그램들이 제작·방송되었을 뿐만 아니라 계층 간의 현실적인 갈등을 표현하는 드라마, 정부의 정책을 비판하는 고발 프로그램들이 제작되기도 했다. 또 KBS 서기원 사장 임명 파문에서 보듯 정부의 의도대로 방송을 좌지우지하는데 많은 어려움을 겪게 된 것이다. 물론 텔레비전 드라마 '땅'과 라디오 드라마 '격동의 30년' 등의 중도하차에서 보듯 직접적인 통제방법이 여전히 구사되고 있다. 그러나 억압이 노골적인 만큼 반발도 거세기 때문에 방송을 통제할 색다른 방법이 강구될 필요가 있었을 것이다. 결국 직접통제 방법의 부작용을 없애기 위해 고안된 간접통제 방법이 방송을 경제영역에 편입시킴으로써 더 많은 이윤을 얻기 위한 방송사간의 경쟁을 유발시키는 것이다. 방송사의 존립 근거인 경제영역의 비중을 높이기 위해 민영방송국을 설립하였다는 것이 바로 정치적인 의혹의 내용이다.

그 설립의 내막이 어떠하건 간에 SBS-TV의 출발이 방송사 간의 경쟁을 극심하게 고조시키는 파장을 일으킨 것만은 분명하다. SBS의 전반적인 시청 소감을 말하자면 총체적인 역량 부족을 최대한 메우려는 안간힘 같은 것이 느껴진다. 그런데 그 안간힘은 기존 방송의 안일한 제작관행에 자극을 주는 쪽이 아니라 부정적 경쟁심을 부추기는 쪽으로 작용할 것으로 보인다. 후발주자로서의 불리함을 빠른 시간 안에 만회하기 위해 SBS가 구사한 방법은 대개 세 가지로 정리된다.

첫째는 편성의 변화라는 묘수이다. 기존 공영방송 체제에서는 비록 명목상으로나마 채널 특성화를 내세움으로써 채널 간 상호보완을 지향하였지만, 이제 SBS의 등장으로 보완보다는 경쟁이 심화될 조짐이 보인다. 세 방송사의 주간 편성표를 비교해 보면 그런 조짐이 선명하게 드러난다. MBC의 경우 정시 편성인 반면 KBS는 50분대 편성의 차이를 보인다. 그 경향은 특히 MBC가 강세를 보이는 주말편성표에서 두드러지는데 그 의미는 간단하다. MBC프로그램들과의 정면대결에 자신이 없는 KBS로서는 시간대를 10분 앞당김으로써 비슷한 장르의 시청자들을 10분 먼저 확보해보자는 의도인 것이다. 재미있는 것은 뒤늦게 뛰어든 SBS의 편성표이다. SBS도 정시편성을 하고 있지만 아예 장르별 편성 시간대를 바꾸는 혁신적인 차별화 전략을 구사하고 있다. 가장 중요한 차이는 뉴스 시간을 8시와 10시로 함으로써 다른 방송사와 엇물리게 한 점이다. 그리고 9시에는 드라마와 코미디, 쇼 등 가장 시청 층을 넓게 확보할 수 있는 장르의 프로그램들을 집중 배치하고 있다. 그에 따라 열성적인 뉴스 시청자는 그들대로, 뉴스 거부자는 또 그들대로 확보함으로써 시청 경쟁에서 전승이나 전패가 아닌 절반의 승리를 목표로 하고 있음을 알 수 있다.

둘째, 기존의 유명 연예인들을 스카우트함으로써 양 방송사의 역량을 쇠잔시키는 간접효과를 노렸다. 신인 여성 탤런트 스카우트로 MBC의 노여움을 산 해프닝에서 그런 간접효과가 낳은 무리함을 엿볼 수 있었을 뿐 이 부분은 그다지 지적된 바가 없다. 하지만 연예인 자리 옮김의 가장 큰 이야깃거리였던 코미디언들의 대거 이동은 KBS와 MBC 양 방송사의 코미디에 공백을 만들어 많은 변화를 강요한 것이 사실이다. 그 사건은 그 자체로서 흥미로운 연예기사거리를 제공하기도 하면서 신생

방송국을 시청자들의 입방아에 올려놓는 효과를 거뒀지만 정착 그렇게 옮겨온 코미디언들이 새로운 웃음보따리를 풀어내는 능력을 발휘하고 있지 못하다는 것이 대체적인 평가이다. 오히려 이들은 게임쇼 진행자로 동원되고 있으며, 코미디언으로서의 지명도를 소비하고 있을 뿐이다. 뉴스취재 기자들의 대거 이동도 마찬가지 간접효과를 거둔 부분이다. 그런 대량 스카우트는 신생 방송사의 역량을 증진시키는데 그다지 큰 기여를 하지 못한다고 해도 기존 방송사의 역량을 쇠잔시키는 데에는 큰 몫을 하기 때문이다.

셋째, 물량 공세와 노골적인 도박성을 도입함으로써 주목을 끌고자 한다. 물량 공세는 주로 해외취재 다큐멘터리에서 이루어졌지만 이는 다른 방송사들이 SBS 개국에 대응하여 때맞춰 내보낸 대형 드라마의 물량 공세에 묻혀버렸다. 하지만 게임쇼에서의 상품공세는 다른 방송사의 상품이 '과소비 억제'라는 시류에 따라 검소해진 데 따른 반사효과를 보아 금방 주목을 끌었다. <지구촌 퀴즈>에서는 문제마다 상품이 걸려있고, 특히 시청자참여 프로인 '알뜰살림장만 퀴즈'는 문제마다 걸린 상품도 푸짐하지만 거기에 더해 뒤에 가서 참여자들 사이에 뺏고 뺏기는 일종의 화투판 정서를 도입한 것이 화제가 되고 있다. 그런 도박적인 성격은 <빙글빙글 퀴즈>에서처럼 문제풀이 과정에서의 선전보다는 나중에 하는 돌림판의 운세가 최후의 승자를 가려주는 데에서 가장 두드러진다. 민영방송 출범에 따른 가장 큰 우려가 문화의 저질화가 조장되리라는 점이었는데, 그런 우려가 서울방송의 프로그램에서는 폭력이나 성적인 표현보다는 도박성을 통해서 가장 먼저 현실화하는 것 같다.

어쨌거나 SBS-TV의 개국을 통해 그동안 2개 방송사의 복점 상태(duopoly)를 벗어난 것은 시청자들에게 그만큼 채널 선택의 폭이 넓어졌다는 말이다. 하지만 이전의 방송 과점상태와 비교하여 시청자에게 더 많이 제공되는 욕구가 어떤 부류의 것인가를 따져본다면 SBS 개국이 기여한 선택군 확대가 썩 바람직한 것이 아님을 알게된다. SBS-TV에는 보도 프로와 다큐멘터리가 있고, 드라마와 쇼, 코미디, 게임, 그리고 소외계층을 위한 프로그램까지 다양하게 있다. 자, 이들 목록을 훑어보고 여기에 없는 장르가 무엇인가 알아맞혀 보자. 정답은 사회고발 프로그램이 없다는 것이다. 그 이름을 탐사보도로 부르든 사회감시로 부르든 그것은 중요치 않다. 그런 성격의 프로그램이 단 한 편도 없다는 것이 중요하다. 특히 1991년 봄 약속이나 한 듯 KBS와 MBC에서 '뉴스비전 동서남북', '르포60', 'MBC리포트' 등을 폐지시킨 저간의 사정을 염두에 둔다면 사회고발 프로그램은 채널이 하나 더 생기면서 가장 요구되는 부분이었다. 그러나 결과는 아직 실망스럽다. 그나마 MBC에는 'PD수첩'이 남아 있고 KBS에서는 미약하나마 '기동 취재 현장'을 대체 프로그램으로 마련하였다는 사실에 감지덕지해야 하는 상황이다.

방송 채널이 늘어나는 만큼 방송이 발전하고 있다고 말할 수 있는가? 앞으로 유선계와 위성계 텔레비전의 도입으로 채널 수는 더 늘어날 전망이다. SBS-TV가 보여주는 이러한 모습들로 인해 다가오는 뉴미디어 시대를 더욱 큰 우려를 갖고 바라보게 된다.

(월간 옵서버)

어느 하루의 텔레비전 시청기

나는 오늘 텔레비전을 얼마 보지 못했다. 밀린 원고 하나를 처리하느라 어제 밤을 거의 새다시피 했고, 아침잠을 조금 자고 나서 다시 오후 내내 마무리를 짓느라, 저녁때 늦은 낮잠을 잤기 때문이다. 그래서 오늘 본 프로그램은 낮에 SBS에서 한 <세계바둑최강전>, 저녁잠을 자고 난

다음 연속해서 시청한 EBS의 <문학기행>, MBC의 <제 4공화국>, SBS의 <NBA 농구>, MBC의 <한일친선 바둑대회> 등 5개뿐이다.

물론 바깥 일 때문에 TV를 거의 보지 못하는 날도 많다. 또, 많이 본다고 해도 그 시간 내내 텔레비전 앞에만 붙어 앉아 몰입하는 것은 아니기 때문에 오늘의 시청량이 꼭 적은 것만도 아니다. 그런데 오늘 하루의 텔레비전 시청의 특징은 작업이라기보다는 휴식의 성격이 강하기 때문에 텔레비전을 얼마 보지 않았다고 말한 것이다. 하지만 그런 별다른 마음가짐 없이 TV를 봤어도 두 가지 논의거리를 건졌다. 사실 별 생각 없이 그저 일상생활의 한 부분처럼 이루어지는 것이 TV 시청의 본질 아니던가. 그 하나는 '바둑 프로그램'에 관한 것이고, 또 하나는 EBS의 <문학기행>이다.

<세계바둑최강전>의 경우는 낮 시간에 임시편성된 것이어서 승부의 전 과정을 생중계함으로써 바둑 좋아하는 사람들에게는 큰 만족거리가 되었을 텐데, 토요일 밤에 하는 본방송에서도 녹화의 묘미를 살린 점이 평소 인상적이었다. 기사가 장고하느라 길게 늘어지는 시간은 커트 편집을 통해 시청 시간을 줄여주면서도 현장의 분위기는 그대로 살리기 때문이다. 그런데 그와 정 반대로 오늘 밤 MBC에서 내보낸 <한일친선 바둑대회>는 중반 이후부터 끝날 때까지 2배속 재생이라는 듣도 보도 못한 방식으로 방송 시간을 줄였는데, 참으로 어처구니없는 일이 아닐 수 없었다.

전문기사들의 바둑 대국을 시청한다는 것이 단순히 그들 사이에 오고 가는 수순의 확인만을 뜻하지 않는다. 한 수 한 수 착점이 이루어질 때 들려오는 소리의 강약과 대국장의 분위기 등이 어우러져 시청의 즐거움이 배가된다. 그런데 참 뜬금없는 음악과 더불어 이루어진 2배속 재생은 그런 현장음과 분위기를 모두 빼버린 채 단순한 수순만 전달하니,

차라리 빽빽한 번호들로 가득 찬 신문 기보를 읽는 편이 낫겠다는 생각마저 들었다. 바둑 프로그램에서도 품질의 차이가 느껴지는 대목이었다.

그런 씁쓸한 경우가 있기는 했어도 오늘 TV 시청은 참 보람됐다. 바로 EBS-TV의 <문학기행>을 만났기 때문이다. 이 프로그램이 있다는 것은 진작 알고 있었지만, 특별히 보고 싶은 마음은 들지 않았다. 따져보면 아마도 제목이 상투적이기 때문이 아닌가 싶은데, 오늘은 이 프로그램을 일부러 기다렸다가 보았다. 아침 신문의 프로그램 소개란에서 김승옥의 소설 '서울, 1964년 겨울'을 가지고 이야기 나눈다는 것을 알았기 때문이다. 대학 신입생 시절, 나의 생활을 온통은 아니라도 꽤 휘감았던 그 분위기는 김승옥 소설에 기인한바 컸는데, 그 추억과 더불어 소설가의 육성을 듣게 되리라는 기대감도 여기에 함께 작용했다.

그 기대는 어긋나지 않았다. 비록 이전에도 몇 차례 써먹은 방식이기는 해도, 소설 내용을 간단한 극으로 재현하는 사이사이 평론가와 작가의 대담이 교차되는 형식을 통해 이 프로는 한 편의 작품을 꽤 충실하게 전달해 주었다. 특히 대본 암송이 아닌 자연스런 대화 형식을 취함으로써 시청자도 작가와의 대화에 참여하는 듯한 친근감을 느끼게 했다. 아마도 진정성을 추구하는 문학이 침체한 시대에 이런 문학기행 프로그램은 필시 문학과 보완 관계에 있는 것으로 보인다. 나만 해도 당장 그 원작을 다시 읽어보고 싶은 마음이 마구 일었으니까.

비평가의 중요한 구실 가운데 하나는 수많은 작품들 가운데 좋은 것을 가려 일반인들에게 권하는 것이라고 하는데, 오늘 나는 그런 구실을 맡고 싶다. 만약 다른 세 방송사의 드라마 때문에 <문학기행>을 보기 어렵다면 VTR로 녹화해서 보는 것은 어떤가. 바둑 프로를 신문 기보 수준으로 떨어뜨릴 때 쓰기 보다는 좋은 프로를 시간을 옮겨서라도 꼭 보고자 할 때 쓰기 좋은 것이 바로 녹화설비이다.

(TV 저널)

사회와 미디어의 가학적 도착증

자식 기르는 입장에서 정말 섬뜩한 뉴스가 수요일 저녁 TV 화면을 가득 채웠다. 미국의 어느 부모가 평소 자주 다투는 쌍둥이 자녀의 버릇을 고친답시고 40분 이상을 계속 싸우게 하면서 그 장면을 비디오로 찍었다고 한다. 비디오를 본 할머니가 경찰에 신고함으로써 부모가 법정에 섰다는 내용이었다.

충격을 준 첫째 요인은 기껏해야 우리 나이로 다섯 살쯤으로밖에 돼 보이지 않는 그 어린 쌍둥이의 다툼이 피를 볼만큼 과격한 주먹다짐이었다는 점이다. 하지만 더 가슴을 아프게 만든 것은 더 이상 싸울 의사가 없어져 버린 아이들을 화면 바깥의 부모가 "더 싸워, 계속 싸워"라고 부추기자(차라리 그것은 거역할 수 없는 명령에 가깝다) 다시금 과격한 폭력을 휘두르게 되는 그 아이들의 그 맹목적 전의의 처절함이었다.

흔히 우리가 받고 자란 가정교육에는 어떤 역설적인 가르침이 있곤 했다. 형제간의 우애를 가르치기 위해 다툼이 잦은 형제들을 말리고 또 야단치다 못해 마침내는 "그래 싸워라 싸워, 그냥 같이 죽자"고 하는 어머니의 호소 말이다. 하지만 그런 단말마적인 호소는 반어법을 능히 알아들을 수 있는 나이가 되었을 때 써먹는 방법이 아니던가. 어머니 입에서 이 대사가 나오면 즉시 주먹다짐이 멈추고, 높였던 목청은 순식간에 죽이고, 뼈저린 반성과 함께 싸움이 끝나는 막강한 효력을 발휘했으니 말이다.

그런데 뉴스의 그 화면은 이런 반어법적인 가르침으로 보이지 않았다. 오히려 상대방에 대한 적개심을 한없이 증폭시키는 폭력의 상승작용을 낳는 것으로 보였다. 마치 수업시간에 잘못을 저지른 두 학생을 마주보게 하고 상대방의 뺨을 번갈아 때리게 하던 가학성 도착증적인 체벌방법에 가까워 보였고, 조금 비약하자면 식민 종주국의 위세에 빌붙기 위해 벌이는 피식민 종족간의 어이없는 상잔(相殘)과도 겹쳐 보였다.

그런데 더 당혹스럽게 느껴진 부분은 미국사회의 대응 방식이었다. 할머니는 자기 자식 부부의 잘못된 손자 교육에 대해 고발 형태로 이의를 제기했고, 사회는 그 부부를 법정에 불러내 차갑게 대응하였으며, 미디어는 그것을 뜨겁게 공표함으로써 마음껏 비난을 퍼붓고 있다. 관건은 그 쌍둥이의 건강한 성장이 아니겠는가. 이제 이 일로 부모가 법에 따라 처벌을 받게 되면, 이미 보호소에 가 있다고 하는 그 쌍둥이 자녀는 충격에서 벗어나게 되고 그 가정은 건전해 지는 것인지, 의문이 아닐 수 없다.

가학성 도착증에 가까운 이러한 실태는 그 미국 부모의 왜곡된 자녀 교육 방식에서뿐만 아니라 그 부모를 지탄한다는 명목으로 화면을 반복해 보여주고 또, 그것을 국제적으로 전파하는 미디어에서도 마찬가지로 소름끼치게 발견된다. 여기에는 얘깃거리와 볼거리에 대한 미디어의 탐식증이 한 몫 하고 있음이 분명하다.

(뉴스 메이커)

3) 변화와 지속

텔레비전을 끕시다

지난 7월 7일 최근 방송계의 여러 변화들 가운데 가장 의미있는 일이 하나 있었다. 이날은 여러 사회단체들이 '텔레비전을 끕시다'라고 외친 바로 그 날이다. 그날 시청률은 조사기관에 따라 떨어졌다고 보고되기도 하고 다른 날과 같았다고 보고되기도 하는 등 그렇게 두드러진 것은 아니었다. 하지만 시청자 단체들이 일으킨 파장은 조용한 가운데 큰 파도를 불러왔다. 그것은 시청자 옴부즈맨 제도로서 시청자 의견청취 프로그램이다. 구체적인 모습은 다가오는 가을 개편을 통해 밝혀지겠지만 대체로 정규 편성을 통해 각 방송사마다 이미 방송된 프로그램들에 대해 시청자들이 직접 참여하여 스튜디오에서 의견을 제시하는 형태를 띨 것으로 보인다. 몇 가지 우려가 없지 않지만 시청자의 방송 접근이 가능해졌고 방송사 스스로 비판의 자리를 마련했다는 점에서, 그리고 더욱 중요하게는 그런 자리가 방송 개선을 위해 시청자들이 해 온 노력의 결과라는 점에서 높이 평가해야 할 것이다.

그러면 도대체 시청자 단체들은 어째서 돌연 행동에 나서게 된 것일까? 그것은 최근의 텔레비전 편성표를 한 번 훑어보면 쉽게 이해가 간다. 특종! 도전! 비결! 출발! 모두 함께! 결정! 전원집합! 초특급! 등 제목에 느낌표가 들어있는 프로그램들이 어느새 헤아릴 수 없을 만큼 늘어나 있음을 보고 놀라게 된다. 이것은 프로그램의 내용보다는 말초적이고 충격적인 방식으로라도 시청자의 시선을 한 번 더 끌어보자고 하는 제작진의 얕은 의도가 제목에서도 드러난 경우이다. 그런 경향은 특히 평일 저녁 프라임 타임에 이런 프로그램들이 집중 편성되어있고, 또 그

중 다수가 10대의 흥미에 영합하려는 것들이라는 데에서 더 극명화된다.

흔히 주부시청 시간대로 불리는 아침 프로그램들의 경우에도 여성에 대한 편향된 관점이 두드러지고 있어서 비판의 대상이 되었다. 이 프로그램들이 내세우는 여성의 관심사란 패션, 화장, 남편에게 사랑받는 아내 등 여성의 삶을 장식적인 것으로만 인식하고 있다. 더욱이 '미세스 코리아 선발대회'같은 도저히 납득할 수 없는 발상이 매주 고정 코너로 자리잡고 있다는 데에서 주부 시청자들의 분노를 더 크게 했던 것 같다. 그리고 MBC 간판프로그램의 하나로 사랑받아온 유아대상 <뽀뽀뽀>가 낮은 시청률 때문에 돌연 폐지된 것과 그 결정을 번복시켜 달라는 시청자 단체의 요구가 묵살된 것도 그들의 행동을 유발시킨 한 계기가 되었다.

이런 현상들은 결국 텔레비전 채널 간의 무한 시청률 경쟁에서 빚어진 것으로서 가깝게는 KBS, MBC 양 방송사 사장이 새로 바뀌면서 보인 급격한 변화에서 그 원인을 찾을 수 있지만, 더 근본적으로는 상업방송인 SBS-TV가 개국하면서 비롯되었다고 보는 것이 일반적 인식이다. 채널 간의 경쟁은 프로그램의 질과 완성도, 전문성 등 건전한 기준들을 통해 이루어지지 않고 무조건적인 시청률 전쟁에서의 승리라는 악성 동기에 의해 추동되고 있다. 이런 분위기에서는 지난시절 양 방송사 노조에서 보여주었던 일선 제작진들 사이의 우정어린 연대를 이제 거의 기대하기 어렵다.

이 모든 불의한 현상들이 시청자의 뜻과는 무관하게 진행되어 왔다는 것이 이번 시청자 '저항'운동의 가장 근원적인 원인이고, 그래서 시청자들이 직접 행동에 나서게 된 것이다. 이제 이 여름은 이렇게 방송사 상의 한 역사를 만들고 지나간다. 다가오는 가을이 진정 시청자가 주인되는 방송으로 탈바꿈할지 여부를 그 시청자들은 다시 감시할 것이다.

(방송통신대 학보)

문화방송 파업을 보며

문화방송 노동조합의 파업이 이제 30일이 되었다. 그 사태를 지켜보면서, 태연자약하게 직원들을 법으로 다스리겠다는 경영진의 사고방식이 놀랍기도 했지만 더욱 놀라운 일은 일상생활의 동반자나 다를 바 없는 방송 채널 하나가 장기간 파행적으로 운영되어도 정작 시청자들에게는 그 전후사정에 관해 거의 알려진 바가 없다는 것이다.

시청자들은 9시 뉴스를 보려고 그저 일상적으로 채널을 11에 맞추었을 것이고, 파란 바탕에 흰 글씨로 된 방송사의 고지문을 읽는 한 아나운서의 목소리를 통해 MBC 파업을 통보받았을 것이다. 그리고 그만이다. 그 뒤 30일이 지나도록 MBC는 물론이고 KBS, SBS, 그리고 대부분의 일간지들 그 어느 것도 사태에 대한 정보를 제공하지 않고 있다.

시청자를 전혀 안중에 두지 않는 문화방송의 이런 태도는 여러 방면으로 나타나고 있다. 파업에 참가했다는 이유로 그 채널의 얼굴 구실을 해온 9시뉴스 여성 진행자의 빈자리를 수습 2개월째인 신입사원으로 채움으로써 시청자는 수습사원의 수습 소재 감으로 전락됐다. 경영자의 눈 밖에 나면 시청자에게 양해를 구하는 절차 없이 하루아침에 담당자를 갈아 치울 수도 있다는 파행적인 인사 관행을 전형적으로 보여주었다. 또 <일요일 일요일 밤에>에서 대표적으로 볼 수 있듯이 졸속제작으로 한회 한회를 이어가는 것 역시 눈 가리고 아웅 하는 식으로 시청자들을 얕보는 태도가 아닐 수 없다.

중간간부라도 동원해서 기존의 편성표를 지키는 것이 파업기간 동안 방송사 쪽이 시청자들에게 보여줄 수 있는 최소한의 배려가 아니냐는 반론을 한다면 그것은 현재 사태의 본질을 감추기 위한 변명에 지나지 않는다. 그런 식의 졸속제작은 노조 쪽에 압력을 가하기 위한 시간 끌기일 뿐, 진정 시청자를 존중한다면 이미 노사가 합의한 바 있는 '공정방송 관련조항'을 폐지시키려는 억지를 거두어야 할 것이다.

어쨌거나 노사 양쪽이 모두 '국민을 위한 방송'에 대해 할 말이 있다면 공개된 자리에서 만나지 못할 하등의 이유가 없다. 우리는 당장 문화방송 사태에 대한 텔레비전 토론 프로그램을 편성하라고 요구한다. 이 사태는 결코 문화방송사라는 특정 조직 내부에 국한된 문제가 아니기 때문이다.

그러나 회사 쪽 자세는 어떤가. 한편으로는 방송정상화를 주장하면서 다른 한편으로는 노조간부들을 고소하고, 공권력에 의존하는 태도를 시청자들이 납득할 수는 없다. 또 민주당 조사단, 시민단체, 언론학자 등의 면담요청조차 거부하는 문화방송 사장의 행태를 어떻게 이해해야 할까. 진지한 대화를 회피하면서 내세우는 '방송 정상화'란 결국 양심적인 프로그램에 대한 억압과 편파보도 등으로 얼룩져온 지금까지의 '비정상을 회복하자'는 거짓말이 아니고 무엇이겠는가.

(한겨레신문)

<뉴스 쇼>의 파격적 실험

SBS 텔레비전이 개국하면서 기존 방송사의 모습과 비교할 때 몇 가지 새로움을 발견할 수 있다. 그 가운데 가장 두드러진 것이 뉴스 시간대를 8시와 10시로 바꾼 점이다. 그동안 뉴스 시간이 9시로 고정돼 채널 선택의 폭을 제한한다는 지적이 있었던 사정을 생각할 때 SBS의 이런 시도는 분명 값지다.

뉴스와 관련된 <SBS의 새로움은 <뉴스 쇼>에서도 찾을 수 있다. 딱딱한 기사도 부드럽게 제공하려 하고, 전달자(앵커맨)의 구성을 셋으로 늘려 그들이 나누는 짧은 대화를 통해 사건의 이해를 돕고 있으며, 보는 사람의 흥미를 돋우기 위해 여자 진행자가 수영장에서 인사를 하는 등의 '파격'에 이르기까지 그 실험의 내용은 다양하다. 이런 파격을 두고 '뉴스의 격을 떨어뜨리는 처사'로 비난하기보다 오히려 기존의 뉴스가 엄숙함을 가장하면서 실상은 정권홍보에 동원되던 허위에 도전하는 한 방식으로서 앞으로 더 키워가야 할 부분이라고 생각한다.

하지만 몇 가지 겉보기의 색다름이 더해졌다고 해서 새로운 차원의 뉴스개념이 확립되었다고 볼 수는 없다. 지금까지의 진행으로 볼 때 <뉴스 쇼>가 새로 확립하고자 한 뉴스의 '쇼'화는 시청각 매체인 텔레비전에 맞는 뉴스를 개발하려는 노력으로 여겨진다. 그래서 말로만 듣던 피그미족 등 아프리카 취재와 다음 세기를 준비하는 오스트레일리아의 움직임에 대한 취재 등에 긴 시간을 나눠주고 있다. 또 정주영 회장의 노래자랑 화면을 제공하는 등 유명인사의 사적인 모습으로까지 보도의 범위를 넓히고 있다.

그러나 이런 것들은 보도의 시각성을 강화하는 것과 피상적 보도에 그치는 것 사이의 착각이거나, 특정인의 홍보에 활용되어 '권력의 시녀'라는 별명이 붙은 뉴스의 구태를 더 노골적으로 반복한 것일 따름이다. 이런 구태가 여전함은 야당 총재의 연두기자회견은 7분 방송됐지만, 대통령의 연두기자회견은 특집으로 재편집되어 <뉴스 쇼> 전 시간을 차지한 데에서 극명하게 확인된다.

<뉴스 쇼>의 자리는 이름이 그렇다고 해서 '9시 뉴스'와 '쇼쇼쇼'의 중간 어디쯤에 대충 잡혀서는 안된다. 전혀 새로운 자기 자리를 마련해야 한다. 그 자리는 기자들의 취재력과 해석능력에 의해서만 비로소 마련될 것이다. 뉴스의 '쇼'화를 센세이셔널리즘으로 실현하려 한다면 그것은 정치 허울을 쓴 '정치쇼'의 함의로서 뉴스 시늉 하는 '뉴스쇼'라는 비

난을 면하기 어렵다.

SBS의 몇 안 되는 새로운 실험으로서 <뉴스 쇼>의 발전 가능성은 분명히 열려있다. 하지만 그만큼의 가능성이 허위적인 방향으로도 열려있다.

(한겨레신문)

무대는 화려해지고 싶은가

MBC <우정의 무대>

무대는 화려해지고 싶은가? 처음 시작할 때 기대를 모았던 몇몇 프로그램들의 최근의 변모를 보면서 떠올려 본 질문이다.

텔레비전 화면에 일반인들이 등장하면 우선 좋은 평가를 받기 마련이다. 그것은 방송이 직업 연예인들만의 독무대를 벗어났다는 점, 시청자들로 하여금 그저 남의 잔치를 구경만 하는 신세에서 스스로 프로그램의 내용구성에 참여할 수 있도록 장을 마련해 준다는 점, 복잡한 사회환경 속에서 방송이 우리사회의 구성원들 사이에 (소극적 차원에서라도) 의사소통의 통로가 되어 준다는 점, 다시 말해서 방송을 통해 남들은 어떻게 살아가고 있는지를 확인하게 되고 그 가운데에 사회의 일원으로서 정체성과 안정감을 갖게 되는 것 등등이다.

전통적으로 일반인이 참여하는 프로그램은 퀴즈, 노래자랑, 묘기자랑, 직장대항 게임 등 그 형식이 경연의 성격을 띠는 것들이었다. 그러다가 최근 많이 발전해서 인간 다큐멘터리라는 장르를 연 <인간시대>, 미국식 토크쇼의 형태를 빌리긴 했지만 서민들의 입담에 들어있는 세상에 대한 통찰력을 보여주는 <세상사는 이야기>의 성공, 사회 이슈에 대한 시민들의 의견을 본격적으로 전달하는 <여론광장>과 토론 프로그램들에서 더욱 적극적으로 참여하는 방청객들의 역할 등은 텔레비전 방송에서 일반인들의 비중이 점점 더 높아지고 있음을 보여준다.

그런데 최근 일반인들이 참여해서 만드는 두 개의 무대에서 심상치 않은 변질을 느끼게 된다. 그것은 군부대를 방문해 제작하는 <우정의 무대>와 일반서민들이 출연하는 <보통사람, 보통무대>이다.

<우정의 무대>가 처음 시작했을 때, 문선대 위문 공연을 중계해 주는 수준쯤이거나, 따분한 군 홍보 프로그램이려니 하는 생각이 없지 않았다. 그런데 막상 화면을 통해서 본 내용은 상당히 참신했다. 특정집단을 주요 시청대상으로 삼는 프로그램의 성패는 그 집단의 일상정서에 가까이 다가가면서 동시에 광범하고 다양한 일반 시청자들의 요구까지도 함께 아우를 수 있느냐 하는 데 달려 있다. 이런 관점에서 초창기 <우정의 무대>가 보여준 소박함과 진실됨은 하나의 미덕이었다. 과거 군 위문 프로그램이 폭넓은 호응을 얻지 못했던 것도 어수선한 분위기, 천편일률적인 병사들의 율동이 시청자들의 기대와 정서를 전혀 고려하지 못했기 때문이다.

사실 우리나라에는 집집마다 자녀가 군에 입대중이거나 복무를 마친 식구를 두고 있다. 그렇기 때문에 일반시청자들이 생각하는 군인상은 애틋한 그리움의 대상이라는 성격이 짙다. <우정의 무대>는 바로 여기에 초점을 맞추었고, 그것이 군인 대상 프로그램이면서도 일반 시청자들의 관심을 모을 수 있었던 주된 요인이었다. 또, (전쟁)영웅 식의 가식이 아닌, 힘들고 고된 훈련과정을 화면으로 잡는다거나, 식당, 빨래터 등 군대가 하나의 생활공간이기도 함을 보여 주었다. 부대간 게임종목도 완전군장 빨리 꾸리기, 돼지 화장시키기 등 병사들 주변의 소재를 활용하여 그들 입장에서 공감할 수 있는 내용을 담았다.

그런데 최근 <우정의 무대>는 세부묘사에서 변화를 보이고 있다. 병사들이 직접 참여하는 시간보다 연예인 공연시간이 점점 늘고 있고, 병사들의 참여도 이 프로그램이 가장 독창적 아이디어로 내세우는 순서인 "그리운 어머니"를 제외하고는 기성 직업 연예인들을 모델로 삼고 있다 고밖에 볼 수 없는 세련된 가요 경연 형태로 꾸며지고 있는 것이다. 이런 모습은 <우정의 무대>와 <토요일 토요일은 즐거워>가 다른 점이 무엇인가를 의심하게 한다. 이런 변화는 <우정의 무대>가 높아지고 있는 시청률에 스스로 현혹되어 더 화려한 무대, 더 자극적인 화면을 추구하는 대중문화의 논리에 빠져드는 것이 아닌가 하는 걱정이 들게 한다.

그런 걱정은 <보통 사람, 보통 무대>를 보면서 더 커진다. 보통 사람만 출연하면 자동적으로 보통무대가 되는가에 대한 숙고는 전혀 없이 미숙한 장기자랑으로 주저앉고 있는 것이, 이 프로그램이 4개월 이상 진행되면서 보여준 변화이다. 이 프로그램이 초창기에 보여 주던 보통사람의 모습은, 가진 것은 없어도 큰 욕심 부리지 않고 열심히 사는 도시 서민의 모습이었다. 군에 간 아들에게 보내는 어머니의 편지를 통해 노점상의 삶을 전달한다거나, 서민들의 주택문제를 화이트칼라 아버지와 그의 어린 딸 사이의 대화로 처리한다거나 하는 식으로 서민이면 누구나 공감할 수 있기 때문에 우러나는 재미를 프로그램의 자원으로 삼았었다. 그러나 요즘 보여주는 보통사람의 모습은 직업 연예인의 길에 미련을 가졌던 사람이거나, 묘기를 가진 사람들로 바뀌었다.

그런 가장 두드러진 경우를 지난 1월 10일 방송분에서 찾을 수 있다. 이날 출연자들은 두 차례 아마추어 노래자랑에 참여했던 경력이 있는 사람, 쌀가마를 등에 얹고 팔굽혀펴기 하는 중학생, 자전거 많이 들기 묘기, 차력시범, 손가락 마디에서 소리 나는 방청객, 그리고 고정 순서인 '나의 반쪽은' 등이었다. 이런 내용는 과거 이질감의 재미를 자원으로 삼았던 <묘기 대행진>을 떠올려 주었을 뿐, 보통사람의 흔적은 찾아

볼 수 없었다. 그리고 어느덧 무대 배경도 서민 주택지역에서 터널과 호텔이 세워진 남산의 모습으로 바뀌어 있었고, 시상 명칭도 "최고 보통상"에서 "인기상"으로 변해 있었다.

일반인 참여 프로그램으로서 처음 시작할 때 꽤 큰 기대를 모을 만큼 제작의 참신함과 진지함을 보여 주었던 두 프로그램의 변모, 그것을 단순히 소박함과 미숙함으로부터 화려함과 능숙함으로의 변화라고만 말할 수 없다. 여기에는 일반인을 참여시키는 프로그램들이 가지고 있는 두 가지 얼굴 즉, 방송의 한 주체로서의 시청자들이 참여하는 장을 마련해 준다는 하나의 얼굴과, 그 반대편에서 기성 연예인들만으로는 상품가치를 창출하는 데 한계에 부닥친 상업주의가 겉으로는 정치적인 수사를 빌어 보통사람들, 또는 특정계층이 참여하는 프로그램임을 표방하면서 사실은 그것이 새롭고, 값싼 판매소재를 발굴한 것에 다름 아니라는 다른 얼굴이 있다. 일본 민영방송에서 볼 수 있다는, 벌칙으로 옷 벗기기 게임 같은 프로그램 출연자도 일반인들이라는 사실은 이점에서 자못 시사적이다.

사람 앞에 '보통'이라는 수식어가 붙는 것 자체가 우리의 삶이 얼마나 왜곡되어 있는가를 방증하는 것이기도 하지만, 연예인 흉내 내기나 묘기자랑에 그치는 프로그램이라면 그것은 결코 시청자가 방송의 주인이라는 당위를 실현시키는 방안이 아니며, 시청자들을 또 하나의 '구경거리'로 전락시켜 팔아먹는 행위에 지나지 않는다. 다시 묻는다. "무대는 화려해지고 싶은가?"

(한국논단)

Ⅳ

TV와 신문의 문화비평

1. TV와 문화비평

1) 예진 아씨와 배신감

MBC <허준> 허준과 예진 아씨

예진 아씨로 별칭 되는 어느 탤런트가 구속되면서 신문과 방송에서 그리고 사람들이 모인 곳 어디에서나 배신감의 한탄이 한동안 울려 퍼졌다. 이는 참으로 희한한 상황이다. 그 탤런트는 무엇을 배신했을까? 더욱이 그 많은 사람들을...

예진 아씨는 잘 알다시피 드라마 <허준>의 등장인물이다. 허준의 스승인 유의태의 양녀로서 허준이 의술을 배우며 고초를 겪을 때마다 조용히 그를 돕고, 나중에 의녀가 되어서도 착실한 수업 태도와 인간사

오욕칠정에 흔들리지 않는 안온한 자태를 보여준다. 여기에 허준과의 은근한 애정이 깔리는데, 드라마가 끝날 때까지 그 마음은 밖으로 표출되지 않고 둘 사이의 마음속에서만 간직된다.

이런 예진 아씨의 이미지에 사람들은 사랑을 표시했고, 덕분에 그 배역은 초반에만 등장하는 애초의 설정이 변경되어 종영 때까지 아주 중요한 몫을 유지한다. 그리고 현실에서도 그 탤런트는 가장 예쁜 연예인, 최고의 신부감으로 꼽히기도 했고, 광고계의 여왕으로 군림하면서 경제적인 혜택을 받기도 했다. 그런 탤런트에게 마약과 최음제라는 상징 요소가 결부되면서 사람들이 배신감 운운하게 된 것이다.

사실 대중 영상물의 스타는 이미지의 집결체이다. 외모에 대한 고정관념이 배역과 결합하여 스타의 이미지가 만들어지고, 광고 업체에서는 그 이미지를 상품에 접합시키고, 잡지들은 그 이미지에 연결시켜 스타의 사생활을 끊임없이 전달한다. 그래서 사람들은 스타의 이미지를 자기 삶 속에 투영시켜 소비한다. 오죽하면 지지난번 총선 때 국회의원에 입후보한 어느 탤런트는 '대발이 아버지'라는 드라마 속 배역을 가지고 선거운동을 다 했을까. 물론 그는 당선되었다.

이렇게 스타의 이미지는 가공된 것임에도 불구하고 현실에서 아주 유력하게 작동되기 때문에 초기 헐리우드 영화사들은 전속된 스타들로 하여금 일상생활에서도 그 이미지를 그대로 유지하는 것을 계약 조건으로 삼기도 했고, 지금은 광고주들이 광고 모델들에게 이미지 손상시의 위약금 조항을 넣고 있는 것이다.

다시 예진 아씨로 돌아와 보자. 한 사회에서 사람들이 그리워하는 것은 역으로 그 사회에 결핍된 것들이며, 개개인의 구체적인 현실에서 오히려 버려지는 것들이다. 그렇다면 사람들이 그렇게 갈망해 마지않는 예진 아씨의 이미지인 순수성, 안온함, 희생정신 등은 바로 우리 사회에서 사라진 것들일 터이다. 우리는 그것을 스타의 이미지를 통해 다만 상상적으로 소비할 뿐 현실의 구체적인 순간들에서는 오히려 배척한다. 손해볼 게 뻔한 짓을 누가 하려 들겠는가. 그러니 앞으로도 계속 생산될 매체 속의 예진 아씨들은 사람들이 배신감 느끼지 않도록 매체 밖에서도 예진 아씨로 살아줘야 하는 무거운 짐을 지게 되었다. 이미지가 곧 현실이 된 시대이니까.

(월간 에세이)

2) 명랑 소녀, 우리 사회가 원하는 연예인형

SBS <명랑소녀 성공기>의 장나라

장나라가 떴다. 예쁘장하게 생긴 나이 어린 연예인이 어느 날 갑자기 뜨면 일단 기획사의 로비력을 떠올리며 흔쾌히 받아들이기 어려운데, 장나라는 조금 달랐다. 아니 장나라에 대해서도 처음에는 마찬가지 혐의를 가졌었지만 세 가지 점에서 달리 생각하게 되었다.

첫째, 연예계에서 보기 드문 자연 얼굴이라는 확신이 들어서이다. 이 대목에서 얼굴 성형 얘기 좀 하고 지나갈까. 몇 년 전까지만 해도 연예인들의 얼굴 성형은 데뷔 이전에 기본 틀을 완료하고, 사람들 눈에 익숙해 진 다음에는 알

듯 말 듯한 쌍꺼풀 수술이나 박피 수술 정도에 그쳤었다. 타고난 미인을 높이 쳐주는 경향 때문에 그랬을 텐데, 최근에는 그런 경향도 바뀐 것 같다. 적지 않은 연예인들이 왕성한 활동기 중간에 쌍꺼풀이 두꺼워지거나, 턱이 갸름해 지거나, 특히 콧등이 높아지고 두께가 두툼해져서 나타나곤 한다. 각기 개성 있고 예뻤던 얼굴들을 몇 가지 표준화된 판본으로, 또 좀더 자극적인 모습으로 고쳐가는 걸 보면서 연예계가 원하는 얼굴형, 그런 외모를 지향하게 하는 집단의 압력 곧, 연예계 문화를 착잡하게 지켜볼 따름이다. 얼굴 성형이 연예계의 인력 활용 방식에 잘 부응하는 것, 그래서 연예계가 원하는 일인지는 모르겠지만 이 사회가 원하는 연예인형은 아니라고 생각한다. 예쁘게 그려진 원화에 덧칠을 해서 조금씩 망쳐가는 걸 원할 관객이 어디 있을까?

둘째, 그가 연극배우이자 탤런트인 주호성씨의 딸이라는 사실을 알면서부터이다. 자고로 한국의 TV 연예 40년사가 증명하듯이 연예인 가정을 이룬 경우 가장 모범적인 연예 활동이 이루어진다. 연예계의 빛과 그림자를 잘 알고 있을 아버지가 연기 지도에다 스케줄 관리까지 맡고 있으니 적어도 장나라의 모발은 검사 대상이 될 일이 없음을 확신한다. 그나저나 주호성씨 딸 이름이 장나라? 팬페이지에 보니 장나라가 본명이라고 쓰여있다.

셋째, 결정적으로 그가 <명랑소녀 성공기> 출연료를 기아 구호 성금으로 기부하고, 팬클럽과 함께 연 생일 축하 행사에서도 선물을 사양하고 소액을 모금해서 북한 어린이 분유보내기 성금으로 전달했다는 보도를 접하면서이다. 연예인의 사회 봉사 활동도 일종의 기획에 의한 것일 수 있지만, 보도에서 본 금액이라면 사실 쉬운 일이 아니고, 또 그런 활동이 일관성을 갖고 지속적으로 이루어진다면 그런 기획이 나쁠 것도 없지 않은가.

<명랑소녀 성공기>는 우리 사회가 원하는 연예인이 될 소지가 충분한 장나라에게 그 이미지를 구체화해주는 드라마이다. 제목에서 보듯이 그 이미지에는 복고성이 가미되어 있다. 어려운 환경을 떨쳐 일어나면서 남들에게도 용기와 희망을 주는 여성은 이미 70년대의 또순이와 60년대의 말띠 여자라는 상징을 갖고 있다. 그런데 또순이와 말띠 여자가 억척스런 삶의 의지를 강조하는 상징이라면 명랑소녀는 그와 구분되는 스타일의 새로운 이미지이다.

이 드라마는 기태(장혁)와의 관계에서 신데렐라 모티프로 출발했지만 이제 백마 탄 왕자는 몰락하고 양순이가 어떤 희망의 메시지를 만들어 갈 것인지가 기다리고 있다. 더불어 연예인 장나라도 온갖 소문과 황폐한 문화에 휩싸인 연예계의 이미지를 정화하는 한 상징으로 성장해 가길 바란다.

(월간 에세이)

3) TV 청문회와 언어, 일상적 말투의 지위

어느 날 한 일간지 기자가 전화를 해 왔다. 청문회 방송의 개선점에 대해서 의견을 들려 달라는 거였다. 문득 그 요구가 당혹스럽게 느껴졌다. '청문회 중계까지 방송 프로그램으로 보자는 건가. 너무 무차별적으로 방송 평의 대상을 늘려 잡는 건 아닌가. 가령 청문회 중계를 하나의 프로그램으로 본다면 여기에 연출이 개입되어야 한다는 말인데, 그것은 온당한 행위인가'하는 등등의 의문이 미처 정리될 겨를 없이 떠올랐기 때문이다.

그래서 그 기자에게 청문회 방송의 개선점으로 어떤 것들을 제기할 수 있는지 되물었다. 그는 몇 가지를 얘기했다. 가령 이해를 돕기 위해 청문회를 마치고 좌담회를 개최한다든지, 또 화면 연출을 좀 더 다양하게 함으로써 판에 박힌 화면을 보면서 갖게 되는 지루함을 없앤다든지 하는 등의 시도가 어떻겠냐고.

터미널에서 김현철 청문회를 지켜보는 시민들

듣고 보니 좀 억지스러운 면이 없지 않지만 한 편으로는 참신한 발상으로 여겨지기도 했다. 이제 사람들은 텔레비전 화면 속의 사건에 관심을 갖기는 해도 거기에 몰입되기만 하지는 않고, 그 내용을 전달하는 매체로서의 텔레비전의 형식들을 함께 고려하게 되었음을 보여주기 때문이다. 마찬가지로 이번 청문회에 쏟아진 시민들의 비판은 이제 우리 사회에서도 청문회가 그저 한풀이의 장이 아닌 냉정한 감시의 장이 되었음을 일러준다.

그래서 늦게나마 청문회 방송에 관심을 갖고 지켜보게 되었는데, 시일이 지나면서 방송 형식보다 더 관심을 끈 것은 청문회에서 오고 가는 증인과 특위 위원들 사이의 대화 방식과 증인들의 말투였다.

청문회라면 사태의 실상을 파악할 수 있도록 다각적인 질문과 답변이 들려 와야 할 텐데, 그런 대화보다는 단문들의 나열 혹은 장광설들이 있었고 질문의 문맥 비껴가기를 통한 증인들의 변명이 반복되었다. 코미디언 가운데 그 예를 찾자면 장광설의 대가인 엄용수와 어물쩍 넘기기의 원조 레일맨 신동엽 간의 대결이었다고나 할까. 위원들 가운데 몇몇은 더 이상의 논리 전개를 못하고 윽박지르기, 구슬리기, 모욕, 애원 등의 틀에 박힌 단계적 과정을 거쳐 갔다. 심지어 평소 그 편향된 논조에 의해 불이익을 당해 온 정당의 의원조차 특정 일간지를 권위지로 추켜세우는 안쓰러운 처지가 되기도 했다. 레일맨의 완승이었다.

이번 청문회에 등장한 말투는 크게 보아서 세 개의 유형으로 나눌 수 있다. 첫째 유형은 특위 위원들의 것으로서 이는 국회의원들의 발화 관습을 이어받고 있다. 증인들에 대한 심문이 간혹 반말을 섞은 추궁과 윽박지르기의 형태를 띠고 있는데, 가끔씩 텔레비전을 통해 전달되는 국회에서의 말투가 그런 식이었다. 국회의원이라는 특수한 하위 집단에서 통용되는 집단 내 말투라고나 할까.

둘째 유형은 김현철씨를 비롯한 대다수 증인들의 말투이다. 착 가라앉은 톤으로 겸손하게 그러나 도중에 머뭇거리거나 끊기지 않게 말하는 방식인데, 이는 우리 사회에서 공식적인 석상에서 취해야 하는 발언 양식을 나타낸다.

세 번째 유형은 박경식씨의 말투이다. 김현철씨의 말투와 정반대 성격을 갖는데, 이는 일반적으로 누구나 일상생활의 대화에 자주 사용하는 말투이다. 논리적으로는 일관되지만 그 표현은 문장 성분의 도치와 생략, 강조를 위한 반복, 표정이나 제스처의 동원 등 꼭 완결된 문장으로만 이루어지지는 않는다. 일상생활에서는 누구나 쓰는 말투이지만, 청문회 같은 공식 석상에서는 아마도 박경식씨가 처음으로 사용했을 것이다.

이 두 번째와 세 번째 말투의 차이가 눈길을 끈다. 겉보기에는 격식을 갖추었지만 사태의 실상을 감추는 허위의 수단으로 사용되는 말투가 있고, 이는 '점잖은' 것으로 오인되고 있다. 그 반면 누구나 일상 대화에서 사용하는 진솔한 말투는 몇몇 여당 쪽 특위 위원들이 비난 한데서도 드러나듯이 '정신 나간' 혹은 '무례한' 것으로 폄하되고 있다. 말에 대한 이러한 가식적인 인식과 일상적 말투에 대한 억압이 개선되지 않는다면 청문회와 같은 기구는 대화의 장으로서 제 구실을 하기보다 이번 경우처럼 개별적인 독백 혹은 이른바 도상 훈련을 통해 준비된 대사를 읊조리는 '변명회'의 처지를 넘어서기 어려울 것이다.

(뉴스 메이커)

4) TV의 참을 수 없는 가벼움

외환위기 당시 금모으기 장면

방송사마다 금 모으기가 한창이다. 국가 위기 시 전 국민의 총의를 결집시키는 캠페인에 방송은 어떤 다른 매체와 비교해도 더 큰 몫을 해왔다. 서구 방송의 역사를 살펴봐도 많은 중요한 사례들이 있다. 우리 방송도 마찬가지 구실을 해왔는데 그 의의는 인정하지만 부정적인 측면 또한 기억에서 지워지지 않는다.

그 까닭은 방송의 캠페인이 지금까지 정치권력 집단의 선전 수단으로 활용된 경우가 많았기 때문이다. 지금 기억할 수 있는 가장 끔찍한 예는 80년 김대중 내란음모 사건에 대한 텔레비전의 보도와 논설이다. 더 정확하게 말해서 당시 그 프로그램들은 상징수단을 동원한 전 국민에 대한 협박에 가까웠다. 어쩌면 그때 행해졌던 TV 선전의 위력이 97년 대선까지 북풍이라는 약효를 떨치게 했는지 모른다.

또 방송 캠페인은 전 국민의 맹목적인 참여를 유도함으로써 토론의 여지를 묵살하기도 했다. 세계에서 가장 무의미한 낭비물로 지칭되는 평화의 댐이 대표적이다. 먼저 금강산댐에 대한 공포감을 조성한 뒤, 그 해결책으로 대응 댐 건설을 제시하고, 건설비용 모금을 이벤트화 함으로써 다시 더 많은 국민들의 참여를 유도하는 순서를 거쳤다. 그 참여의 효과로서 반공의 절대가치화가 다시 한 번 달성된다. 이런 분위기에서 사소하게라도 이의를 제기하거나 다른 의견을 내놓게 되면 반역자 취급 받기 십상이다.

이렇게 맹목성을 충동질하는 상징적 폭력은 우리 방송이 보수적이라서 그랬던 것일까? 정권이 바뀌고 보니 그런 최소한의 이념적 좌표와도 무관한, 다만 방송의 참을 수 없는 가벼움에서 비롯된 것임을 알게 된다.

우리 방송은 아주 가볍다. 어느 방송사 사장의 취임 일성이 "보지 않는 방송에 공영성이란 없다"였다는데, 청와대 칼국수 한 그릇을 먹고 와서는 돌연 '품위 있는 방송'으로 그의 공영방송 관을 바꿀 만큼 가볍다. 또, 지난 번 대선 직후 김영삼 대통령의 야당 시절 활약상을 중심으로 현대 정치사를 다시 정리해낼 만큼 가볍다. 그래도 군부 정권 시대에 볼 수 없던 새로운 자료 화면을 보는 재미는 있었다. 물론 김대중 차기 대통령 부분은 빠져있었지만. 그렇다고 방송의 가벼움을 과소평가하지 말라. 이번 대선에서 김대중 후보의 당선이 유력해진 순간 개표방송 도중에라도 김 후보의 민주화 투쟁사를 내보낼 만큼 방송은 가볍다. 그 자료 화면들은 같은 야당에 관련된 것임에도 불구하고 김영삼 대통령 중심의 그림에서 본 적 없는 아주 새로운 것들이었다.

방송의 그런 가벼움을 참을 수가 없다. 이 가벼움에는 권력에 대한 아부 근성과 메시지의 맹목성이 그대로 담겨있기 때문이다. 바로 얼마 전까지만 해도 '대통령병 환자'라고 해놓고 이제는 '고난을 극복한 인동초'로 말을 바꾸고 '대통령 4수생'이라는 표현이 '3전 4기'로 바뀐 데에 아연할 따름이다.

지금은 흔히 얘기하듯 IMF시대이다. 변화된 모습을 보여줄 수 있는 이런 호기를 방송이 놓칠 리 없다. 이번 봄 개편에서는 오락 프로그램의 축소 경쟁이 일고 있고, 박찬호 중계도 포기하고, 킹스컵 중계는 이미 하지 않았다. 또 금모아 빚갚기 운동도 경쟁적으로 벌이고 있다. 이런 가벼움은 그래도 참을만하고 찬성할 만하다. <그대 그리고 나>는 줄거리의 맥이 빠지는 것을 감수하고 인물들 사이의 갈등 요인을 대폭 축소시켰고, <웨딩드레스>의 김민종은 개과천선하여 장터로 나섰으며, 김희선은 머리를 풀었다. 2월 2일의 9시 뉴스에서 IMF 나이스 단장의 발언을 MBC는 "당분간 고금리가 불가피 하다"로, KBS는 "장기적으로 금리가 내려갈 것"이라 인용하여 같은 말이 전혀 다른 의미로 전달되었는데, 이런 치명적인 실수도 다 경박하게 나라사랑하는 마음에서 나온 것이다. 언론에서는 이미 여소야대라는 말이 쓰인지도 오래다.

이런 모든 가벼움들 속에서 특히 <시사 매거진 2580>에서 금모아 수출하기의 맹점과 지금과 같은 맹목적인 방식에 대한 이견도 소개한 것은 참으로 다행스럽기까지 하다. TV에서 변해야 할 것은 향락에서 내핍으로, 특정 정치인에 대한 모략에서 찬양으로가 아니다. 바로 이런 아부 근성과 맹목성 같은 참을 수 없는 가벼움들이 변해야 한다.

(TV 저널)

5) 프로농구 작전회의 풍경

세계 각지에서 고용된 용병들을 지휘할 때 소대장은 어느 나랏말로 할까? 프로 농구 중계방송을 보며 이런 궁금증이 문득 떠올랐다. 하기야 전투나 경기 중에 복잡한 구문이나 추상적인 어휘들이 동원될 일은 없을 것이다. 이미 조직 훈련은 해 놓은 터에 상황에 따라 강조되어야 할 핵심적인 작전 사항을 지적할 수만 있다면 충분할 테니까.

프로 농구가 시작되면서 관심의 초점은 미국 출신 농구 선수들이었다. 팀마다 두 명씩 배당된 선수들이 행할 예상 활약상이 날마다 신문 스포츠 면을 장식했고, 더욱 기대를 부풀게 한 것은 그 동안 한국 선수들이 가끔 흉내나 내보던 덩크 슛을 그들이 시도 때도 없이 호쾌하게 보여주리라는 거였다.

그런데 프로 농구 중계방송을 보다 보니까 덩크 슛 보다 더 흥미로운 장면이 나왔다. 작전 시간이었다. 예전 같으면 과열되다 못해 선수 한 명 한 명을 추궁하는 감독의 고성이 자못 살벌한 분위기였을 그 시간이, 용병 두 명이 끼어들면서 익살스럽게 변해 있었다. 물론 감독들의 열정은 하나도 식지 않았다. 변한 것은 작전 지시가 영어로 이루어진다는 것뿐이었다.

그런데 귓가에 들려 온 영어는 "오펜스"와 "디펜스" 정도였다. 강조할 때는 한 번쯤 반복해 주고. 물론 지당하신 말씀이다. 공격 잘 하고 수비 잘 하면 경기에 이기는 것은 정한 이치! 하지만 예전의 농구 대잔치 때에도 결코 미려한 문장을 들은 것은 아니지만 이런 영어와 비교하면 제법 복합적인 정보를 담고 있었던 것으로 기억된다. "너 주엽이 놓치지 말아. 너는 패스한 다음에 왼쪽으로 돌아 주라고. 그리고 너는 왜 가운데 가만 서 있냐, 빨리 바깥으로 빠져 주란 말이야" 이 정도만 돼도 오펜스와 디펜스만 외치는 것보다는 한결 구체적이고 실효성 있는 작전 지시가 아닌가.

어느 날 스포츠 뉴스에서도 이런 모습을 프로 농구 출범과 함께 생겨난 새로운 풍속도로 소개하고 있었다. 감독에 따라 영어 의사소통에 무리가 없는 유형이 있는가 하면, 작전 판으로 그려 보여주는 유형, 몸짓으로 전달하는 '바디 랭기지'파 등. 하지만 이런 모습이 희극적으로만 받아들여지지는 않는다. 거창하게 보자면 이런 장면들에서 문화 종속이 이루어지는 미세한 메커니즘이 발견된다.

문화 종속론을 참고하자면 피지배와 종속의 차이점은 강압과 자발성의 정도에서 찾을 수 있다. 종속은 지배하는 자의 강압력에 굴복하여 마지못해 이루어지기만 하는 것은 아니다. 지배하는 자에 대하여 종속되는 자 스스로 느끼는 매혹이 중요한 계기로 작용한다.

스포츠 뉴스들이 프로 농구의 용병 선수들과 관련하여 들려주는 분석, 팀 성적을 좌우하는 것은 결국 국내 선수들의 전력이라는 내용이나, 영어로 이루어지는 작전 지시를 프로 농구 출범과 더불어 새로 등장한 풍속도가 주는 잔재미라는 식의 의미 구성 등은 용병 도입에 따른 이질감이나 어색함을 희석시키기 위한 자발적인 작업들이다. 물론 어떤 치밀한 사전 계획이나 의도 아래 이루어지지는 않는다. 다만 프로 농구와 관련된 말들을 만들어 내어야 하는 자리에 있는 사람들 스스로 그렇게 느끼고 싶은 것일 따름이다. 거기에 매력이 있으니까.

세계화를 부르짖는 마당에 웬 뜬금없는 소리냐고 할지 모르나 현상을 다시 뒤집어 보게 되는 까닭은 타자에 대해 갖게 되는 매혹이 나 자신의 초라함을 비춰 보여줌으로써 한 가닥 남아 있는 민족적 자존심을 건드리기 때문이다. 영어가 서툴러 겪게 되는 감독들의 촌스러운 고충은 십년 전 아침 프로그램마다 영어 회화 순서를 마련하던 시절, 귀엽게 생긴 아가씨 쏘냐의 영어 질문을 받은 출근길 월급쟁이들의 주눅 들린 표정을 떠올려 주었고, 날마다 보여주는 NBA 경기 장면들은 우리가 프로 농구 중계방송을 통해서 보는 것이 어쩌면 플라망스나 제우스나 블루 버드가 아니라 불스나 레이커스나 슈퍼 소닉스의 그림자는 아닐까 하는 철지난 걱정이 들기 때문이다.

(TV 저널)

6) 후일담 프로그램과 추억 전수의 욕망

MBC <그 사람 그 후>

약 2년 전 텔레비전 화면에 심심찮게 등장하던 흑백 영상들에 담겨있는 대중문화의 역사 만들기 욕망을 논했던 적이 있다. 그 욕망은 물론 대중문화, 특히 텔레비전을 중심으로 대중매체들이 조성한 문화 환경 속에서 자라온 사람들의 것이다. 이제 텔레비전 방송이 시작되고 약 30년 이상의 시간이 흐른 시점에서 중년이 된 텔레비전 세대들은 어릴 적 텔레비전 시청 체험들을 향수하게 되었고, 그런 욕망은 시청자 뿐 아니라 비슷한 연배의 텔레비전 프로듀서들도 당연히 함께 갖게 마련이다.

그러므로 대중문화에 대한 향수 정서는 시청자나 프로듀서 개인들의 것이 아니라 바로 자신의 과거를 되돌아 볼 나이가 된 대중문화 자체의 욕망이라고 말할 수 있다고 보는 것이다.

최근 몇몇 프로그램들이 이런 일종의 흑백화면 현상의 정서를 이어받으면서 동시에 약간의 변주를 보이고 있는데, 그래서 어느 일간지 기자와의 대화를 통해 거기에 후일담 현상이란 이름을 붙이면 제격이겠다는 생각을 나누었다. 그 프로그램들이 바로 KBS 2TV의 <TV는 사랑을 싣고>와 MBC의 <그 사람 그 후>이다. 이 두 프로그램에서도 역시 추억의 대상은 연예인들과 넓은 의미에서 그 범주에 드는 운동선수들 그리고 신문이나 잡지에 보도된 적이 있는 화제의 주인공들로서 결국 대중매체와 밀접하게 연관돼 있는 사람들의 과거와 현재이다.

<그 사람 그 후>는 보는 사람들로 하여금 '아, 그때 저런 일이 있었지'에 그치지 않고 '그 사람이 지금 저렇게 살고 있구나'하는 생각으로 이어지게 만들고 있다. 즉, 다만 추억하기에 머물지 않고, 그 후일담을 더 제공하는 것이다. <TV는 사랑을 싣고>는 후일담에 더 비중을 많이 둔다. 여기에 매번 등장하는 연예인들은 자신의 어린 시절 혹은 젊은 날 각별한 사이로 지냈던 지인(知人)들을 상봉하게 된다. 그런데 그 둘 사이의 관계가 워낙 개인사에 해당하는 일인지라 시청자들의 공감을 자아내기 위해 먼저 과거 상황을 재현해 보여준다. 그리고 그 사람이 지금 많이 변한 모습으로 스튜디오에 나오고, 그를 맞이하며 놀라움을 표시하는 연예인과 함께 시청자들도 그의 현재 모습을 통해 세월의 간격을 느끼게 된다. 그러므로 이 프로그램에서 추억하기는 단선적으로 이루어지지 않고, 과거와 현재 사이의 간격을 통해서 회고 감정이 북돋워지는 복선적인 절차를 거치게 된다.

이렇게 후일담 프로그램에서도 역시 그 기본 정서는 지난날을 반추해

보는 데에 있다고 말할 수 있다. 즉, 후일담이 흥미롭기 위해서는 과거사를 알고 있어야 할 뿐 아니라 그것도 아주 관심을 갖고 기억하고 있어야 한다는 것이 전제가 되기 때문이다. <그 사람 그 후>에서 전해주는 유명인들의 현재의 삶의 모습은 과거의 '바로 그 일' 때문에 시청자들에게 의미를 주는 것이고, 또 같은 시대를 살아왔음을 확인시켜 준다는 점에서 공감의 대상이 되는 것이다.

그런데 이 두 프로그램에는 전에 느끼지 못한 또 하나의 욕구가 개입해 있는 것 같다. 다만 추억하기에 머물지 않고 추억을 물려주고 싶은 욕망이 함께 들어있다는 생각이 들어서이다. 지금의 30-40대들은 부모들로부터 보릿고개와 전화(戰火) 속 피폐한 삶을 잊지 말 것을 요구 받으며 자라왔다. 말하자면 이와 비슷한 것이다. "얘야 저때 저런 일이 있었더니라"라고 말하고 싶은 욕구인데, 지금의 3-40대들에게 그 '저런 일'이라는 것들이 바로 대중매체와 어떤 식으로는 결탁돼 있다는 점이 큰 특징이다. SBS에서 새로 시작한 만화영화 <우주소년 아톰>과 <밀림의 왕자 레오>가 바로 그런 추억 전수의 욕망이 깊이 개입되어 있는 리바이벌 프로그램으로 여겨지는데, 가령 30대 후반의 부모는 그의 자녀에게 이런 말을 하지 않을까 싶다. "아빠(엄마)는 너 만할 때 아톰을 즐겨 보았는데 너는 어떻니(루루나 로보캅 보다 낫지 않니)?"하고 말이다. 후일담 프로그램들에서 바로 그런 욕망, 즉 그 당시를 살아본 적 없는 어린 세대들에게도 그 시대를 추억하는 자기 세대의 정서를 이해시키고 싶어 하는 집착이 느껴진다.

하지만 우리가 부모 세대에게 그러했듯이 우리의 그런 전수의 욕망 또한 자녀들의 무관심과 몰이해 앞에서 좌절을 겪을 것이 뻔하다. 차라리 이런 시청 태도는 어떻겠는가. 가령 한때 운동 스타였던 사람이 화장품 대리점을 한다거나, 영업 사원이 되어 있다거나, 어릴 적에는 반장이었던 친구가 지금은 그저 그런 직장인이 되어 있고 그를 선망하던 여자 아이는 오늘 대중들의 주목을 받는 스타가 되어 있는 그 인생 유전의 몇 가지 특징적인 행로들을 보면서 이 사회 대중들의(그리고 나의) 삶의 좌표(혹은 꼬락서니)를 되새겨보는 것 말이다.

(TV 저널)

7) 응시의 바른 뜻을 찾아서

네 살 된 딸아이와 며칠 전 수영장에 다녀왔다. 수영장 물을 보자 이 아이는 겁도 없이 자기 키를 훨씬 넘는 물속으로 풍덩하고 뛰어들었다. 물을 먹어 기침을 심하게 해놓고도 다시 한 번 다이빙을 하겠다는 의욕을 보였다. 받쳐주는 내 손 위에 엎드려 물장구를 치며 수영의 즐거움을 만끽하는 듯했다. 그리고 어떤 노랫가락을 흥얼거리기 시작했다. "물살을 가르며..." 이 아이가 생전 본적 없는 수영장에 가자고 조른 것도, 수영장에 와서 주저 없이 다이빙을 한 것도, 그리고 그 모든 시도들을 즐겁게 해낼 수 있었던 것도 모두 자기 자신이 텔레비전 드라마 속 '전도연 언니'가 되고 싶어서였던가 보다.

비단 우리 아이 뿐만이 아니고 요즘 어린 아이들은 대체로 연예인들 흉내를 잘 내는 것 같다. 어린이들이 동요보다 유행가를 더 즐겨 부르는 현상이야 어제 오늘의 일이 아니지만, 요즘 아이들은 그 몸짓과 발음까지 흉내내는 모습이 기성 가수들을 썩 닮아있다. 피구 만화가 유행할 때면 동네 어귀마다 (감정을 과장한 표정으로) 피구하는 아이들로 북적거렸고, 농구 드라마가 유행할 때는 덩크슛과 장거리 슛이 즐겨 시도되었으며, 요즘은 짧은 죽도를 들고 다니는 아이들까지 드물지 않게 눈에 띈다.

이런 모습을 두고 단순히 텔레비전의 영향력 운운하는 설명만으로는 뭔가 석연하지 않은 구석이 남는다. 아이들이 텔레비전에 등장하는 가수나 연기자의 흉내를 내는 동기와 그 흉내를 내고 있는 순간에 그들 자신이 느끼는 감정들 까지 포착하기에 '영향력' 개념은 너무나 성근 그물이라는 생각이 든다. 그래서 나는 여기에 '응시(凝視; gaze)'라는 개념을 덧붙여 생각해 보자고 말하고 싶다.

정신분석학의 지식을 조금 빌어서 설명하자면 응시는 한 방향으로만 흐르는 시선과 다르다. 즉, 내가 남을 바라보는 시선에 머무는 것이 아니고, 남이 나를 바라보는 시선까지도 내가 바라보는 그런 복합적인 시선을 뜻한다. 가령 정신병리현상 가운데 하나인 노출증(exhibitionism)을 예로 들어 설명하면 이렇다. 노출증이란 자신의 신체를 노출하는 데에서 쾌감을 느끼는 증상을 말하는데, 그것이 성립하려면 노출된 신체를 바라보는 시선을 필요로 한다. 즉, 자기를 몰래 훔쳐보는 시선이 있어야 노출의 쾌감이 생성되는 것이다. 그리고 더 나아가 자기를 훔쳐보는 시선이 있음을 그 자신은 알고 있지만, 자기가 그렇게 알고 있다는 사실을 훔쳐보는 사람이 몰라야 하고, 그가 모른다는 것 까지도 자기가 알고 있어야 한다. 즉, 노출증은 자신의 몸을 훔쳐보는 시선까지도 바라보는 '응시'에 기반 해서 성립하는 증상인 것이다.

아이들이 연예인 흉내를 내는 행위가 어떤 쾌감으로 이어지게 하는 데에는 바로 이 응시의 시선이 개입하고 있어서가 아닐까 하는 생각이 든다. 즉, 흉내를 내는 동시에 그 흉내를 내는 자신의 모습을 자기가 보고 있는 것이다. 그 전날 텔레비전 화면을 볼 때의 단선적인 시선이 이제 자신을 그 텔레비전 화면 속에 들여보낸 듯한 느낌을 즐기는 과정에서 복선적인 응시의 시선이 된 것이다.

그런데 텔레비전 시청과 관련해서 이런 응시는 비단 어린이들에게서만 나타나는 것 같지 않다. 어른들도 마찬가지이다. 주부들이 드라마 속에서 고부간의 갈등을 묘사하는 장면을 보면서 그 화면 위에 자신의 모습과 시어머니 혹은 며느리의 모습까지 덧대어 볼 경우, 여기에도 응시가 개입해 있다고 말할 수 있다. 즉, 텔레비전 화면 속에서 시어머니 혹은 며느리의 눈에 비친 자신의 모습을 보는 것이다. 그리고 시어머니 혹은 며느리와 맞닥뜨린 현실 상황에서는 역으로 드라마에서 보았던 장면이 겹쳐져서 그 상황을 이해하고 정리한다. 또, 젊은 여성들은 속눈썹이 길어보이게 하는 효과를 준다는 화장품 광고를 보면서 자신의 얼굴을 바라볼 뭇 남성들의 시선 속의 자기의 얼굴을 볼 것이다.

텔레비전 시청 행위에서 벗어나 생각의 범위를 좀 더 확장시켜 보자. 최근 컴퓨터 통신이 학생들 사이에 많이 이루어지고 있다. 단순 잡담이 주로 나눠지고 있지만, 그리 드물지 않게 꽤 생각의 깊이를 보여주는 평문들도 등장한다. 계속해서 좋은 글을 올린 덕에 이미 그들 사이에 꽤 인정받는 평자나 소설가도 있는 모양이다. 또, 거기에 미치지는 못해도 기성 평론가들의 문체나 문제의식을 빌어 자기 생각을 전개하는 시도도 적극적으로 이루어지고 있다. 말하자면 아마추어 문필가들의 대거 진출 현상인 셈이다. 이들은 마치 텔레비전 시청자가 화면을 보면서 다른 사람의 시선의 대상이 된 자신을 보듯, 스스로 글을 써서 통신란에 올림으로써 그 글을 읽어줄 다른 사람의 시선 속 자신의 논지를 읽는다. 물론 전문 문필가들도 독자를 의식하고 글을 쓴다는 점에서 그것과 동일한 정서를 갖고 있겠지만, 아마추어들에게는 전문인들이 느끼지 못하는 또 다른 쾌감이 덧붙여지는 것 같다. 문필 행위의 통로를 전유하던 그 전문성의 권위로부터 더 이상 억압받지 않고 자신의 글쓰기와 발표하기가 이루어지는데 따른 쾌감 말이다.

앞서 노출증이 충족되기 위해서 타인의 시선을 필요로 한다고 했는데,

응시는 바로 이런 욕망, 즉 남들과 소통하고 싶은 욕망 그리고 남들에게서 인정받고 싶은 욕망과 연관이 있다. 이로부터 응시의 좀 더 높은 차원에서의 가능성을 찾게 된다.

흔히 90년대를 좌표 상실의 시대로 규정하곤 한다. 지난 시절 사람들의 가치 기준이 되어 왔던 것들의 실효성이 희미해지고, 그것을 대체할 새로운 기준이 마련되지 못한데 따른 가치관의 혼돈에서 그런 이야기가 되는 것이다. 그래서 이런 혼돈 속에서 새로운 가능성을 발견하기 위해 대중 정서의 내면으로 들어가고자 하는 시도가 이루어지고 있고, 그 출발점으로서 응시의 자세가 필요하리라는 생각이다. 이제 더 이상 선과 악, 정의와 불의를 구분하고 미래와 현재를 조명해낼 수 있는 마땅한 기준이 없다면, 대중으로서 우리 스스로의 의미 생산 행위와 정서의 동향을 읽어내는 작업부터 다시 시작해야 한다고 보기 때문이다. 이제 어떤 권위의 미망을 넘어 대중들 스스로가 무엇인가를 수행하고 있고, 그 무엇인가를 수행하는 자신을 응시하고 있는 최근의 동향이 바로 이런 제안을 가능하게 하는 근거가 된다. 내가 무엇을 하고 싶어 하고, 내가 무엇이 되고 싶고, 내가 무엇에서 삶의 의미와 즐거움을 얻게 되는지를 스스로 응시하는 그런 자세를 극대화 시킨다면 기존의 좌표 상실이 혼란으로 여겨지기 보다는 새로운 좌표 생성의 조건으로 여겨지지 않겠는가.

응시가 비단 노출증과 같은 개인적 쾌감을 충족시키기 위한 증상과 연결되는 것만은 아니라고 본다. 남들의 시선을 인식함으로 해서 오히려 옷매무새와 몸가짐을 올바로 갖게 될 수도 있기 때문이다. 그래서 텔레비전 프로그램을 제작하는 사람들에게 필요한 것도 바로 이런 응시의 자세이다. 시청자들의 시선까지 아울러서 자신의 프로그램을 보는 시선을 가져야 한다는 말이다. 자신의 프로그램과 자신의 제작 행위를 그렇게 응시한다면, 가령 이런 태도들은 더 이상 취하기 어려우리라;

"어째서 시청자들은 양질의 내 프로그램을 보아주지 않는가"와 같은 푸념, "제작여건상 이런 수준으로 만들 수밖에 없었다"와 같은 변명, "시청률이 높으니 이렇게 만들어야 하는 것 아닌가"와 같은 책임회피를 빙자한 자아도취. 시청자들만을 바라보는 시선도 아니고, 프로그램만을 바라보는 시선도 아닌, 그 둘 사이를 오고가며 자기 자신을 바라보는 응시의 바른 뜻을 프로그램 제작자들과 나누고 싶다.

(MBC 가이드)

8) TV에 나타난 문화종속의 징후들

방송을 둘러싸고 제기되는 문제를 세 가지로 정리할 수 있다. 첫째, 방송에 대한 외부의 영향과 간섭이다. 80년대에는 정치권력과 자본이 방송의 성격을 어떻게 틀 짓고 규정하는가에 대한 논의가 활발했다. 둘째, 방송 기구 안에서 빚어지는 문제로서 경영과 관리를 맡은 쪽의 입장과 편집과 제작을 맡은 쪽의 입장 차이를 들 수 있다. 80년대 내내 쟁점이 되었던 '광주', '고문', '철거' 등을 소재로 삼은 프로그램들이 방송되지 못하거나 아니면 우여곡절 끝에 어렵게 시청자들과 만난 사정에서 보듯이 경영자 쪽의 입장은 정치권력과 자본의 입장을 대변하고 있다. 셋째, 실무진 사이에서도 발견되는 이데올로기의 차이를 들 수 있다. 그 이데올로기의 대비를 진보와 보수로 단순하게 구분할 수 있겠지만 그 성격에 대해서는 더 면밀한 파악이 필요하다.

지난 권위주의 시절에는 가려져 있던 권력의 실체를 방송 자신의 모습과 연계시켜 보여주었던 MBC 베스트셀러 극장 <신 용비어천가>라든가, 그 동안 금기시 되어온 소재들에 과감하게 접근하고 있는 <논픽션 드라마>, 잔인한 폭력과 맹랑한 공상으로 일관해 온 어린이 프로그램에

혁신을 꾀하고 있는 <야! 일요일이다>, 그리고 그밖에 <요즘 사람들>이나 <교육개혁 연속기획물> 등의 프로그램들은 정부의 홍보기구란 오명을 씻고자 하는 새로운 노력들로 비춰지고 있다.

하지만 오늘의 방송에서도 여전히 과거와 크게 달라지지 않고 나타나는 특성들이 있는데, 특히 미국 지향성은 더 심각하다. 한미무역마찰이나 미군병사와 주한미국인들이 치외법권적 지위를 누릴 수 있도록 해주는 한미행정협정에 관해 일반의 관심이 높아지고 있다거나, 88올림픽 기간 동안 발생한 몇몇 돌발 사건들은 일반의 대미 감정이 예전과 사뭇 달라지고 있음을 나타내준다. 이는 물론 한 편에서 대학생들이 주장하는 반미의식 수준과는 큰 차이가 나지만 최근 방송이 보여주는 미국 지향적 모습을 우려하기에는 충분한 근거가 된다.

중남미에서 그 논의가 시작된 문화제국주의론은 그 뒤 미디어 제국주의론으로 그리고 다시 문화종속론으로 논의가 진전되어 왔다. 문화종속론이 이전의 논의에 비해 한 차원 다른 논점을 보여준다면 그것은 종속사회 내부의 특수성을 세계 자본주의 체제라는 외연적 요인과 더불어 파악함으로써 총체적 관점을 획득한 점이다. 문화가 사회·경제 구조와 분리된 것이 아니라 그 사회의 계급구조에 의해 조건 지어진다고 보는 문화종속론의 내용에 따르자면, 요즘 한국 텔레비전에 나타나는 서구 특히 미국 지향적인 현상들 또한 국내외적 계급지배와 권력 관계 속에서 이해해야 하리라고 본다. 몇 가지 문화종속의 징후들을 살펴보자.

(1) 소냐의 권위

1980년대 들어서면서 일기 시작한 영어회화 바람을 타고 각 방송국에서는 아침 프로그램에 영어회화 교육시간을 마련하기 시작했다. 이런 영어회화 프로그램에서 미국사람은 본토 발음을 시범 보이는 조교 역할을 하고 강사는 한국 사람이 맡아왔는데, 그에 비해 연예인인 소냐는 단독으로 활동해서 눈에 띈다.

그러다가 급기야 소냐 양이 스튜디오에서 아침거리로 뛰어나갔다. 출근길 한국인들에게 마이크를 들이대고 영어 한마디를 요구하느라고. 이런 도발적인 형태가 영어회화 공부에 조금 색다른 방식으로 동기 부여를 하기 위해 고안된 점에서 수긍되는 면이 없지 않다. 주목할 점은 여기에서 소냐 양이 하나의 환유적 상징으로서 '권위'이며 '기준'이 되는 점이다. 권위란 영어의 권위를 말하고, 기준이란 그런 권위를 갖고 있는 영어실력 연마에 성실한 시민인가 아닌가를 가늠하는 기준이다.

이제 아침거리의 시민들은 한두 개의 문장을 영어로 옮길 수 있느냐 없느냐에 따라 긍지와 수치의 갈림길에 놓이게 된 것이다. 이 프로그램에서 확인할 수 있는 것은 우리에게 영어는 하나의 외국어에 머물기보다 '권위'가 되어있으며 거기에 많은 사람들이 동의하고 있는 점이다. 미국의 헤게모니가 실현된 한 장면이라 할 수 있다.

(2) 쟈니 윤의 선진성

SBS <쟈니 윤 쇼>

현재 우리 사회에서 영어실력은 높은 상품가치를 가진다는 점에서 영어가 누리는 '권위'는 현실적 기반을 둔다고 볼 수 있다. 그런데 그것이 미국문화에 대한 동경과 연결되면서 '미국적인 것은 곧 선진적인 것'이라는 신화가 생성된다.

한국 텔레비전 방송에서 성인용 토크쇼를 시작하면서 그 형식을 미국에서 그대로 모방한 점은 차치하고라도 그 첫 담당자가 쟈니 윤인 까닭을 생각해 보면 미국의 헤게모니가 우리 관념 속에서 어떻게 관철되고 있는지를 짐작할 수 있다.

쟈니 윤이 표상하는 것은 '미국성'이다. 그는 지난 프레올림픽 쇼를 전후하여 미국 코미디계에 성공적으로 정착한 한국인으로 국내에 소개되었고, 그 바탕 위에 <쟈니 윤 쇼>를 맡아하게 되었다. 그는 쇼를 진행하면서 자신의 미국성을 끊임없이 환기시키는 코드들을 만들어내고 있다. 가령 영어만 알아듣는 해골 모형을 등장시킨다든지, 미국 골프장에서 가수 앤디 윌리암스와 대화를 나누는데, 이들은 모두 쟈니 윤에게 '미국성'을 부여해주는 객관적 접속체(objective correlatives)들이다. 따라서 쟈니 윤의 어눌한 모국어는 그의 유창한 영어를 더 돋보이게 해주기에 흠이 아니라 오히려 미덕이 된다.

국내 코미디언이 했으면 저질이라고 비난받았을 것도 미국성을 표상하는 쟈니 윤이 하게 되면 수준 높은 성인용 코미디로 평가된다. 그 어떤 형태도 미국적이기만 하면 정당화되고 존중되는 것이다. 이처럼 희극성에서도 미국성은 곧 선진성으로 받아들여지고 있다.

(3) 김청씨의 노란머리

서구적인 것의 선진성은 우리의 미의식에까지 침투해 있다. 주말연속극에 출연하는 탤런트 김청씨의 머리색깔은 예전의 그것에서 미묘한 차이를 보이고 있다. 커다란 굴곡을 그리고 있는 머릿결의 부분부분 노란 물을 들임으로써(브리지) 전체를 금발로 했을 때 주는 어색함을 없애고 자연스러운 금발머리의 이미지를 만들어낸다.

이와 같이 세련된 연예인들의 곱슬머리는 70년대 등장한 속칭 '빠글빠글' 퍼머 머리와 전혀 성격을 달리한다. 빠글빠글 퍼머가 머리치장에 신경 쓰지 않고 생업에 몰두하기 위한 방편이었다면, 커다란 웨이브에 브리지 염색을 한 것은 어떻게 하면 더 자연스럽게 서구인의 모습을 닮을 수 있을까하는 동기에서 비롯된 것이기 때문이다.

하지만 아무리 자연스러운 모방이라고 해도 그것은 결국 원판과의 비교를 통해 모방품으로서의 열등감을 확인하게 된다. 그러면 원판은 더욱 가치가 돋보이게 되고 다시 원판에 대한 동경심도 강화되어 모방과 좌절이라는 욕망의 악순환이 되풀이 된다. 서구 지향적 욕망은 자기 것에 대한 열등감으로 이어진다.

문화종속의 징후를 보여주는 이런 세 가지 사례에서 우리는 미국의 헤게모니가 정치와 경제 차원만이 아니라, 문화와 의식, 정서의 차원에까지 관철되고 있음을 보게 된다. 문화 · 의식 · 정서의 종속은 일방의 강요에 의해서만이 아니라 수용하는 쪽의 적극적인 호응이 병행되어야 가능하다. 앞의 예들은 우리 사정이 거기에 이르렀음을 감지하게 해준다.

하지만 더 주의해서 보아야 할 것은 문화종속의 정도가 사회성원 누구에게나 똑같지는 않다는 점이다. 앞의 사례를 돌아보면 영어의 권위와 미국문화의 선진성을 인정하고, 서구적인 것에 대해 욕망을 가지고 있을 때에 비로소 종속이 성립될 수 있다. 우리 사회 안에서도 그 성향이 더한 계층과 덜한 계층의 차이가 있을 것이다. 종속의 주된 중개자들이 누구인지, 반대로 그에 대한 대항의식을 형성시킬 주체가 누구인지를 분명하게 구분해 내는 연구가 앞으로 종속성을 넘어서는 출발점이 될 것이다. 그래야 대항 헤게모니 형성의 가능성에 대한 전망도 가능해질 것이기 때문이다.

(4) TV 광고에 나타난 문화종속의 징후

광고들을 검토하고 나면, 표면상의 다양한 방식 밑에 흐르고 있는 일관된 의미를 발견하게 되는데 그것은 바로 우리가 '서양'에 대해 지니고 있는 '신화'이다. 서양은 상품의 품질을 보증해주는 기준이 된다. 독일 쿠키전문가나 이태리 남성복 전문가가 등장하는 광고에서처럼 상품의 품질은 그것이 서양기술을 이어 받았다는 점 그리고 서양기술자가 추천하고 있다는 이유만으로도 충분히 믿을만한 것이 된다. 이런 논리는 수출품 광고에도 그대로 적용된다.

"지구촌 곳곳에서 만나는"우리 내의라든가, "프랑스에서 명성을 쌓은" 가스보일러 광고에서처럼 이때의 서양모델들은 광고가 표방하는 '세계'와 '프랑스'의 현장감을 전달하는 상징이다. 이 상품들은 서양에 수출하고 있다는 사실 하나로 제품 수준을 보증 받고자 하는 것이다. 물론 경제적으로나 기술수준에서 우리보다 우위에 있는 서양이 품질을 보증해주는 기준으로서의 권위를 누릴만한 현실적인 근거가 있다. 그러나 주목해야 할 것은 서양의 지위가 기술수준 차원을 넘어서서 쿠키라든가 신사복과 같은 문화적인 영역으로까지 확대된 점이다. 그리고 이와 같은 의미의 확산은 다시 미의식으로까지 이어진다.

기술수준의 차이를 상품의 소구점으로 삼기 어려워진 후기산업사회에서는 이미지를 통해 상품의 특성을 부각시키게 된다. 특히 화장품의 경우는 그런 경향이 심해서 각 제품마다 개성 있는 배우와 특징적인 구호를 결합시켜 상품의 특성을 구성하려한다. 이런 상표 차별화의 전략가운데서도 제품들마다 일치하는 하나의 경향이 있는데 그것은 '백색피부'에의 욕망을 지향하고 있다는 점이다. "백색미인", "하얀 피부", "백색바캉스" 등 여성화장품 광고들은 하나같이 '미'의 고향을 백색피부를 가진 서양에 두고 있다. 프랑스 여배우 소피마르소가 한국화장품 모델로 등장한 것은 '본토미인'의 상륙으로서 의미심장하다. 서구적인 미모에 대한 욕망을 계속 증폭시켜온 화장품 광고에서, 그 모델로 등장했던 한국 배우들은 결국 이 '본토미인'에 견주어 모방품에 지나지 않게 된 것이다. 이것은 비단 특정모델의 좌절에 그치는 것이 아니라 백색 피부를 표상해온 황인종 모델의 좌절을 뜻한다. 그 좌절된 욕망은 이제 '본토미인'에 의해 인도되는 통로로 그 충족의 방향을 잡게 될 것이다.

홍콩배우들의 한국진출은 요즘 특히 두드러지는 현상인데, 이것은 홍콩영화의 연속된 흥행성공에 기대고 있다. 이들 주윤발, 왕조현, 장국영이 표상하는 바는 서양인들에 비해 복합적이다. 이들은 우선 광고주 입장에서 볼 때에는 서양연예인을 광고모델로 쓰기 위한 실험적인 성격이 짙다. 한국에서 이들이 누리는 대중의 스타로서의 지위에 더불어, 그만한 인기를 얻고 있는 서양 배우들에 비해 낮은 개런티를 줄 수 있다는 점 등이 보다 많은 투자를 필요로 하는 서양의 슈퍼스타를 모델로 쓰기 전에 그 광고효과를 측정해보는 잣대로서 홍콩배우들이 먼저 진출하게 되었다는 추측이 가능하다. 이렇게 광고주의 입장에서 이들은 서양으로 가는 통로가 된다. 뿐만 아니라 소비자 혹은 광고수용자들에게 이들 홍콩배우들은 동양인으로서 동양인의 감성을 대변한다기보다, 동양인도 문화적으로 세련되면 서양인의 반열에 들 수 있음을 의미한다. 즉, 이들은 동양인이 서양인화하는 과도기적인 모습으로 수용되고, 그런 점에서 비교적 서양의 가치를 덜 요구받는 음료나 쵸코렛광고에 등장하고 있다.

이상 간략하게 살펴본, 최근 두드러지게 나타나고 있는 텔레비전 광고에서의 외국모델들의 진출 현상은 비단 그 자체로서만 그 의미의 해명이 이루어질 수 있는 것이 아니다. 이것은 광고의 배경음악이 되고 있는 서양 대중가요, 외국 언어로 된 상표명은 또 진작 외국모델이 등장한 잡지광고 등에 깊은 뿌리를 둔 현상이다. 그리고 이와 같은 서구지향성이 광고에만 국한되는 문제도 아니다. 그것은 여성들의 '퍼머'머리라든가, 청소년들 사이에 성행하는 '밸런타인데이', 전 국가적인 '크리스마스 시즌', 그리고 최근 몇 년 동안 더욱 활기를 띠고 있는 영어회화붐 등 우리의 생활감각 속에 깊이 침투해 있는 서양적인 생활양식들과 함께 고려되어야 비로소 그 의미가 설명되는 현상이다. 앞의 예에서 드러났듯이 우리가 '서양'에 대해 지니는 신화는 '서구적인 것은 선진적인 것'으로 요약될 수 있다. 팔레스타인 출신의 문학평론가 에드워드 사이드가 동양에 대해 서양인들이 가지고 있는 신화는 '보물과 향료의 땅'이었고 여기에서 서양인들의 동양으로의 팽창이 설명될 수 있다고 하였다.

우리가 갖고 있는 서양에 대한 신화가 현실에서 표출된 하나의 징후(symptom)인 광고에서의 외국모델의 등장은 이와 같은 제국주의와 종속에 있어서 문화 및 의식의 역할이란 견지에서 마땅히 지적되어야 할 것이다.

(한대신문 / 한림학보)

2. 신문과 문화비평

1) 스와핑 보도의 히스테리

열린 사회로 가는 길에 토론은 필수라고 할 수 있다. 사회는 늘 변하고 있고 사람들 생각은 각양각색이니 당연한 일이다. 토론 방향을 올바로 안내하고, 판단 근거가 될 정확한 정보를 제공하는 언론의 구실은 그래서 열린 사회로 가면서 더욱 더 커진다. 10월의 후반기를 뜨겁게 달군 이슈는 스와핑(배우자 교환 성관계)에 대한 것이었다.

그전 같으면 "스와핑이 뭐지?"하고 물을 사람들이 대부분이었을 텐데, 이제 스와핑은 젊은 대학생들 사이에서도 가장 익숙한 단어 가운데 하나가 됐다. 10월 보름 동안 언론이 떠들어준 데 따른 교육효과이다.

10월 14일 수사발표가 있자 스와핑을 주요 기사로 다루는 데 매체 간 차이가 없었다. 일간지와 방송은 물론이고, 스포츠신문과 시사주간지, 여성월간지에 이르기까지 한 마디로 '얘깃거리가 되는 소재'로 스와핑이 딱 걸린 셈이었다.

그런데 대부분의 기사 논조는 스와핑에 대한 호기심-당혹감-분노 표출로 이어지는 일차적 반응에 가까운 것들이었다. MBC <아주 특별한 아침>에서 제법 오랜 시간 보여준, 경찰과 함께 찍었다는 장면이나 조선일보 등이 기사와 함께 실은 속옷 바람의 남녀 사진 등은 몰래 카메라성 장면으로 표면상의 논조와 정반대 효과를 낳을 위험성을 갖고 있는 것들이었다. 마치 "어머 망측해!"하고 손으로 눈을 가리는 척하면서 손가락 사이로 볼 건 다 보는 오래 전 코미디의 한 장면처럼 말이다.

특집으로 기획한 중앙일보나 주간동아, 주간조선 등의 논조는 표면상으로는 대단히 강도 높은 비판으로 채워져 있었다. '파괴' '독버섯' '절망' 등과 같은 감정적 수식어를 수시로 사용한다든지, 근친상간이나 난교, 성도착증 등과 연결 짓는 극단적 문맥화가 반복적으로 시도됐다. 우리 사회의 성 문란을 긴급 연재로 짚은 한국일보도 크게 다를 바 없었다.

그런데 이런 일차적 흥분에 뒤이은 차분한 진단과 해설은 첫 보도가 나가고 보름이 지난 지금까지도 눈에 띄지 않는다. 이를테면 이런 것들이다. 첫째, 경찰 수사는 정당한 것이었나? 즉, 성인들의 사생활은 수사 대상인가와 몰래 카메라를 사용한 수사는 정당한 것이었나에 대한 것이다. 이런 점은 연합뉴스가 착실하게 기사화했고, 일부 신문이 그것을 받아서 보도했을 따름이다.

둘째, 보수주의 담론과 자유주의 가치관 사이의 차이가 분명하게 드러나는 핵심적 쟁점을 끌어내고 있는가? 이는 온라인 신문인 오마이뉴스가 쟁점화를 시도했고, 딴지일보에서 '성의 자기 결정 한계'라는 본질 규정을 시도했다.

셋째, 스와핑은 정신병적 행태인가 아닌가? 이와 관련해 중앙일보는 "치료가 필요한 변태가 아니다"라고 한 반면, 스포츠조선에서는 "노이로제 환자와 같은 수준", 주간동아에서는 "집단 히스테리"에 비유했다. 이렇게 전문가들의 관점이 상반된다면 이제 원론적 추론보다는 구체적인 정신과적 케이스로 얘기해야 할 시점이 됐다.

넷째, 이번 일을 계기로 더 근본적인 차원에서 일부일처제에 대한 논의는 아직 우리 사회에서 불가능할까? 혹은 일부일처제의 역사와 같은 교양 공부라도 하게 된다면 좀 더 생산적이지 않을까?

스와핑에 대한 보도를 보면서, 더 큰 문제는 언론의 센세이셔널리즘이라는 생각을 갖게 된다. 이번처럼 흥분 반응에 가까운 보도는 정보의 '생산'이 아니라 이슈의 '소비'라고 할 수 있다. 그 결과 스와핑에 대한 이해는 없이, 그 용어와 행태의 인지도만 빠르게 끌어올려 저질 업자들에게 좋은 장사 소재만 만들어준 꼴이 아닌가 하는 생각마저 하게 된다.

(한국일보)

2) 강남에 대한 반감과 삼단논법

11월 들어 세 가지 사안이 주요 기사로 다뤄졌다. 정부의 10.29 부동산 대책, 11월 5일의 수능시험, 그리고 10월 30일 강남구에 있는 유치원과 초등학교에 배달된 협박 편지 등이다. 이 셋은 그 자체로는 서로 무관한 일인 듯 보이지만 희한하게도 그 세 개의 사건이 만드는 삼각형의 중심점에 서울 '강남'이 있다. 이런 보도를 보면서 이제 '강남'은 행정구역의 이름을 넘어 하나의 상징이 되지 않았나 하는 생각을 하게 된다.

"부(富)촌의 대명사격인 서울 강남지역"(연합11.2), "강남으로 대표되는 상류층"(경향사설11.2), "어린이 명품족 열풍...주로 강남에 근거지를 둔 부유층 부모들"(조선11.10), "보석중개인 명단에 드러난...강남 부유층"(오마이8.23) 등과 같은 익숙한 구절들에서 보듯, 강남이 가지는 상징성의 의미는 바로 부유함이다. 그래서 부동산 값이 오르고 내리는 기사도 강남구를 중심으로 작성되고 있고("강남 불패신화 끝나나", "강남의 대표적 집값 상승지역인 타워팰리스", "강남서도 지역별 분양가 차이"), 대학입시나 사교육과 관련해서도 강남을 중심으로 보도되고 있다("강남 사교육비 전국 평균의 2.6배", "지방 고3 강남학원 유학 러시"). 그리고 하나 더, "강남서, 잇따른 부유층 노인 피살사건에 곤혹"(한겨레 10.17) 등의 기사에서 보이듯이 "서울 강남지역은 부동산, 사교육 못지않게 각종 강력범죄의 1번지"(한국 11.10)로도 나타난다.

이런 일련의 보도들을 통해 강남에 대한 일정한 부정적인 문맥이 형성되어 있음을 짐작할 수 있다. 즉, 강남에 사는 사람들은 부동산 값의 상승으로 부자가 되어 사치스러운 생활을 하고 있고, 자녀들을 고액 사설학원에 보내고 있으며, 그들의 돈을 노린 범죄의 표적이 되고 있다.

이는 피상적인 정보와 단순 논리에 근거한 위험한 사고라 하지 않을 수 없지만, 강남구에 있는 유치원과 초등학교에 배달되었다는 협박 편지에서 '8학군'과 '타워팰리스'를 지목했다는 것은 그런 인식이 우리 사회에 실재함을 확인시켜준 셈이다. 강남에 대한 이런 반감은 단순 연역법의 논리 구조를 갖고 있다.

(법칙) 강남엔 부자가 산다.

(사례) 저 사람은 강남에 산다.

(결과) 저 사람은 부자이다.

하지만 세상이 어디 그렇게 단순한가? 그래서 몇몇 기사들은 강남에 대한 이런 단순 논리적인 반감에 대해서 그로부터 벗어나는 다른 사례를 통한 반박을 소개하기도 한다. "강남에 산다고 다 부자는 아니다"(인터넷 다음게시판; 연합11.2), "서초동에 아파트 한 채를 가지고 있다. 이 아파트가 지금의 시세가 된 것은...투기에 의해서(가) 아니다"(조선11.11 기고문).

이런 반박들은 귀납법적 형태로 이루어지고 있다.

(사례) 나는 강남에 산다.

(결과) 나는 부자가 아니다.

(반증) 강남에 산다고 부자라는 주장은 틀렸다.

그런데 이런 반증 사례들을 제시한다고 해서 이른바 "반(反)강남 정서"(연합11.2)가 가라앉을지는 의문이다. 오히려 강남 주민과 다른 지역 사람들 사이에 감정의 골만 더 깊게 하지는 않을지 걱정이다. 지금처럼 계층과 지역간 감정의 골이 생기는 시기에는 "강남이든 강북이든...소득이 있는 곳에 그에 상응하는 세부담이 가는 공평한 제도적 장치"를 갖추어야 한다(한국11.5)는 원칙의 꾸준한 재확인이 언론의 제 구실에 가깝지 않을까 생각한다.

(한국일보)

3) 부안사태, 언론 '시각차'

신문은 두 방향으로 난 창이다. 그 창의 한 쪽은 세상을 향해 있고 세상을 비춰 보여준다. 다른 한 쪽으로는 세상을 그렇게 바라보는 기자의 눈 그리고 신문사의 입장을 되비쳐준다. 그래서 신문을 통해 세상 돌아가는 사정을 짐작할 수도 있지만 아울러 신문사의 관점과 입장을 읽을 수도 있다. 따라서 객관보도라는 명제는 현실적으로 존재하기 힘든 당위적 요구에 가깝다. 그 대신 기사의 논리적 정합성이나 균형성 같은 범주들이 현실적으로 더 유효한 평가 기준이 된다.

전라북도 부안은 군수가 방사성폐기물처리장 유치 신청을 한 지난 7월 이후 줄곧 뉴스의 중심이 되어 왔다. 그리고 기사 작성의 차이가 신문사의 입장 차이를 비교적 분명하게 구분하게 해주는 대표적인 예로 여겨진다.

핵폐기장 유치를 반대하는 주민들의 시위와 경찰의 진압으로 많은 사람이 다쳤다는 기사가 보도된 것은 신문들마다 같았다. 그런데 "경찰 10명이 둘러싸서 머리를 방패로 찍었어요"<오마이뉴스 11.25>와 "전경들이 시위대의 전기톱날과 쇠몽둥이에 처참하게 짓이겨지는 난장판"<조선일보 11.23>이라는 두 기사는 누가 다쳤는가에 대해서 정반대 쪽으로 눈길을 주고 있음을 알 수 있다.

부안주민들 동정 스케치 기사를 보자. "전경들이 너무 무섭다", "3개월째 장사를 거의 하지 못했다... 군수 하나 잘못 뽑아 이 고생을 한다"<동아일보 11. 21>는 일반 주민들이 느낄 불안감과 불만을 전달하고 있다. 그에 비해 <조선일보 11. 25> '부안르뽀'에서는 거기에 덧붙여 핵폐기장 반대가 심한 지역 분위기 때문에 눈치가 보여 아들 취업을 막고, 경찰들에게 칼국수도 팔지 못하는 등의 고충 사례를 싣고 있다. 이는 사안을 보는 미묘하지만 확연한 입장 차이를 나타낸다.

부안과 관련해서 유독 <조선일보>는 특이한 입장을 보여준다. 즉, 다른 신문들이 부안 문제를 핵폐기장 유치에 국한하여 다루고 있는데 반해, 조선일보는 이를 대통령과 정부에 대한 비판으로 연결짓는 점에서 그렇다.

부안과 관련된 쟁점을 <오마이뉴스>는 "핵에너지냐 민주주의냐"(11.25)의 선택으로 구체화하고 있는 반면, <조선일보>는 "'이 나라를 어떻게 할 것인가'와 '내년 총선을 어떻게 할 것인가'"의 선택)(9. 9)으로 쟁점을 확대시킨다. 이런 수준으로 가려면 핵폐기장 선정으로부터 몇 단계의 이슈들을 더 거쳐야 한다. 이런 논리적 비약을 보면서 <조선일보>가 부안 사태를 정부를 공격하는 하나의 소재로 삼고 있다는 의구심을 갖게 된다. 경찰력 동원에 대한 모순된 표명들도 비슷한 판단을 하게 한다. 9월 9일 부안군수가 폭행당한데 대한 사설에서는 "경찰은 있는지 없는지 폭력을 선동하는 사람들이 매일같이 버젓이 시위에 나타나"라고 하여 경찰력 증강과 엄정 대처를 요구하는 것으로 이해됐는데, 11월 24일 사설에서는 "이것은 사실상의 경찰계엄 상황이고, 경찰력으로 지역 주민을 고립시켜 압박하는 폭력과 다름없는 사태"라고 했다. 경찰이 적어도 안되고 많아도 안된다. 어째야 할까?

여러 신문들이 원점에서 문제를 다시 풀자고 공통된 제안을 하는 듯하지만, 그 맥락도 사뭇 다르다. <조선일보> (11.24)는 원점으로 돌리든 설득을 하든 대통령이 책임지라고 등을 돌리는 듯한 문맥을 구사한 반면, <한겨레신문> (11.25)에서는 김종규 지사 독단으로 유치를 발표한 만큼 절차적 합법성을 결여한 주체는 정부 쪽이라는 좀더 정치한 논리를 펴고 있고, <한국일보>는 11월 19일과 21일의 사설들을 통해 현재 사태 자체에 초점을 맞춰 주민 투표 약속 이행 또는 백지 재검토 둘 중하나가, 남아있는 현실적 해결방안임을 알려준다. 바람직한 언론의 자세는 정부 비판에만 머물지 않고 현실적인 대안 제시까지 가는데 있다.

(한국일보)

4) 포털 뉴스 바로보기

인터넷 포털 사이트들은 그것이 없었으면 그저 개인 단위로 나뉘어 있을 경험들을 한 자리에 모아줌으로써, 기억 깊은 곳에 묻혀있어서 잊고 지내던 사항들 그리고 책 속에 담겨있는 줄을 알면서도 번거로운 작업 때문에 포기했을 정보를 상기시켜주고 또 손쉽게 인출할 수 있게 해준다. 그리고 네티즌의 의견과 반응을 덧붙일 수 있게 함으로써 사회적 소통의 장이 됨과 아울러 세상인심을 확인하게도 해준다.

포털 사이트들은 저마다 한쪽 편에 뉴스 면을 두고 있는데, 각 신문의 기사들을 분류하고 선별하여 한 자리에 모아놓은 것이다. 포털 사이트가 가지는 장점은 이런 신문 기사들을 전달해 줄 때에도 잘 구현되고 있다. 즉, 포털 사이트 뉴스 면은 신문 간 비교 읽기와 점진적 읽기에 제격이다. 물론 각 신문사마다 인터넷 판을 운용하고 있어서 조금만 성의가 있는 독자라면 신문들 사이의 비교 읽기를 할 수 있기는 하다. 그런데 포털 사이트에서는 여러 신문 기사들을 한 곳에 모아두었기 때문에 같은 이슈에 대해 신문들 사이의 논조를 비교해 가며 읽기가 편하다.

또, 신문 제호에 제한을 받지 않기 때문에 사태의 추이에 따라 신문을 옮아가며 더 새로운 기사들로 점진적 읽기도 가능하다. 가령 "창, 현금 150억 든 트럭째 받아"라는 프레시안의 9일자 20시 기사 옆에는 "네티즌 격앙, 그 트럭만 줘도"라는 오마이뉴스의 10일자 6시 기사를 연이어 읽을 수 있는 식이다.

이렇게 관련 기사들을 한 자리에 모아놓게 되면, 신문 제호에 별로 신경 쓰지 않는 일반 독자들에게 논조의 편식을 방지하는 효과도 가질 수 있다. 또, 기사마다 그 밑에 포털사이트 이용자들의 의견(속칭 리플)들이 붙는데, 이 또한 각 신문의 인터넷판에 달리는 독자 의견들이 일정한 정치적 편향성으로 흐르는데 비해 훨씬 다양한 색채를 띤다. 그래서 "어머니 시신과 장기간 동거한 중학생" 기사라든가, "장애인학생을 급우 등이 성추행"(도깨비뉴스 12월 4일) 기사에 대한 독자의 첫 반응이 1차적인 분노의 표출이었지만, 다시 담임선생님의 노력과 관련한 사실이 알려지고, 가해자라고 여겨졌던 급우들을 변호하는 글이 올라오면서 독자의 의견도 균형을 찾는 모습을 볼 수 있다. 정치적 편향성이 덜한 이런 포털 사이트 뉴스 면의 게시판을 통해서 우리는 세상인심의 단순·과격함을 보기도 하지만, 사려 깊음과 자정 능력이 공존한다는 사실도 확인하게 된다.

하지만 종이 신문과 비교하여 포털사이트의 기사모음이 꼭 장점만 갖는 것은 아니다. 기존 신문들이 다수 독자에게 흥미성은 떨어지더라도 사회적 중요성을 갖는 기사의 가치를 높게 친다면, 포털 사이트 뉴스 면의 헤드라인을 살펴보면 대중의 흥미가 더 중요한 기사 가치 판단 기준임을 알 수 있다. 웹 공간에서 유명해진 사람과 관련한 기사가 가치있게 다뤄지는 일이야 채널의 특성상 당연시 하더라도(예컨대 귀여니 성대 입학 논란), 노동이나 정부 정책 등에 비해 정치적 갈등, 연예인과 스포츠 스타, 요지경 세상만사 등의 범주에 해당하는 기사가 높은 가치를 부여받는 점은 일종의 센세이셔널리즘이다. 대중의 흥미와 호기심을 뒤따라 다니기만 할 것인가, 아니면 대중의 잠재력을 소통하는 장이 될 것인가 하는 인터넷의 음지와 양지는 포털 사이트 뉴스 면에 대해서도 꼭 들어맞는 평가 잣대가 된다.

(한국일보)

5) 신문만평, 풍자의 빈곤

신문을 펼치면 거의 예외 없이 두 편의 만화가 실려 있다. 네 칸짜리 만화와 한 컷 만평이다. 네 칸짜리 만화가 형식적 특성상 서술적이라면 그에 비해 한 컷 만평은 함축성을 생명으로 한다. 단 한 장의 그림으로 사안의 핵심과 본질을 선명하게 전달해야 하기 때문이다. 게다가 유머까지 곁들여. 그런데 요즘 신문 만평을 보자면 만평에 기대하게 되는 욕구가 늘 제대로 채워지지 못한다는 느낌을 지울 수 없다.

가령 <한국일보> 만평은 비판 정신은 살아있지만 힘이 부족하다는 느낌을 주고, <중앙일보> 만평은 사물을 명명하는 문자 의존도가 너무 높아 의미가 분산된다.

풍자성, 깊은 여운, 강한 상징성, 재치 있는 비유, 유머의 여유, 해학적 캐릭터, 잘 된 그림 등등 이런 것들이 만평에서 기대하는 바일 텐데, 이런 만화적 풍자가 얼마나 잘 살아나고 있느냐에 따라 신문 만평들 사이의 수준 차이를 가늠할 수 있다.

최근 만평의 주요 소재인 조류독감이 어떻게 사용되었는지를 한 번 비교해 보자. <조선일보> 12월 22일자 만평 "조류독감 안걸리면 뭐하노 팔리질 않는데"가 다만 직설적 설명 수준이라면, 이틀날 <한겨레신문> 그림판에서는 닭들을 정치개혁법안을 개악해 놓은 국회의원들에 비유하고 있다. 하지만 1대1 대응으로 직설적 비유에 머문 점이 아쉽다. 그에 비해 <부산일보> 23일자 부일만평은 '여의도 조류독감' "우리가 반성할 거라는 편견은 버려"에서 국회의사당을 본뜬 닭장 모양, 코미디언의 유행어 활용, 그리고 세 야당 당수의 후안무치한 표정을 익살스럽게 담음으로써 비유와 풍자가 살아났다.

한겨레신문 그림판 (장봉군)

부산일보 부일만평 (손문상)

또 미국 탐사선의 화성 착륙 소식을 두고도 <조선일보> 만평에선 다만 만화로서의 익살만 담고 있지만, <문화일보> 1월 5일자 만평은 그것을 다시 미국 사회의 인종 차별에 연결 짓고 있고, <경향신문> 6일자 만평 "외계생명체 생각보다 가까이 있을 수도"에서는 '구시대 색깔론'을 들고 나온 어느 정치인을 외계인에 빗대 만평의 생명인 정치적 익살을 잘 구사하고 있다.

풍자란 직설적으로 공격하기 힘든 대상에 대해 함축적 완곡어법으로 에둘러 공격하는 것인데, 여기서 재치 있는 비유와 우스개가 동원되고, 그러한 풍자적 소통의 결과로서 웃음이 터져 나오는 것이다. 따라서 풍자는 직접적으로 제어할 힘을 갖지 못한 민중들, 사회적 약자와 친화력이 강하고, 유머 정신은 인간을 낙관적으로 보는 자유주의와 더 가깝다.

권력집단은 굳이 에둘러 표현할 이유가 없다. 힘이 있으니까. 이들은 오히려 자신의 행위와 결정에 고귀한 가치를 덧씌우기 위한 가식적 언사를 주로 구사하고, 사회 구성원들이 과연 믿고 따라줄지 노심초사하는 쪽이다. 인간에 대한 비관적 관점을 갖고 늘 의심한다. 즉, 권력자의 언어가 본질을 감추는 구실을 한다면, 풍자는 그렇게 은폐된 본질을 백일하에 드러낸다는 점에서 권력 비판이 된다.

문화일보 문화만평 (이재용)

경향신문 그림마당 (김용민)

만평은 특히 만화적 형식과 상상력을 동원하기 때문에 풍자적 잠재력이 그 어떤 형식에 비해서도 더 크다. 하지만 요즘 신문만평은 행정부 권력 편과 입법부 권력 편으로 나뉘어 비아냥과 냉소 수준에 머물고 있다. 이는 정치권력을 풍자해야 하는 만평이 오히려 그에 종속된 꼴이다. 신문 독자는 광범위한 계층이지만 특히 만평 독자는 그 가운데에서도 힘없는 약자들임을 다시 한 번 양찰해 주시길 화백님들께 고한다.

(한국일보)

6) 입맛대로 보도한 '서울대 보고서'

신문마다 아무 비판이나 검증 없이 똑같이 쓰기 때문에 곧 사회적 공식 용어처럼 사용되는 말들이 있다. 가령 '이공계 기피현상'이 그런 예에 해당한다. 고등학생들이 대학전공을 선택할 때 이학계와 공학계보다 의대와 법대를 선호한다는 것이다. 이 담론에서 인문학과 사회과학은 부재한다. 문학, 사학, 철학 그리고 이른바 비인기 사회과학의 전공 분야들은 '기피' 차원이 아니라 '고사' 차원에 접어든 지 오래임에도 언론의 관심사 바깥에 있고, 따라서 사회적 관심사 안에는 이공계만 들어가게 된다.

독자들은 이런 식의 기사를 보면서 그저 신문이 제시하는 내용만을 따라가며 읽지만, 신문들은 사실 어떤 입장과 관점을 갖고 있다. '이공계 기피현상'이라는 자명한 듯한 용어에도 인문사회과학에 대한 경시와 국가경쟁력 강화에 이공계의 발전만이 중요하다는 인식이 깔려있듯이 말이다.

신문이 '없는 일을 있다'고 하는 식의 왜곡보도는 하지 않지만 그렇다고 신문에 실린 기사가 곧 사실의 충실한 재현이거나 객관적 제시인 것도 아니다. 신문은 객관보도를 명목상 내세우지만 실제로는 어떤 관점을 취하고 있고, 그 관점은 다시 특정한 계층과 집단의 입장을 대변하기 위해 설정된 것이다.

1월 26일자 신문들은 일제히 서울대 사회과학연구소에서 발표한 연구결과를 기사화했다. 지난 34년 동안 서울대 사회대에 입학한 학생들의 계층 구성과 관련된 내용이었다. 연구 보고서이니 받아쓰기 보도를 하면 돼 신문들 사이에 보도의 차이가 없으리라고 생각하기 쉽지만 오히려 이번 경우 신문들 사이의 관점의 차이가 두드러졌다.

보고서 내용 가운데 한 부분인 고학력·고소득 부모를 둔 자녀의 서울대 진학률이 해가 가면서 더 높아진 데 대한 각 신문들의 해석 경향은 크게 둘로 나뉜다. 중앙일보나 동아일보, 조선일보 등은 부유층에 편중된 서울대 진학 이른바 '학력 세습'의 원인으로서 평준화 정책을 꼽는다. 그에 비해 한국일보나 한겨레신문 등은 사교육의 비대화가 교육현실 왜곡의 핵심임을 지적하고, 거기에 제대로 대응하지 못한 평준화 정책의 허점에 대한 보완을 주장한다.

평준화 폐지론을 펴는 신문들의 논리를 잘 살펴보면 특정 계층의 입장을 대변하고 있음을 알 수 있다. 평준화 탓에 실력 있는 학생들은 공교육을 외면하고 강남 입시학원으로 몰리게 되고, 결국 그런 과외비를 부담할 수 있는 부유층 자녀들이 서울대에 많이 입학할 수밖에 없다는 것이다. 그 대안으로 평준화를 폐지해서 고등학교 입시를 부활하거나, 자립형 사립고를 허가하면 그것이 공교육을 살리는 길이라고 주장한다. 하지만 이는 곧 금력 차이에 따른 교육 기회의 불평등을 제도적으로 보장해주자는 주장과 다를 바 없다.

흥미로운 대목은 학력 세습이나 부유층에 편중된 교육 기회 같은 것들을 이 신문들도 부정적으로 평가하고 있는 점이다. 그러면서 정작 대안으로 내세우는 것이 그런 부정적 현상을 더 강화시킬 우려가 큰 평준화 폐지론이라는 점은 자기모순이라 하지 않을 수 없다.

결국 몇몇 신문들의 평준화 폐지론은 '가진 자'의 관심을 대변하는 기사이다.

(한국일보)

7) 추억 속 삐삐(beeper); 교수와 삐삐

삐삐는 경음의 어감이 강렬하면서도 애교스러워 무선호출기라는 정식 명칭보다 더 많이 불리는 별칭이다. 이렇게 삐삐라는 새 이름이 우리 주변에서 자주 들리게 된 까닭은 그만큼 많은 사람들이 사용하고 있다는 뜻인데, 아무래도 아직 교수와는 그다지 가까운 사이가 아닌 듯싶다.

삐삐는 공간 이동이 잦은 사람들에게 요긴한 통신 수단이다. 그래서 몇 년 전까지만 해도 삐삐하면 신문기자의 상징처럼 여겨지기도 했다. 신문방송학과의 경우 졸업생들 가운데 후배들에게 인기가 높은 사람은 단연 기자이다. 그들은 모여든 후배들 앞에서 신문사 생활의 고충을 빙자한 무용담을 늘어놓기 마련인데, 정작 후배들의 선망의 눈길이 가서 머무는 곳은 까맣고 조그만 물건이 차여진 그 선배 기자의 허리춤이었다. 마침 허리춤의 그 물건에서 "삐릭삐릭"하는 소리라도 울릴라치면 그 선배 기자는 할 수 없다는 듯한 표정을 지으면서 전화기 있는 곳을 찾아가곤 했다. 말하자면 삐삐는 단순히 그 기능성으로만 받아들여진 것이 아니라 어떤 독보적인 사회적 지위의 상징인 냥 여겨졌던 것이다. 남들 앞에서 울려대는 그 삐릭삐릭 하는 소리는 마치 '나 지금 누군가가 찾고 있는 그런 사람이야'라고 외치는 듯 들리던 그런 시절이었다.

그런 위세를 떨치던 시대도 한때, 4년쯤 전부터 012독점체제가 풀리면서 상황은 전혀 다르게 바뀌었다. 말하자면 이동통신 망의 공급이 확대되면서 그에 맞춰 수요를 늘여야 하는 업체의 요구는 가입비와 호출기값 인하를 가져왔다. 한때 고귀했던 그 물건이 우선 영업사원들에게로 보급되더니, 대학생, 고등학생 순서로 퍼져나가 급기야 초등학생들 사이에서도 그리 낯설지 않은 소지품이 되기에 이르렀다.

우리 과 학생들 주소록을 펼쳐보니까 대학생들 사이의 그 놀라운 보급률이 눈에 들어온다. 3학년 76%, 2학년 84%, 1학년 83%. 가히 없는 학생이 없다 할 정도이다. 그러니 수업시간이면 의례히 여기저기에서 가을밤 귀뚜라미 소리 마냥 호출음이 들려오기 마련이다. 처음에는 그 호출음 때문에 문득 강의의 맥이 끊기기도 했지만 이제는 나 자신 거의 그 소리에 무감각해졌다. 학생들도 학년 초에는 누군가의 삐삐 소리에 대해 야유와 시선 집중으로 비난하는 예를 갖춰 주지만, 날짜가 지나면서는 그들조차 무덤덤하게 대한다.

이렇게 교수에게 삐삐는 다른 직종 종사자들이나 젊은이들의 소지품, 그래서 가끔 수업시간에 소음원이 되는 물건 정도로 밖에는 생각되지 않았다. 남들은 삐삐가 편리한 통신수단이라고 예찬하기도 하고, 아니면 반대로 이른바 '개목걸이'라는 또 다른 별칭을 통해 노동통제의 수단 혹은 자녀의 행적 감시 수단이라고 진저리를 치기도 하지만 말이다.

물론 이처럼 학생들 대부분이 삐삐를 갖고 있는 덕을 가끔은 보기도 한다. 가령 MT 숙박지 연락처를 깜박 잊고 길을 나섰을 때라든지, 학생들과의 약속시간에 맞춰 도착하기 어려울 경우 그 사정을 음성녹음 해둘 수 있다든지 하는 때에는 분명 그 편리함을 되뇌기도 한다. 하지만 그런 경우들은 모두 다른 사람들의 삐삐덕에 어쩌다 누릴 수 있는 나의 편리함일 뿐이지 교수가 삐삐를 가지고 다닐 이유와는 아무 상관이 없다. 교수야 집과 연구실 그리고 강의실이 그리는 삼각형의 세 변으로부터 벗어날 일도 없을 뿐더러, 설사 교수가 그 궤적을 벗어나 온갖 복잡한 도형을 그리며 이동한다 해도 촌각을 다퉈 연락해주길 바랄 사람은 더욱 없기 때문이다.

교수와 삐삐 사이의 관계가 이렇게 미약하다고 하면 마치 교수는 다른 직장인들처럼 촌음을 아껴가며 일을 하는 사람도 아니고, 또 젊은이들의 신세대 감각과도 거리가 먼 구태의연한 사람으로 비쳐질는지 모르겠다. 하지만 세상이 온통 바삐 돌아가고 첨단의 스타일을 좇느라 앞뒤 돌보지 않을 때 교수집단 마저 그 흐름에 편승하는 것이 그 사회에 더 유익한 일이라는 생각은 들지 않는다. 더욱이 삐삐가 거대 조직체의 관리 체계의 고도화에 기여한다는 이런 저런 연구 논문들을 접하면서 그것이 인간의 삶에 가할 작용을 생각해보면, 그나마 내가 삐삐와 무관한 직종에 있는 것이 얼마나 다행스럽게 여겨지는지 모른다.

그런데 지난 봄 학회에 가서 학부 시절부터 친하게 지내던 선배를 근

일년 만에 만났다. 그 선배 역시 지방대 신방과에 재직 중인데, 동기들이 서울을 고집하던 시절 선뜻 지방으로 가면서 서울 생활을 청산한데 따른 몸과 마음의 건강을 늘 자랑하곤 했었다. 그런 그 선배가 이번에는 썩 행복한 모습이 아니었다. 까닭을 물으니 속주머니에서 무언가를 꺼내 내 앞으로 내민다. 삐삐였다. 작년부터 학과장을 맡게 되었는데, 대학의 장단기 발전방안 마련에 분주한 것이 어느 학교나 할 것 없는 요즘 분위기이듯이 그 선배의 학교에서도 자연 학과장들의 소집이 빈번했을 터이다. 그런데 공교롭게도 본부 쪽에서 전화할 때마다 그 선배는 연구실을 지키고 있지 않았고, 급기야 높은 분의 특명에 따라 삐삐를 마련하게 됐다는 설명이었다. 저런! 이제 바야흐로 교수도 삐삐와의 연을 회피할 수 없는 시절이 도래하고 있다는 말인가. 중국에서 날아온 황사 때문인지 눈앞이 뿌옇게 흐려지는 것 같았다.

(교수신문)

충남대학교 출판부 발간도서목록

- 프랑스 문화 【개정판】
  김미연 외 / 신국판 / 2004 / 12,000원
- 베이직 사운드 & 레코딩 【개정판】
  변태식 / 신국판 / 2004 / 13,000원
- 철학과 논리 【개정증보】
  송영진 / 신국판 / 2004 / 10,000원
- 창의적인 메카트로닉스 시스템 설계
  김성수 외 / 4 · 6배판 / 2004 / 14,000원
- 괴테의 소설
  박광자 / 신국판 / 2004 / 10,000원
- 비극적 세계에서 희망찾기
  민경택 / 신국판 / 2004 / 10,000원
- 정당과 선거제도 개혁
  신 진 / 신국판 / 2004 / 15,000원
- 일본어학의 이해
  이묘희 / 신국판 / 2004 / 12,000원
- 프랑스어 문법 【개정증보】
  김미연 / 신국판 / 2004 / 12,000원
- 인공지능시스템 I 신경회로망의 구조 및 사용법
  정 슬 / 4 · 6배판 / 2004 / 12,000원
- 유비쿼터스 무선공학과 미세 RFID (무선 IC 테그의 기술)
  우종명 / 4 · 6배판 / 2004 / 10,000원
- 전자회로 및 마이크로파 회로설계 실습
  염경환 / 4 · 6배판 / 2004 / 15,000원
- 화이트헤드의 과정철학
  정연홍 / 신국판 / 2004 / 10,000원
- 건강한 노후생활을 위한 웰빙 실버라이프
  소희영 · 조영채 · 정현숙 · 김현리 / 2005 / 6,000원
- 램제트 추진기관의 기본 열역학
  이태호 / 4 · 6배판 / 2005 / 13,000원
- 독일 여성작가 연구
  박광자 / 신국판 / 2005 / 10,000원
- 전략이론이란 무엇인가
  이종학 / 신국판 / 2005 / 15,000원
- 회계의 이해 【개정판】
  김흥식 외 / 4 · 6배판 / 2005 / 27,000원
- 농업투자분석론
  임재환 / 4 · 6배판 / 2005 / 16,000원
- 도서관자료론 【개정판】
  박옥화 외 / 신국판 / 2005 / 11,000원
- 우리말 연구
  이경자 / 신국판 / 2005 / 10,000원
- 현행 한글맞춤법의 이해와 실제
  김정태 / 신국판 / 2005 / 10,000원
- 행정도시가 희망이다
  육동일 / 신국판 / 2005 / 24,000원
- 한국 교육재정의 형상탐구 I
  천세영 / 신국판 / 2005 / 12,000원
- 정역과 삼경
  이현중 / 신국판 / 2005 / 19,000원
- 인공지능시스템 II 지능제어
  정 슬 / 4 · 6배판 / 2005 / 15,000원
- 기술교육원론 【개정판】
  류창렬 / 4 · 6배판 / 2005 / 19,000원
- 폴라노 광장
  류주환 / 신국판 / 2005 / 16,000원
- 메카트로닉스 공학도를 위한 회로시스템 설계
  이지홍 / 4 · 6배판 / 2006 / 14,000원
- DSP를 활용한 신호처리 –이론과 실습–
  이지홍 / 4 · 6배판 / 2006 / 14,000원
- 댄스스포츠(라틴댄스) – 초급편
  김동건 · 이문숙 / 신국판 / 2006 / 15,000원
- 베하스(BeHaS)운동 프로그램
  김종임 / 신국판 / 2006 / 6,000원
- 사고와 표현
  국어작문교재편찬위원회 / 4 · 6판 / 2006 / 13,000원
- 재미있는 패션의 세계 【개정증보】
  박길순 / 4 · 6배판 / 2006 / 15,000원

충남대학교 출판부 발간도서목록

- 한 군사학도의 연구 발자취
  이종학 / 신국판 / 2006 / 20,000원
- 디지털 사운드
  변태식 / 4 · 6배판 / 2006 / 20,000원
- 기술교과교수법
  류창열 / 4 · 6배판 / 2006 / 19,000원
- 생활 속의 보석과학【개정판】
  김원사 / 신국판 / 2006 / 16,000원
- 인간과 아름다움
  송영진 / 신국판 / 2006 / 12,000원
- 현대인의 건강증진을 위한 스포츠 마사지 (5판)
  박인기 외 / 4 · 6배판 / 2006 / 14,000원
- 운동생리 · 해부학【개정판】
  현광석 · 김용진 / 신국판 / 2006 / 17,000원
- 생활과 표현
  국어작문교재편찬위원회 / 4 · 6판 / 2006 / 13,000원
- 통사구조와 Zero「DE-효과」분석
  이은철 / 신국판 / 2006 / 12,000원
- 체육 교재 연구
  한기온 외 / 4 · 6배판 / 2006 / 13,000원
- 절차법을 통해서 본 민법총칙
  최영덕 / 4 · 6변형판 / 2006 / 13,000원
- 우리말 신체어 형성 2
  이경자 / 신국판 / 2006 / 12,000원
- 일본의 신 외교 안보 정책
  이승원 / 신국판 / 2006 / 12,000원
- 行政法 講義 I
  김병훈 / 신국판 / 2006 / 15,000원
- 일본 근현대문학 입문【개정판】
  장남호 / 신국판 / 2007 / 12,000원
- 성공적인 취업전략과 직장생활【개정판】
  김판욱 / 국배판 / 2007 / 16,000원
- 무용의 이해【개정판】
  정소영 / 신국판 / 2007 / 13,000원
- 발레【개정판】
  정소영 / 신국판 / 2007 / 10,000원
- 로봇공학【개정판】
  정 슬 / 4 · 6배판 / 2007 / 14,000원
- 생물자원과 컴퓨터
  장동일 · 조한근 / 4 · 6배판 / 2007 / 12,000원
- 영화로 보는 물리 I (한국영화)
  이준회 / 신국판 / 2007 / 15,000원
- 易의 科學
  장동순 / 4 · 6배판 / 2007 / 25,000원
- CAD 기반의 디지털 설계 및 응용
  정 슬 · 소상균 / 4 · 6변형판 / 2007 / 13,000원
- 헌 법
  심경수 / 4 · 6배판 / 2007 / 25,000원
- 國譯《黃綠此集》
  이숙희 / 신국판 / 2007 / 25,000원
- 스포츠 서비스 마케팅
  임운학 외 / 신국판 / 2007 / 13,000원
- 家族法講義
  한복룡 / 신국판 / 2007 / 15,000원
- 건강한 삶을 위한 스포츠 마사지
  박인기 외 / 4 · 6배판 / 2007 / 17,000원
- 생활 프랑스어
  김미연 외 / 국배판 / 2007 / 15,000원
- 건강생활체조
  이용인 외 / 4 · 6변형판 / 2007 / 13,000원
- 미디어 문화비평
  손병우 / 신국판 / 2007 / 14,000원

[근 간]

- 국제사법
  한복룡 / 2007
- 민법강의 I
  손종학 / 2007